世界上下五千年

华 主编

中国华侨出版社
北京

图书在版编目（CIP）数据

世界上下五千年 / 宛华主编. —— 北京：中国华侨出版社，2016.11（2021.4重印）

ISBN 978-7-5113-6434-0

Ⅰ. ①世… Ⅱ. ①宛… Ⅲ. ①世界史—通俗读物 Ⅳ. ① K109

中国版本图书馆 CIP 数据核字（2016）第 252108 号

世界上下五千年

主　　编：	宛　华
责任编辑：	滕　森
封面设计：	冬　凡
文字编辑：	杨　君　黎　娜
美术编辑：	刘欣梅
经　　销：	新华书店
开　　本：	720mm×1020mm　1/16　印张：20　字数：360千字
印　　刷：	三河市兴博印务有限公司
版　　次：	2017年2月第1版　2021年4月第3次印刷
书　　号：	ISBN 978-7-5113-6434-0
定　　价：	55.00元

中国华侨出版社　北京市朝阳区西坝河东里 77 号楼底商 5 号　邮编：100028
法律顾问：陈鹰律师事务所
发 行 部：（010）58815874　　　传　　真：（010）58815857
网　　址：www.oveaschin.com　　E-mail：oveaschin@sina.com

如果发现印装质量问题，影响阅读，请与印刷厂联系调换。

前言

世界历史从古老文明的第一声号子,到电子时代的第一束激光,经历了五千年的漫长而又耐人寻味的过程,其间既有繁荣辉煌,也有曲折艰难,过去的历史的积累,铸成了今天灿烂的现代文明。通过学习和了解世界历史,我们可以从大历史的兴衰演变中体会生存智慧,从叱咤风云的历史人物经历中感悟人生真谛。

博古通今一直是中国人的追求,因为历史蕴含着经验与真知,无论是王朝帝国的兴衰成败、历史人物的功过是非,还是重大事件的曲折内幕、伟大创新背后的艰辛……这些过往的历史无不折射出做人与做事的道理。学习历史,了解历史,小到个人,是充实自己头脑、得到人生启迪的需要;大到国家,是在世界民族之林立于不败之地的前提。

古人记述历史的范围受限于他们当时所能认识的世界,然而在科技发达的今天,世界越来越像一个大村庄,任何一个国家和地区都是世界历史体系中的一部分。对每一个读者来说,只有了解整个世界历史的进程,掌握人类社会整体发展的各个阶段,树立全球史观,才能正确看待现代人类面临的各种社会现象和社会问题。

但五千年间发生的历史事件、出现的历史人物错综复杂、头绪繁多,普通读者很难找到入门之捷径。历史知识的普及对历史读物的通俗性和趣味性提出了很高的要求,而从目前有关世界历史的研究和出版状况来看,却并不乐观,过于深奥、抽象的专业史学论著常使普通读者读起来味同嚼蜡。如何使历史从神圣的殿堂走入民间?如何能使读者如欣赏文学作品般欣赏历史?本书在这方面做了努力。

为了帮助读者在较短时间内了解世界历史的进程,丰富知识储备,我们精心编撰了这部《世界上下五千年》。本书以时间为序,选取了世界上下五千年中的重大事件、风云人物、辉煌成就、灿烂文化等内容,力求在真实性、趣味性和启迪性等方面达到一个新的高度,并通过科学的体例与创新的版式,全方位、新视角、多层面地阐释世界历史。全书分为古代文明时期、中世纪、资产阶级革命时期、工业革命时期、世界大战时期五大篇章,精彩扼要地讲述世界历史演进的基本脉

世界上下五千年

络和各大文明的发展历程,为读者讲述想知道的、需要知道的、应该知道的历史知识,帮助读者从宏观上把握世界历史,进而掌握人类历史发展的内在规律。

本书还精心选配了数百幅内容涵盖面广、表现形式丰富的图片,包括出土文物、历史遗迹、战争示意图、名人画像等,与文字内容互为补充与诠释,使读者仿佛置身于一座真实立体的历史博物馆,更加直观地了解世界历史。简洁精要的文字,配以多元化的图像,打造出一个立体直观的阅读空间,使读者获得图与文赋予的双重享受。

在这里,我们用通俗流畅的语言来解读重大的历史事件、鲜活的历史人物、丰富的多元文化,把厚重的五千年历史通过简洁明了的形式表达出来。阅读本书,读者可以在轻松愉悦中了解人类历史发展进程,增长知识和胆略,提高历史修养,进而用世界胸怀和历史眼光更好地把握现在,展望未来。

目录

古代文明时期

古埃及王国的统一……………… 2
苏美尔城邦的兴衰……………… 4
萨尔贡的征服…………………… 5
印度哈拉帕文化………………… 7
《汉穆拉比法典》……………… 9
腓尼基人环航非洲……………… 11
米诺斯的迷宫…………………… 13
铁列平改革……………………… 15
《吉尔伽美什》史诗…………… 17
图特摩斯三世…………………… 19
迈锡尼的狮子门………………… 21
埃赫那吞的宗教改革…………… 23
银板合约………………………… 25
犹太王大卫……………………… 28
荷马和《荷马史诗》…………… 29
军事强国亚述…………………… 31
斯巴达的教育…………………… 33
大政治家梭伦…………………… 35
"巴比伦之囚"………………… 37
古巴比伦城和空中花园………… 39
居鲁士大帝……………………… 41
大流士一世改革………………… 43

《摩诃婆罗多》………………… 46
狼孩与罗马城…………………… 48
激战马拉松……………………… 50
温泉关之战……………………… 52
萨拉米斯海战…………………… 54
雅典的民主……………………… 55
伯罗奔尼撒战争………………… 57
苏格拉底之死…………………… 59
博学的亚里士多德……………… 62
马其顿的年轻统帅……………… 64
征服波斯………………………… 66
亚历山大之死…………………… 68
孔雀王朝的阿育王……………… 70
第一次布匿战争………………… 72
坎尼之役………………………… 73
斯巴达克起义…………………… 75
恺撒大帝………………………… 78
元首屋大维……………………… 80
"魔鬼"尼禄…………………… 82
罗马和平………………………… 84
君士坦丁大帝…………………… 87
西罗马帝国覆灭………………… 89

1

中世纪

法兰克国王克洛维……92	"玫瑰战争"……138
查士丁尼镇压尼卡起义……94	哥伦布发现新大陆……140
拜占庭的扩张……96	麦哲伦环球航行……142
戒日王……98	文艺复兴……144
日本大化革新……100	大诗人但丁……145
鉴真东渡……102	"文艺复兴美术三杰"……147
"医中之王"阿维森纳……104	马丁·路德与宗教改革……149
《一千零一夜》……106	"日内瓦的教皇"加尔文……151
查理大帝……108	丰臣秀吉……153
诺曼征服战……110	阿克巴大帝……154
基辅罗斯的盛衰……112	德川幕府……156
美洲玛雅文化……114	哥白尼与《天体运行论》……158
到加纳做生意……116	乌托邦……160
欧洲的教会……118	塞万提斯……162
卡诺莎之行……119	鲜花广场上的火刑……164
《自由大宪章》……121	莎士比亚……165
"阿维农之囚"……123	伽利略的故事……167
成吉思汗……125	哈维和血液循环……169
奥斯曼土耳其崛起……127	胡格诺战争……171
俄罗斯的崛起……129	从养羊到圈地……173
黑死病肆虐欧洲……131	"无敌舰队"的覆灭……175
英法百年战争……132	伊凡雷帝……177
"圣女"贞德……134	尼德兰革命……179
君士坦丁堡的陷落……137	

资产阶级革命时期

查理一世被押上断头台……182	牛顿的发现……186
复辟与"光荣革命"……184	"太阳王"路易十四……188

彼得大帝改革……………………189
奥地利的开明专制………………191
普鲁士精神………………………193
叶卡捷琳娜二世…………………195
启蒙运动的先驱伏尔泰…………197
卢梭与《社会契约论》…………199
莱克星顿的枪声…………………201
美国《独立宣言》………………203
攻占巴士底狱……………………205
路易十六被推上断头台…………207
热月政变…………………………209

拿破仑……………………………211

工业革命时期

瓦特发明蒸汽机…………………214
火车和轮船的发明………………216
工业革命…………………………218
《自由引导人民》………………220
英国宪章运动……………………222
席卷欧洲的革命…………………224
《共产党宣言》…………………226
印度反英大起义…………………228
苏伊士运河………………………230
俄国 1861 年改革………………231

美国南北战争……………………233
"铁血宰相"俾斯麦………………235
普法战争…………………………237
巴黎公社…………………………239
法拉第发现电磁感应……………241
达尔文环球考察…………………243
巴斯德发现病菌…………………246
诺贝尔与诺贝尔奖………………248
三国同盟…………………………249

世界大战时期

三国协约…………………………252
萨拉热窝事件……………………253
"凡尔登绞肉机"…………………256
日德兰大海战……………………257

无限制潜艇战……………………259
"阿芙乐尔"号的炮声……………262
车厢里的停战协定………………264
巴黎分赃会议……………………266

华盛顿会议……268	不列颠之战……287
新经济政策与苏联成立……270	偷袭珍珠港……289
罗斯福新政……271	世界反法西斯同盟建立……291
纳粹党上台……273	德黑兰会议……293
绥靖政策……275	诺曼底登陆……295
"二·二六"兵变……277	雅尔塔会议……297
马德里保卫战……278	攻克柏林……299
轴心国的形成……280	第一颗原子弹……301
慕尼黑阴谋……282	日本投降……303
闪击波兰……284	正义的审判……305
法国沦陷……285	联合国建立……307

古代文明时期

古埃及王国的统一

古希腊著名的历史学家希罗多德曾说:"埃及是尼罗河的礼物。"事实也证明,没有尼罗河,就没有古埃及的辉煌文明。

尼罗河全长6600千米,是世界第一长河,发源于非洲中部的高原,从南向北,流入地中海。它流经埃及的那一段只占全长的1/6。

一般来说,河水泛滥不是件好事,但对于古埃及人来说,那却是尼罗河赐给他们的礼物。每年的7月,尼罗河的发源地就进入了雨季,暴雨使尼罗河的水位大涨。7月中旬的时候,水势最大,洪水漫过河堤,淹没了尼罗河两岸的沙漠。11月底,洪水渐渐退去,给两岸的土地留下厚厚的肥沃的黑色淤泥,聪明的古埃及人就在这层淤泥上种植庄稼。虽然埃及大部分土地都是沙漠,干旱少雨,但是由于古埃及人靠着尼罗河,根本不用为农业灌溉发愁,所以古埃及人称尼罗河为"母亲河",尼罗河两岸也成了古代著名的粮仓。

◉ 尼罗河流域示意图
尼罗河河畔的肥沃土地孕育了古埃及文明。

古埃及人是由北非的土著人和来自西亚的塞姆人融合形成的。大约在距今6000年,古埃及从原始社会进入了奴隶社会,尼罗河两岸出现了42个奴隶制城邦(以一个城市为中心,连同周围的农村构成的小国)。古埃及人称之为"塞普",古希腊人称之为"诺姆",中国翻译成"州"。

这些奴隶制城邦经过长期的战争，逐渐形成两个王国。南部尼罗河上游的谷地一带的王国叫作上埃及王国，国徽是白色的百合花，保护神是鹰神，国王戴白色的王冠，由22个城邦组成。北部尼罗河下游三角洲一带的王国叫下埃及王国，国徽是蜜蜂，保护神是蛇神，国王戴红色的王冠，由20个城邦组成。

> **·古埃及人的后裔·**
> 古埃及人的后裔现在叫科普特人（古希腊语为"埃及人"的意思），约占埃及人口的15%，信仰基督教。他们平时讲阿拉伯语，科普特语仅在宗教场合使用。科普特人主要从事商业和技术性工作，联合国前秘书长布特罗斯·加利就是科普特人。

两个王国为了争霸、统一，经常发生战争。大约在公元前3100年，上埃及在国王美尼斯的统治下，逐渐强大起来。美尼斯亲率大军，征讨下埃及，下埃及迎战，两军在尼罗河三角洲展开激战。美尼斯率领军队与下埃及的军队厮杀了三天三夜，终于取得了胜利。下埃及国王和一群俘虏跪在美尼斯面前，双手捧着红色的王冠，毕恭毕敬地献给美尼斯，表示臣服。美尼斯接过王冠，戴在头上，上埃及的军队举起兵器，齐声呐喊，庆祝胜利。从此，埃及成为统一的国家。

为了纪念这次胜利，加强对下埃及的控制，美尼斯就在决战胜利的地点修建了一座城市——白城，希腊人称之为孟菲斯，遗址在今埃及首都开罗附近。美尼斯还派奴隶在白城周围修建了一条堤坝以防止尼罗河泛滥时将城市淹没。埃及统一后，下埃及人从未停止过反抗，直到400年后，统一大业才真正完成。

美尼斯是古埃及第一位国王，他自称"两国的统治者""上下埃及之王"，有时候戴白冠，有时候戴红冠，有时候两冠合戴，象征着上下埃及的统一。在埃及史上，美尼斯统治的王国被称为"第一王朝"，是古埃及文明兴起的标志。现在，开罗的埃及博物馆里有一块《纳美尔（美尼斯的王衔名）记功石板》，用浮雕记录了美尼斯征服下埃及，建立统一王国的丰功伟绩，这是目前为止埃及发现的最古老的石刻历史记录。因为古埃及的国王被称为法老（原意为宫殿，相当于称呼中国皇帝的"陛下"），所以此后长达3000年的时间被称为法老时代。第三代国王阿哈首次采用王冠、王衔双重体制，就是王冠为红白双冠，王衔是树、蜂双标，分别代表上下埃及，并定都于孟菲斯。从公元前3100年美尼斯统一埃及到公元前332年埃及被亚历山大征服，法老时代的埃及一共经历了31个王朝。

古埃及人拥有辉煌的古代文明。他们创造了象形文字，在天文学、几何学、解剖学、建筑学、历法方面也有很高的成就，对西亚、希腊和欧洲有很大的影响，为人类文明做出了不可磨灭的巨大贡献。在美尼斯之后的2000年里，埃及无论从财富还是从文化角度，都是当时世界上最先进的国家。

苏美尔城邦的兴衰

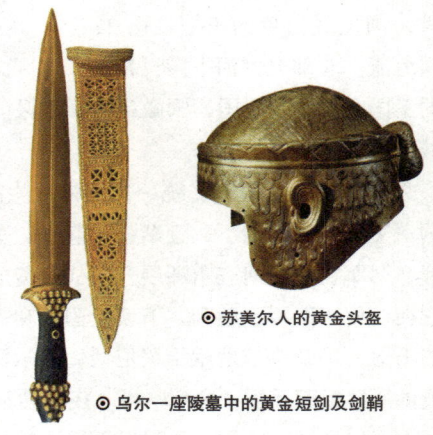

⊙ 苏美尔人的黄金头盔

⊙ 乌尔一座陵墓中的黄金短剑及剑鞘

在亚洲的西部,有两条大河,东边的叫底格里斯河,西边的叫幼发拉底河,它们都发源于今天土耳其境内的亚美尼亚高原,在下游交汇成阿拉伯河,流入波斯湾。希腊人称底格里斯河和幼发拉底河之间的地区为"美索不达米亚",意思是"两河之间的地方",因此这里又叫两河流域。美索不达米亚可以分为南北两部分。北部以亚述城为中心,称为西里西亚,简称亚述,又叫上美索不达米亚,这里地势较高,丘陵起伏;南部以巴比伦城为中心,称为巴比伦尼亚,意为"巴比伦的国土",又称下美索不达米亚,地低较低,湖泊沼泽众多,两条大河在这里交汇,形成三角洲。巴比伦尼亚又分为南北两个地区,北部为阿卡德人居住的地区,南部为苏美尔人居住的地区。每年春天,亚美尼亚高原的积雪融化,两河河水暴涨,美索不达米亚地区洪水泛滥成灾,尤其是地势较低的下游一带,几乎全部被淹没。泛滥的洪水退去之后,留下了大量的淤泥,使两河地区的土地变得非常肥沃,这里的人们和古埃及人一样,享受着大河的恩赐。再加上这里日照充足、水源丰沛,所以庄稼年年丰收,农业非常发达。

美索不达米亚地区最早的文明是由苏美尔人创造出来的。大约在公元前4000年,苏美尔人迁徙到这里。大约在公元前2900年,苏美尔人建立了许多奴隶制城邦,进入全盛时代。这些城邦都是由一个中心城市连同周围的农村组成,面积不大,居民少的两三万人,多的十几万人。每个城市的中心都建有这个城市的保护神的庙宇,城中还建有王宫,周围是城墙。城邦由掌管祭祀的僧侣或国王统治,国王被称为卢伽尔、拍达西、恩或恩西,他的权力受贵族会议和民众会议的制约。城邦的统治阶级是贵族奴隶主,被统治阶级是手工业者(自由民)和奴隶。苏美尔人的城市临河而建,被一片片的湖泊沼泽包围。城市之间都有运河相连,商人们乘着满载货物的大船来往于各个城市之间进行贸易。

随着经济的不断发展，各城邦之间为了争夺奴隶、财富和土地，展开了激烈的战争。这些城邦一面自相残杀，一面抵抗周围山地和沙漠地区民族的侵扰。苏美尔人中最强大的城邦是乌尔、拉格什、乌鲁克、乌玛，它们之间的战争尤其激烈和残酷。

公元前3000年左右的时候，乌尔是苏美尔地区的一个大都市，号称"月神之城"。因为月神南娜和他的妻子宁伽尔是乌尔的保护神，他们的庙宇建在乌尔城的中心25米高的3层台阶上，周围是繁华的市场和拥挤的民房。乌尔城大约有3万多人居住，宽阔的护城河同附近的幼发拉底河相连。

苏美尔城邦衰落后，北部阿卡德人在国王萨尔贡一世的率领下，征服了所有苏美尔人的城邦，完成了下美索不达米亚的统一。

苏美尔人创造了非常辉煌的文明。苏美尔人根据月

◉ 手持战斧的苏美尔战士

亮的盈亏制定了太阴历，把一年分为12个月，每个月29天或30天，每年354天。他们排干沼泽，开凿沟渠，扩大耕种面积。苏美尔人首先发明了犁，在三角洲富饶肥沃的土地上辛勤耕作，种植小麦和大麦，制作了大量色彩艳丽的各种陶器。他们的数学也达到了极高的水平，计数采用六十进位制，1分钟60秒，1小时60分钟，就是从那时沿袭而来的。而一天24小时、360度的圆周也同样来自苏美尔人的文明。他们还发明了楔形文字，记录下了许多神话和史诗，建立了一套完备的法律体系，著名的《汉穆拉比法典》就是根据苏美尔法典订立的。他们还是最早使用车辆运输的民族，使用牛拉的四轮货车，比古埃及人要早2000多年。

萨尔贡的征服

苏美尔人建立的各个城邦如乌尔、拉格什、乌鲁克、乌玛等，为了争夺霸权、奴隶和财富，混战不止，大大地削弱了自身的实力，这为萨尔贡的统一创造了条件。

萨尔贡是阿卡德人，出生于阿卡德人建立的基什城邦附近，是一个私生子。刚出生不久就被狠心的母亲装在芦苇篮子里，用沥青封好篮子口，丢弃到幼发拉底河里。庆幸的是，萨尔贡没有淹死，他被来河边取水的宫廷园丁阿基救了起来，

○ 萨尔贡王石碑断片

收为养子。萨尔贡在养父的抚养下长大成人,并继承了养父的职业。他技艺高超,多才多艺,后来又做了基什国王的厨师。他利用接触国王的机会,处处留心,熟悉了军政事务。基什是阿卡德地区最强大的城邦,不断对外发动战争,成了阿卡德地区的霸主。

当时,苏美尔地区最大的城邦是乌玛。乌玛军队在他们的英勇善战的卢伽尔(国王)扎吉西的率领下,南征北战,基本上统一了苏美尔地区,只剩下拉格什和北部阿卡德地区的基什还没有屈服,仍在顽强抵抗。为了彻底统一两河流域,卢伽尔扎吉西决心征服这两个城邦。

面对强悍的乌玛军队,基什的贵族们惊慌失措,被打得大败,人民对国王失去信心,国家危在旦夕。公元前2371年,萨尔贡乘机发动武装起义,当上了基什国王。萨尔贡继位后,组建起世界上第一支5400人的常备军,牢牢掌握了军权。由于根基尚未稳固,他仍沿用基什国号。后来,他新建了阿卡德城(今伊拉克首都巴格达附近),并迁都该城,改国号为阿卡德。

拉格什是当时苏美尔地区一个很强大城邦,包括奴隶在内有15万人。拉格什的军队以步兵为主,分为重装步兵和轻装步兵。军队的基本编制为队,每队有20~30人,按公民的职业编组命名,比如农人队、牧人队等。

这时,卢伽尔扎吉西正率领温玛、乌鲁克两个城邦的联军与拉格什激战,双方血战多日,战场上尸骨如山。拉格什军队中的不少队只剩下了几个人,被迫将各种职业的人混编成队继续作战。

被拉格什拖住的卢伽尔扎吉西无力对付萨尔贡,只好派使者前去和萨尔贡谈判。雄心勃勃的萨尔贡当然不会屈服,所以谈判破裂,萨尔贡立即率领军队挥师南下进攻扎吉西。

这时,扎吉西率领的联军已经攻克了拉格什,但拉格什人并没有屈服,仍然在进行着顽强的巷战。听说谈判破裂,扎吉西马上率领大军离开拉格什,北上迎击萨尔贡。卢伽尔扎吉西率领50个苏美尔城邦的联军,大约一两万人,与萨尔贡的5000军队展开决战。萨尔贡虽然在兵力上处于劣

· 苏美尔地区主要人物 ·

萨尔贡(约公元前2371~前2316年),阿卡德国王,第一次统一两河流域。

乌尔纳木(约公元前2113~前2096年),乌尔王,驱走库提人,建立乌尔第三王朝,颁布世界上第一部法典——《乌尔纳姆法典》。

汉穆拉比(约公元前1792~前1750年),统一两河流域,建立起巴比伦王国,颁布《汉穆拉比法典》。

势,但军队武器装备精良,训练有素,战斗力很强,而且军队指挥统一,以逸待劳。反观卢伽尔扎吉西的军队,虽然人数众多,但指挥不统一,成分复杂,素质参差不齐,主力又在拉

◉ 显示王室军威的军旗
旗中图案详细描绘了公元前 2500 年强大的乌尔军队的一次大捷。

格什征战多日,没有得到充分的休息和补充,已成疲惫之师。而且拉格什人并未屈服,扎吉西是腹背受敌。在战争中,萨尔贡显示出杰出的军事才能,以少胜多,大败苏美尔联军。他用套狗的绳子拴在被俘虏的卢伽尔扎吉西的脖子上,牵到神庙里,当作献给恩利尔神的祭品将其活活烧死。

战胜卢伽尔扎吉西后,萨尔贡乘胜进攻,率领军队继续南下,深入苏美尔各地,经过 34 次战争,先后战胜了拉格什、乌尔、乌鲁克等城邦,征服了苏美尔,第一次统一了两河流域,建立了强大的阿卡德王国。接着,他继续东征西讨,征服了埃兰(今伊朗库齐斯坦一带)、小亚细亚东部、叙利亚、阿拉伯半岛东岸等地,自称"天下四方之王"或"大地之王"。

萨尔贡在征服了苏美尔后,几乎全盘接受了苏美尔的楔形文字和宗教。他以 10 日行程范围作为 1 个行政区,派王族子弟和归顺的苏美尔贵族担任总督。他统一了度量衡,大力兴修水利,建立了庞大的灌溉网络,大力发展商业,使阿卡德王国成为当时世界上最富强的国家。

萨尔贡对苏美尔人的征服是有记载的历史上第一次游牧民族对定居的农业文明的征服。在以后的 4000 多年里,类似的征服在世界各地还发生了许多次,古代史的很大一部分就是由这些入侵构成的。

印度哈拉帕文化

古印度和古埃及、古巴比伦、古代中国并称为古代四大文明古国。古代的印度人民在印度河流域创造了辉煌灿烂的文明。印度河全长 3200 千米,河水丰沛,印度河冲积平原土地肥沃,适合农业生产,为古印度文明的产生和发展提供了有利的条件。

古印度包括今天的印度、巴基斯坦、孟加拉、不丹、尼泊尔等南亚次大陆的国家。中国在西汉时称它为"身毒",东汉时称为"天竺",唐朝时才称它为"印度"。

印度的远古文明直到1922年才被印度考古学家发现。因为遗址最先在哈拉帕(今巴基斯坦旁遮普省境内)发现,所以古印度文明统称为"哈拉帕文化"。由于发现的遗址主要集中在印度河流域,因此又称为"印度河文明"。"哈拉帕文化"陆续发现了250多处遗址,分布的区域十分广大,东起今印度的北方邦,南达今印度的古吉拉特邦,西到今巴基斯坦的俾路支省,北抵今巴基斯坦的旁遮普省,北部以哈拉帕为中心,南部以摩亨佐·达罗(今巴基斯坦信德省境内)为中心,东西约1550千米,南北约1100千米,面积超过古埃及和苏美尔文明的总和。

◉ 摩亨佐·达罗的舞者

哈拉帕文化存在的时间约在公元前2500～前1750年,大体上与我国文献记载的夏朝(公元前21～前16世纪)同时。

一般认为,哈拉帕文明的创造者是印度的原始居民达罗毗荼人,但也有专家认为是从中亚侵入印度的雅利安人,还有的认为是来自西亚的苏美尔人。根据遗址中出土的人骨和各类人像分析,专家们发现当时印度河流域的居民有蒙古利亚人种、原始大洋洲人种和地中海人种等。由此可知,哈拉帕文明是几个种族的人共同创造的文明。

从遗址的发掘来看,哈拉帕文明属于青铜时代的城市文明,哈拉帕和摩亨佐·达罗两座城市的面积和布局很相似,其中摩亨佐·达罗保存得更完整。摩亨佐·达罗城占地约85万平方米,人口大概有3万～4万人,城市分为卫城和下城两部分。卫城有护城河和城墙,城墙上建有塔楼,还有公共建筑和大型粮仓。城中心有一个大水池,专家分析这可能与城中居民举行宗教仪式有关。下城的街道成南北或东西走向,或平行排列,或直角交叉,建筑物的墙角都砌成圆形。城中街道两旁的房屋一般用烧制的红砖砌成,排列非常整齐,分为居住区、商业区和手工业区,其中有住宅、店铺、饭馆等。从挖掘的墓葬来看,当时已经有了贫富分化。富人住在两三层的楼房里,庭院宽敞,甚至小孩子的玩具上都镶着金银珠宝。而穷人则住在低矮的简陋小屋里,只能使用由泥土和贝壳制的粗劣的生活用品。

哈拉帕文明遗址还出土了大量的铜器和青铜器，如斧、镰、锯、刀、渔叉等，表明当时人们已经学会了冶炼金、银、铜、青铜、铅等金属，但没有发现铁器。居民们以从事农业和畜牧业为生，农作物主要有大麦、小麦、棉花、椰枣等，牲畜主要有牛、羊、马、猪等。

城市的繁荣使哈拉帕文明的商业盛极一时，国际贸易特别频繁。遗址里发现的大量文物充分证明了它与波斯、两河流域、中亚，甚至缅甸、中国都有贸易往来。在波斯湾的巴林岛（古代称为狄尔蒙）发现了许多哈拉帕文明物品，表明巴林岛在当时是美索不达米亚和印度河流域之间进行海运贸易的一个中转站。从楔形文字的记载和两河流域出土的文物来看，当时哈拉帕文明出口的商品主要有铜、木料（如柚木）、石料（如闪长石、雪花石膏）、象牙制品、天青石、红玛瑙、珍珠等。

哈拉帕文明已经出现了文字，主要刻在石头、陶器和象牙制成的印章上，但这种文字至今没有被解读。

哈拉帕文明存在了几百年之后逐渐衰亡，但衰亡的原因至今还不清楚。有的专家认为是遭到了雅利安人的入侵，因为城市中的巷道和房屋中发现了很多带有刀痕的骸骨，有的骸骨呈痛苦挣扎状，而且城市也遭到了毁坏。有的说是火山爆发，大量的泥浆把城市吞没。还有的说是过度开垦和放牧，导致土地退化，致使哈拉帕文明衰亡。

> **·吠陀文学·**
>
> 约公元前20世纪中叶，印度吠陀文学开始出现。"吠陀"一词原意为"知识"，后转化为对婆罗门教、印度教经典的总称。从广义上来说，它是古代西北印度用梵文写成的对神的诵歌和祷文的文集，其中包括《吠陀本集》《梵书》《森林书》《奥义书》等。从狭义上讲，吠陀仅指《吠陀本集》，共分4部：一为《梨俱吠陀》；二为《娑摩吠陀》，将《梨俱吠陀》中的绝大部分赞歌配上曲调，供祭祀时歌唱，共载入赞歌1549首；三为《耶柔吠陀》，主要说明出自《梨俱吠陀》的赞歌在祭祀时如何运用；四为《阿闼婆吠陀》，共20卷，载入赞歌730首，记录了各种巫术和咒语，其中杂有科学的萌芽。吠陀经书在世界文学史上占有一定地位，也是研究印度古代史的重要资料。

《汉穆拉比法典》

古巴比伦王国是继阿卡德王国之后两河流域出现的又一个强大的奴隶制国家，第六代国王汉穆拉比在位（公元前1792～前1750年）时，古巴比伦王国到达极盛，他自称"宇宙四方之王"。

汉穆拉比每天在宫殿里要处理大量的申诉案件。由于古巴比伦王国地域广大，人口众多,所以案件堆积如山,汉穆拉比焦头烂额也应付不过来。他就把过去苏美尔人和周边其他一些国家、民族的法律收集起来,经过修改,再加上当时古巴比伦人一些约定俗成的习惯,编成了一部法典。汉穆拉比命令石匠把这部法典刻在石柱上,竖在首都巴比伦城的马尔都克大神殿里,让臣民们观看。这个石柱高2.25米,上部有一块浮雕,雕着两个人。坐着的是太阳神沙马什,站着的是汉穆拉比。他正在从太阳神手中接过象征着权力的权杖,表示自己的权力是太阳神授予的,人民必须服从他的命令,否则将受到神的惩罚。浮雕下面用巴比伦楔形文字密密麻麻地刻满了法律,一共282条,分51栏4000行,大约有8000多字。

汉穆拉比在法典的序言中写道:"安努与恩里尔(古巴比伦的神)为人类造福,命令我,荣耀而敬神的国王,汉穆拉比,发扬正义,消灭邪恶不法的人,恃强而不凌弱,使我如同沙马什一样,统治百姓,光耀大地。"

当时古巴比伦的统治阶级是奴隶主,被统治阶级是自由民和奴隶。法典上的法律条文主要就是处理三者之间的关系的,处理的原则是以牙还牙、以眼还眼。比如两个人打架,如果其中的一人被打瞎了一只眼睛,按照法典的规定,对方的一只眼睛应该被弄瞎。但是,法典对奴隶主、自由民、奴隶有着不同的规定:如果奴隶主把自由民的眼睛弄瞎,那么只要赔偿银子1迈拉(重量单位)就没事了。如果把奴隶的眼睛弄瞎了,则无须任何赔偿。如果奴隶不承认他的主人,而主人拿出这个奴隶属于自己的证明,那么这个奴隶就要处以被割去双耳的刑罚,如果奴隶打了自由民的嘴巴也要割去双耳。自由民医生给奴隶主治病,如果在开刀的时候奴隶主死了,那么医生就要被砍掉双手。

这部法典还体现了一定的公正精神。比如它规定如果有人"打了居高位的人嘴巴",那么执法者只能给予犯罪人"鞭笞六十"的处罚,而不能按照"居高位的人"的意愿或执法者自己的意愿去随心所欲地处罚。

法典不鼓励告密,其中的一、三、五条规定:"如果一个自由民控告另一个自由民杀人,但是经查证是诬告,那诬告者处以死刑。""如果一个法官做

◉ 刻有《汉穆拉比法典》的石柱

出了判决,但后来又更改了判决,那么将被处以原诉讼费12倍的罚金,并撤销其法官的职位。"

为了巩固奴隶主的统治,法典还有一些严厉的条款:逃避兵役者一律处死;破坏桥梁水利者将受到严惩甚至处死;帮助奴隶逃跑或藏匿逃亡奴隶,一律处死;如果违法的人在酒店里进行密谋,店主没有把这些人捉起来,店主要处死。

另外法典还很有人情味,例如:"如果某人领养了一个婴儿,并将他抚养成人,孩子的亲生父母不能将他领回。""如果一位贵族因为妻子不能生养而要离婚,那么要先偿还她出嫁时所付出的全部代价和所有嫁妆。""如果丈夫出远门,但没有留下足够的养家费用,妻子可以改嫁。"

法典中甚至还有在今天看来很荒唐的规定:如果泥瓦匠给人盖房子,房子塌了,压死了这家人的儿子,那么泥瓦匠要用自己的儿子抵命!还有一些法律条文很有趣,比如法典规定:"如果没有抓获强盗,遭抢劫者在神灵的面前发誓并说出自己的损失,发生抢劫案的地区的官员需偿还遭抢劫者损失。""如果死了一个人,地方官员亦须付银子1迈拉给死者亲属。"

《汉穆拉比法典》是世界上第一部较完备的成文法典,广泛地调整了当时的古巴比伦社会生活的各个方面,使古巴比伦王国成为古代东方奴隶制国家中统治最严密的国家之一。

腓尼基人环航非洲

腓尼基人是一个相当古老的民族,生活在地中海东岸,大致相当于今天的黎巴嫩和叙利亚沿海一带,曾创造过高度文明,在公元前10~前8世纪达到鼎盛。

历史上,腓尼基人开创了举世瞩目的航海业,这跟他们所处的地理环境有很大关系。腓尼基人居住的地方,前面是浩瀚的大海,背靠高大的黎巴嫩山,没有适宜耕作的土地,注定了腓尼基人不能成为农

◉ **腓尼基的船只**
腓尼基船只短而宽,并且很坚固。它们是用生长在腓尼基山坡上的雪松木制成的。由独桨、独帆驱动船只前进。

耕民族。他们转而发展手工业，制造出精美的玻璃花瓶、珠宝饰物、金属器皿及各种武器等。要拿这些手工制品与异域民族产品进行交易，就需要腓尼基人在汹涌澎湃的大海上闯出一条路来。

于是，勇敢的腓尼基人驾驶自制的船只向茫茫的地中海开进了。据说，腓尼基人是从埃及人和苏美尔人那里学到的造船工艺。所造的船船身狭长，前端高高翘起，中部建有交叉的桅杆，两侧设双层樯橹，通体看起来轻巧、结实。这种船主要靠船桨划行，有时也能拉起风帆，可同时搭载3～6人。大概由8～10只船组成一支船队。英国大不列颠博物馆珍藏的一幅反映腓尼基船队航海盛况的浮雕，栩栩如生地刻画了腓尼基人航海情况。

腓尼基人凭借高超的造船技术和娴熟的驾船技巧，怀着无比坚定的决心，航行到地中海的每一个港口，同当地的居民做各种各样的交易。腓尼基人自产的一种红紫色染料有着很好的销路，以至于古希腊人称腓尼基为"绛紫色的国度"。根据后来史学家考证，腓尼基商人并不局限于地中海，他们的商船队曾经一度穿过直布罗陀海峡，进入波涛汹涌的大西洋，至今该海峡还有以腓尼基神名命名的坐标——美尔卡尔塔坐标。腓尼基人由此向北直达今法国的大西洋海岸和英国的不列颠群岛；向南侧一直航行到非洲南端的好望角，据说他们还曾环绕整个非洲航行。

在北非，至今流传这样一个故事：古埃及的法老尼科召见了几位腓尼基航海勇士，对他们说："你们腓尼基人自称最善于远航，真是如此吗？你们要说'是'，那么现在你们就进行航行，从埃及出发，沿海岸线一直向前，要保证海岸总在船的左侧，最后回到埃及来见我。到时候我有重赏，如果你们觉得做不到，就实说，我也不惩罚你们，只是以后不要妄自吹嘘善远航了。"法老知道想开辟新航道，要冒很大风险，觉得腓尼基人不会真的去做。没想到这些腓尼基人慨然领诺，接受挑战，而且很快组织起一支船队出发了。3年过去了，他们杳无音讯，法老以为这几个狂妄的腓尼基人早已葬身鱼腹。万没料到3年后的某一天，这几个腓尼基人真的回到了埃及。开始尼科不相信他们，但他们一五一十地向法老讲了沿途见闻，还献上收集到的奇珍异宝，最后法老终于折服了。

腓尼基人环非洲航行，堪称人类航海史上的一次壮举。当时欧洲流行的说法是，大西洋就是世界的尽头，没有人能穿越直布罗陀海峡。但伟大的腓尼基航海勇士却跨越地

◉ **腓尼基的玻璃瓶**

腓尼基人擅长制作玻璃制品，例如花瓶和珠宝。他们把沙子和纯碱混合成糊状，然后加上染料在高温下烧制。

中海，北抵英吉利，南过好望角，进入印度洋，无愧于世界航海业开拓者的称号。

腓尼基人的航海取得了丰硕的成果，具有十分重要的历史意义。首先，他们为自己建立了海上霸权，垄断了航路和贸易。他们在地中海沿岸建立一系列商站殖民地，其中很多商站发展成著名商城，进而成为强大的城邦国家，如北非的迦太基城（今突尼斯）就一度威胁罗马人。其次，腓尼基人的远航为后来的世界航行提供了第一手航海资料和宝贵的经验，同时扩大了世界各地经济联系和文化交流。

米诺斯的迷宫

传说在远古的时代，大海中有一个克里特岛，由一位叫米诺斯的国王统治着。米诺斯的儿子安得洛革斯在雅典参加奥运会时被人谋杀，为了给儿子复仇，米诺斯派兵攻打雅典。神也降罪于雅典，城中到处都是灾荒和瘟疫。雅典人被迫向米诺斯求和，米诺斯要求雅典人每隔9年送7对童男童女到克里特岛。

为什么米诺斯要雅典人送童男童女呢？原来米诺斯在克里特岛建了一座巨大的迷宫，迷宫纵横交错，进去根本别想出来。在迷宫里，米诺斯养了一只人身牛头的吃人怪物——米诺牛。雅典每次送来的7对童男童女都要给米诺牛吃，雅典人深受其害。

26年后，米诺斯派人到雅典索要第三次贡品——7对童男童女，童男童女的家长和他们的孩子抱头痛哭。雅典国王爱琴的儿子提修斯看到人们遭受不幸，心中深感不安。他要求和童男童女一起出发，前往克里特岛，决心杀死米诺牛。

在雅典人的哭声中，载着包括提修斯在内的7对童男童女的帆船缓缓驶航，驶向克里特岛。临别前，提修斯和父亲约定，如果杀死了米诺牛，返航时他就把

◎ 克里特母神
这位神是米诺斯宗教的核心。落在头上的鸽子象征着她的神圣，手中紧握着扭动的蛇则是提醒信徒记起她与地狱的联系。

船上的黑帆换成白帆。

提修斯领着童男童女在克里特岛上岸后，来到米诺斯的王宫。在米诺斯国王验收时，他的女儿——美丽聪明的阿里阿德涅公主对英俊潇洒的提修斯一见倾心，与他约会，向提修斯表达了自己的爱慕之情，提修斯也非常喜欢公主。当公主知道提修斯的使命后，表示愿意帮助他杀死米诺牛，并送给他一把威力无边的魔剑和一个线球。

提修斯率领童男童女进入迷宫后，将线球的一端系在迷宫的入口处，然后拿着线团，边走边放线，经过蜿蜒曲折的走廊，进入迷宫。在迷宫深处，提修斯发现了吃人的怪物米诺牛，和它展开了激烈的搏斗。他敏捷地跳起来，一手抓住米诺牛的牛角，一手拿着阿里阿德涅公主给的魔剑，奋力刺进米诺牛的胸膛，将它杀死。然后提修斯率领带着童男童女，沿着来时留下的线终于走出了迷宫。

为了防止米诺斯国王的追击，他们凿沉了克里特岛港口所有的船，然后乘着他们来时的帆船返航。提修斯本想带着公主一起回雅典，但这时神要求提修斯必须放弃自己的爱情，否则将惩罚他。提修斯无可奈何，只好将公主留在岛上。沉浸在悲伤之中的提修斯忘了与父亲的约定：将黑帆换成白帆。经过几天的航行，他们回到了祖国雅典。国王站在悬崖上望眼欲穿，等待儿子归来。当他看到归来的帆船仍然挂着黑帆时，以为儿子被米诺牛吃掉了，悲痛欲绝，于是跳海自杀。为了纪念这位爱琴国王，人们就把那片海叫作爱琴海。而那头被提修斯杀死的米诺牛，被神升到了天上，成为冬夜星空中的金牛座。

这个神话故事被《荷马史诗》和其他文学作品大加描写，人们对米诺斯迷宫非常神往，但大都认为那只是个神话罢了。后来，一个叫阿瑟·伊文思的英国儿童听了这个神话后，深深着迷，立志长大后要找到米诺斯迷宫。

1900年，已经成为考古学家阿瑟·伊文思率领考古队来到了爱琴海中的克里特岛，寻找传说中的米诺斯迷宫。经过3年的发掘，阿瑟·伊文思终于在克里特岛的克诺索斯附近一座叫作凯夫拉山的缓坡上发现了米诺斯王宫的遗址，找到了传说中的米诺斯迷宫。迷宫的墙上有许多壁画，壁画色泽鲜艳，内容丰富。其中有一幅壁画画着斗牛的内容，和神话中所说

·欧洲名称的传说·

传说腓尼基公主欧罗巴在长满鲜花的草地上与姑娘们玩耍，离姑娘们不远的地方有一群牛在安静地吃草。一头白色的大公牛，朝公主欧罗巴走来，温顺地让欧罗巴骑在背上。突然，大白公牛如飞一样奔跑，越过大海。第二天傍晚，来到一个岛上，在一棵大树下停住，欧罗巴跳下牛背，忽见一个伟健的男子站在面前，向她求婚。原来这头大白公牛是不可征服的神——宙斯的化身。欧罗巴做了宙斯的妻子，生了几个儿子。这块土地也以欧罗巴的名字命名，它就是欧洲。先民们以石灰石浮雕记录下这美丽的传说。

的迷宫里吃童男童女的人头牛身怪物米诺牛的故事隐隐相符。

地下迷宫的发现，让人们见识了公元前15世纪克里特岛曾有过的灿烂文明。这个文明发源于公元前2600年左右，于公元前1700年左右达到全盛，公元前1450年左右突然消失。考古学家认为，当时克里特岛发生了强烈的地震，造成了巨大的损失和人员伤亡，后来又发生了内战，实力大损。北方的希腊人乘机占领了克里特岛，克里特文明灭亡。

⊙ 米诺斯王宫遗址壁画
湿壁画是一种绘于泥灰墙上的绘画艺术，这种创作手段是米诺斯文明的主要艺术形式。

铁列平改革

赫梯王国是上古时期西亚地区的一个强国。

赫梯王国最初的领土仅有小亚细亚东部的哈里斯河（今土耳其基齐尔－伊尔马克河）中上游一带，最初的居民是讲赫梯语的哈梯人（又称原始赫梯人）。这里地处高原，雨量很少，不适合农耕，所以哈梯人主要从事畜牧业。大约在公元前2000年，中亚大草原的涅西特人迁徙到小亚细亚，征服了当地的哈梯人，并与之融合，形成了赫梯人。他们的语言是涅西特语，也称赫梯语。赫梯王国多山，矿藏（银、铜、铁等）丰富，具备发展金属冶炼的有利条件，引起邻国亚述的垂涎。公元前19世纪，亚述人在赫梯王国境内建立了许多的殖民地城邦。

在公元前18世纪，赫梯人建立了几个城邦，并且互相攻打，争夺霸权。

⊙ 赫梯人的牧鹿形银制礼仪用饮水杯

其中最大的城邦有库萨尔、涅萨和察尔帕。经过长期的征战，库萨尔王阿尼塔征服了涅萨，俘虏了涅萨王，并定都于此。后来阿尼塔未经战斗，便使普鲁汗达王投降，至此库萨尔成为实力最强的赫梯城邦，为赫梯王国的雏形。随后，赫梯王国开始对外侵略扩张，将亚述人的势力全部排挤出小亚细亚。阿尼塔的继承人拉巴尔纳一世继续征服其他城邦，拉巴尔纳一世的孙子穆尔西里一世时将首都迁到哈梯人的城邦哈图萨斯（今土耳其波尔兹科伊），这标志着涅西特人和哈梯人最终融合。

公元前1600年左右，穆尔西里一世率军南下，攻克了喜克索人在叙利亚建立的城邦哈尔帕，不久喜克索人就在埃及和赫梯的南北夹击下崩溃，赫梯人乘机占领了叙利亚和巴勒斯坦。此时，古巴比伦王国已经衰落，赫梯人不断南下抢掠，令古巴比伦王国不胜其扰。公元前1595年，赫梯人攻克巴比伦城，将财宝洗劫一空，古巴比伦王国灭亡，赫梯回师时又击败了胡里人。从此赫梯威名远震，疆域东至两河流域北部，南达叙利亚，西到地中海，北抵库麦什马哈什河，成为西亚地区的一个大国。

赫梯人每征服一个地区，就派赫梯王国的王子前去统治，所以那里的居民就被称为"王子们的奴隶"。在赫梯王子们的残暴统治下，赫梯统治者和当地居民矛盾很深，终于导致了"王子们的奴隶"起义，但起义在穆尔西里一世和各地王子的联合镇压下失败。

赫梯王室内部矛盾也很尖锐，为了争夺王位，常常自相残杀，连穆尔西里一世都被他的弟弟所杀，赫梯王国在内战和各地的叛乱中过了几十年。公元前16世纪末，铁列平即位。为防止王室骨肉相残和贵族争权夺利，保持国家稳定，铁列平不得不进行改革。改革的主要内容为确定王位继承人制度，铁列平规定，王位应由国王的儿子按长幼顺序来继承，即长子优先，然后才轮到其他的儿子。如果没有儿子，那王位就要由国王长女的丈夫继承，其他人均无权继承王位。这就确立了王位的世袭制，防止了王室的自相残杀和贵族的篡位野心。

⊙ 一对恩爱的赫梯夫妇的雕塑被刻在他们自己的棺木盖上，赫梯人认为这样便可以在未来给予他们的灵魂一个栖息之地。

他还规定由贵族会议保证王位继承法的贯彻执行。王子犯法，不能株连他的亲属，也不得剥夺他们的财产和奴隶。不经贵族议会同意，国王不能杀害任何一个兄弟姐妹，王室的内部纠纷由贵族会议裁决。铁列平改革标志着赫梯国家形成过程的完成，使赫梯王权得到巩固，国势日益强盛。公元前15世纪末至公元前13世纪中期，是赫梯王国最强盛的时期。

当时埃及也是中东地区的一个强国，两国为了争夺叙利亚地区，展开了长期的争霸战争。公元前1299年，埃及法老拉美西斯二世亲率由战车和步兵组成的军队攻入巴勒斯坦，准备夺取叙利亚，赫梯国王穆瓦塔尔率领十几个西亚小国的联军在卡迭石迎战。赫梯人在黄昏时偷袭了埃及人，埃及人猝不及防，损失惨重。后来由于法老预备队及时赶到，埃及人才避免了全军覆没。赫梯人进攻受阻，被迫撤走，埃及人由于伤亡过大，也无力追赶。双方只好讲和，赫梯国王把公主嫁给埃及法老，两国实行和亲。赫梯人在一块银板上面雕刻着双方结束战争、缔结和约的条文，来到埃及首都孟菲斯，两国签订和约。这是我们所知道的有记载的历史上第一个国际条约，称为"银板和约"。

长期与埃及争霸，大大消耗了赫梯的国力。公元前13世纪末，"海上民族"入侵地中海东岸地区，被赫梯征服的小国也纷纷起兵反抗，赫梯王国瓦解，首都哈图萨斯被焚毁。公元前8世纪，残存的赫梯王国被亚述帝国所灭。

《吉尔伽美什》史诗

《吉尔伽美什》是人类历史上第一部史诗，是古代两河流域文学作品的代表作。早在4000多年前就在苏尔美人的口中代代流传，到了古巴比伦王国时期才以文字的形式记载下来。

史诗的主人公吉尔伽美什是乌鲁克城（今伊拉克南部）的一位英雄。他三分之二是神，三分之一是人，力大无比，四处闯祸。后来他成了乌鲁克城的统治者，更加不可一世，荒淫暴虐，人民苦不堪言，纷纷向天神哭诉。于是天神派恩奇下凡，去制服吉尔伽美什。恩奇是一个浑身长毛，生活在草原上整日与野兽为伍的半人半兽的野人。他心地善良，经常帮助野兽逃脱猎人的追捕。后来，他听到吉尔伽美什的事，就来找他决斗。

⊙ 记述史诗《吉尔伽美什》的一块泥板

两人展开了激烈的搏斗，最终不分胜负，惺惺相惜，他们结成了莫逆之交。从此，吉尔伽美什弃恶从善，两人携手为乌鲁克的人民造福。他们打死了吃人的狮子，做了很多好事。

乌鲁克四周是一片平原，树木很少，人民建造房屋时缺少木材。吉尔伽美什和恩奇就一起来到森林里为人民伐木。但森林里住着一个叫芬巴巴的妖怪，不让他们砍树。两人与妖怪展开大战，终于将它杀死。在回去的路上，一位女神从天而降，来到吉尔伽美什的面前，说："请过来，做我的丈夫吧，吉尔伽美什！如果你接受了我的爱情，就能享受无尽的荣华富贵。"原来吉尔伽美什斩妖除魔的英雄行为赢得了女神的爱慕。但吉尔伽美什非常讨厌女神，严词拒绝了她的求爱。女神觉得受到了莫大的侮辱，气冲冲地飞回天上，派了一头天牛前去报复吉尔伽美什。

这头天牛庞大无比，非常凶残，口吐烈火，一下子就烧死几百人，老百姓深受其害。吉尔伽美什和恩奇非常气愤，拳脚雨点般地打在天牛身上，它很快就奄奄一息了。女神看到后，急忙下凡前来抢救天牛，但为时已晚，天牛已经被两位英雄打死了。

女神见自己的报复计划失败了，坐在乌鲁克的城头痛哭不止，吉尔伽美什和恩奇却哈哈大笑。恩奇把天牛的一条腿撕下来，随手扔到女神的脸上，溅了她一脸污血。

恩奇大笑着说："你听着，要是我抓住了你，就像对付这头牛一样对付你！"女神气得脸都白了。

恩奇又剖开天牛的肚子，拽出天牛的像绳子一样又粗又长的肠子，对女神说："要是我抓住你，就用天牛的肠子把你捆起来！"女神气得浑身发抖，飞回了天上。

回到天上后，女神向神仙们哭诉。女神的父亲天神安努非常生气，决心为女儿报仇。他施展法力，使恩奇得了重病，变得又瞎又聋，还受到噩梦的折磨，没过多久就死了。一直守护在他身旁的吉尔伽美什伤心欲绝，眼泪像瀑布一样流了下来，同时也开始对死亡产生了无限恐惧。

· 《吉尔伽美什》史诗的发现 ·

19世纪中叶，大英博物馆的乔治·史密斯在亚述古都尼尼微挖掘出《吉尔伽美什》史诗的12块泥板。后经学者们整理，到20世纪20年代，史诗的翻译和注释已基本完成，我国也出版了中译本。《吉尔伽美什》史诗的泥板现藏于英国大英博物馆。

在埋葬了好友之后，吉尔伽美什决心去寻找人类的始祖、大洪水中唯一幸存的人乌特·纳比西丁，向他请教永生的秘密。

人们劝他："你是找不到人类始祖的，还是不要去了。"吉尔伽美什不听，他穿越了大沙漠，躲过了大蝎子的攻击。没有路的时候,他就钻进地洞,继续赶路。一天,吉尔伽美什来到大海边,在一位渔夫的帮助下乘船来到了人类始祖的居住地——幸福之岛。

"人为什么要死呢?"吉尔伽美什问人类始祖乌特·纳比西丁。

"孩子,世界上哪有不坏的房屋?哪有永不分离的兄弟?上天规定每个人注都是要死的。"乌特·纳比西丁回答道。

"那你怎么没有死?"

"当年大洪水暴发前,一个好心大神提醒了我,所以我没有死,后来就成了人类的始祖。"

"那怎样才能永远不死呢?"

"海底有一株青春草,吃了后可以永生。"

吉尔伽美什听了大喜,告别了人类始祖乌特·纳比西丁,跳入海中,采到了青春草。当他正想吃掉时,忽然想起了乌鲁克城中的善良百姓,决定把青春草带回去,让大家都长生不老。

在回去的途中,吉尔伽美什把青春草放在泉水边,自己跳进去洗了个澡。当他爬上岸时,发现青春草不见了。他急忙四处寻找,只见一条老蛇正在吞食青春草,吉尔伽美什急忙跑过去,老蛇却蜕掉了一层皮,精神焕发地逃走了。吉尔伽美什只好垂头丧气地回乌鲁克去了。

《吉尔伽美什》语言优美,情节曲折,生动地反映了当时的人们探索生死奥秘的愿望和希望掌握自己命运的理想,是世界文学宝库中的珍品。

图特摩斯三世

图特摩斯三世(公元前1516年~前1425年),是古埃及新王国第十八王朝时期一位以尚武著称的法老(公元前1479年~前1425年在位),后世的历史学家称他为"第一个曾经建立

◉ 古埃及谷物收获图

> **· 图特摩斯三世的陵墓 ·**
>
> 图特摩斯三世去世后，埋在了帝王谷中。为了防范盗墓贼，墓室的入口建在了悬崖上。陵墓内的线条构图十分漂亮，柱子上刻着精美的图案，整个陵墓像一幅巨大的纸草卷画轴。后来陵墓还是被盗了，庆幸的是他的木乃伊由于及时抢救而幸免于难。

具有真正意义的帝国的人，也是第一位世界英雄"。

图特摩斯三世出生于公元前1516年，他是图特摩斯二世和一个叫伊西丝的后妃的儿子。图特摩斯二世体弱多病，所以他的异母妹、王后哈特谢普苏特掌握了实权。哈特谢普苏特认为图特摩斯三世没有纯正的王室血统，不能成为法老，但是图特摩斯二世只有这一个儿子。公元前1504年，图特摩斯二世去世，年仅12岁的图特摩斯三世即位。王后哈特谢普苏特趁他年幼，大权独揽。4年后，太后暗令阿蒙神庙祭司假传神谕篡位，图特摩斯三世被迫退位，进入阿蒙神庙学习。在阿蒙神庙中，图特摩斯三世如饥似渴地学习，成为一个知识渊博的人。

后来，太后允许他参军。图特摩斯三世经过刻苦练习，成为一个武艺高强的人。他善于骑马射箭，令将士们非常佩服。他从不过问政治，平时也沉默寡言。太后为进一步考验图特摩斯三世，让他率军远征古埃及南部的努比亚（今苏丹）。他指挥有方，大获全胜，凯旋时献上缴获的奇珍异宝，并立即交出兵权。从此，太后不再对他存有戒心。图特摩斯三世趁机训练了一支由自己直接掌控的25000人的军队。

埃及的西亚属地叙利亚和巴勒斯坦在米坦尼王国的支持下突然宣布脱离埃及独立。太后大惊失色，急忙调兵遣将，准备平叛。图特摩斯三世乘机率军发动政变，杀死太后和她的亲信，夺取了王位。为了报复太后，让她从历史上消失，图特摩斯三世下令将所有太后的石像和刻有太后名字的纪念碑销毁，想把她留下的痕迹从埃及大地上彻底抹去。

图特摩斯三世亲政后，面对的第一拨敌人是西亚以卡捷什国王为首、一共有330个王公和他们的部下参加的反埃及同盟。公元前1482年5月，他亲率大军向卡捷什联盟发起了进攻，双方在巴勒斯坦北部重镇美吉多城展开决定性的战斗。在出征前，埃及军队到美吉多有三条道路可以选择：第一条路是经"大马士革大道"向东，到基松河后再转向北，而后从山路到达美吉多，但这条路路程太长，图特摩斯三世放弃了；第二条路是经阿鲁那抵达美吉多南部，卡捷什同盟军认为埃及军队将从这条路进攻，所以在城南布下重兵。显然，如果埃及军队经此路进攻，必将损失惨重。图特摩斯三世进过深思熟虑后，决定进行一次大冒险，选择另一条崎岖的山路绕到美吉多城北，从背后出其不意地发起攻击。

但这个计划遭到保守的将军们的反对，图特摩斯三世非常生气，说："如果谁害怕,那就回埃及去。"于是将军们不再说话了。黎明时,埃及军队出发,图特摩斯三世走在军队的最前面,经过一天的急行军,埃及军队在傍晚抵达美吉多城北,而卡捷什同盟军丝毫没有觉察。

第二天早上,图特摩斯三世把埃及军队分为一支中间部队和两支侧翼部队,向卡捷什同盟军发起进攻。埃及军队弓箭手在前,步兵居中,最后是 500 辆快如疾风的骏马驾驶的战车。进攻时,弓箭手们射出一排排遮天蔽日的利箭,卡捷什同盟军死伤无数,阵形大乱。图特摩斯三世看准时机,命令战车以排山倒海之势发起猛攻。当埃及的战车接近同盟军的战车时,士兵们在统一号令下同时弯弓搭箭,射向同盟军。同盟军车阵大乱,埃及步兵随后赶上,配合车兵作战。战场上到处是翻倒的战车、马匹和士兵的尸体,到处可以听到同盟军伤兵痛苦的呻吟。如果此时埃及军队乘胜进攻,那么美吉多城必定唾手可得。但埃及士兵只顾抢夺同盟军留下的金银财物,掠取战利品和捆绑俘虏。结果,一些同盟军逃到城墙下抓住城上守兵扔下来的绳索,逃回城去。

图特摩斯三世只好下令围城,埃及人砍光了城郊果园中的果树,断绝了城中的粮食和水源,同盟军被迫投降,西亚再次臣服于埃及。

图特摩斯三世在位期间,共取得了 17 场战役的胜利,后世的历史学家称他为"埃及的拿破仑"。他在位期间,埃及的版图东起西亚地区,南至努比亚境内的尼罗河第四瀑布,西至利比亚,北抵幼发拉底河上游的卡赫美士城,成为历史上第一个地跨北非和西亚的大帝国。

⊙ 古埃及墓室壁画复原图

此图描绘的是埃及的一次家庭聚会,左边的夫妻正在接受儿女们奉上的各种食物。图中的女子戴着新王国时期流行的长而精致的假发,穿着肥大的长裙。

迈锡尼的狮子门

《荷马史诗》中记载了这样一个神话故事:有一天,小亚细亚(今土耳其)特洛伊的王子帕里斯到希腊城邦斯巴达访问,斯巴达王举行盛大的宴会欢迎他。斯巴达的王后海伦,这个世界上最美丽的女人,也出席了宴会。帕里斯被海伦的美貌迷得神魂颠倒,而海伦也非常喜欢年轻英俊的帕里斯。为了占有海伦,帕里斯趁斯巴达王外出之时，拐带海伦，乘船逃回了特洛伊。

斯巴达王认为这是个奇耻大辱，就去找他的哥哥迈锡尼国王阿伽门农商量。阿伽门农邀请了很多希腊城邦的国王来开会，会上大家一致决定组成希腊联军，由阿伽门农率领，跨过爱琴海，讨伐特洛伊，夺回海伦。

但就在出征前，阿伽门农在阿耳忒弥斯神庙杀死了女神的宠物鹿，触怒了女神。女神对阿伽门农说，只有用他的长女伊菲革涅亚来祭祀，才可以被宽恕，否则就要降罪于希腊。

迈锡尼建筑中的狮子门，以宏伟坚固著称。

阿伽门农不顾妻子克丽滕涅斯特拉的苦苦哀求，毅然杀死长女伊菲革涅亚，然后率领希腊联军跨海东征。战争持续了整整10年，希腊联军和特洛伊人打得难分难解。最后，希腊人想出一条妙计，他们假装失败，乘船退到海上，留下一个巨大的木马。特洛伊人以为希腊人被打败了，欣喜若狂，将木马作为战利品运回城内。因为城门太矮，特洛伊人拆掉一段城墙才将木马运进城里。然后，他们开始庆祝胜利，又唱又跳，个个喝得烂醉如泥。深夜，藏在木马肚子里的希腊人纷纷跳出来，而海上的希腊人也杀了个回马枪，里应外合，一举攻克了特洛伊，将它夷为平地，夺回了海伦。

阿伽门农娶了特洛伊公主为妾，率军回到了阔别已久的故乡迈锡尼。但他万万没有想到，等待着他的竟是死亡。原来，他的妻子仍然怨恨他杀害女儿，就与堂弟私通，密谋杀死阿伽门农。

阿伽门农回国后，在豪华的宫殿中举行了盛大的晚宴，他的妻子与堂弟便趁机将其杀死，阿伽门农的儿子逃走。8年后，阿伽门农的儿子长大成人，与姐姐一起杀死了母亲和舅舅，为父亲报了仇。

古希腊悲剧家埃斯库罗斯在他的著名悲剧《阿伽门农》中讲述了这个悲惨的故事，这个父杀女、妻杀夫、子杀母的悲剧千百年来震撼了无数的人。

但历史上是否有迈锡尼这个国家？是否有阿伽门农这个人呢？如果有，那迈锡尼的遗址在哪里？阿伽门农的坟墓在哪里？公元前2世纪，希腊历史学家波桑尼阿斯曾经游览过

> **·迈锡尼文明·**
>
> 公元前16～前12世纪，希腊人在继承了克里特文明的基础上，创造了迈锡尼文明。迈锡尼在与特洛伊的战争中元气大伤，被北方的多利亚人（希腊人的另一支）所灭。1999年，联合国教科文组织将迈锡尼古城遗址列入世界文化遗产。

迈锡尼的遗址,他在游记中写道:"迈锡尼至今仍保留着的一部分城墙和狮子门……还有一座阿伽门农的陵墓……"

后世许多历史学家来到希腊伯罗奔尼撒半岛试图寻找迈锡尼的遗址,但都无功而返。1870年,坚信《荷马史诗》是真实历史并崇拜阿伽门农的德国考古学家施利曼和他的妻子在这一地带发掘,终于在1876年发现了迈锡尼遗址和阿伽门农的坟墓,向世人证实了《荷马史诗》中所叙述的特洛伊战争的真实性。

◉ 阿伽门农的金面具

这个漂亮的黄金面具应该属于一个迈锡尼国王。当国王被埋葬后,脸上就戴上面具。考古学家曾经认为这个金面具属于阿伽门农——特洛伊战争中的英雄。

迈锡尼的遗址在一个高丘上,呈三角形,占地面积约3万平方米。遗址的城墙周长900米,城墙平均厚度达6米,都用巨石砌成,但目前只残存正门"狮子门"一段了。"狮子门"高4米,宽3.5米,门柱用整块的石头凿成;门柱子上有一块横梁,横梁上面放着一块三角形的大石板,石板中间雕刻着一个祭坛,祭坛上有一根石柱,石柱两旁各有一只雌狮子浮雕(雌狮子是迈锡尼宗教地母神的象征)。两只雌狮子的前爪搭在祭台上,昂首向天,呈怒吼状,威风凛凛。这个庄严肃穆的狮子门,历经3000年的风吹雨打依然屹立不倒,以至于后来的希腊人看到狮子门时,还以为是神话中的独眼巨人修建的呢。

在距离狮子门12米的地方,施利曼又挖掘出了阿伽门农的坟墓。阿伽门农的尸体旁摆放着镶金嵌银的武器,脸上罩着黄金面具,穿着黄金铠甲。接着,施利曼又发现了迈锡尼的王宫,找到了许多珍贵的文物。在施利曼等考古学家的努力下,埋没已久的迈锡尼文明终于重见天日,向人们展现了它昔日的辉煌。

埃赫那吞的宗教改革

埃赫那吞原名阿蒙霍特普四世,是古埃及第十八王朝的法老阿蒙霍特普三世的儿子。

埃及阿蒙(埃及人供奉的神)神庙的僧侣自从图特摩斯三世时期起,势力不断膨胀。他们住在高大的神庙中,拥有大片土地和众多的奴隶,还经常干涉朝政,越来越不把法老放在眼里。

当时古埃及全国虽有一个主神阿蒙,但各地还有很多地方神和自然神,崇拜对象也很多,如土地、河流、雨水、泉水、风、雷、电和飞禽走兽等,甚至是一副弓箭、木制雕刻品、一块石头。

后来埃赫那吞的父亲阿蒙霍特普三世退位,埃赫那吞登基,成为埃及法老。埃赫那吞立刻颁布命令,将自己偏爱的希利奥波里城的地方神阿吞(太阳神)取代阿蒙成为全国最高的神,全埃及的臣民必须供奉新神,停止供奉其他的神。阿吞神的形象和其他神不同,它不是人或兽的样子,而是一个太阳,太阳中放射出许多手,象征太阳神的光芒。它是创造之神,宇宙之神,世间一切生命之源泉。埃赫那吞还自称是阿吞神唯一的儿子,他和王后尼弗尔提提是阿吞和人民之间的唯一传言人,因此和阿吞一起接受人民的崇拜。他还把自己的名字阿蒙霍特普(阿蒙的钟爱者的意思)改成埃赫那吞(阿吞的光辉的意思),把王后改名为涅菲尔涅菲拉吞(美中之美是阿吞的意思)。过去祭祀阿蒙神有很多繁文缛节,埃赫那吞又下令将祭祀的仪式大大简化。阿吞神庙是一个露天的柱式大厅,祭祀的人们可以直接感受太阳神阿吞的照耀,直接和它进行交流,而不再像过去那样被阻隔在神庙的外面。

在全国推行新神取缔旧神的同时,埃赫那吞开始大力清除阿蒙神庙僧侣的势力。他下令关闭全国各地所有的非阿吞神庙;派大批军队将僧侣赶出神庙,强令其还俗为民;将其他神庙的土地和奴隶全部没收,划归阿吞神庙所有;严禁僧侣参政,违反命令的僧侣立即处死。公共建筑物和纪念物上刻的阿蒙的名字必须立即凿掉,推倒一切阿蒙的神像。全国每个城市至少必须建一座阿吞神庙,庙中供奉阿吞神和埃赫那吞及王后的雕像,各级地方官员必须要带头向阿吞神庙献祭,并宣誓永远效忠于英明、伟大的造物主阿吞及法老和王后。

⊙ 奥西里斯原本是农业之神,可是当他被嫉妒的哥哥塞特杀死之后,就变成了地狱之神和重生之神。埃及人认为尼罗河每年的定期泛滥就是其妻子伊西斯纪念他的涕泣之泪。

由于首都底比斯的守旧势力太大,埃赫那吞宣布将首都迁到底比斯以北300千米、尼罗河东岸的阿马纳摩,为新都定名为"埃赫塔吞"(意为阿吞光辉照耀之地)。

埃赫那吞的宗教改革引起了阿蒙神庙的僧侣们极大的恐慌。看到自己的特权和财产被剥夺,他们急得如热锅上的蚂蚁,于是就请已退位的老法老阿蒙霍特普三世和太后劝劝埃赫那吞,停止宗教改革。

老法老和王后劝埃赫那吞说:"孩子,你废除了阿蒙,引起了很多僧侣的不满。现在整个埃及都在议论这件事,闹得沸沸扬扬的,国家已经到了动乱的边缘。你还是悬崖勒马吧!"

埃赫那吞说:"尊敬的父王母后,现在绝对不能停止!那些僧侣的势力太大了,他们嚣张跋扈,为所欲为,还经常干涉朝政,这样下去怎么行啊!如不改革迟早会酿成大祸的!我需要的是一群听从我的命令的僧侣,而不是和我争权的僧侣!"老法老和王后见他主意已定,就不再劝了。

那群僧侣见一计不成,又生一计。为了恢复他们失去的天堂,他们竟丧心病狂,决定刺杀埃赫那吞。

一天,埃赫那吞乘车出宫去阿吞神庙祭祀,突然有一个人跪在车前,说有冤情要向法老陈述。埃赫那吞命令那个人来自己的车前,派书吏去接状子。书吏还没有走到那人面前,那人猛地从状子中抽出一把锋利的匕首,刺向埃赫那吞。埃赫那吞大惊失色,急忙躲避。法老的卫士怒吼着用手中的长矛将刺客刺死。这件事以后,埃赫那吞更加坚定了宗教改革的决心。

公元前1362年,埃赫那吞病死。他的后继者很快恢复了旧的传统,阿蒙神又卷土重来,埃赫那吞的宗教改革以失败告终。

埃赫那吞死后,葬在阿马尔纳附近的山谷。由于埃赫那吞的改革触犯了僧侣的利益,他们将埃赫那吞的名字从建筑物上抹去,他的陵墓也遭到严重的洗劫和破坏。他的墓穴中的头像的左眼被挖掉了,装着他的内脏的瓶子也被砸开。

银板合约

公元前14世纪,小亚细亚的赫梯人崛起。他们趁埃及因宗教改革发生内乱之际,先后从埃及手中夺取了中东的叙利亚和巴勒斯坦地区,又攻陷古巴比伦帝国的首都巴比伦城(今伊拉克首都巴格达)。埃及法老拉美西斯二世决定夺回失地。

公元前 1312 年的一天,赫梯国王穆瓦塔尔正在和王公大臣们开会,一位书吏跑进来对国王说:"陛下,我们派往埃及的间谍回来了,他带回了重要情报!"

"陛下,大事不好!埃及人要来攻打我们!"间谍焦急地说。

"什么!?"间谍的话使在座的大臣们大吃一惊。

"说得详细一点!"国王很快从惊慌中冷静下来。

⊙ 赫梯人的战车模型

这种战车广泛地被其他远东国家仿制,数个世纪里它在交战中起到决定性作用。

"埃及法老拉美西斯二世组建了阿蒙军团、赖军团、塞特军团和普塔赫军团四个军团,还有一部分努比亚人、沙尔丹人等组成的雇佣军,共 2 万多人,近日将进攻我国,企图夺回叙利亚。"间谍一口气说完。

"大家商量一下,我们该如何应敌?"国王扫了王公大臣们一眼。

"埃及人远道而来,长途跋涉,士兵一定非常疲劳。我们应该坚壁清野,以逸待劳,坚守不出,诱敌深入,等埃及人兵疲马困的时候,再给他们致命一击,全歼敌人!"国王的弟弟哈吐什尔说。

"说得不错!"国王满意地点了点头。

经过仔细商议,赫梯国王和王公大臣们制定了扼守叙利亚要塞卡迭石,在城中结集重兵,以逸待劳,诱敌深入,待埃及人进入伏击圈后,再两翼包抄,最终围歼埃及人的作战计划。随后 2 万多赫梯人结集卡迭石城内外,等待埃及人的到来。

埃及法老拉美西斯二世坐在战车上踌躇满志,埃及的 4 个军团分成 4 个梯队前进。拉美西斯二世率阿蒙军团行进在最前面,赖军团、普塔赫军团和塞特军团紧跟其后。当埃及人行进到距卡迭石以南的萨布吐纳渡口时,法老的卫兵报告:"报告陛下,有两个赫梯人的逃兵前来投奔我们!"

两个赫梯人交代,赫梯主力还远在卡迭石以北百里之外,在埃及大兵压境的情况下,卡迭石兵微将寡,士气低落。叙利亚的王公们慑于埃及人的军威,都想归顺埃及。

"太好了!来人,传我的命令,我和卫队快速前进拿下卡迭石,其余的兵团继续前进。"法老说完,领着精锐的法老卫队向北狂奔而去。傍晚时,卡迭石已经遥遥在望了。法老命令就地扎营,明天一早入城。

法老正在营中做着入城的美梦,突然卫兵进来报告:"陛下,抓住了两个赫梯人的探子！但他们嘴紧得很，什么都不说。"

"给我打！狠狠地打！"法老说。

不一会儿，被打得皮开肉绽的探子老老实实地交代了他们布置的一切。法老听后犹如五雷轰顶，原来赫梯人已经趁夜将他们包围了。

"传令下去！立即向南突围！"法老焦急地喊。

埃及人呐喊着，向南拼死冲杀，赫梯人猝不及防，被杀得大败，士兵们四处溃逃。眼看法老就要逃出包围圈，赫梯人在国王的亲自指挥下发起了反冲锋，法老卫队的人数少，抵挡不住，被迫后退，赫梯人占领了埃及人的营地。法老急中生智，把自己养的宠物狮子放了出来，赫梯骑兵的马一见狮子，吓得扭头就跑。法老又命人大撒金银财宝，赫梯士兵一见，丢下兵器争抢财宝，乱作一团，法老趁机逃走。

赫梯国王杀了几个抢金银财宝的士兵，整顿了军纪，向法老发起了追击。正在这千钧一发之际，埃及的赖军团、普塔赫军团赶到了，双方展开了激烈的战斗，杀得难分难解，卡迭石城外尸骨如山，血流成河。赫梯人抵挡不住，只好撤退，但埃及人也无力追赶了。

卡迭石大战后，双方又进行了长达16年的战争，两国损耗巨大，无力再战，只好议和。

公元前1296年，赫梯国王死后，他的弟弟哈吐什尔即位，派出使团去埃及讲和。两国在埃及首都孟菲斯签订了和约。和约刻在一块银板之上，因此又叫"银板和约"。银板上写着"伟大而勇敢的赫梯国王哈吐什尔"和"伟大而勇敢的埃及法老拉美西斯二世"共同宣誓互相信任，永不交战等内容。和约有18条，是留传至今的最早的一份战争和约。

刻在银板上的和约用赫梯语和当时通用的巴比伦楔形文字书写，法老又将和约内容用埃及象形文字刻在埃及卡纳克和底比斯神庙的墙壁上。后来在赫梯王国首都哈图萨斯遗址中发现了用巴比伦楔形文字书写的泥板副本。

◉ 拉美西斯二世

拉美西斯二世于公元前1304～前1237年在位，他的这尊雕塑竖立在阿布辛贝神庙的前面。这是他建造的表现他的权威的许多纪念物之一。

犹太王大卫

◎ 带领以色列人走出埃及的摩西

4000多年前,一个叫闪族的游牧民族生活在几乎全是沙漠的阿拉伯半岛上,为了生存,他们赶着羊群从一个绿洲走到另一个绿洲。在阿拉伯半岛的北面,两河流域到地中海东岸宛如新月的弧形地区,被称为新月沃地。这里水量丰沛,土地肥沃,草木茂盛,尤其是地中海东岸的巴勒斯坦地区,更是被称为"流着牛奶和蜂蜜的土地"。闪族中一支叫希伯来(即以色列人)的部落为了夺取这片土地,和居住在这里的迦南人展开大战,结果被打得大败。

公元前1700年,因遭受严重的旱灾,希伯来人赶着羊群,来到了风调雨顺的埃及,受到统治埃及的喜克索人的优待,居住在尼罗河三角洲一带,变游牧为农耕。

希伯来人在埃及过了几百年的安定生活。不料,生活在尼罗河上游的埃及人打败了喜克索人,将他们全部赶出埃及。"城门失火,殃及池鱼",希伯来人的地位一落千丈,成为奴隶。公元前1300年,埃及法老拉美西斯二世穷奢极欲,大兴土木,建造富丽堂皇的宫殿,强迫希伯来人从事艰苦的建造和运输工作。几十年后,拉美西斯病死,埃及四周的野蛮人和海盗纷纷入侵,烧杀抢掠,希伯来人在首领摩西率领下,趁机越过红海,逃出埃及。经过辗转迁徙,他们来到巴勒斯坦一带定居下来。

当时巴勒斯坦除了迦南人以外,还有一支从海上迁徙过来的腓力斯人。为了生存,希伯来人同这两个民族展开了激烈的战斗。

公元前1000年的一天,希伯来人在国王扫罗(出身以色列部落)的率领下,在一个山谷和腓力斯人对峙。这时,从腓力斯军营中走出来一个叫歌利亚的壮汉。只见他身材高大,虎背熊腰,身披铠甲,手握长矛。他走到希伯来人的军营前,用长矛指着希伯来人说:"来啊,希伯来人!来和我决一死战!如果你们打败了我,我们腓力斯人就全当你们的奴隶。如果我打败了你们,你们就必须成为我们的奴隶!"希伯来人见歌利亚身材高大,都非常害怕,没有一个人敢前去迎战,连希伯来人的首领扫罗也面带惧色。一连几天,歌利亚都在希伯来人的军营前叫阵,腓力斯人也呐喊助威,大骂不敢迎战的希伯来人是胆小鬼。希伯来人又羞又怒,但始终没有一个人敢去迎战。

这时一个叫大卫的牧童来给在军营的3个哥哥送饭。他听到歌利亚的叫骂声后,问哥哥是怎么回事。大卫听完哥哥的讲述,非常生气,说:"有什么好怕的?!让我去迎战,杀死那个狂妄的大块头,杀杀腓力斯人的威风!"

国王扫罗对他说:"你还是个小孩子,而歌利亚是个大力士,你根本打不过他!"大卫轻蔑地说:"没什么好怕的!我放羊的时候,一只狮子来吃我的羊,结果被我赤手空拳打死。难道歌利亚比狮子还厉害吗?"扫罗听了非常吃惊,同意他明天迎战歌利亚。

第二天早晨,大卫去小溪边捡了5块鹅卵石,拿着他的牧羊棍和甩石鞭,走到在希伯拉军营前叫阵的歌利亚面前。歌利亚见希伯来人派了一个牧童来迎战,不禁哈哈大笑,对大卫说:"你们希伯来人都死绝了吗?怎么派了一个牧童来迎战?你要是不想死的话,还是回去放羊吧!"其他的腓力斯人也哈哈大笑起来。大卫平静地说:"你攻击我,用的是长矛;而我攻击你,靠的是上帝。"

歌利亚大喝一声,舞动长矛,冲向大卫。大卫不慌不忙,掏出一块鹅卵石,放在甩石鞭上,然后奋力一甩。"嗖"的一声,鹅卵石像流星一样飞出,正中歌利亚的额头。歌利亚顿时血流如注,惨叫一声,倒地而亡。腓力斯人大吃一惊,希伯来人趁机杀出,大获全胜。

后来扫罗不幸战死,希伯来长老们经过商议,推举出身犹太部落的大卫为以色列犹太国王。

大卫登基后,率领军队从石头做的下水道中出其不意地攻占了迦南人的一个叫耶布斯的城市,并改名为"耶路撒冷"(意为大卫城或和平之城),作为以色列犹太王国的首都。

大卫在位约40年,打败了周围很多民族。当时,犹太王国国土空前辽阔,盛极一时。

荷马和《荷马史诗》

荷马是西方古代最伟大的史诗作家,他创作了欧洲历史上最早的文学作品《荷马史诗》。大约公元前9～前8世纪,荷马出生在古希腊爱奥尼亚。他自幼双目失明，但听觉异常灵敏，且有一副好嗓子。8岁时，出于爱好也是为了谋生，他跟当地著名的一名流浪歌手学艺。经过多年的勤学苦练，荷马成了一名十分出色的盲人歌手。

老师去世后，荷马背着老师留下的七弦竖琴独自一人到各地卖艺。他四处漂泊，几乎踏遍了希腊的每一寸土地。每到一处，他一边弹琴，一边给人们吟唱自己创作的史诗。他的诗在七弦竖琴的伴奏下，美妙动听，情节精彩，很受人们的欢迎。几年下来，荷马成了一个家喻户晓的人物。其他歌手见荷马的史诗那么受欢迎，也争相传唱。这样，荷马的史诗便在民间广泛流传开来。到公元前6世纪中叶，雅典城邦的统治者组织学者把口头流传的荷马史诗整理成文字，就是现在人们读到的《荷马史诗》。

◎ 荷马与诸神　浅浮雕

在这个公元前2世纪晚期以"荷马之神化"著称的浅浮雕中，诗人端坐在浮雕底部左侧的王位上。在"神话神""历史神"的率领、"物理神""自然神"的陪伴下，这些戏剧人物走向荷马献上祭牲。浮雕上部，宙斯和阿波罗被刻画成和众缪斯在一起，反映了诸希腊化王国对文学不断增长的兴趣。

《荷马史诗》包括《伊利亚特》和《奥德赛》两部分，共48卷。《伊利亚特》共24卷，15693行，以特洛伊战争为题材，反映了希腊氏族社会转折时期的社会生活图景。特洛伊是小亚细亚西北部的古城，地处海运交通要冲，相当富庶繁荣。传说那里国王的儿子伊罗斯建造了一座坚固的城堡，因此特洛伊又名伊利昂，意思是"伊罗斯的城堡"。而《伊利亚特》的名称就由此而来，意思是"伊利昂之歌"，它讲述的是希腊人对特洛伊的远征中的一场最重要的战役。希腊联军统帅阿伽门农抢了阿波罗神庙祭司的女儿，阿波罗为此用神箭射死了很多希腊人，并把瘟疫降临到了希腊军营。勇猛善战的希腊英雄阿喀琉斯坚决要求阿伽门农释放祭司的女儿，后来遭到了阿伽门农的羞辱。大怒之下，阿喀琉斯拒绝出战，希腊人因此屡战屡败。这给了特洛伊人喘息的机会，他们的统帅赫克托尔大举反攻，把希腊

> **· 天神宙斯 ·**
>
> 宙斯是希腊神话中的主神，克洛诺斯和瑞亚之子，第三任神王，掌管天界，是奥林匹斯山的统治者。宙斯以贪花好色著称，奥林匹斯的许多神和希腊英雄都是他和不同女人生下的子女。他以雷电为武器，维持着天地间的秩序，公牛和鹰是他的标志。他的兄弟波塞冬和哈得斯分别掌管海洋和冥界；女神赫拉是宙斯的最重要的一位妻子。
>
> 宙斯的象征物是雄鹰、橡树和山峰；他最爱的祭品是母山羊和牛角涂成金色的白色公牛。宙斯作为天空之神，掌握风雨等各种天象，霹雳、闪电等是他用来向人类表达自己意志的手段。他掌握人间一切事务，与命运之神混同，但有时他自己也不得不听从命运的安排。

人打到了海边，并要乘势烧毁希腊人的舰船。危急时刻，帕特洛克罗斯借用阿喀琉斯的盔甲和盾牌扰乱了特洛伊人的斗志，并击溃了他们的进攻。但就在反攻到特洛伊城门的时候，赫克托尔杀死了帕特洛克罗斯，并夺走了盔甲和盾牌。亲密战友的死让阿喀琉斯非常悔恨，他重新上阵，杀死了赫克托尔，为帕特洛克罗斯举行了隆重的葬礼。

《奥德赛》共24卷，12110行，描写的是特洛伊战争结束后，希腊英雄、伊大卡国的奥德赛国王返回故乡和复仇的经历。战争结束后，奥德赛和他的同伴因为遇到风暴而开始了在海上的10年漂流生活，他们先后遇到了食枣人、吃人的独眼巨人、风神和仙女吕普索等人，并被吕普索强留了7年。后来，在大海女神的帮助下，他们漂到了法雅西亚国王的岛上，法雅西亚国王最后帮助他们返回了家乡伊大卡岛。在奥德赛漂流的最后3年中，有100多人聚集在他的家中，向他美丽的妻子珀涅罗珀求婚，但遭到拒绝。这些人终日在王宫宴饮作乐，挥霍奥德赛的财产。奥德赛回到伊大卡岛后，先和儿子见了面，然后化装成乞丐进了自己的王宫，借机逐个杀死了向他妻子求婚的人，夺回了自己的财产，最后与珀涅罗珀团聚，重登伊大卡国的王位。

《荷马史诗》规模宏大，构思巧妙，结构严谨，语言生动形象，所写人物栩栩如生，具有极高的文学价值。2000多年来，《荷马史诗》一直在西方的古典文学中享有崇高地位，被认为是欧洲文学的源头。西方许多诗歌、戏剧、小说都取材于《荷马史诗》，专门研究《荷马史诗》的著作也不计其数。《荷马史诗》也是一部反映古希腊从氏族公社时期过渡到奴隶制社会的社会史、风俗史，在历史、地理、考古学和民俗学方面都有很高价值。这部史诗歌颂了许多英雄人物，肯定了人的尊严和价值，体现了人文主义的思想。由于创作了伟大的《荷马史诗》，荷马名扬千古。

◉ 公元前6世纪的双耳陶罐
上面的画面再现了《伊利亚特》中的一个情节：希腊武士、英雄阿喀琉斯和埃阿斯正在掷骰子游戏。虽然两人看上去都专心致志于游戏之中，但都手执长矛，严阵以待，随时准备重新开启对特洛伊的战争。

军事强国亚述

亚述人是居住在两河流域北部（今伊拉克摩苏尔地区）的一个由胡里特人和塞姆人融合而成的民族，他们长脸钩鼻、黑头发、毛发较多、皮肤黝黑。

亚述人的四周都是强大先进的民族，屡屡遭到他们的侵略和压迫，曾先后被苏美尔人、赫梯人统治。为了生存，亚述人形成了强悍好斗的习性。亚述人的居住地有丰富的铁矿，他们在掌握炼铁技术后学会了铸造铁兵器，武器装备比周边其他民族的装备要精良得多。苏美尔人、赫梯人衰落后，亚述人乘势而起，开始四处征伐。

公元前8世纪时，亚述人建立了强大的军队，军队分为车兵、骑兵、重装步兵、轻装步兵、工兵、辎重兵等。亚述军队装备精良、训练有素，在与周边的民族作战时，他们将各兵种进行编组，互相配合，发挥最大优势，战斗力倍增。如果在行军中遇到河流，亚述人就把充气皮囊连在一起，铺在河面上，一直铺到对岸，在上面再铺上树枝，很快就建成了一座浮桥，使军队可以迅速通过。在攻城时，面对高大的城墙，当时很多民族都望而却步、束手无策，但亚述人拥有先进的攻城槌，可以将敌人的城墙撞塌，还有可以投掷巨石和燃烧的油桶的投石机。

凭借强悍的士兵和精良的装备，亚述人征服了大片的领土。公元前732年，亚述人又南下击败叙利亚人，包围了叙利亚的首都大马士革。他们将俘虏的叙利亚将军绑在木桩上，打得皮开肉绽、血肉模糊，然后带到大马士革城外，企图吓倒叙利亚人。但叙利亚人凭借高大坚固的城墙拼命抵抗，誓死不降。

亚述王发怒了，一声大喝："把投石机推上来！"士兵们将数十辆投石机推到大马士革城下，然后将巨石和点燃的油桶放在投石机上。投石机上有特制的转盘，士兵们转动转盘，绞动用马鬃和橡树皮编成的绳索。转盘飞快地旋转，士兵们猛一松手，绳索一下子放开，巨石和燃烧的油桶呼啸着飞向大马士革的城墙。"轰！轰！"巨石打在城墙上，尘土飞扬，顿时出现了几个大洞。油桶飞到城内，引燃了很多房屋，引起一片恐慌。

看着千疮百孔的城墙，亚述王得意地哈哈大笑。"把投石机推下去，换攻城槌！"亚述王又下了一道命令。士兵们迅速将投石机撤下，又把攻城槌推了上来。攻城槌是一辆大车，大车上有高大的架子，用铁链悬挂着一根巨大的原木，原木的一端是尖锐的铜头，另一端是一根又粗又韧的皮带。亚述人推着攻城槌来到大马士革城下，叙利亚士兵慌忙向下发射带火的箭，"嗖！嗖！嗖！"火箭像雨点一样射向亚述人和攻城槌。亚述人举起盾牌，挡住了火箭。弓箭手们弯弓搭箭，向城上射去，许多叙利亚士兵中箭坠城，剩下的人纷纷躲到城墙后面。亚述人扑灭了射在攻城槌上的

◉ 公元前13世纪的亚述石碑
亚述王图库尔蒂—尼努尔塔一世在书写之神纳布的祭坛前表示敬意。

火箭，拉动皮带，然后猛地放手。攻城槌带着巨大的冲击力撞向已经千疮百孔的城墙，"轰隆！轰隆！"眼看城墙就要倒塌了，叙利亚人心急如焚，他们垂下一个大钩子，

⊙ 这是一幅刻在亚述宫墙上的浮雕，再没有什么比与雄狮竞斗这种血腥的体育运动更令亚述国王兴奋了。

企图将攻城槌钩翻。亚述人见状，蜂拥而上，抓住大钩子，用力向下拉，城墙上的叙利亚人惨叫着摔下城墙。几十个攻城槌一起撞击城墙，巨大的声音好像天上的雷声。不一会儿，大马士革的城墙坍塌了。

"冲啊！"亚述王大喊。身穿铠甲，头戴铁盔，手拿盾牌和利剑的亚述士兵咆哮着，呐喊着，像洪水一样从城墙的缺口处冲入城内。叙利亚人仍不投降，他们与亚述人进行了激烈的巷战，终因寡不敌众而失败。亚述人把俘虏的成年叙利亚男子集中起来，敲碎他们的头颅，割断他们的喉咙，抢走他们的财产和妻女，焚烧他们的房屋。

经过几代人的征战杀伐，亚述帝国的疆域东达波斯湾，南到尼罗河，西抵地中海，北至高加索山，成为一个疆域辽阔的大帝国。由于亚述人的统治极其残暴，激起了被征服的各民族的强烈反抗。公元前612年，米底和巴比伦联军攻陷了亚述首都尼尼微，最后一个亚述王自焚而死，亚述帝国灭亡。

斯巴达的教育

古希腊是由很多城邦组成的。所谓城邦，就是以城市为中心，连同周围的农村组成的国家。古希腊最强大的城邦是雅典和斯巴达。斯巴达位于希腊南部的伯罗奔尼撒半岛的拉哥尼亚地区。拉哥尼亚地区三面环山，一面临海，中间是土地肥沃的平原，适合农业生产，"斯巴达"原意就是"可耕种的平原"。大约在公元前11世纪，一支叫多利亚人的部落，南下占领拉哥尼亚，征服

⊙ 战斗中负伤的战士在包扎伤口

了当地的居民，并定居在这里，斯巴达人就是多利亚人。

斯巴达全国大约有25万人，分为三种：

第一种是斯巴达人，人数将近3万，属于统治阶级，占有土地和奴隶，不从事任何生产，只进行军事训练。

第二种是庇里阿西人（意为"住在周边的人"），人数约3万，受斯巴达人的统治，属于半自由民，有人身自由但没有公民权，不能参加选举等政治活动。他们居住在城市的周围，拥有土地、店铺，主要从事手工业和商业，给斯巴达人纳税、服役。

第三种人是希洛人，他们是拉哥尼亚的原始居民，被斯巴达人征服后成为奴隶，原来人数不多。后来斯巴达人又征服了邻邦美塞尼亚，将大量的战俘也归为希洛人，希洛人的人数大大增加了，大约有20万。希洛人是斯巴达的国有奴隶，不归个人所有。斯巴达人不能随意处死奴隶，但可以以国家的名义进行集体屠杀。他们被固定在土地上，从事农业劳动，每年将一半收成交给斯巴达人，过着食不果腹、衣不遮体的悲惨生活。

由于斯巴达人人数少，而奴隶众多，强敌环伺，为了防止奴隶反抗和外邦入侵，斯巴达实行了一种独特的政治制度，过着军事化的生活。他们实行"两王制"，就是国家有两个国王，但他们只有在打仗时才拥有无限的权力。打仗时，一位国王担任统帅，另一位国王留守。平时国家事务由30人组成的"长老会议"决定。

斯巴达人一生下来，他们的父母就用烈酒而不是水给他们洗澡，以检验婴儿的体质。如果婴儿发生抽风或失去知觉，那就任他死去。进过检验之后，斯巴达人的父母还要把婴儿送到长老那里，那些有残疾、瘦弱的或长老认为不健康的婴儿，将会被扔到山谷中。之所以这样，是因为斯巴达人认为只有健康的婴儿才能成长为强壮的战士。

在7岁以前，斯巴达人和父母生活在一起。斯巴达的父母从来不对孩子娇生惯养，而是教育他们知足、愉快，不计较食物的好坏，不怕黑暗，不怕孤独，不啼哭，不吵闹。

7岁以后，斯巴达人离开家，编入少年团队接受严格的军事训练。队长是从年满20岁的青年中选拔出来的最勇敢、最坚强的人，孩子们要对他绝对服从。为了增强勇气、体力和残忍性，他们每天练习跑步、拳击格斗、掷铁饼、击剑等。为了训练孩子们忍耐性，每年的节日敬神时，都要鞭打他们。孩子们跪在神像前，让成年人

⊙ 斯巴达城邦陶瓶

瓶体上描绘了一位女性在哀悼死去的战士。

用皮鞭用力抽打，不许求饶，不许喊叫，咬牙忍耐。到了12岁以后，训练更加严格。全年无论冬夏，只穿一件单衣，到了冬天他们还要脱光衣服到冰天雪地里跑步，不许打哆嗦，甚至不许表现出畏缩的样子。他们没有被褥，只有一块自己编制的芦苇草垫。他们的食物也很少，根本吃不饱，这是为了训练他们去偷窃——主要是偷庇里阿西人的食物。如果偷到了，会受到表扬，反之就会受到惩罚。传说有一位斯巴达少年偷了一只狐狸，为了不让人发现，藏在了衣服里。狐狸咬他，他强忍着不出声，最后被活活咬死。

到了20岁，斯巴达人就结束了教育阶段，成为正式的军人，开始接受正规的军事训练。斯巴达人的主要战术是方阵，这种战术不仅要求战士勇敢，还要求相互配合和纪律严明，以保证在战争中进退自如。经过长达10年的训练，到30岁的时候，斯巴达人就可以离开军队结婚了，但还必须参加一个叫"斐迪提亚"的民兵组织，他们15人为一组，平时训练，一起出操，战时一起战斗，直到60岁退役。在战斗前，他们的母亲都会送给他们一面大盾，对他们说要么凯旋，要么战死躺在上面。

斯巴达人的独特的教育使斯巴达成为希腊数一数二的军事强邦。

大政治家梭伦

梭伦（约公元前630年~前560年），是古希腊著名的政治改革家和诗人，出身于雅典萨拉米斯岛的一个贵族家庭。年轻时他离家经商，到过许多地方，游览了众多的名胜古迹，考察了各地的风土人情，结识了许多希腊及世界各地的著名学者，获得了渊博的知识。在此期间，他还广泛接触了广大的平民，了解了社会的不公，这对他以后执政改革产生了重要的影响。

一次，他看见一个衣衫褴褛的乞丐站在街上乞求人们的施舍。一个富人走过来，乞丐急忙上前乞讨。谁知富人非但没有给他东西，反而厌恶地朝乞丐脸上吐口水。这件事对梭伦刺

◉ 雅典城的保护神——雅典娜

激很大，从此以后，梭伦经常用自己赚来的钱接济穷人，这为他在平民中赢得了很高的声誉。

梭伦在游历中写过许多著名诗篇，他在诗中猛烈谴责、抨击贵族们的贪婪、残暴和专横，比如："作恶的人能致富，而好人反倒受穷；但是，我们不愿用我们的道德和他们的财富交换，因为道德是永存的，而财富每天都在换主人。"这些诗篇为他赢得了"雅典第一位诗人"的美誉。

梭伦虽然出身于贵族家庭，但他却强烈反对贵族垄断国家大权，不满他们视国家大事为儿戏，不满他们随意判案、草菅人命，不满他们践踏法律的公正……他的内心深处充满了对公平和正义的渴望，希望能救民于水火。

萨拉米斯岛位于雅典的出海口，是雅典进行海上贸易的重要中转站。邻邦麦加拉为了争夺萨拉米斯岛，同雅典展开大战，雅典战败。懦弱无能的雅典当局不思备战雪耻，反而发布公告严禁人们谈论收复萨拉米斯岛，违者格杀勿论。人们虽然不满，但慑于法令，都闭口不言。梭伦查阅了大量的文献资料，从历史传统、风俗习惯等各个方面考证出萨拉米斯应归属雅典所有，他对雅典当局的这种懦弱行为非常愤慨。为了唤醒雅典人的爱国热情，收复失地，同时避开不公正的法律制裁，他想出了一条妙计。

一天清晨，梭伦头戴花环，来到雅典的中心广场。只见他面色苍白，双手不停地击打胸部，嘴里还歇斯底里地大喊大叫。人们以为他疯了，纷纷围过来。梭伦见围观的人多了，便开始大声朗诵自己的诗篇《咏萨拉米斯》："啊，我们的萨拉米斯，它是多么的美丽啊，我们是多么地留恋啊！让我们进军萨拉米斯，为收复这座海岛而战吧！血洗雅典人的耻辱！让萨拉米斯重回我们的怀抱吧！"

围观的都是工匠、商人、作坊主等城市居民，对他们来说海外贸易的停顿，就意味着破产和陷入贫困。因此，他们都积极主张再次开战，并且强烈支持梭伦。在梭伦的努力下，停战法令终于被废除。梭伦率军进攻萨拉米斯岛，大获全胜。这次战争的胜利为梭伦在群众中赢得了更高的威望，不久他当选为雅典的执政官。

当上执政官后，梭伦深入人民中间，了解他们的疾苦，为了使雅典繁荣富强，梭伦认识到必须进行改革。

> **·城邦形成·**
>
> 希腊城邦约有二三百个，形成的途径和背景各不相同，但有如下几个基本的共同特点：小国寡民；多数以一个设防城市为中心，结合周围农区组成；均有一个小范围的、极端封闭的公民集体；希腊城邦在政体中均包含民主制成分，共和政体居多；城邦军事制度的主体是公民兵制；城邦无独立的祭司阶层，公职人员兼祭司职能。除古希腊外，意大利、腓尼基等地中海沿岸地区也曾出现过与古希腊城邦相同的早期国家形态，比如早期罗马的公民公社，这类国家有时也被称为城邦。

他改革的第一项内容就是颁布《解负令》，废除了用人身抵押的一切债务，解放因债务而沦为奴隶的人，并禁止以后以人身为债务抵押。

梭伦还根据财产多少将雅典公民分为四类：凡年收入达到麦子500斗者为第一等级，称为"五百麦斗级"；凡年收入达到300斗者为第二等级，称为"骑士级"，第一和第二等级都可以担任高级官员；凡年收入达到200斗者为第三等级，称为"双牛级"，可以担任低级官职；年收入在200斗以下者为第四等级，称为"日佣级"，不能担任任何职位。在规定了权力的同时，还规定了与四个等级相对应的义务。每个等级的公民必须自备武装服兵役，保卫国家。第一、二等级担任骑兵，第三等级担任重装步兵，第四等级担任轻装步兵或在海军中服役，并发给饷银。

梭伦的改革，沉重打击了没落的贵族，有利于雅典工商业的发展，为雅典的奴隶制民主奠定了基础。梭伦任满后，周游列国，到过埃及、小亚细亚和塞浦路斯等地，晚年他回到故乡，从事写作。去世后，人们将他的骨灰撒在美丽的萨拉米斯岛上。

"巴比伦之囚"

公元前10世纪，以色列犹太国王所罗门死后，他的儿子罗波安即位。由于罗波安平庸无能，导致国家一分为二：北部为以色列王国，首都撒玛利亚；南部为犹太王国，首都仍在耶路撒冷。

公元前722年，亚述帝国国王萨尔贡二世率军进攻以色列王国，攻陷了撒马利亚后将它夷为平地，虏走了包括以色列王和很多贵族在内的27000多以色列人，将他们流放到很远的地方，并把其他民族迁移到这里。存在了200年左右的以色列王国从此灭亡。

以色列王国的灭亡，令犹太王国大为惊恐。为了免遭覆辙，犹太王用低三下四的语气写了一封信，派使者送给亚述帝国国王萨尔贡二世，同时奉上24吨黄金。萨尔贡二世龙颜大悦，决定不再征讨犹太王国，犹太王

○ 所罗门王

所罗门国王是大卫之子，以智慧而闻名，他建造了犹太人的第一座会堂。

国的君臣这才松了一口气,从此犹太王国成为亚述帝国的一个附庸国。由于此时希伯来人只剩下一个犹太王国了,所以希伯来人从此也叫犹太人。

后来新巴比伦王国兴起,灭亡了亚述,犹太王国又成了新巴比伦王国的附庸。为了称霸西亚,新巴比伦与埃及展开了长期的激烈的争霸战争。公元前601年,新巴比伦王尼布甲尼撒二世率军与埃及人大战,双方都损失惨重,新巴比伦军队被迫撤回巴比伦。一直臣服于新巴比伦的犹太国王约雅敬见风使舵,趁机脱离新巴比伦,归顺了埃及。

尼布甲尼撒二世得知这个消息后大为震怒,咬牙切齿地发誓说要踏平耶路撒冷。公元前589年,犹太国王约雅敬病死,他的儿子约雅斤即位。尼布甲尼撒二世认为进攻犹太王国的时机已到,亲率大军围攻耶路撒冷。

经过两个多月的围困,在犹太人内部亲巴比伦势力的强烈要求下,犹太国王约雅斤率领大臣出城投降。尼布甲尼撒二世废黜了约雅斤,封约雅斤的叔叔西底家为犹太王,西底家宣誓效忠新巴比伦王国。随后,尼布甲尼撒二世下令将大部分犹太王室成员和能工巧匠押往新巴比伦的首都巴比伦,并对耶路撒冷的犹太教神庙大肆抢劫。

公元前588年,埃及向新巴比伦发动了大举进攻。犹太国王西底家认为摆脱新巴比伦的时机已到,起来响应埃及人。犹太先知耶利米和亲巴比伦大臣极力反对,但西底家根本听不进去。不久,尼布甲尼撒二世率军击败埃及人,再次围攻耶路撒冷。这次围攻长达18个月,城内缺衣少食,疾病流行,再加上内部分裂,公元前586年,耶路撒冷再次陷落。

尼布甲尼撒二世非常痛恨犹太王国的一再反叛,在犹太国王西底家的面前令人杀死了他的几个儿子,又刺瞎了他的双眼,用铜链锁着西底家押到巴比伦游街示众。尼布甲尼撒二世下令将耶路撒冷所有的贵族、祭司、商人、工匠、贫民一律押到巴比伦,史称"巴比伦之囚"。耶路撒冷四面城墙被巴比伦人推倒,犹太人的宫殿、神庙和民宅被焚烧,全城被洗劫一空,最后被夷为平地,犹

◉ 先知以西结

在犹太历史上,上帝通过先知做出启示。以西结是被放逐到巴比伦的一个先知,他劝诫那些流亡同伴要始终保持对上帝的信仰。

太王国灭亡。

沦为囚徒的犹太人在巴比伦被迫终日从事繁重的体力劳动,过着暗无天日的生活。直到尼布甲尼撒二世去世,他们才结束了苦难,重获自由,但仍然不许回耶路撒冷。当时巴比伦是一个国际化的大都市,犹太人聪明勤劳,很多人通过经商、放高利贷,成了富人。他们住在犹太社区里,很多犹太的文化习俗都得以保留。虽然犹太人在这里生活不错,但他们心怀故国,思乡之情越来越重,他们坚信,苦难的日子很快就会过去,上帝耶和华一定会派救世主降临人间拯救他们,让他们重返故土,复兴犹太王国。

◎ 耶路撒冷圣殿
所罗门国王在耶路撒冷建造了第一座会堂,它逐渐成为犹太教徒朝拜的中心。所罗门所建的圣殿于公元前587年被巴比伦人毁掉了,后来希罗德国王又在原地重建。公元70年,罗马人再次毁坏了它。如今的西墙就是它的全部残骸遗迹。

不久,波斯帝国崛起,灭亡了新巴比伦王国。为了以耶路撒冷为跳板,进攻埃及,波斯王居鲁士允许犹太人返回家园,重建耶路撒冷,还把尼布甲尼撒二世从耶路撒冷耶和华圣殿里掠夺来的5400件金银器皿交给犹太人带回。犹太人欣喜若狂。巴比伦的4万多犹太人组成了一支浩浩荡荡的队伍,开始踏上返乡之路。这些在异国他乡受尽苦难的犹太人跋山涉水,终于望见了旧都耶路撒冷的废墟。他们激动万分,长跪不起,号啕大哭,仰头向天,展开双臂高声感谢拯救了他们的上帝耶和华,欢呼"巴比伦之囚"的时代终于过去。

古巴比伦城和空中花园

巴比伦城,曾是两河文明的象征,也是两河文明的发源地。城中的空中花园,更是令人叹为观止。

巴比伦城位于美索不达米亚平原中部,依幼发拉底河而建,在今天的伊拉克首都巴格达以南约90千米的地方。始建于公元前3000年,是古巴比伦王国的政治、经济中心,也是当时的军事要塞。幼发拉底河穿城而过,为城市居民提供了水源和天然的城防屏障。

世界上下五千年

⊙ 马杜克龙

像龙的样子的马杜克是巴比伦的最高神。巴比伦人供奉许多神，除了马杜克，还包括战争与爱神伊什塔尔。

古巴比伦城总体呈正方形，边长达4千米，该城有一条长达18千米、高约3米的城墙。城墙之间由沟堑相接，并设置300余座塔楼（每隔44米就有一座）以增强防御效果。古巴比伦的城墙还有一个鲜明的特色，它分为内外两重。其中外城墙又分为三重，厚度不均，大约3.3～7.8米，上面建有类似中国长城垛口的战垛，以方便隐蔽射箭。内城墙分为两层，两层中间设有壕沟。巴比伦城也有护城河，是在内、外城之间，河面最宽处达80米，最窄的地方也不下20米。一旦被敌人攻破外城墙，进入两城墙的中间地带，可以决开幼发拉底河的一处堤坝，放水淹没这一地带，让敌人成为名副其实的"城"中之鳖，真可谓固若金汤。

古巴比伦还有著名的伊什塔尔门和"圣道"。伊什塔尔门是该城的北门，以掌管战争的女神伊什塔尔的名字命名。其门框、横梁和门板都是纯铜浇铸而成，是货真价实的铜墙铁壁。这座城门高达12米，门墙和塔楼上嵌有色彩艳丽的琉璃瓦。整座城门显得雄伟、端庄，而且华丽、辉煌。从伊什塔尔门进去，便是贯穿南北的中央大道——圣道。由于它是供宗教游行专用的，故而得名。整条圣道由一米见方的石板铺砌而成，中央部分为白色和玫瑰色相间排布而成，两侧为红色，石板上刻有宗教铭文。圣道两旁的墙壁上饰有白色、黄色的狮子像。

巴比伦城中最杰出的建筑当属空中花园，古希腊人称之为世界七大奇观之一。关于花园的修建还有一段动人的故事。

相传，在公元前604年～前562年，古巴比伦国王尼布甲尼撒二世在位之初娶了米底公主赛米拉斯。由于两国是世交，二人的婚姻是双方的父亲定

⊙ 空中花园

尼布甲尼撒二世为他的妃子修建了著名的空中花园，目的是让她看到她家乡米底的绿色丘陵景色。这是古代著名的奇观之一，但现在没有人亲眼看到过这座花园是什么样子。

40

下的，在今天看来，有包办之嫌。尽管如此，新娘赛米拉斯对尼布甲尼撒印象也不错，只是巴比伦这个地方令她生厌，因为美索不达米亚平原黄土遍地、沙尘满天，有时天气还酷热难耐。而在她的家乡，却是山清水秀，鸟语花香，还拥有郁郁葱葱的森林，且气候宜人。久而久之，王后思乡成病，终日愁苦，一度饮食俱废，花容月貌的王后很快憔悴不堪。为治愈王后的这块"心病"，尼布甲尼撒二世下令建造空中花园，园中的景致均仿照公主的故乡而建。今天的空中花园遗址位于伊拉克首都巴格达西南90千米处，由一层一层的平台组成，从台基到顶部逐渐变小。上面种满各种鲜花和林木，其间点缀有亭台、楼阁，最难得的是在20多米高的梯形结构的平台上还有溪流和瀑布，来此参观的人们无不啧啧称奇。

> **·巴别塔·**
>
> 今天的伊拉克首都巴格达附近，在5000年曾屹立着一座无比壮观的巨塔——巴别塔。据《圣经》记载，大洪水退去后，挪亚的子孙想造一座通天巨塔来传扬自己的名声。神怕人类从此不再敬神，于是变乱了语言，使人们无法交流，从而不能齐心合力建塔。"变乱"一词在希伯来文中是"巴别"，因此这座塔又被称为巴别塔。
>
> 巴别塔建于公元前17世纪，高近90米，分成7层，底层边长也近90米，顶层是供奉马杜克神的神庙。用深蓝色釉砖砌成的塔身外有条螺旋形的阶梯盘旋而上，直通金色的神庙。公元前1234年，巴别塔被攻占巴比伦的亚述人摧毁。后来，新巴比伦的尼布甲尼撒二世曾重建该塔，但他去世后，巴比伦又渐渐衰落。公元前484年，巴别塔再次毁于战火。虽然人们如今已基本复原了它的外观，然而其整体的设计和结构仍是一个谜。

居鲁士大帝

公元前7世纪左右，在今天伊朗高原西部生活着两个部落，北部为米底，南部为波斯。公元前612年，米底和新巴比伦联军，灭亡了残暴的亚述帝国。从此，米底统治了伊朗和亚述，成为西亚的一个强国，波斯人也臣服于它。

一天，米底国王阿斯提阿格斯做了一个梦，梦见女儿曼丹妮的后代成了亚洲的统治者。于是阿斯提阿格斯没有把女儿嫁给米底贵族，而把她嫁给一个温顺老实的波斯贵族冈比西斯。他认为这样一来就可以高枕无忧了。

曼丹妮怀孕后，阿斯提阿格斯又做了一个梦，梦见一根巨大的葡萄藤从女儿的肚子里长出来，覆盖了整个亚洲。他找来一个僧侣，要他解梦。僧侣说，曼丹妮的后代必将统治亚洲。阿斯提阿格斯非常害怕，下令孩子一出生就立即处死。

不久,曼丹妮生下一个男孩,就是居鲁士。阿斯提阿格斯命令大臣哈尔帕哥斯把孩子带到宫外处死。哈尔帕哥斯不忍心,就把孩子给了一个牧民,让他来执行。牧民的孩子一出生就死了,于是他的妻子就偷梁换柱,瞒过了哈尔帕哥斯,收养了居鲁士。

居鲁士长到10岁的时候,一次和村里的孩子玩游戏。孩子们推举他为"国王",一个没落贵族的孩子不服,居鲁士就命令"卫兵"鞭打他,后来事情闹大了,连国王都亲自过问,结果发现了居鲁士的身份。阿斯提阿格斯把僧侣找来,僧侣说居鲁士已经在游戏中当了"国王",就不会再现实中再当国王了。居鲁士因此得以回到波斯,回到了亲生父母的身边。由于哈尔帕哥斯没有完成任务,阿斯提阿格斯非常生气,就下令杀死他的儿子。从此,哈尔帕哥斯对阿斯提阿格斯怀恨在心。

公元前559年,居鲁士统一了波斯的10个部落,成为波斯人的首领。哈尔帕哥斯就秘密联络居鲁士,密谋灭亡米底,为子报仇。

公元前553年,居鲁士决定起兵反抗米底。为了让波斯人团结在自己周围,他命令所有的波斯人都回家取来镰刀,来到一大片长满荆棘的土地上,让他们在一天之内将荆棘清除干净。波斯人不敢违抗命令,只好埋头苦干,一天下来累得要死。

第二天,居鲁士又把波斯人召集到一起,杀猪宰羊,拿出美酒款待他们,波斯人非常高兴。居鲁士高声问:"你们喜欢昨天还是今天?"波斯人回答说:"我们喜欢今天!"居鲁士乘机说:"如果你们愿意听我的命令,那么就会永远和今天一样,反之你们就将会永远和昨天一样!我们波斯人不比米底人差,为什么要受他们压迫?我们要反抗阿斯提阿格斯!"波斯人早就对米底人的统治深恶痛绝,听了居鲁士的话,纷纷响应。阿斯提阿格斯闻讯,急忙令哈尔帕哥斯率军讨伐居鲁士。不料哈尔帕哥斯阵前倒戈,投降了居鲁士。阿斯提阿格斯气急败坏,亲自率军前来,结果战败被俘。

公元前550年,居鲁士正式建立了波斯帝国。波斯的西边是吕底亚国。吕底亚王见波斯崛起,非常害怕,决定趁波斯刚刚立国,一举消灭它。居鲁士率军迎战,

◎ 贡品

每一年,来自行省的代表都聚到波斯波利斯的王宫。每个人带来进贡给国王的礼品——从印度来的金子、从亚述来的马、从大夏来的双峰骆驼等。

吕底亚的骑兵的坐骑是马,而波斯骑兵的坐骑是骆驼。马闻到骆驼身上的刺鼻气味后,掉头就跑,吕底亚军队乱作一团。波斯人乘机进攻,大获全胜,吕底亚国灭亡,成为波斯帝国的一个省。

灭掉吕底亚后,居鲁士又把目光投向了新巴比伦。巴比伦城高大坚固,城墙是用挖护城河的淤泥烧成的砖、中间再加上沥青砌成的,城门用青铜

◉ 波斯国王居鲁士朴实的陵墓

浇铸,所以巴比伦王非常轻敌,认为居鲁士根本无法攻克巴比伦。当时,巴比伦的统治阶级分为王室、贵族和祭司三部分,他们之间争权夺利,钩心斗角。居鲁士得知后,派间谍秘密潜入巴比伦城,送给贵族和祭司很多金银,希望他们能做内应,并保证城破后保证他们的安全。贵族和祭司见钱眼开,半夜里打开城门,波斯人一拥而入,攻陷了巴比伦城。新巴比伦王国灭亡了,波斯成了西亚的霸主。

为了征服埃及,居鲁士释放了"巴比伦之囚"犹太人,让他们回去重建耶路撒冷,以此作为西进的跳板。为了消除后顾之忧,居鲁士亲率大军企图征服波斯东面的马萨革泰人,但不幸阵亡,他的儿子冈比西斯二世继任为波斯王。

大流士一世改革

冈比西斯死后,波斯王位由假扮王子的拜火教僧侣高墨达篡夺。可是,8个月以来,新王从不召见大臣。大臣们虽然都很惧怕他,但对这样奇怪的事情也不免在私底下议论:"为什么新国王不在公众场合露面呢?"也有人传说巴尔迪亚就是拜火教僧侣高墨达。就在人们将信将疑的时候,冈比西斯的一个王妃发现新王没有耳朵。她的父亲欧塔涅斯知道后马上断定新王的确是僧侣高墨达,因为在居鲁士在位时,这个高墨达由于过失被居鲁士下令割去了双耳。欧塔涅斯把这一消息告诉了另外六名波斯贵族。7个人商议决定发动政变,夺回政权。

◉ 大流士

大流士一世在公元前522～前486年统治波斯帝国。他是军队的首领,也是个明智的统治者。他在统治期间建造了波斯波利斯,帝国达到了最强盛。

没几天新王不是真正王子的消息传遍了整个都城，高墨达也听说了。他见真相已经败露，就仓皇逃走，最后在米底被欧塔涅斯和大流士一世等人杀死。

假王既然已经死了，就得再选出一个人来做国王，7个人经过不停争论，欧塔涅斯决定退出王位的竞争，其余6人商定找一天在郊外集合，谁的马先叫谁就当国王。结果，大流士一世在马夫的帮助下当上了波斯王。

大流士一世继位后，面临着严峻的形势。帝国本部的波斯贵族拥兵自立，自称是王位的合法继承人，刚被征服的地区也趁机纷纷独立。

大流士一世经过大小18场战争，残酷镇压了各地的叛乱，重新统一了帝国。

公元前520年9月，踌躇满志的大流士一世巡行各地，为了标榜自己，大流

·波斯的4个国都·

波斯波利斯：波斯波利斯是古代波斯帝国的行宫和灵都（宗教祭祀中心），兴建于公元前518年。大流士一世将波斯波利斯建成一座拥有宏伟巨大宫殿群的城市，整个城市巧妙地利用地形，依山造势，十分雄伟。公元前330年被亚历山大大帝攻占后摧毁。

苏撒：原为埃兰人的都城，波斯征服埃兰后，为安抚埃兰人，将其升为国都。每年的秋冬季节，波斯君王通常会在苏撒处理军国大政。

埃克巴塔那：原米底王国的重要城市，被波斯帝国占领后定为国都，是君主们发号施令、执行法律和进行外交活动的首都。天气转暖以后，波斯帝王便带着侍从到埃克巴塔那居住。

巴比伦：巴比伦是波斯帝国的经济中心，是帝国的粮仓，也是帝国内陆交通网的枢纽。在帝国统治时期，巴比伦一直是一座极为繁华的都市。

⊙ 波斯波利斯城内的宫殿

大流士一世和薛西斯一世在波斯波利斯城修建了宏伟的宫殿。沿着巨大的楼梯向上进入宫殿，楼梯是如此宽大，可以供8匹马并排行走。从帝国各地来的人们向坐在高高王位上的国王敬献贡品。

士一世在克尔曼沙以东 32 千米的贝希斯顿村旁的悬崖峭壁上刻石记功，留下了著名的《贝希斯顿铭文》。这个铭文的上半部分是大流士一世的雕像，他左脚踏着倒地的高墨达，右手指向波斯人崇拜的光明与幸福之神阿胡拉·马兹达。8 名被绳索绑缚着脖颈的叛乱首领被雕刻得很矮小，与高大伟岸的大流士一世形成鲜明对照。浮雕下半部是铭文，上面写着：

"我，大流士，伟大的王，万邦之王，波斯之王，诸省之王，叙斯塔斯帕之子，阿尔沙马之孙，阿黑门尼德……按阿胡拉·马兹达的意旨，我是国王。"

◉ 波斯贵族
站在两个士兵之间的是波斯贵族。大流士从贵族家庭中任命行省的管理者以及总督。

《铭文》用波斯、埃兰、巴比伦三种文字刻于贝希斯顿山距地面 105 米高处的悬崖上，宣扬了大流士一世的功业和他的神圣不可侵犯的权力。

稳定了国内局势后，大流士一世把主要精力放在了对外征服上。公元前 517 年，他派兵夺取了印度河流域西北部的地区，建立起帝国的第 20 个行省。公元前 513 年，他率兵亲征黑海北岸，征服了色雷斯，然后海陆两路并进，指向多瑙河下游和黑海北岸的西徐亚人。大流士一世的部队遭到了西徐亚人的顽强抵抗，损失 8 万之众，最后被迫撤退。公元前 500 年，大流士一世前往希腊在小亚细亚的殖民城邦米利都，镇压当地反波斯的起义。攻下米利都后，他借口雅典的海军支援了米利都而出兵希腊，从而揭开了长达 50 年的希波战争的序幕。公元前 492 年，大流士一世派他的女婿马尔多尼率战船 600 艘出征希腊，但在中途遭遇风暴，损失惨重，无功而返。公元前 490 年，大流士一世再次兴兵从海上进攻希腊，并在马拉松成功登陆，但拥有强大骑兵的波斯军却被全部由步兵组成的雅典军打得惨败而归。虽屡遭挫败，但大流士一世始终没放弃征服希腊建立世界帝国的念头，不过时间已经不允许他实现自己的愿望了。公元前 486 年，正当他策划再度出兵希腊时，埃及爆发大规模起义，大流士一世亲自前往镇压，未及成功便死了。

大流士一世在位期间，为巩固中央集权，他在政治、经济、军事等方面进行了一系列卓有成效的改革。政治上，他在被征服地区普遍设行省、置总督，对行省采用分权但却相互制约的统治方法，同时尊重被征服地区的宗教、法律和习俗，建立起了有效的中央集权体系。经济上，他实行新的税收制度，统一货币和度量衡。军事上，他自任军队最高统帅，各行省军政分权，建立了以波斯人为核心的步兵和骑兵,和以腓尼基水手为骨干,拥有600～1000艘战船的舰队。为便于调遣各行省军队和传递情报,不惜重金修筑"御道",设驿站,备驿马,在波斯全境形成驿道网。驿道虽然是出于行政目的修建的,但也极大地便利了商业的发展。此外,他还派人勘察了从印度河到埃及的航路,开凿了尼罗河支流到红海的运河。大流士一世是世界历史上著名的改革家,他的改革奠定了波斯帝国数百年的基业。

大流士一世在位期间是波斯帝国的鼎盛时期,他征服了印度河流域和巴尔干半岛的色雷斯地区,使波斯帝国成为古代世界第一个地跨亚非欧三大洲的大帝国。

《摩诃婆罗多》

在印度一年一度的庙会上,艺人们都要朗诵一首古诗。因为它太长了,所以艺人只能朗诵其中的精彩片段,而听众则常常会被感动得泪流满面。

这首古诗就是著名的《摩诃婆罗多》。"摩诃婆罗多"的意思是"伟大的婆罗多家族的故事",据说作者是印度传说中的大圣人毗耶娑,此诗长达20多万行,相当于《荷马史诗》的8倍,是世界上最长的史诗。

《摩诃婆罗多》讲的是古代印度两个家族从互相厮杀到化干戈为玉帛的故事。相传古印度有一个呵国,国王叫持国,是个瞎子,所以国家大事都由他弟弟般度主持。持国有100个儿子,他们组成了一个家族,叫俱卢族,太子难敌是家族首领。般度有5个儿子,也组成了一个家族,叫般度族。

般度的5个儿子个个武艺高强,遭到了俱卢族的嫉妒。般度死后,俱卢族和般度族为了争夺王位,展开了钩心斗角的斗争。太子为了登上王位,

⊙《摩诃婆罗多》的插图

《摩诃婆罗多》主要描写的是俱卢和般度两个家族之间发生的长期争斗,其中有很多关系以历史的传说。有一个传说讲到了恒河的起源,另一个传说描写了大洪水的情况。

阴谋杀害般度族五兄弟。一次，太子对五兄弟说："我最亲爱的五位兄弟，父王在清净的地方建立一座房子，你们从今天起搬到那里去住吧。"五兄弟不知道这是个阴谋，爽快地答应了。他们哪里知道这间房子是用易燃的树胶做成的！当五兄弟住进去后，太子立即命人将房子点燃。顷刻间，房子浓烟滚滚，燃起熊熊烈焰，不一会儿就烧成了灰烬。太子得意地大笑起来，以为烧死了五兄弟，王位就唾手可得了。

几年后，呵国举行盛大的庆典，老国王接受群臣和外国使节的朝贺。这时，朝官禀报说盘国国王的5个驸马前来拜见，老国王下令让他们觐见。

> **·古印度的吠陀经典·**
>
> 印度的吠陀经典可分为4种：吠陀本集、《梵书》《森林书》《奥义书》。
>
> 吠陀本集共有4种，即《梨俱吠陀》《耶柔吠陀》《娑摩吠陀》和《阿闼婆吠陀》。吠陀本集中有大量的神话传说，其中也有对世界形成的合理猜测。
>
> 《梵书》，传授《吠陀》的各个派别编订的文献，记载祭典方法，其中也有一些神话传说。
>
> 《森林书》，描述礼拜上天和灵性修持的各种方法。据说，这些书只在森林中秘密传授，因而得名。
>
> 《奥义书》，各派《奥义书》现在大概有100多部。这些书除了神秘主义的说教外，还包含有许多哲学思想，可以说是印度吠陀经典的精华部分。

等他们来到大殿上时，大家都惊呆了，原来是般度族的五兄弟！

太子更是吃惊，他们不是烧死了吗？怎么成了盘国的驸马？原来当年太子派人去烧树胶屋子的时候，有人偷偷地将太子的阴谋告诉了五兄弟。五兄弟急忙从地道逃跑，才躲过了大难。他们逃到一片森林，风餐露宿，最后辗转来到了盘国。此时盘国公主正在比武招亲，印度半岛上许多国家的王公贵族都来了。盘国国王指着一张弓说："你们谁要能拉开这张弓，并射中靶子，就可以和公主成亲。"许多人纷纷上前，但没有一个人能拉开这张弓。最后，五兄弟中的一人上前，说："让我试试！"他用力一拉，弓如满月，一松手，箭如流星，正中靶心——一条旋转的鱼的眼睛。

全场掌声雷动，公主亲自把花冠戴在他头上。按盘国的风俗，公主同时嫁给了五兄弟。盘国实力强大，五兄弟以此为后盾，昂首挺胸回到呵国兴师问罪。呵国国王无可奈何，只好同意把一半国土分给他们。由于太子从中作梗，五兄弟分到的只是一大片荒芜的土地。后来太子连这些荒凉的土地也不想给他们了，就提议掷骰子，如果谁输了，就流放12年，而且第13年也不能被别人认出来，才能得到一半的国土。五兄弟无可奈何，只好同意，结果输了，便躲到森林里去了。12年过去了，五兄弟乔装打扮，来到另一个国家的王宫里干活。一年后，他们派使者到了呵国，索要一半国土，遭到了太子的粗暴拒绝。

五兄弟实在是忍无可忍了，他们联络了很多国家攻打呵国。太子也不甘示弱，联合了很多国家迎战，整个印度半岛一片刀光剑影。惨烈的战斗进行了18天，太子大败，他的99个兄弟全部被杀。太子只身逃亡，五兄弟穷追不舍。正跑着，突然前面出现了一个大湖，太子略一犹豫，纵身跳入了湖中。五兄弟追到湖边，四处寻找太子。忽然，他们发现湖面上有一根芦苇管，原来太子躲在了湖底，用芦苇管来呼吸。五兄弟用尖酸刻薄的语言侮辱太子，太子实在受不了了，就跳出来和他们决斗，结果被杀。

俱卢族的战士决心为太子报仇，他们在晚上乘般度族战士熟睡之机发动偷袭，将他们全部杀死，只有五兄弟逃走。第二天，五兄弟看到战场上尸骨如山，血流成河，感到万分悲痛，决定和俱卢族讲和。两族终于化干戈为玉帛。

《摩诃婆罗多》广泛地反映了古代印度各阶层人民的生活，被誉为古代印度社会的百科全书。

狼孩与罗马城

希腊人攻陷特洛伊城后，一部分特洛伊人逃了出来，乘船来到了意大利半岛中部的台伯河入海口一带定居下来。这里土地肥沃，森林茂盛，特洛伊人在这里建立了一个城镇，起名叫亚尔巴龙伽。

亚尔巴龙伽国王的弟弟叫阿穆留斯，他野心勃勃，处心积虑地想谋朝篡位，取哥哥而代之。终于他发动了政变，流放了哥哥，自己当上了国王。为了防止哥哥的后代夺取王位，他杀死了侄子，强迫侄女去当祭司，当时祭司是不允许结婚的。这样一来，就不会有人和自己争夺王位，可以高枕无忧了。

不料，战神玛尔斯使阿穆留斯的侄女怀孕，并生下了一对孪生子。阿穆留斯知道后又惊又怒，立即下令将侄女处死，并派人将孪生子扔到台伯河里去。

当时台伯河正在泛滥，奉命将孪生子扔到河里去的奴隶，将装有孪生子的篮子放在

◉ 伊特拉斯坎母狼　青铜雕像　公元前480年
机敏、警惕的母狼，成为罗马的象征。公元前480年铸成的母狼青铜雕像并不包括双胞胎，它们是文艺复兴时期意大利一个雕塑家加上去的。母狼是罗马的图腾，是象征战神的神圣动物，它拯救了罗马城的创建者罗慕路斯和勒莫斯。

河边就回去了，他觉得一会儿河水上涨就会把两个孩子淹死。这时，一匹来河边喝水的母狼，听到孪生子的哭声。顺着哭声，母狼来到篮子边。可能是母狼刚刚失去幼崽，见到两个小孩起了怜爱之心，它不仅没有吃他们，还把他们带回山洞，给他们喂奶。

不久，一个牧人经过山洞，发现了孪生子，将他们带回去抚养。经过多方打听，牧人终于得知了孪生子的身世。牧人给两个孩子取名，哥哥叫罗慕路斯，弟弟叫勒莫斯。时间一天天过去，两个孩子渐渐长成健壮的青年。

◎ 萨宾妇女

罗马建城之初经常与其邻近的萨宾部落发生激烈冲突，这幅画表现的是萨宾妇女调停罗马人与萨宾人争斗的情景。

牧人就将他们的身世告诉了兄弟二人，兄弟二人发誓一定要替舅舅和母亲报仇。他们勤奋习武，渐渐地在这一带有了威望，许多人前来投奔。

一次，他们和另外一群牧人发生了冲突。弟弟勒莫斯不幸被抓住了，被押到一个老人面前。老人看见勒莫斯的相貌，突然吃了一惊，问道："孩子，能跟我讲讲你的身世吗？"勒莫斯见老人慈眉善目，没有什么恶意，就把自己的身份告诉了他。老人听完，顿时泪流满面，说："孩子，我就是你的外祖父啊！"

勒莫斯和外祖父经过商议，率领外祖父的人马和哥哥罗慕路斯联合起来，浩浩荡荡地向亚尔巴龙伽进军。许多痛恨阿穆留斯残暴统治的人纷纷拿起武器加入他们的队伍，阿穆留斯很快被处死，兄弟俩的外祖父复位。

可兄弟俩不愿意依靠外祖父，决定另建一座新城。他们把新城的城址选在了母狼喂养他们的台伯河畔的帕拉丁山冈上。新城建好后，在以谁的名字命名的问题上，兄弟俩发生了争执，并展开了决斗。最后，哥哥罗慕路斯杀死了弟弟勒莫斯，将新城以自己的名字命名，取名为罗马城，时间是公元前753年4月21日，这一天成为古罗马人的开国纪念日。

罗马城建立后，很多逃亡者、流浪汉，甚至盗贼都来到这里。他们好勇斗狠，崇尚武力，使周围的部落对他们畏而远之。由于罗马城男多女少，罗慕路斯向周围的部落求婚，但都遭到了拒绝。

罗慕路斯无奈，只好使用计谋。他派人向周围的部落发出邀请，希望他们来参加罗马的节日宴会。到了节日那天，周围的部落来了很多人，其中以萨宾人最多。他们又吃又喝，玩得非常高兴，整个罗马城到处欢歌笑语。突然，罗慕路斯发出了号令，罗马人将早已看中的姑娘抢回家去成亲。

这就是关于罗马城的传说。在罗马博物馆里，现在仍保存着一尊铜像：一只母狼瞪着双眼，露着尖牙，警惕地望着前方。在它的身下，有两个男婴正在吃奶。

激战马拉松

波斯帝国从居鲁士起，经过几代人的不断扩张，到了大流士一世时，已经成了一个横跨亚非欧的大帝国。

大流士一世垂涎于希腊城邦的繁荣富庶，于是在公元前492年春天，派了300艘战舰、20000多名士兵远征希腊，历史上著名的希波战争爆发了。不料波斯大军在横渡爱琴海时遇上了风暴，战船和士兵全都葬身海底，未经一战就全军覆没。

但波斯王大流士一世贼心不死。第二年春天，他派出很多使者到希腊各城邦索要水和土，意思是要他们表示臣服，如果不给就将他们的城邦夷为平地。大多数城邦被波斯的恐吓吓坏了，急忙献上水和土。但希腊城邦中最强大的雅典和斯巴达根本不把波斯放在眼里，雅典人把波斯使者从高山上扔到大海里，斯巴达人把波斯使者押到水井边，指着水井说："水井里有水也有土，你自己去取吧！"说完就把波斯使者扔到了井里。大流士一世得知雅典和斯巴达拒绝投降，非常愤怒，立即下令第二次远征希腊。

当时波斯是横跨亚非欧的大帝国，而雅典和斯巴达则是希腊的两个小小的城邦，实力悬殊，而且雅典和斯巴达之间还很不团结。为了共同抵抗波斯人，雅典派出了长跑健将斐里庇第斯去斯巴达求援。雅典和斯巴达相距240千米，斐里庇第斯仅用了两天两夜就赶到了斯巴达。不料斯巴达

⊙ 这些彩色瓷砖构成的图案是波斯常备军精英——不死队成员。强有力的军备，是波斯帝国称霸的基础。

王说:"按照我们的风俗,只有等到月圆才能出兵打仗,否则就会出师不利。"斐里庇第斯动之以情晓之以理,苦苦哀求斯巴达王,可斯巴达王就是不同意出兵。斐里庇第斯无可奈何,只好连夜赶回雅典。

当雅典人听到斯巴达人拒绝出兵救援的消息后,他们并没有气馁。雅典执政官发出了全民动员令,甚至连奴隶也编入了军队,积极备战。

公元前490年,波斯大军渡过爱琴海,在雅典城外的马拉松平原登陆。当时希腊人的兵役制度是根据公元前600年改革家梭伦的法律制定的。

◉ 这幅画表现了一个希腊人被击倒后反戈一击,举剑砍向波斯人的情景。

雅典人分成四个等级,第一等人是最有钱的人,在军队中担任将领。第二等人是乡村贵族,他们组成骑兵。第三等人是作坊主和富农,他们自己准备兵器和盔甲,在军队中组成重甲兵。他们的武器是长达2米的标枪、希腊短剑和盾牌。第四等人是城市中的手工业者和普通的农民,在军队中组成轻甲兵,武器是标枪和弓箭,或者充当海军战船上的划桨手。

雅典军队大概有1万人,他们都决心保家卫国,愿意与波斯侵略者决一死战,所以士气高昂,战斗力很强。

反观波斯,虽然有10万军队,在数量比雅典人多得多,但他们主要是由奴隶和雇佣军(大部分是被征服的希腊人)仓促组成,士气低落,装备很差,纪律松弛。真正称得上精锐的只有波斯王的1万御林军。

雅典人在统帅米太亚德的率领下奔赴马拉松,迎战波斯人。马拉松平原三面环山,一面临海,波斯人就在平原上扎营。米太亚德看了地形以后,命令雅典人登上高山,占领制高点。

公元前490年9月12日清晨,决战前夕,米太亚德对雅典人说:"雅典是永保自由,还是戴上奴隶的枷锁,就看你们的了。"将士们高呼:"誓死不做奴隶!"

雅典人沿着山坡冲下,杀向波斯人的军营,波斯人猝不及防,一片混乱。米太亚德趁机排兵布阵,他将军队主力放在两翼,中间则是战斗力很强的重甲兵。不一会儿,波斯人杀了过来,用骑兵冲击雅典人的重甲兵。雅典人不断后退,波斯人步步进逼,战线不断拉长。米太亚德一声令下,雅典人的两翼的主力杀声震天,夹击波斯人,波斯人大败,损失了1/3的兵力,其余的纷纷爬上海边的战船,狼狈逃走,雅典人大获全胜。

米太亚德为了让雅典人尽快知道捷报，派斐里庇第斯去传送消息。斐里庇第斯在战斗中受了伤，从斯巴达回来后又没有得到充分的休息，但他还是毅然接受了任务。他飞快地跑到雅典的中央广场，对等在那里的焦急的雅典人说："大家欢呼吧，我们胜利了！"说完就倒在了地上，再也没有起来。

为了纪念斐里庇第斯，1896 年举行第一届奥运会时，人们把从马拉松到雅典的 40195 米的长跑定为比赛项目，这就是著名的马拉松长跑。

温泉关之战

波斯王大流士死后，他的儿子薛西斯登上王位。为了实现父亲的遗愿，薛西斯积极备战，发誓要踏平希腊，血洗马拉松战败之耻。

经过多年的准备，公元前 480 年，也就是马拉松之战后的第 10 年，薛西斯动员了波斯帝国的全部兵力，共数十万大军，海陆并进，浩浩荡荡，向希腊杀去。

波斯军队来到赫勒斯滂海峡（今土耳其达达尼尔海峡）时，薛西斯下令修建浮桥。埃及人和腓尼基人很快各自修建了一座索桥，不料这时狂风大起，将索桥刮断。薛西斯大怒，将架桥的埃及人和腓尼基人全部处死。他还下令把铁索抛进海里，想要锁住大海，并派人鞭打大海 300 下，以报复大海阻止他前进。

工匠们将 360 艘木船排在一起，用粗大的绳索相连，在上面铺上木板，两边安上栏杆以防人马落水，架成了一座浮桥。波斯王薛西斯乘坐由 8 匹白马拉的战车，在 1 万头戴花环的御林军——"不死军"的护卫下，趾高气扬地跨过海峡，其余的波斯大军用了七天七夜才全部渡过海峡。

波斯大军跨过海峡后，迅速席卷了北希腊，直逼中希腊。在大敌当前的情况下，希腊各城邦团结起来。30 多个希腊城邦组成抵抗波斯联盟，推举陆军最强大的斯巴达为盟主，斯巴达国王列奥尼达担任统帅，组建希腊联军（实际组织者是雅典），迎战波斯。

公元前 480 年 6 月，波斯军队来到希腊北部的德摩比勒隘口。德摩比勒隘口是北希腊通往中希腊的唯一通道，它西面是陡峭的高山，东面是一片通到大海的沼泽，最狭窄处仅能通过一辆战车，可谓"一夫当关，万夫莫开"，非常险要。因为关前有两个硫黄温泉，所以又叫温泉关。当时希腊人正在举行奥林匹亚运动会，按照风俗习惯，运动会高于一切，在运动会期间禁止一切战争。所以温泉关只有 7000 名战士守卫。斯巴达国王列奥尼达听到波斯人逼近的消息后，急忙率

古代文明时期

300名勇士赶来支援。他将6000名战士部署在温泉关一线，1000名战士部署在温泉关后面的小道，以防波斯人从背后偷袭。

薛西斯写信给列奥尼达，说波斯军队多得很，射出去的箭遮天蔽日，企图吓倒希腊人。斯巴达人哈哈大笑说："那真是太好了，我们可以在荫凉地里杀个痛快了！"薛西斯派探子去侦察希腊人的情况，探子回来禀报说，希腊人把武器堆在一边，有的梳理头发，有的做操，丝毫没有打仗的样子。薛西斯感到很奇怪，一个希腊叛徒说："这是斯巴达人的风俗，表示他们要决一死战了。"薛西斯冷哼一声，认为这点儿人根本不可能和他的大军相抗衡。

薛西斯下令进攻，波斯人一拥而上，企图夺取隘口。斯巴达人居高临下，手持长矛，向波斯人猛刺。由于山道狭窄，无法发挥波斯军队人多的优势，一批又一批的波斯人死在山道上，尸体堆成了一座小山，仍然没有攻下关口。薛西斯大怒，命令自己的"不死军"前去进攻，结果还是无法攻克。

正在薛西斯一筹莫展之时，那个希腊叛徒说："尊敬的大王，我知道有一条路可以绕到温泉关的后面。"薛西斯闻讯大喜，急忙命令叛徒带路，派一部分波斯军队连夜偷袭。由于防守小路的希腊人连续几天没有战斗，所以都放松了警惕，直到黎明时波斯人的脚步声才将他们吵醒。希腊人慌忙拿起武器抵抗，但由于寡不敌众，被迫撤走。波斯人也不追赶，而是赶往温泉关，夹击斯巴达人。列奥尼达见大势已去，为了保存实力就命令其他城邦的希腊人撤退，而留下300名斯巴达勇士拖住波斯人。

腹背受敌的斯巴达人宁死不屈，他们占据一个小丘，拼死抵抗。长矛折断了，就用短剑，短剑折断了就用石头砸、用拳打、用脚踢、用牙咬。斯巴达人没有一个投降，没有一个逃跑，最后全部壮烈牺牲。

后人在温泉关立了一个狮子石像，纪念那些阵亡的斯巴达勇士，上面刻着："来往的过客啊，请带话给斯巴达人。我们忠实地遵守了诺言，为国捐躯，长眠于此。"

◉ 列奥尼达在温泉关战役中

在温泉关战役中被波斯人重重包围时，列奥尼达解散了他的部队，只留下300名近卫队员战斗至全军覆没。关于斯巴达人永不投降的传说就来源于他的事迹。

萨拉米斯海战

攻占温泉关以后，波斯陆军直扑雅典城。但是，在那里他们却什么都没见到，整座城池空空如也。波斯王薛西斯不由得大为光火，一气之下让人将这座当时最大、最富庶的城市置于火海之中。

雅典城的居民怎么突然消失了呢？原来，雅典和其他城邦的人都接受了海军统帅提米斯托克利的建议，所有的妇女儿童都坐船到亚哥斯的特洛辛和本国的萨拉米斯岛上去躲避，所有的男人都乘着战船，集中到萨拉米斯海湾。当时希腊流传着太阳神的一个预言：希腊的命运要靠木墙才能拯救。根据这个预言，提米斯托克利认为希腊的未来在海上，太阳神所说的木墙就是指大船。

与此同时，波斯海军来到雅典的外港比里犹斯，它与直扑雅典的波斯陆军遥相呼应，那势头简直就要踏平整个希腊。

面对波斯军队的嚣张气焰，集中在雅典城南萨拉米斯海湾的希腊联合舰队对能否打败波斯大军毫无信心，有些城邦的人甚至打算把船驶离海湾，去保卫自己的家乡。

在此危急时刻，提米斯托克利召开军事会议，商讨作战方略。在会上，提米斯托克利说希腊联军完全有战胜波斯大军的可能，但前提是把战船集中在萨拉米斯海湾和波斯海军决战。他的依据是波斯战舰笨重，而港湾狭窄水浅，就算波斯军队在数量上占优势，但是在这种情况下他们的优势根本就无法发挥出来，况且，波斯水手们也不熟悉海湾水情和航路。而希腊人正相反，战船体积小，机动灵活，

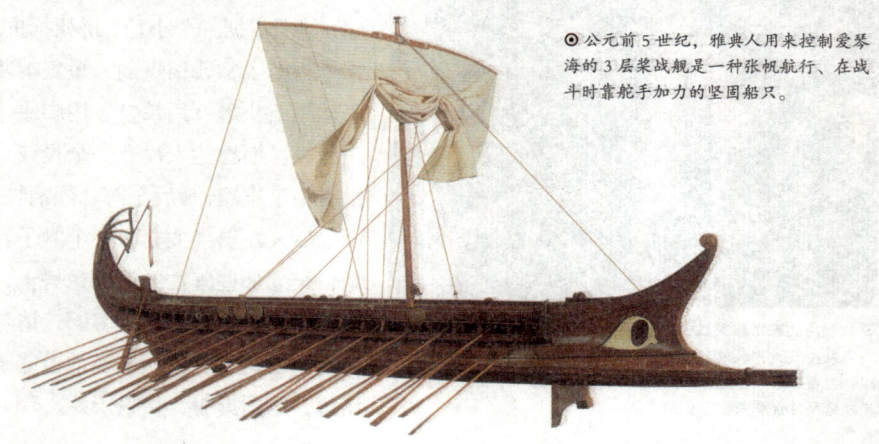

◉ 公元前5世纪，雅典人用来控制爱琴海的3层桨战舰是一种张帆航行、在战斗时靠舵手加力的坚固船只。

适合在这个狭窄的浅水湾中作战，加上水兵们在本国海湾作战，熟悉水情、航路，能充分发挥力量。

公元前480年9月20日，萨拉米斯海战正式开始。

欧利拜德斯按照提米斯托克利的建议，立即进行战争准备。他派遣科林斯支队据守西面海峡，斯巴达战舰为右翼，雅典战舰为左翼，其他城邦的战舰在中央，开始向波斯海军发起攻击。

薛西斯封锁萨拉米斯海峡后，首先派800艘先锋战舰分成三线一字摆开，向萨拉米斯海峡东端进攻。可是，海峡中间的普西塔利亚岛打乱了波斯军的阵形，波斯海军只好将纵队一分为二进行攻击，再加上波斯战船体大笨重，在狭窄的海湾运转困难，前进不得，后退无路，自相碰撞，乱作一团。

相反，希腊军舰却能在波斯军舰中任意穿梭。因为，希腊战舰大多是三层桨军舰，这样的战舰既快速，又灵活。

希腊联军抓住时机，充分发挥自己战舰的优势，猛烈攻击波斯舰队。雅典的每艘战舰上载有18个陆战队员，他们不断地向敌舰发射火箭、投掷石块。波斯战舰陷入一片火海，波斯人惊恐万分。更令波斯人惊慌的是雅典船只坚固的构造和特殊结构。雅典战舰船头镶嵌着铜冲角，船身安装一根5米的包铜横木。它们用铜冲角把波斯战舰撞得支离破碎；当它们紧贴波斯舰飞速冲过时，横木像锋利的刀子一样削断敌舰的木桨。波斯军队只能被动挨打了。

经过七八个小时的激战，萨拉米斯海战结束。希腊联军大获全胜，击沉波斯战舰200余艘，缴获50余艘，希腊舰队仅损失40艘战船。

此后，以雅典为首的希腊转入进攻，并乘机扩张海上势力，逐渐建立起雅典在爱琴海的霸权。

公元前449年，希腊和波斯在波斯首都签署了《卡利亚斯和约》，希波战争结束。

萨拉米斯海战是世界上最早的大规模海战，是希波战争的转折点，是世界海战史上以少胜多、以弱胜强的典型战例。这一战役使希腊人取得了制海权，而波斯人走向了衰落。

雅典的民主

希波战争结束后，希腊进入了最发达、最繁荣的时期，历史学家把这个时期称为希腊历史上的"黄金时代"。在希腊的城邦中，又以雅典最为发达繁荣。

在希波战争时，以雅典海军为主力的希腊海军大败波斯海军。战后，雅典控制了爱琴海沿岸地区，组建海上同盟——提洛同盟，势力扩展到地中海和黑海沿岸，成了一个海上霸主。随着海上势力的扩张，雅典获取了大量的奴隶，各行各业广泛使用奴隶劳动，经济得到了快速发展。整个雅典的奴隶曾经达到40万，占了人口的绝大多数。

⊙ 伯里克利像

在当时的雅典，除了奴隶和奴隶主之间的矛盾以外，还有奴隶主内部的贵族派（贵族奴隶主）与民主派（工商业奴隶主）和自由民之间的矛盾。贵族派极力限制民主派和自由民的权力，维护自己的既得利益，而民主派和自由民则千方百计地要扩大自己的权力，削弱贵族派的权力。当时雅典当政的是著名的政治家伯里克利，他虽然出身贵族，但却站在民主派一边，经过几个回合的较量，在广大雅典公民的支持下，由贵族派把持的掌握雅典大权的元老院不得不将权力移交给民主派控制的公民大会。

伯里克利为了了解民意，经常深入广大的群众，和他们交谈，倾听他们的意见。遇到和他不同意见的人当众辱骂他，他也不生气，也不逮捕对方。一天下午，一个贵族跟在他后面，指着他大骂："你这个疯子！你这个混蛋！你出身贵族，却忘掉了自己的阶级，反倒去向那些下等的百姓献媚！"这个贵族一直跟着伯里克利，边走边骂，直到伯里克利的家门口。这时天已经黑了，伯里克利让仆人举着火把把那个贵族送回家。在伯里克利时期，雅典达到了全盛，所以这一段时期又称为"伯里克利时代"。

公民大会是雅典的最高权力机关，凡是年满20岁的雅典男性公民都有权参加，但妇女、奴隶和外邦人则无权参加。每10天公民大会都要举行一次会议，讨论关于内政、外交、战争、和平等重大问题，每一个公民都可以上台发表自己的意见。会议开始前，祭坛上先要杀死一头小猪，然后由祭司拿着绕场一圈，以消除不洁。接着会议主持人登台宣读提案，再由支持或反对提案的人轮番上台发表演讲。台下的听众则用欢呼和嘘声来表

⊙ 雅典公民投票时使用的陶片
陶片上刻有将要被放逐（逐出雅典）的公民的名字。公元前5世纪，雅典为限制个人权力而滥用陶片放逐制度，很显然，阴谋限制了放逐陶片的有效性。

示赞成和反对，但决不能打断发言者的演讲，否则将会被驱逐出会场，甚至罚款。上台演讲的人也要尊重别人，不得侮辱和诽谤在场的人，否则会被禁止发言和剥夺荣誉。如果几个人同时要求发言，则将按年龄大小排序。它的常设机构是500人会议，成员由贵族奴隶主、工商业奴隶主和自由民组成。公民大会最重要的会议是选举大会。到了这天，会场上座无虚席，雅典人都以平生没有担任过任何公职为耻，所以参选的热情非常高涨。以前雅典的法官、军人、议员和公职人员都没有薪俸，连当兵都要自己购买盔甲、武器和马匹，所以这些职位都被有钱人把持着。伯里克利执政后，宣布军人和公职人员由国家发给薪俸，这样一来，普通公民就可以担任法官、军人、议员和其他公职人员了，这就扩大了普通公民的民主权利。选举大会主要选举10名将军、10名步兵统帅、2名骑兵统帅和1名司库员。这些职位涉及军队和国库，非常重要，当大会主持人念到候选人的名字时，公民举手表决，得票最多的人当选。另外，其他的官员如执政官、法官、监狱官等，用抽签的方式决定。

抽签在神庙中进行。神庙中放着两个箱子，一个箱子里放着候选人的名字，另一个箱子里放着黑豆和白豆。抽签时，主持人先抽出一个候选人的名单，在另一个箱子里拿一个豆子。如果拿到的是白豆，那么这个候选人就当选了，反之就是落选。

在选举大会两个月后，原来的公职人员开始向新当选的公职人员移交权力。

雅典的民主制度在当时属于一种非常进步的制度，但仍是奴隶制下的民主，归根结底是为统治阶级服务的，具有很大的局限性。

伯罗奔尼撒战争

希波战争后，雅典不断向外扩张，并把提洛同盟成员国变成自己的附庸，控制爱琴海，形成与斯巴达争霸希腊的局面。斯巴达则针锋相对，与雅典争相干预他邦内政，冲突不断发生。公元前435年，科林斯与其殖民地克基拉发生争端。公元前433年，雅典出兵援助克基拉，逼科林斯退兵。公元前432年，雅典以科林斯殖民地波提狄亚隶属提洛同盟为由，要求它与科林斯断绝关系，双方矛盾加剧。同年秋，伯罗奔尼撒同盟各邦开会，在科林斯代表的鼓动下，要求雅典放弃对提洛同盟的领导权，遭到拒绝。

面对与雅典的争端，斯巴达决定采取发挥陆军优势，鼓动提洛同盟成员国叛离，削弱和孤立雅典的战争策略，因为，斯巴达训练有素的重甲方阵步军和骑兵在陆战中将占有绝对的优势。

公元前431年，伯罗奔尼撒同盟成员底比斯袭击雅典盟邦布拉底引发战火。5月，斯巴达国王率领精锐部队6万余人，向阿提卡进军，伯罗奔尼撒战争全面爆发。

雅典的统帅伯里克利是位杰出的政治家和军事家，他对局势认识很清楚。他知道，要想在战争中胜利或逼和斯巴达，必须避其长击其短。于是，他采取陆上取守势，海上则取攻势的对策，命令陆战队以守为主，派舰船侵袭伯罗奔尼撒半岛沿海地区。

就在斯巴达不断对阿提卡进攻时，雅典的海军在伯罗奔尼撒半岛开始登陆，严密封锁伯罗奔尼撒半岛海岸港口，断绝斯巴达海上与外界的联系，并煽动斯巴达的奴隶希洛人举行起义，使斯巴达陆上进攻受到极大牵制。整个战争按照雅典人的预想进行。

但不幸却降临在雅典人头上，公元前430年，雅典城内发生严重瘟疫，死者甚众，雅典统帅伯里克利也在这场瘟疫中丧生。他的去世使雅典从防御战争变成新任统帅克里昂主张的侵略性战争。公元前425年，雅典海军占领了美塞尼亚西岸的皮洛斯及其附近的斯法克蒂里亚小岛，斯巴达陷入困境。为避开强大的雅典海军主力，斯巴达国王命令伯拉西达将军率领一支精锐部队由小道穿过希腊半岛，向北绕到雅典背后进行攻击，对雅典同盟进行说服，并攻下安菲波利斯。

公元前422年，双方在安菲波利斯展开对决。斯巴达骑兵一举杀死雅典统帅克里昂，但斯巴达统帅伯拉西达也在乱军中被杀死。

双方失去统帅，战争只好暂时停止。公元前421年，雅典主和派首领尼西阿斯与斯巴达缔结《尼西阿斯和约》。条约规定：交战双方退出各自占领地，交换战俘，保持50年和平。

然而，导致战争的基本矛盾依然存在，雅典和斯巴达在希腊争霸的野心并没有消除。和约签订的第6个年头，雅典调集134艘三桨战船、130艘运输船、5100名重步兵、1300名弓弩手共约2.7万人，组成雄壮的远征军由亚西比德统率向西西里进发。

但惊人的意外发生了，雅典方面突然命令亚西比德回国受审。原来，

◉ 伯罗奔尼撒战争绘画

几乎所有希腊的城邦都参加了这场战争，并涉及了当时整个希腊语世界。这场战争结束了雅典的黄金时代，结束了希腊的民主时代，强烈地改变了希腊国家的命运。

雅典城内的海尔梅斯神像被人毁掉,亚西比德因一贯不敬神而被诬陷,还将被判处死刑。亚西比德一怒之下逃往斯巴达。对雅典战略战术一清二楚的亚西比德的投降使战势发生了转变,斯巴达在埃皮波拉伊重创雅典军。雅典军无奈只好撤军,但撤军当晚发生月食,相信月食会带来凶险的雅典士兵不肯登船撤退。斯巴达抓住时机,封锁港口,切断陆上要道,包围了雅典军队。公元前413年9月,雅典全军覆没,经此严重打击,雅典渐失其海上优势。

公元前411年,雅典海军在阿拜多斯,次年在基齐库斯,先后打败斯巴达海军。斯巴达则寻求波斯的援助,增建舰队,要与雅典海军做最后的较量。公元前405年,斯巴达海军在波斯人的援助下一举全歼雅典海军,从此斯巴达成为希腊的霸权国。公元前404年,雅典投降,被迫接受屈辱的和约:取消雅典海上同盟(即提洛同盟);拆毁城墙工事;除保留12艘警备舰外,其余的全部交出。

伯罗奔尼撒战争使斯巴达成为希腊的霸权国,但整个希腊遭到严重破坏,繁荣富强的希腊从此一蹶不振。这场战争是希腊城邦开始衰亡的标志,也标志着古典时代的结束。

但斯巴达的霸权没有维持多久,由于斯巴达对其他城邦的肆意压榨,再加上波斯的挑拨离间,希腊各城邦之间陷入了长期的内战,最终都被希腊北部的马其顿王国征服。

◉ 古希腊青铜驭手像

苏格拉底之死

公元前399年6月一天的傍晚,在雅典监狱中,一位年届七旬的老人与妻子、家属做最后的道别。这位老人,散发赤足,衣衫褴褛,但是神情却非常镇定,丝毫看不出将要被处以死刑。妻子和家属走后,他又与几个朋友交谈起来。

不知过了多久,一个狱卒端着一杯毒汁走了进来,老人接过杯子一饮而尽,然后,安详地躺在床上。突然,他好像想起了什么似的,翻了个身面向他的朋友说:"我曾吃过邻居的一只鸡,还没给钱,请替我还给他。"说完永远地闭上了双眼。

这位老人就是大哲学家苏格拉底。苏格拉底到底是什么原因被判处死刑的呢?

苏格拉底（公元前 470 ~ 前 399 年），既是古希腊著名的哲学家，又是一位个性鲜明、从古至今被人毁誉不一的著名历史人物。他的父亲是石匠和雕刻匠，母亲是接生婆，一家人生活十分贫困。

苏格拉底生活在雅典由盛到衰的时期，雅典人在经历了一段繁荣富足的生活后，开始变得奢侈淫逸、道德败坏，经常和周边城市发生战争。19岁时，苏格拉底第一次参加战争，那是为了保卫雅典。他在战场上表现得十分英勇，曾三次冒死救出他的战友。和他一起作战的战友都说，与苏格拉底在一起就会感到安全。从战场上回来后，苏格拉底开始对雅典城的状况进行深入思考。苏格拉底认为要想改变雅典衰颓的

◎ 苏格拉底像

现状，就必须先提高雅典人的道德水平，造就治国人才。于是，苏格拉底开始研究哲学并从事教育工作。他培养出许多有成就的人，如柏拉图、色诺芬等著名的哲学家。

为了提高自己的学识，苏格拉底潜心读书，他读遍希腊的政治、历史书籍，眼界变得十分开阔。不过苏格拉底并不满足于书本上的知识，他觉得要想从整体上提高自己，还得不断吸取别人的思想。于是，他四处去拜访当时有名的学者，还不断地请别人到自己家中来谈天。当时，苏格拉底已经娶妻生子，由于他整天总是忙着做学问，没有时间帮妻子做家务、照看孩子，这使得整天忙碌的妻子对他十分不满。

一次，妻子正在洗衣服，刚会走路的儿子因没人照看，在一边大声哭。妻子便大声喊正在和两个学者交流学问的苏格拉底去看一下。苏格拉底谈到了兴头上，根本没听见妻子叫他。暴躁的妻子控制不住心中的怒火，便将一盆洗衣水向苏格拉底泼去。客人感到非常尴尬，然而浑身

◎ 苏格拉底之死
苏格拉底因坚持自己的信念将被判处鸩刑，但他神色安然，面无惧色。他的手指向更高的天国，表明那里是他的最终归宿。

湿淋淋的苏格拉底却幽默地对客人说:"没事,雷声过后,必有大雨嘛!"接着,他抖了抖身上的水,继续刚才的话题。

成名以后的苏格拉底依然过着艰苦的生活。一年四季他都穿着一件普通的单衣,经常赤着脚,吃饭也不讲究,所有精力都用来做学问。他经常公开发表演说或与人辩论,辩论中他经常采用问答形式帮助对方纠正、放弃原来的错误观念,启发人们进行思考。

公元前404年,伯罗奔尼撒战争以雅典的失败而告终,三十僭主的统治取代了民主政体,依靠雇佣军起家的克利提阿斯成了最高统治者。

克利提阿斯是苏格拉底的学生。有一次,为了霸占一个富人的财产,克利提阿斯让苏格拉底带4个人去逮捕那个人。苏格拉底当众违逆了克利提阿斯的命令,并且拂袖而去。不仅如此,苏格拉底还多次在公开场合谴责克利提阿斯的暴行。这无疑会惹恼克利提阿斯,于是,苏格拉底被勒令不准再接近青年。对于克利提阿斯的命令与恐吓,苏格拉底根本不加理睬。

后来,"三十僭主"的统治被推翻了,民主派重掌政权。苏格拉底被人诬告与克利提阿斯关系密切,反对民主政治,用邪说毒害青年,苏格拉底因此被捕入狱。大约公元前399年,苏格拉底因"不敬国家所奉的神,并且宣传其他的新神,败坏青年"的罪名被判处死罪。其实,说到被判入狱的真正原因,是他的言论自由的主张与雅典民主制度发生了严重冲突。

按照古希腊的民主制度,每一位雅典公民都能够充分地行使自己的权利,政府还在关键性投票中采用给与参予者一天口粮的方式鼓励公民参与。审判苏格拉底的是由501个雅典普通公民组成的陪审法院,也就是公民大会。苏格拉底的审判大会经历了初审和复审,初审中500个公民进行了投票,结果以280票对220票判处苏格拉底有罪;复审是决定苏格拉底是否该判死刑。复审之前,苏格拉底有为自己脱罪的辩护权利,但苏格拉底的临终辩词不但没有说服希腊民众,相反还激怒了他们,结果是360票对140票判苏格拉底死罪。

收监期间,苏格拉底的朋友买通了狱卒,劝他逃走,但他决定献身,拒不逃走。最后在狱中服毒受死,终年71岁。

作为一个伟大的哲学家,苏格拉底使哲学真正在人们生活中发挥了作用,为欧洲哲学研究开创了一个新的

· 苏格拉底方法 ·

为了达到道德教育的目的,有效地传授知识,苏格拉底创立了一套独到的教学法,被后人称为"苏格拉底方法"。所谓"苏格拉底方法",是指在与学生谈话的过程中,并不直截了当地把学生所应知道的知识告诉他,而是通过讨论问答甚至辩论的方式来揭示对方认识中的矛盾,逐步引导学生自己最后得出正确答案的方法。

领域，对后世的西方哲学产生了极大的影响。

博学的亚里士多德

一位学生问老师："老师，运动的来源是什么？"老师答道："犁耕地的运动来源于农夫的手；农夫手的运动来源于他的大脑；大脑的运动来源于他的食欲；食欲来源于人的本能；而本能只能是来源于神。"这位机智的老师就是被恩格斯称为"最博学的人"的亚里士多德。

◉ 亚里士多德的思想的影响之大超越了时代和流派，他的《诗学》被认为是西方美学重要的奠基之作。

亚里士多德（公元前384～前322年）出生、成长在一个高贵而又充满着医学气氛的家庭。依照传统，亚里士多德本该继承父亲的衣钵，但他却在医药的熏陶中，表现出对科学的爱好。公元前367年，亚里士多德拜柏拉图为师，进入柏拉图的学园，钻研各种知识长达20年之久，成为同学中的佼佼者，被柏拉图称为"学园的精英"。柏拉图去世后，亚里士多德来到小亚细亚的阿索斯城，在城主赫尔麦阿伊斯的宫廷做客，并娶了城主的侄女皮提阿斯为妻，生有一女，与自己的母亲同名。皮提阿斯死后，亚里士多德与他的侍女赫尔皮利斯同居，得一子，取名尼科马霍斯。

公元前343年，亚里士多德被聘为马其顿国王腓力二世的儿子、13岁的王子亚历山大的老师。公元前335年，亚里士多德结束了在马其顿的寓居生活，回到希腊，在雅典阿波罗圣林的吕克昂体育场开办了一所学园，并得到了已经继任马其顿国王的亚历山大的巨额经费支持。因为他经常率领弟子在学园的林荫道上边散步、边讲课，所以他的学派被称为"逍遥学派"。亚里士多德大部分作品就是在他主持学园的13个年头里完成的。

亚里士多德是古代世界中最博学的人。他创造性地总结了前人的研究成果，对当时已知的各个学科如伦理学、政治学、经济学、战略学、修辞学、文学、物理学、医学等都做出了有意义的探索，并开辟了逻辑学、动物学等新领域。可以毫不夸张地说，亚里士多德的研究成果代表了古希腊科学的最高水平。

作为形式逻辑的创始人，亚里士多德提出了归纳和演绎的思维方法，提出并阐释了同一律、矛盾律和排中律这些思维的基本规律，他所规定或发现的原则和范畴以及所使用的某些专门词语，至今仍为逻辑学教科书所采用。作为动物学的开创者，他的许多观察和实验，得到了后来的生物学家和医学家的首肯。林耐和居维叶是达尔文所崇拜的偶像，但达尔文说，这两人比起亚里士多德，只不过是小学生而已。在哲学上，亚里士多德肯定客观世界是真实的存在，认为人类的认识来源于对外界事物的感觉。他创立了自己的"四因说"（质料因、动力因、形式因和目的因），认为一切事物的产生、运动和发展，都不外是这4种原因的作用的结果。在政治学方面，亚里士多德详细地比较研究了君主、贵族、共和、僭主、寡头和平民6种政体，他主张法治，认为"法律是不受情欲影响的理智"。文学方面，他广泛考察了美学和文艺理论的一系列问题，如文艺的产生和分类、文艺与现实的关系等，认为文艺有深刻的社会意义。此外，亚里士多德的学说对基督教影响甚巨，13世纪中期，亚里士多德的著作成为英、法、德、意等地区基督教学校的必修科目，而14世纪巴黎的文教法令则规定，学校除《圣经》外，所有的世俗知识都应该在亚里士多德的著作中寻求指导。

公元前323年，亚历山大大帝病死后，雅典成为当时反马其顿运动的中心。由于是亚历山大的老师，亚里士多德被迫从雅典出逃，前往优卑亚

> **·《伊索寓言》·**
>
> 《伊索寓言》是世界上最古老的寓言故事集。相传它的作者伊索是古希腊的一个奴隶，他以其才智受到主人的赏识，被允许可以四处游历。他所创作的小故事加上民间流传的故事，经后人的整理汇编得以流传下来。
>
> 《伊索寓言》的内容极为丰富，大多采用拟人化的手法，用一个简短的动物故事来说明一个道理或人生经验，表达了作者对社会和自然界的看法。其中的《龟兔赛跑》《狐狸与葡萄》《乌鸦与狐狸》《农夫和蛇》等在中国广为流传，成了人们熟知的典故。

◉ 雅典学院

此壁画是拉斐尔为梵蒂冈教皇宫殿所绘。图中柏拉图和亚里士多德师徒正在门厅闲谈，其他不同地域和不同学派的著名学者在自由地讨论。画面以柏拉图与亚里士多德为中心，而这师生二人同是历史上伟大的思想家。

岛的卡尔喀斯城避居，并于次年辞世，享年 63 岁。

亚里士多德对世界的贡献是空前绝后的，称得上是伟大的、百科全书式的科学大师。因此，后人将他与其师柏拉图还有苏格拉底并称为古希腊三贤，也有人将这三人喻为"古希腊科学史上的三座高峰"。

马其顿的年轻统帅

马其顿原来是希腊北部一个落后的奴隶制王国，它积极吸收与它相邻的先进希腊文化和技术，采用希腊文字，逐渐强大起来。公元前 4 世纪，马其顿国王腓力二世征服了国内没有降服的部落，占领了沿海的海港，实力越来越强。

◉ 亚历山大头像

有一次，腓力二世买了一匹高头大马，在城郊的练马场试马。许多骑手都轮番上阵，企图驯服这匹烈马。但骑手们一骑上马背，烈马就前蹄腾空，又蹦又跳，狂嘶不已，将骑手一个个摔到地上，在场的人都哈哈大笑。腓力二世见没有一个人能驯服这匹烈马，正想下令让人牵走，忽然听到身旁 12 岁的儿子亚历山大说："不是驯服不了，只是因为他们的胆子太小了。"腓力二世生气地说："不许讥笑比你年长的人！因为你也驯服不了！""我去试试！"腓力二世正想阻止，但亚历山大已经向烈马跑去了。

亚历山大一手牵着缰绳，一手轻轻抚摸着马的鬃毛。他发现马非常害怕自己的影子，就慢慢地把马头转过来朝向太阳。突然，亚历山大以迅雷不及掩耳之势一跃而起，跳上了马背。受惊的烈马仰天长嘶，企图将亚历山大掀下马背，但亚历山大牢牢地抓着缰绳，双腿紧紧夹着马腹，稳如泰山。烈马又开始疯狂跳跃，在场的人脸都吓白了，可亚历山大却毫无惧色。烈马长啸一声，风驰电掣般向远方跑去，眨眼间就从人们的视线中消失。腓力二世焦急万分，急忙派人前去追赶。过了一会儿，满身大汗的亚历山大骑着马回来了，那匹烈马十分驯服地听从他的指挥，全场的人都惊呆了。从此，腓力二世决定将胆识过人的亚历山大培养成自己的接班人。

腓力二世不惜重金，请全希腊最著名的学者亚里士多德担任亚历山大的家庭教师。亚里士多德努力教导他热爱希腊文化，征服科学的世界，但亚历山大想征服的却是现实中的世界。他非常喜欢读《荷马史诗》,枕边就放着《伊利亚特》。亚历山大最崇拜希腊神话中的英雄阿喀琉斯,希望有朝一日能像他一样,建立丰功伟绩。

当时希腊各城邦内战不止,实力受到严重的削弱。腓力二世看准时机,发动战争,企图征服全希腊,成为希腊之王。公元前338年,腓力二世和亚历山大与雅典和底比斯两个城邦的军队在希腊中部的喀罗尼亚相遇。交战前,马其顿排成了一个16排的方阵。方阵中的每个士兵都一手拿着一面可以遮住全身的大盾,一手拿着一根长达5米的长矛。后排的士兵将长矛放在前排士兵的肩上,前方和两侧是骑兵。腓力二世将马其顿的骑兵集合起来,形成强大的进攻力量。他亲自担任统帅,指挥右翼,任命亚历山大为副统帅,指挥左翼。

战斗开始后,双方杀得难分难解。底比斯的"神圣部队"突破了腓力二世的右翼,贪功冒进,导致战线拉长。亚历山大抓住战机,率领骑兵迅猛出击,将希腊人打得大败。这场战争后,希腊人再也无力抵抗马其顿人了,希腊并入了马其顿王国。公元前336年,腓力二世在女儿的婚礼上不幸遇刺身亡,年仅20岁的亚历山大继任为马其顿国王。

希腊各城邦见腓力二世死了,纷纷摆脱马其顿,宣告独立。年轻的亚历山大此时显示出了他的雄才大略,他迅速平定了宫廷内乱,镇压了国内叛乱的部族,随后将矛头指向了反叛的希腊城邦。

当时希腊各城邦分为反马其顿派和亲马其顿派。反马其顿派希望重获独立,而亲马其顿派则希望马其顿统一希腊,然后远征东方,掠夺波斯的财富。亚历山大亲率大军进攻反马其顿的底比斯城邦,将它变成一片瓦砾,把城中居民统统变卖为奴隶。希腊各城邦害怕了,又纷纷表示归附。

公元前334年,亚历山大率领3.5万军队和160艘战舰远征波斯。临行前,他将自己的所有财产都分给将士。将士们问他:"陛下,您把财产都分给我们,那您给自己留下了什么呢?"

"希望!"亚历山大说,"我把希望留给自己,它将带给我无穷无尽的财富!"

将士们被亚历山大的豪言壮语感动,他们齐声呐喊,誓死追随亚历山大,从此踏上远征之路。

◉ 金橡叶花冠

亚历山大从他的父亲腓力二世那里得到的佩饰。

征服波斯

公元前 334 年，亚历山大率领一支包括步兵 3 万人、骑兵 5000 人和 160 艘战舰组成的马其顿和希腊各邦联军，浩浩荡荡地渡过赫勒斯滂海峡，登陆小亚细亚，踏上了波斯的领土。

当时波斯国王大流士三世昏庸无能，国内政治腐败，内部矛盾重重。大流士三世闻讯大为惊恐，急忙派 2 万波斯人和 2 万希腊雇佣军前去迎战。两军在马尔马拉海南岸的格拉尼科斯附近交战，波斯军队占据了河对岸的高地，以逸待劳。亚历山大不顾部队长途跋涉的疲劳，率军强行过河，向波斯军队发起进攻。波斯军队一触即溃，士兵们纷纷逃亡，2000 人被俘，而亚历山大的军队只损失了百余人。

首战告捷后，亚历山大继续南下，扩大战果。公元前 333 年，亚历山大在伊苏斯迎战大流士三世亲自率领的 16 万波斯大军。大流士三世率领军队迂回到亚历山大的后方，企图围歼亚历山大。在这危急时刻，亚历山大当机立断，亲自率领精锐骑兵，向大流士三世率领的中军发起冲锋。马其顿骑兵锐不可当，势如破竹，波斯人或死或逃。大流士三世吓得魂飞魄散，急忙掉转马头，落荒而逃，连自己的弓、盾和王袍都丢掉了。其他的波斯将领见国王跑了，都无心再战，也纷纷逃亡。远征军趁机大举进攻，大获全胜。这场战役，波斯人损失了 10 万步兵、骑兵，辎重全部丧失，连大流士的母亲、妻子和两个女儿也被俘虏，而远征军仅损失 5000 人。亚历山大看到大流士三世豪华的帐篷后，羡慕不已，说："这才像个国王啊。"这场战役后，远征军获得战争主动权。

为了赎回自己的母亲和妻女，大流士三世派使者前去觐见亚历山大。使者战战兢兢地说："尊敬的亚历山大陛下，为了两国的和平，我们大流士三世陛下愿意将我们美丽的公主嫁给您，并将幼发拉底河以西的全部领土和 10000 塔兰特作为嫁妆，请求您放回我们大流士三世的母亲和妻女，并各自停战。不知陛下意下如何？"

亚历山大还没有回答，一旁的大将帕曼纽两眼放光，兴奋地说："这么丰厚的条件！如果我是亚历山大，我肯定会同意的！"

亚历山大轻蔑地看了他一眼说："可惜我不是愚蠢的帕曼纽。我是亚历山大，我不会答应的。我要的是整个波斯帝国，而不是部分！我要做全亚洲的统治者！回去告诉大流士，要么投降，要么继续和我战斗！"使者灰溜溜地回去了。

◉ 这是一幅表现不戴头盔的亚历山大大帝追击大流士战马的图画

公元前332年，亚历山大沿地中海东岸挥军南下，进入埃及，将埃及从波斯人的手中解放出来。埃及祭司为了表达对亚历山大的感激之情，宣布他为"阿蒙神之子"，亚历山大又自封为埃及法老，还在尼罗河口兴建了一座城市，并以自己的名字命名，这就是今天的亚历山大港。

战败的大流士逃到幼发拉底河，在这里重整旧部，又招募军队，准备与亚历山大决一死战。10月1日，在尼尼微附近的高加米拉原野，大流士三世的军队与亚历山大的军队再次相遇。大流士对此役做了充分的准备，他调集4万骑兵、100万步兵，还有200辆装有刀剑的战车及15头战象，布置于开阔的高加米拉平原。大流士认为这是最适宜骑兵、战车作战的地方，他命令士兵铲平地面，移走障碍物，高加米拉平原显得更加空旷了。大流士吸取了伊苏斯战役的教训，还给士兵配备了更长的矛，并在战车上装备长刀，试图突破亚历山大的方阵。

大流士将军队分为两个方阵排列：第一方阵为主力部队，排成前后两条战线。战线的左、右翼骑兵和步兵混合在一起，中央由大流士亲率皇族弓箭兵、步兵和骑兵及其他城邦联军组成纵深队形。第二方阵排列在第一方阵正前方。方阵的中央为15头战象和50辆战车，大流士的御林军骑兵紧跟其后；方阵左翼为100辆战车及西亚骑兵；右翼为50辆战车及亚美尼亚和卡帕多西亚骑兵。

亚历山大趁大流士尚在设防之际，亲率一支精锐骑兵勘察地形，巡视敌情，把波斯军的战略部署搞得清清楚楚。后方部队则一边加固防御工事，一边休养整顿。

当波斯和马其顿军队接近时，亚历山大并没有直接进攻，而是向波斯军的左翼方向移动。大流士担心亚历山大攻击左翼，也跟着平行移动。渐渐地，队伍走出了波斯人特意平整过的地带。这时大流士开始警觉起来，他担心精心准备的战车失去作用，便立即命令左翼部队赶紧绕过亚历山大的右翼，阻止其继续右移。双方侧翼骑兵开始了激战。数量明显占优的波斯军，因为骑兵和马匹都有铠甲保护，致使亚历山大骑兵伤亡惨重，败下阵来。亚历山大急忙调骑兵支援，勇猛的骑士连续向波斯军左翼发起冲锋，终于将波斯人击退。

大流士看到其左翼的击战正酣，趁势发动长刀战车冲向对方的方阵，试图冲散对方。当他们接近时,马其顿方阵前方的弓弩手、标枪手上前迎战,有效地阻止了大流士的进攻。

大流士下令右翼开始进攻对方左翼,亚历山大则命令攻击那些迂回到马其顿右翼的波斯军,两翼骑兵的进攻使大流士中央部队现出了一个漏洞。

亚历山大亲自率领马其顿方阵和骑兵,还有预备方阵向内旋转,形成一个劈尖,直插大流士的阵营。波斯军顿时乱了阵脚,被冲得七零八落,再也组织不起有效的进攻。大流士见大势已去,仓皇逃走。

公元前330年春,亚历山大引兵北上追击大流士,大流士被其部将谋杀,古波斯帝国阿黑门尼德王朝灭亡。

亚历山大之死

大流士死后,波斯帝国灭亡,亚历山大的军队占领了波斯全境。按理说,以进攻波斯为目标的东征该结束了,但是,亚历山大的野心太大,仅仅占领波斯不能让他满足,他要征服世界,他要做万王之王。于是,他借口追击波斯残余势力继续率军东进,于公元前329年侵入巴克特里亚,抓获背叛并杀死大流士的拜苏斯,将他处死。中亚地区的民族都骁勇善战,他们不服从亚历山大,不断反抗。花了两年多的时间,亚历山大才将各地的反抗镇压下去。

安定好中亚后,公元前327年,亚历山大率军3万沿喀布尔河经开伯尔山口侵入印度。当时的印度,小国林立,内斗不止。印度河上游的旦叉始罗王与东邻的波鲁斯王严重不合,看亚历山大兵强马壮,旦叉始罗王便给他送来金银、牛羊、粮食,引诱亚历山大进攻波鲁斯。公元前324年4月,亚历山大从上游偷渡成功,在卢姆河畔消灭波鲁斯王大军2万余人,波鲁斯王投降。远征军抵达希发西斯河时,军中疫病流行,多年远途苦战加上久别故乡的疲惫,使将

◎在一次突围中,亚历山大骑着爱马布斯法鲁斯率军粉碎了波斯军队的进攻。该图见于他的下属西顿王的石棺。

士们再也不愿前进了。亚历山大下令东进，但反复劝说，众将士仍不肯接受命令。无奈之下，亚历山大大帝被迫停止东征，传令撤军。公元前324年春，东征军返回巴比伦。

通过10年的征战，亚历山大建立起幅员空前的大帝国，帝国西起巴尔干半岛、尼罗河，东至印度河这一广袤地域，建都巴比伦。

希腊化时期神庙中残留的柱子，充分体现了这一时期的建筑特色。亚历山大的东侵使地中海东部地区进入"希腊化时期"，古典希腊文化流布于各地。

亚历山大热爱希腊文化，在远征之前，他认为，只有希腊才是文明开化的民族，其他民族都是没有开化的野蛮民族；希腊文化是世界上最优秀的文化，其他地区没有真正的文化可言。因此，他东征的一个重大使命就是传播希腊文化，让世界上的其他民族共浴希腊文明的光辉。在东侵过程中，他沿途建设了许多希腊风格城市，有好几座还是以他自己的名字命名的，最著名的是埃及的亚历山大城，今天已经发展为埃及最大的海港。

但是，世界并不像亚历山大想象的那样，东方民族也同样是富有智慧和创造力的，也同样创造了灿烂的文明。亚历山大在东征时开始认识到这些，并逐步痴迷于东方文化。波斯人的君主体制，东方的奢华宫殿，东方的宗教都曾打动过他。因此，在传播希腊文化的同时，他也尊重其他地区的文化，并努力推动不同文化间的交流。为推动各民族的交流与信任，他自己就娶了大夏贵族罗可珊娜、波斯王大流士的女儿斯塔提拉等不同民族的妻子。他还鼓励马其顿将士和东方女子结婚，并宣布这样可以享受免税的权利。他曾在苏撒举办盛大奢华的婚礼，那是他和斯塔提拉的婚礼，同时也是1万多名将士与东方女子的婚礼，亚历山大向这些新人们赠送了许多礼物。

从印度退兵后，亚历山大并不甘心，他在巴比伦整编军队，计划征服印度，进军迦太基，入侵罗马。但天

· 亚历山大的遗产 ·

英雄长逝，靠武力征服建立起来的庞大的亚历山大帝国也随之瓦解。他的部将展开争权斗争，经长期混战，在原来帝国版图内形成了几个独立的王国，其中马其顿希腊王国、埃及的托勒密王国和西亚塞琉古王国领域最大。它们分别在公元前168年、公元前30年、公元前64年并入罗马的版图。

并不遂人愿,公元前 323 年,这位不可一世的大帝突然死亡。关于他的死,众说纷纭,至今尚未有定论,成为历史上最大的悬案之一。亚历山大之死,大体有三种说法:第一种说法认为由于亚历山大长期在沼泽地区作战而染上恶性疾病去世;第二种说法是在首都巴比伦,亚历山大在一次宴会上喝得大醉以后,突然发烧,从此一病不起,不久去世;第三种说法是被部将安提帕特鲁毒死。

亚历山大是世界历史上的最伟大的人物之一,也是最具传奇色彩的、富有戏剧性的人物。他胸襟博大,满腔热情,充满了穿凿世界的朝气;他英勇善战,无往不胜,建立起不朽的事业;他年轻有为,英气勃勃,但又英年早逝,为后人留下许多想象。亚历山大的远征和亚历山大帝国的建立,当时给被征服地的人民带来灾难,但从历史的角度看,它促进了东西方文化的交流,促进了东西方民族的了解与融合,推动了历史的发展。

孔雀王朝的阿育王

阿育王是古印度摩揭陀国孔雀王朝的第三代国王,他笃信佛教,所以被佛教典籍称为"无忧王"。

公元前 327 年,马其顿帝国亚历山大大帝率军越过兴都库什山脉,入侵古印度,遭到印度人的顽强抵抗。公元前 325 年,亚历山大从印度河流域撤走,但他在旁遮普设立了总督,并留下了一支军队。

当时恒河平原最强大的国家是难陀王统治下的摩揭陀国。公元前 327 年,该国出身刹帝利的一名叫旃陀罗笈多的贵族青年,揭竿而起,组织了一支军队抗击马其顿的军队。公元前 324 年,他率军直抵摩揭陀国首都华氏城(今印度巴特那),推翻了难陀王的统治,定都华氏城。因为他出身于一个饲养孔雀的家族,所以就把他建立的新王朝叫孔雀王朝。旃陀罗笈多建国后大肆对外扩张,吞并周边许多国家。孔雀王朝的版图不断扩大,军事势力也很强,拥有 3 万骑兵、60 万步兵和 9000 头战象。

公元前 298 年,旃陀罗笈多逝世,他的儿子频头沙罗登基。频头沙罗在位期间,继续对外扩张,消灭了 16 个大城君主,继续扩大帝国的版图。但这时孔雀王朝的统治并不稳定,各地经常发生叛乱。

公元前 273 年,频头沙罗病逝,死前没有立太子,为了夺取王位,王子和公主们展开了残酷的厮杀。

王子之一的阿育王18岁时,被父王任命为阿般提省总督。不久西北部重镇叉始罗城叛乱,他又被任命为该地总督,率军前往镇压,叉始罗城闻风而降,从此阿育王崭露头角,积累了政治资本。父王病逝后,阿育王在大臣们的支持下,加入了争夺王位的斗争。经过4年的拼杀,阿育王杀死了99个兄弟姐妹,最终获得了胜利。公元前269年,阿育王举行了灌顶仪式(印度当时的登基仪式),成为孔雀王朝的第三代君主。

◉ 栏盾上的孔雀装饰

孔雀长久以来被印度尊为国鸟,象征着吉祥如意。这个图案见于桑奇大塔第2塔栏盾上的大印章上。

阿育王残暴成性,杀人无数。即位后,他专门挑选最凶恶的酷吏设立了"人间地狱",残害国内百姓。对外则沿着祖父和父亲的步伐,继续对外侵略扩张,征服了湿婆国等很多国家。其中南征羯陵伽的战争,最为激烈。

羯陵伽位于今孟加拉湾沿岸,是古印度的一个强国,拥有骑兵1万,步兵6万,战象几百头,而且经济繁荣,海外贸易十分发达。公元前262年,阿育王率大军亲征羯陵伽。羯陵伽虽然实力强大,但面对实力数倍于己的孔雀王朝,最终还是失败了。15万羯陵伽人被俘,10万人被杀。杀人如麻的阿育王看到尸骨如山、血流成河的场面,也十分震惊。羯陵伽被征服后,孔雀王朝的领土又进一步扩大。整个南亚次大陆,东临阿撒姆西界,南至迈索尔,西抵兴都库什山,北起喜马拉雅山南麓,除了南端外,全部成为孔雀王朝的领土。孔雀王朝成为印度历史上第一个基本统一印度的王朝。

羯陵伽战争中尸山血海的惨状对阿育王震撼极大,他深感痛悔,从小埋藏在心中的佛性,终于被恻隐之心唤醒。战争结束后,他与佛教高僧优波毯多次长谈,大受感召,决心皈依佛教。此后阿育王转变了原来的治国方针,宣布以后不再发动战争。他发布敕令说,他对羯陵伽人民在战争中所遭受的苦难"深感悔恨",今后"战鼓的响声"沉寂了,代替它的将是"法的声音"。

阿育王宣布佛教为印度的国教,下令在印度各地立石柱、开凿石壁,将他的诏令刻在上面。他还召集大批佛教高僧,编纂整理佛经,在各地修建了许多寺院和佛塔。同时派出王子和公主在内的大批使者和僧侣到邻国去传教。在他的支持下,佛教日益传播,后来还传到了锡兰(今斯里兰卡)、埃及、叙利亚、缅甸、泰国和中国等地，成为世界性的宗教。对佛教发展历史来说，阿育王是仅次于释迦牟尼的重要人物。

第一次布匿战争

迦太基人是地中海西岸腓尼基人的后代。公元前4世纪，地中海的贸易被希腊人控制着，迦太基人就和罗马人结盟，共同对付希腊人。击败了希腊人后，为了争夺富庶的西西里岛和地中海的霸权，迦太基和罗马反目成仇，进行了三次大战。罗马人把迦太基人叫作布匿人，所以这三场战争在历史上被称为"布匿战争"。

罗马对外扩张时期，改进了战术，大量使用弓箭和投枪等投射武器，可以在远离敌阵的地方杀伤敌方阵中士兵。先前，罗马人曾排出长矛方阵与高卢人作战，当高卢的剑盾兵攻破了罗马人的侧翼后，罗马军队毫无反抗能力，只能在阵位上被杀死。这次惨败令罗马人意识到，长矛阵如果被突破就很难抵抗剑兵的进攻。于是，他们对方阵进行了革命性的改进，推演出罗马小步兵方阵的战术。

公元前275年，罗马人击败皮洛士以后，很快统一了意大利半岛。随后，他们开始越过海峡，向海外扩张。公元前264年，西西里岛上的两个小城邦叙拉古和墨西拿发生争端，迦太基和罗马同时介入，双方为了各自的利益互不相让，展开激战。凭借战斗力极强的罗马军团，罗马人占领了富庶的西西里岛的大部分，并于公元前262年攻占了迦太基在西西里岛西南岸的据点阿格里真托，但西西里岛西部和沿海的一些要塞仍控制在迦太基人手中，他们凭着海军优势封锁了西西里海岸和意大利半岛。

罗马人在陆上的胜利，并不能击败迦太基的海上舰队。公元前261年，罗马人做了极为勇敢的决定，迅速

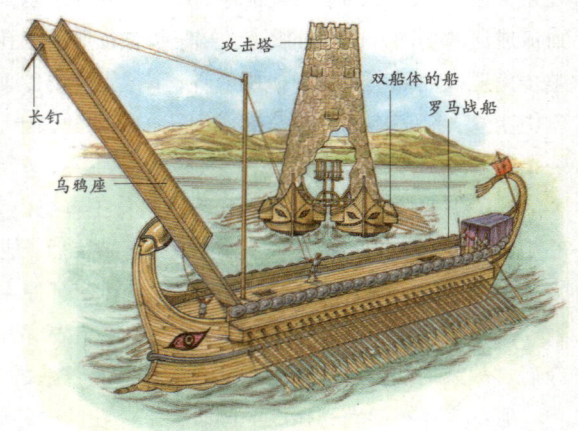

◉ 乌鸦座和塔

罗马人发明了抓钩武器"乌鸦座"，看起来就像巨大的乌鸦嘴。它是带钩子的踏板，能坠落到敌船的甲板上。特制的双船体的攻击船能用攻击塔射击敌人。

建立一支拥有 120 艘大型战舰的海军。公元前 260 年，尚未成熟的罗马海军企图攻占梅萨纳，结果失败。这使罗马人认识到不做战术改良是战胜不了在海军方面训练有素、机动性和作战经验都优于自己的迦太基军队。

那么如何在海战中发挥罗马军团的陆上优势呢？

罗马人发明了新的海上战术，他们在战船上装了一个在桥板顶端下面安有长钉的木板桥，也叫接舷吊桥，又称"乌鸦"。前进时，木板桥可以立起来，用来阻挡敌人投掷的武器；接近敌船时，板桥可以左右摆动，当它落在敌船甲板上时，钉子马上把敌人船只抓住。这时，罗马军团就可以迅速通过板桥，与对方展开肉搏战。

罗马人对所有战船做了改进后，便开始向西西里北部进发，在米列海（今米拉附近）与迦太基海军相遇。用这种木板桥，罗马兵团把迦太基将士打得落花流水，这一次战役使罗马不仅在陆上，而且在海上也成了强国。

公元前 256 年，罗马人派出一支拥有约 5 万人、330 艘战船的庞大军队，开始进攻迦太基。不甘失败的迦太基海军调集更庞大的舰队在埃克诺穆斯海角攻击罗马战船，当两军遭遇时，"乌鸦"板桥显示出了极大的威力，迦太基损失惨重。但是，远征迦太基本土的罗马陆军惨败，统帅雷古卢斯被俘获。前来接应的罗马海军收拾残兵败将，然后返航。不幸的是，罗马舰队在回国途中遭到暴风雨的袭击，损失惨重。罗马人进军非洲的计划虽然失败，但他们击败了迦太基强大的海军，获得了中部地中海的控制权。

公元前 242 年，罗马统帅卡托拉斯指挥 200 艘战船向西西里岛的利利贝奥和德里帕那发起突然进攻。迦太基闻讯非常震惊，立即派 400 艘战船出海，企图夺回这些港口。两军在爱加特斯岛附近展开激战，虽然迦太基战舰数量占优，但罗马"乌鸦"战船击沉迦太基战舰 50 艘，降俘 70 艘。结果，罗马大胜，迦太基被迫求和。

根据合约，迦太基把西西里岛及其与意大利之间的岛屿全部让给罗马，并赔款 3200 塔兰特。第一次布匿战争以迦太基的失败而告终。

坎尼之役

第一次布匿战争以迦太基的失败告终，迦太基被迫割让西西里岛，付给罗马大量的赔款。迦太基人不甘心失败，卧薪尝胆，决心再与罗马一争高下。公元前

237年，迦太基统帅哈密尔卡带着自己的儿子汉尼拔来到西班牙建立新迦太基城，作为反击罗马的基地。为了复仇，哈密尔卡对儿子进行了严格的训练。汉尼拔9岁时，父亲命令他跪在祭坛前发誓：决不与罗马人为友，一定要为迦太基报仇。在父亲和姐夫的教导下，汉尼拔成长为一名优秀的统帅。他胆识过人，足智多谋，而且善于用兵，深受部下的爱戴。有人曾这样描述汉尼拔：没有一种劳苦可以让他身体疲倦和精神沮丧，酷暑和寒冬他都可以忍受。深夜里，他经常裹着一条薄毯子和普通士兵睡在一起。无论是在骑兵还是在步兵中，总是冲在最前面。战斗时，他总是第一个投入战斗。战斗结束后，他总是最后一个离开战场。

后来父亲战死，25岁的汉尼拔成了迦太基驻西班牙的最高统帅。完成了作战准备后，汉尼拔开始进攻罗马在西班牙的盟友——萨贡姆城。罗马对汉尼拔发出警告，但汉尼拔不屑一顾，很快攻占了萨贡姆城。公元前218年，罗马对迦太基宣战，第二次布匿战争开始。

汉尼拔闪电般地击败了在西班牙的罗马人，随后，率领5万步兵、1.2万骑兵和37头战象，从新迦太基城出发，开始了远征。当他们到达意大利北部时，全军只剩下2万步兵、6000多没有马的骑兵和一头战象了。与罗马有仇的高卢人纷纷加入汉尼拔的队伍。

经过短暂的休整，汉尼拔的大军主动出击。罗马人惊慌失措，以为汉尼拔是从天而降，仓促迎战，结果被打得大败，连罗马人的执政官都被杀死。

公元前216年，8万罗马大军与6万汉尼拔大军在坎尼（今意大利奥方托河入海口附近）相遇，一场大战不可避免。战前，汉尼拔派500名士兵前去诈降，罗马人将他们缴械后安置到了罗马人的阵后。汉尼拔将战斗力较弱的步兵摆在中央，两翼则配备战斗力较强的骑兵。整个汉尼拔大军呈月牙状分布，突出的一面朝向罗马人，背靠大海列阵。战斗开始后，罗马人向汉尼拔发起了猛烈进攻，迦太基步兵抵挡不住逐渐后撤，而骑兵则坚守阵地。月牙阵突出的部分慢慢收缩，罗马人进入了口袋阵。这时，汉尼拔立即指挥两翼精锐骑兵迅速向罗马人的后方包抄，步兵停止后退，开始反攻。先

· 第三次布匿战争 ·

第二次布匿战争之后，罗马与迦太基休战了50多年。公元前149年，罗马见迦太基通过贸易逐渐恢复了元气，非常担心迦太基复兴。于是要求迦太基抛弃港口城市，搬入北非内陆，这一要求遭到断然拒绝。罗马立即对迦太基宣战，出兵8.4万，围攻迦太基城。迦太基人奋起抵抗，罗马人无法取胜。公元前147年，罗马执政官小西庇阿亲临前线指挥，断绝迦太基与外界的联系。第二年春天，罗马人发动总攻，攻克迦太基。迦太基港口被毁灭，5万残存居民沦为奴隶，罗马完全吞并了迦太基。

古代文明时期

● 汉尼拔的"坦克"
最著名的战象属于迦太基统帅汉尼拔。公元前216 年，在意大利南部与罗马人进行的坎尼战役中，他使用了从西班牙带来的大象。

前诈降的 500 名迦太基士兵也从怀里掏出匕首，杀向罗马人，堵住罗马人的退路。排山倒海一样的迦太基骑兵迅速击败了罗马人的骑兵，开始猛攻罗马人的中央步兵。罗马人顿时陷入了重重包围之中。恰在这时，猛烈的海风吹来，扬起了满天尘土，迷住了罗马人的眼睛。几万罗马人乱成一团，不成阵式，根本无法发挥出战斗力。罗马人向前受大风的阻挡和迦太基步兵的反击，两翼受到迦太基骑兵的夹击，后面又遭到迦太基士兵的进攻，溃不成军。

这场战役整整持续了 12 个小时，直到黄昏后才结束。罗马人有 5.4 万人战死，1.8 万人被俘，1.4 万人突围逃走，而汉尼拔只损失了 6000 人。坎尼战役成为历史上著名的以少胜多的辉煌战役。

后来，罗马人改变战略，开始进攻迦太基本土，汉尼拔被迫回援，结果战败，第二次布匿战争又以迦太基的失败告终。汉尼拔为了躲避罗马人的追杀，四处逃亡，最后被逼自杀。52 年后，罗马人发动了第三次布匿战争，彻底灭亡了迦太基。

斯巴达克起义

公元前 2 世纪，罗马横跨欧、亚、非三大洲。连年的扩张，使大批的战俘和被征服的居民成为罗马人的奴隶，奴隶们被称为"会说话的工具"。奴隶主为了取乐，建造了巨大的角斗场，强迫角斗士手握利剑、匕首，相互拼杀，或者让角斗士与狮子等猛兽搏斗。一场角斗戏下来，场上留下的是一具具奴隶的尸体。

公元前 80 年，希腊东北部的色雷斯（今保加利亚、土耳其的欧洲部分）被罗马征服，战将斯巴达克被俘后沦为奴隶，成为一名供罗马贵族娱乐的角斗士。在卡普亚城一所角斗士学校，斯巴达克遭受了非人的待遇。公元前 73 年，在忍无可忍的情况下，斯巴达克向他的伙伴们说："宁为自由战死在沙场，不为贵族

75

老爷们取乐而死于角斗场。"角斗士们在斯巴达克的鼓动下，拿起了厨房里的刀和铁叉。为了争取自由，斯巴达克秘密带领78名角斗士杀死卫兵，逃到维苏威深山里，斯巴达克被推选为起义首领。斯巴达克起义爆发后，许多逃亡的奴隶和农民纷纷加入，起义军很快发展到1万人。起义军不断出击，势力日益壮大起来，影响范围也越来越广。

得知奴隶起义的消息，罗马元老院急忙派克狄乌斯率3000人前去围剿。维苏威山是断崖山，山后是悬崖峭壁，克狄乌斯封锁了山路，企图把起义军困死在山上。斯巴达克一边命人在前面吸引敌人的注意力，一边命主力用野葡萄藤编成绳梯，夜里顺着绳梯下山，绕到敌后，向正在沉睡的罗马军队发动进攻。罗马军在起义军的突然袭击下乱作一团，溃不成军，克狄乌斯慌忙逃脱。起义军名声大振，队伍进一步扩大。

起义军队伍壮大起来后，斯巴达克决定将队伍转移到罗马兵力较弱的意大利北部。罗马元老院命瓦利尼乌斯率领1.2万大军分三路截击。斯巴达克采取各个击破的策略，先后打败两路大军。两路失败的罗马军与第三路军会合后继续反攻，将起义军困在山洞里，起义军正好得到了休整的机会。休整完毕，起义军在营中点起篝火，吹响号角，迷惑罗马军，然后趁夜色从崎岖的小道突破重围。天亮后，罗马军才知中计，急忙追赶。起义军又利用有利地势设下埋伏，打了罗马军队一个措手不及。

公元前72年，斯巴达克的军队发展到1.2万人，斯巴达克按照罗马军队的形式对部队进行了改编，除了由数个军团组成的步兵外，还建立了骑兵、侦察兵、通信兵和小型辎重部队。此外，斯巴达克还组织制造武器，对士兵进行训练，并制定了严格的兵营和行军生活规章。起义军声威大震，控制了整个坎佩尼亚平原。斯巴达克决定继续北上，但和他的副手克里克苏产生分歧，克里克苏拒绝北上，带领部分人马原地留守。

罗马元老院对起义军的发展极为担忧，遂命两个军团对起义军进行围剿。罗

◉ 竞技场上的厮杀

古代文明时期

马军首先给了留守的克里克苏部致命一击,克里克苏阵亡。然后,又兵分两路夹击斯巴达克军。斯巴达克集中兵力先打击堵截的罗马军团,后乘胜回头对追兵发起了猛攻,罗马军团再次惨败。

取得这场胜利后,斯巴达克不再向北转移,而是挥师南下,向西西里岛进军。罗马元老院惊慌失措,派克拉苏统帅6个军团约9万人镇压起义军。这时,斯巴达克大军已挺进到意大利半岛的南部,准备从这里渡海去西西里岛,到那里建立政权。但是被西西里收买而毁约的海盗没有给他们提供船只,斯巴达克只好组织起义军编制木筏,海上的风暴又使他放弃了这个计划。这时罗马大军赶到,在起义军后方挖了一条大壕沟,切断了起义军退路。起义军回师反攻,用土和树木填平了壕沟,突破罗马军队的防线,但起义军也损失惨重,2/3的战士牺牲。

公元前71年春,起义军试图占领意大利南部的重要港口布尔的西,乘船渡海驶向希腊,进而到色雷斯。罗马元老院想尽快将起义镇压下去,就分别从西班牙和色雷斯将庞培的大军和路库鲁斯的部队调来增援克拉苏。为了不让罗马军队会合,斯巴达克决定对克拉苏的军队发起总决战。

◉ 斯巴达克雕像

◉ 古罗马大竞技场
大竞技场作为罗马帝国繁荣时期的建筑物,除了是戏剧演出的胜地,它还经常作为角斗表演的场所。曾有人对它做出这样评价:"只要古罗马竞技场还矗立着,罗马就岿然不动。一旦竞技场倒塌,罗马也就倒下了。"

在阿普里亚省南部的激战中,斯巴达克军队虽在数量上比罗马军队少得多,但他们仍然英勇战斗。斯巴达克身先士卒,骑在马上左冲右突,杀伤两名罗马军官。他决心杀死克拉苏,但由于大腿受了重伤,只好在地上屈着一条

77

腿继续战斗。在罗马军队的疯狂围攻下，6万名起义者战死，斯巴达克也壮烈牺牲。此后，斯巴达克的余部继续战斗达10年之久。

斯巴达克起义虽然失败，但它沉重地打击了罗马统治，对罗马的政治、经济、军事都产生了深远的影响，其不畏强暴、前仆后继寻求解放的斗争精神谱写了奴隶解放的光辉诗篇。

恺撒大帝

"今天的收获真不小，竟然抓到了一个衣着如此光鲜的'贵重货'。"地中海的海盗们高兴极了。海盗们知道这个穿着华贵衣服的人就是这伙人的头，于是就对其他被俘的人说："你们赶紧回去取20塔兰特，然后来赎回你们的主人。"这位被称为主人的人听了海盗的话，不慌不忙地说："我的身价应值50塔兰特。"

海盗得到钱后，果然把这个衣着光鲜的家伙给放了。这一回，这个人反倒不依不饶地说："你们听着，将来我要率领一支舰队消灭你们。"海盗们不以为然。几年后，这股海盗果真被一支舰队打败了。临死时，强盗们认出了那个下达"把他们钉在十字架上"命令的人，正是他们曾经俘获并向他索要20塔兰特的衣着光鲜的人。

这位海盗的俘虏，就是古罗马共和国末期著名的统帅和政治家恺撒（约公元前100～前44年）。在历史上，能同时拥有政治、军事、文学、雄辩等诸多才

⦿ 表现恺撒被刺死的绘画。尽管事先受到威胁，恺撒还是没带武器便来到元老院，在凶手中，他认出布鲁图斯——他之前非常信任的人。

能于一身的人，除了恺撒之外，恐怕再找不出第二个人了。

恺撒是古罗马历史上最有成就的伟人，有人断言，若不是他在英年时突然被刺身亡，罗马的历史将可能改写，甚至他的成就将可能超过著名的马其顿国王亚历山大大帝。

恺撒生性好学，加之出身贵族，所以自幼就受到了非常良好的教育。他跟随一位高卢人老师学习了拉丁文、希腊文和修辞学，这位老师对他的性格塑造有着不可磨灭的影响。少年时期的恺撒就怀有非凡的抱负和志向，他幻想权力和荣誉，希望为风云变幻的罗马共和国建功立业，13岁时，他就当选为朱庇特神（即宙斯）的祭司。公元前84年，恺撒奉父命与珂西斯汀结婚，父亲去世后，他与珂西斯汀离婚，另娶了当时平民党的领导者金拉的女儿可妮丽娜为妻。独裁者苏拉在取得统治权后，杀死了自己的政敌金拉，但他非常赏识年轻有为的恺撒，要求恺撒和可妮丽娜离婚，被恺撒拒绝。一气之下，苏拉没收了恺撒的世袭财产和他妻子的嫁妆，并且要处死恺撒，恺撒闻讯，逃离罗马，直到公元前78年苏拉死后，才返回罗马。

回到罗马后，恺撒迅速在政坛崛起，以雄辩、慷慨、热心公务的作风和改革派的形象赢得了公众的好感，并在广大平民和部分上层人士中赢得威望。公元前73年，他被选入最高祭司团，此后，又历任财政官、市政官、大祭司长、大法官等高级职务，并于公元前60年与担任执政官的庞培和克拉苏结成"三头同盟"。在后两者的支持下，恺撒于公元前59年登上了罗马执政官的宝座，任满后出任高卢总督（公元前58～前49年）。就任高卢总督期间，恺撒建立起了一支能征善战、完全听命于自己的强大的军队，这支军队征服了高卢全境，越过莱茵河奔袭德意志地区，并两次渡海侵入不列颠群岛，为恺撒赢得了赫赫战功。恺撒势力的迅速增长，引起了元老院贵族的惊恐。

克拉苏死后，庞培与元老院合谋，企图解除恺撒的军权。恺撒决定兵戎相见，经过5年内战（公元前49～前45年），他消灭了以庞培为首的敌对势力，征服了罗马全境，被宣布为独裁者，获得了至高无上的统治权力，成为没有君主称号的君主。凭借手中的权力，恺撒进行了包括土地制度、公民权、吏治法纪和政治

·独裁者苏拉·

苏拉（公元前138～前78年），古罗马军事家、政治家。早年为马略部将，曾参加朱古达战争和罗马对日耳曼人的战争。公元前88年，苏拉当选为执政官。此后，他与马略反目成仇。公元前87年，苏拉率军远征东方，马略和金拉乘机夺权，苏拉在战场上获胜后率军回师意大利，击败反对派。公元前82年，苏拉占领罗马城，彻底肃清了马略和金拉的追随者，迫使公民大会选举他为无任期限制的独裁官，集军政大权于一身。他将没收的土地划为12万块，分给老兵，由此获得了军队的支持。苏拉依靠军队实行独裁，沉重打击了共和制，为以后恺撒等人的独裁开了先河。

体制在内的多方改革,建立起高度的中央集权,初步形成了一个以罗马为中心的庞大帝国,而且其中的一些措施对后世影响深远。他曾让属下在墙上写出罗马发生的重大事件和元老院会议的报告书,成为现代报纸最原始的雏形;他主持制定的儒略历,有些国家到20世纪还在应用,而现行的国际通用的公历也是在这个历法的基础上改革而成的;他曾为当时众多的马车制定单向通行的制度,成为现代交通管理的溯源;他所写的《高卢战记》更是为后人留下了了解当时外高卢、莱茵河东岸的山川形势、风俗人情等最早的第一手材料。

恺撒的独裁权力始终为元老院的贵族反对派所不满,于是他们勾结起来预谋刺杀恺撒。

公元前44年3月15日,恺撒没带卫队,只身一人来到元老院开会。当他落座后,一个刺客假装汇报情况来到他面前,突然拔出藏在胸前的匕首刺向恺撒。恺撒毫无防备,应声倒地。其他阴谋者一拥而上,连刺恺撒23刀。当恺撒看到他最宠爱的义子布鲁图斯也持刀向他刺来时,便绝望地喊道:"孩子,连你也要杀我吗?"然后便不再抵抗,用长袍把头蒙住,任由大家刺杀,至死维护自己的尊严。

恺撒虽然死了,但罗马帝国的车轮已经运转起来,恺撒的甥孙、年轻的屋大维最终取得了罗马的统治权,成为罗马历史上第一个皇帝,被尊称为"奥古斯都"(神圣之意),开创了罗马帝国。

元首屋大维

"我接受了一座用砖建造的罗马城,却留下一座大理石的城。"这是罗马帝国的创建者奥古斯都充满自豪感时说的一句话。奥古斯都平生的志向就是要让罗马人从战争中解放出来,"永远过和平的生活"。他也的确实现了自己的诺言,在他统治的43年里,古罗马经济进入了史上最繁荣的时期。鉴于他伟大的功绩,公元14年8月,当他死去时,罗马元老院将他列入了"神"的行列,并且将8月称为"奥古斯都",以纪念他。

◉ 宝石浮雕

奥古斯都坐在一位象征着罗马的女神身旁,正在接受花环加冕。

古代文明时期

奥古斯都原名盖乌斯·屋大维,奥古斯都是罗马元老院授予他的尊号,是神圣、庄严、伟大的意思。屋大维4岁时,父亲去世,他的母亲改嫁给马尔库斯·腓力普斯,从此,屋大维由继父抚养。12岁时,他在外祖母尤利娅的葬礼上致悼词,第一次在公众场合露面。15岁时,他被选入大祭司团。恺撒被刺时,他19岁,正在阿波罗尼亚城(今阿尔及利亚境内)接受教育,为恺撒远征帕提亚(今伊朗一带)做准备。恺撒在遗嘱里将自己财产的3/4赠予了屋大维,并将屋大维立为自己的继承人。

得悉恺撒的死讯后,屋大维返回罗马,利用恺撒对自己的恩宠及恺撒的影响力开始了谋求罗马统治权的活动。他向恺撒的部将、当时掌握实权的执政官安东尼提出继承恺撒权力的要求,但遭到拒绝。

屋大维知道要想获得政权,必须拥有一支属于自己的军队。为此,他四处募集资金,甚至拍卖家产,招募恺撒旧部,不到一年的时间,屋大维便建立了自己的军事力量。公元前43年,他趁安东尼出兵在外,率军进入罗马,获得了元老院的支持。此后,屋大维、安东尼、雷必达三位实力相当的人物达成协议,缔结盟约,共同执政,史称"后三头"政治同盟。在清除了一系列反对势力后,后三头重新划分势力范围,屋大维用计剥夺了雷必达的权力,兼并了他的军队,成为罗马实力最强的人物。公元前42年,拥有罗马东方行省的安东尼来到埃及,拜倒在埃及女王克里奥帕特拉的石榴裙下。不久,克里奥帕特拉为他生下一对双胞胎,高兴过头的安东尼竟然宣布把罗马的东方行省赠给克里奥帕特拉及其子女。这一行为激起了绝大多数罗马人的愤慨。罗马元老院和人民大会不能容忍安东尼,宣布剥夺他的权力,并授权屋大维率兵讨伐。公元前31年,屋大维与安东尼在亚克兴海决战,安东尼失败,逃回埃及后自杀。屋大维进军埃及,克里奥帕特拉企图笼络屋大维,失败后也自杀身亡,埃及成为罗马的一个行省。公元前29年,屋大维肃清了自己的敌对势力,成为罗马唯一的统治者。

凯旋罗马后,屋大维接受了"元老院首席公民"(即元首)和"元帅"的称号,并于公元前28年当选为罗马执政官。与恺撒不同的是,屋大维在共和政府的形式下进行了实质上的独裁统治,这成为他在罗马执政42年的重要原因。公元前

◎ 屋大维像

这个踌躇满志的青年,19岁时继承恺撒的伟业,31岁时统治罗马世界,治理帝国达半个世纪之久。这尊大理石雕像雕刻的屋大维显得平静而庄严,做出凯旋的胜利姿势,其脚边的丘比特像征着他的伟大诞生。

27年1月13日，他召开元老院会议，在会上宣布交出独裁权力并恢复"共和国"制度，此举使心怀感激的元老院在三天后授给他"奥古斯都"的尊号。但是，他又装作应元老院和人民的请求，接受了完全违背共和制原则的绝对权力，创立了独裁的元首制。公元前13年，奥古斯都被选为祭司长，成了罗马宗教的首脑。这样，他总揽了行政、军事、司法和宗教大权，实际上成为罗马帝国的第一个皇帝，那一年，他36岁。

建立元首制后，奥古斯都将罗马各行省分为由元老院任命总督管辖的元老院行省和直属元首的行省，同时继承了恺撒的制度，在行省中推行自治市制度，把公民权授予行省上层分子，又将大批退伍士兵移居各行省，从而大大加强了对全国各个地区的控制力度。奥古斯都建立了一支强大的正规化的常备军，依靠这支军队，征服了高卢和西班牙，占领了从莱茵河到易北河的全部地区，把地中海变成了罗马的内湖，极大地拓展了帝国的疆域。

尽管奥古斯都比较长寿，但他却一直受到疾病的困扰和折磨。他患有严重的皮肤病、风湿病、关节炎等多种疾病，怕冷却又不敢晒太阳。他饮食清淡，遇有宴会，他要么预先吃饱，要么宴会后单独再吃，而不动宴席上的东西。像中古的圣哲一样，他用精神支持肉体，建立了自己的千秋伟业。

公元14年，奥古斯都巡视南意大利，在路上因病死去，享年77岁。

"魔鬼"尼禄

公元37年12月5日，尼禄出生于罗马。他的父亲是一个臭名昭著的大贪官，母亲阿格里披娜是罗马皇帝的侄女。3岁的时候，尼禄的父亲病死，他的母亲用

· 亚克兴海战 ·

公元前31年，屋大维率军8万、战船400艘东征，安东尼和埃及女王率军10万人、战船500艘迎战，双方在亚克兴海对阵。屋大维占领科孚岛和莱夫卡斯岛，对安东尼军南北夹击，并派战船袭扰安东尼的后方补给线。安东尼见形势不利，便决心在海上与屋大维决战。双方采用的都是左、中、右三翼编成一线展开的阵形，安东尼首先率右翼编队迂回敌方左翼，女王率预备队尾随接应，屋大维则派海军名将阿格里帕指挥左翼编队迎战。阿格里帕的左翼编队充分发挥船体轻、航速快、机动灵活的优势，与安东尼的大型舰船作战，占据优势。激战中，安东尼中央和右翼编队部分船只见势掉头回航，不明真相的埃及女王也下令舰队脱离战场。安东尼见状，无心再战，下令撤退。这一战，安东尼损失战船300余艘，陆军全部投降，从此丧失了与屋大维争霸的实力。

美色诱惑自己的叔叔,当上了皇后。

阿格里披娜是一个野心勃勃、权力欲极强的女人,她处心积虑怂恿老皇帝将太子废掉,立尼禄为太子。为了让尼禄的地位更巩固,她又撺掇老皇帝将公主屋大维娅嫁给了尼禄。

阿格里披娜以为这样一来,只要老皇帝一死,罗马皇帝的宝座就是尼禄的。但事情的发展并不如意,老皇帝的身体非常健康,并且经常怀念废太子。阿格里披娜急得团团转,最后她竟勾结近卫军将老皇帝毒死。就这样,年仅17岁的尼禄登基,成为罗马皇帝。

尼禄在元老院的第一篇演说受到了元老们的普遍称赞,元老们一致认为尼禄会是一个非常有作为的皇帝,罗马帝国的一个新的黄金时代即将到来。尼禄上台后,起初施行仁政,下令禁止血腥的竞技,废除极刑,减少赋税,允许奴隶们控诉虐待他们的主人等,他甚至宽恕写诗讽刺他的诗人,赦免阴谋反对他的人。

◉ 尼禄头像

相传尼禄幼年丧父,由其母抚养成人。在其当政之初因母后对其管教严厉,引起尼禄的怨恨,公元59年,他策划了一起杀母事件。之后又亲小人,远贤臣,火烧罗马城,其残暴令人发指。

尼禄当上皇帝后,阿格里披娜得意扬扬,以为整个罗马都是她的了。她平时专横跋扈,不可一世,经常干涉朝政和尼禄的生活。尼禄不喜欢自己的妻子,而喜欢一个美丽的女奴隶。他的母亲斥责他,尼禄生气地说:"我是罗马皇帝,我想怎么样就怎么样!"阿格里披娜大怒说:"你别忘了,是谁让你当上皇帝的!我能让你当上皇帝,也能让你哥哥当上皇帝!"尼禄惊恐万分,彻夜难眠,便下令将他的哥哥秘密处死。为了消除后患,尼禄又决定对自己的母亲下毒手。

◉ 尼禄自杀

尼禄的残暴使他众叛亲离,在"祖国之敌"的声讨中,这位帝国皇帝无奈地选择了自杀。此画表现了尼禄临死前近臣惊乱的情景。

一天,尼禄扶着母亲登上一艘豪华的大船,给母亲说了很多好话,还亲自斟酒,不停地道歉。阿格里披娜非常高兴,认为儿子回心转意了。尼禄走后不久,"轰"的一声巨响,船身猛地倾斜到一边,吓得阿格里披娜魂飞魄散,急忙跳水逃生,游了半天才上岸，在众人的搀扶下，回到了自己的别墅。惊魂未定的阿格里披娜还没来得及喘口气，几个五大三粗的士兵就闯入别墅，大声说："我们奉皇帝之命前来杀你！"阿格里披娜还没来得及说话，一把锋利的刀就插进了她的胸膛。派人杀死了自己的母亲后，尼禄又派人杀死了老师和妻子。从此以后，再也无人能节制他，尼禄性格大变，整天过着荒淫无耻的生活。

公元64年夏季的一天，精神极度空虚的尼禄做了一个令人震惊的举动：火烧罗马城。全罗马城14个区有10个区都燃起了熊熊烈火，罗马人奔跑着、惊呼着，仿佛世界末日来临。尼禄站在皇宫的最高处，看着满城冲天大火的壮观景象，兴奋得手舞足蹈。他不仅不派人去救火，反而触景生情，用忧伤的语调高声朗诵特洛伊毁灭的诗篇。

大火过后，人民无处安身，生活在饥寒交迫之中。可尼禄根本不管这些，下令修建自己的皇宫。皇宫内部用金银珠宝装饰得富丽堂皇，餐厅里有镶着象牙的可以转动的天花板，不停地撒下花瓣和香水。浴池可以引进海水，也可以引进泉水。当这座富丽堂皇、豪华别致的建筑竣工后，尼禄兴奋地说道："这才像个人住的地方啊。"

人民猜测是尼禄放火烧毁了罗马，纷纷议论。尼禄非常生气，派士兵杀死了很多非议他的人，并嫁祸于基督徒，大肆迫害他们。

尼禄觉得自己是个艺术家，经常上台表演。他在皇宫举办了很多场豪华演出，自己扮演朗诵者、歌手、演奏师甚至角斗士登台表演。在演出时，他下令紧闭剧场大门，不许观众中途退场。观众们实在无法忍受他那刺耳的歌声和拙劣的演技，纷纷翻墙逃跑。

尼禄见在罗马没有人"欣赏"他的"才华"，就率领庞大的剧团到希腊去演出。希腊人赞扬了他，尼禄非常高兴，觉得希腊人懂艺术，就赐予希腊自治权。

罗马人再也无法忍受尼禄的暴政了。公元68年，罗马的西班牙和高卢行省的总督号召人民起来反抗，尼禄的近卫军也纷纷响应。众叛亲离的尼禄逃出罗马城，在郊外的一所别墅中自杀。临死前，尼禄仰天长叹："一个伟大的艺术家就要死了！"

罗马和平

公元14年，罗马第一任皇帝屋大维死后，他的养子提比略继位，从此罗马帝国开始了帝位传承制。公元1~2世纪，罗马帝国主要经历了三个王朝：朱里亚·克劳狄王朝、弗拉维王朝和安敦尼王朝。这三个王朝是罗马帝国的鼎盛时期，被称为"罗马和平"。

在这一时期,罗马的生产工具和技术有了很大的提高。农业出现了带轮子的犁和割谷机。工业上出现了水磨,大大减轻了人力和畜力的劳动强度。在矿山中开始使用人工排水的机械。手工业的发展尤为显著,不仅门类增多,而且分工十分精细。传统的手工业,比如阿列提乌姆的制陶业,阿普亚的青铜制造业,莫纳德的制灯业等规模不断扩大,产量很多,远销各地。玻璃制造业也得到了大力推广,同时出现了丝织业。在这一时期,除了罗马城外还出现了很多大城市,比如不列颠的伦丁尼姆(今伦敦)、高卢的鲁格敦(今里昂)等,迦太基等一些曾被摧毁的城市也开始恢复,阿普亚和那不勒斯是手工业和商业的中心,而亚历山大里亚(今埃及的亚历山大港)则是商品的集散地和内外贸易的枢纽。首都罗马成了整个帝国的交通中枢,它和许多大城市都有道路相连,西方谚语"条条大道通罗马"就是从那时流传下来的。

当时罗马对外有三条贸易通道。第一条是从意大利半岛经海路来到亚历山大港,登岸后由陆路经过红海东岸阿拉伯半岛上的也门,然后乘着船借着季风抵达印度,最后再把印度的宝石、香料和纺织品运回罗马。第二条是北上到达北海和波罗的海沿岸,用罗马的金属制品换取这里的琥珀、奴隶和毛皮。第三条是通过丝绸之路与中国进行贸易往来。中国的丝绸在罗马属于奢侈品,罗马的上流社会以穿中国丝绸制的衣服为荣。每逢庆典和节日,罗马的贵族和富人都会身穿绫罗绸缎出席。

罗马的文化也取得了辉煌的成就。当时的诗人备受皇帝的宠爱,社会地位很高。其中最有名的有三位诗人:维吉尔、贺拉西和奥维德。维吉尔一生虽然只写了三部作品,但影响巨大。其中以他模仿《荷马史诗》写成的《埃涅伊德》最为著名。《埃涅伊德》讲的是特洛伊王子在特洛伊被攻陷后,带着族人千辛万苦,漂洋过海来到意大利半岛,经过了一系列的战争,创建罗马城的故事。贺拉西擅长写讽刺诗和抒情诗,他的抒情诗《颂歌》堪称抒情诗的典范。奥维德以写爱情诗见长,他的代表作是以古希腊

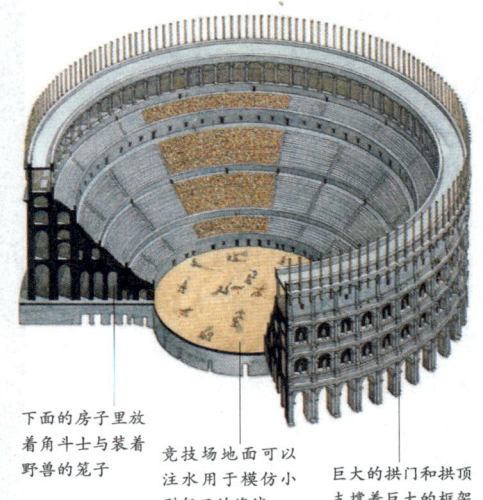

下面的房子里放着角斗士与装着野兽的笼子

竞技场地面可以注水用于模仿小型船只的海战

巨大的拱门和拱顶支撑着巨大的框架

◉ 罗马椭圆形剧院

罗马的皇帝常举行大型的活动。罗马城的椭圆形剧院是最大的。它在公元80年开放,能够同时容纳5万名观众。

罗马的神话为题材的《变形记》。此外，历史学家李维等人呕心沥血，写成了24卷的《罗马史》，时间跨度从罗马的起源到图拉真皇帝，所记历史长达900年。书中还记述了罗马起源和王政时代的传说，地中海周围国家的情况以及罗马征服这些国家的过程，具有很高的史学价值。

　　罗马的建筑艺术是人类艺术的瑰宝。现存的最著名的罗马建筑是建于公元81年的提图斯皇帝凯旋门。它是为纪念罗马镇压犹太人而建的，在高达24米的浮雕板上，雕刻着罗马皇帝乘坐四轮马车凯旋的情景。而树立在罗马广场上的图拉真记功柱，一共刻了2000多个人物，描绘了图拉真皇帝的赫赫战功，是罗马石刻艺术中的珍品。

　　罗马椭圆形剧院是现存罗马建筑中最壮观的。它建于公元80年，剧场内不仅可以表演陆战，舞台还可以灌上水，表演海战，所以又有水陆剧场之称。剧院共分4层，有80个出口，能容纳5万观众。站在剧院的最高处，整个罗马的景色尽收眼底。

　　在科学技术方面，罗马也取得了很大的成就。农业学家科路美拉写了《论农业》、斯特拉波写了《地理志》，科学家普林尼写了长达37卷、百科全书式的《自然史》。此书又名《博物志》，发表于公元77年，这部巨著是对罗马时代自然知识百科全书式的总结，内容涉及天文、地理、动物、植物、医学等科目。普林尼以古代世界近500位作者的2000多本著作为基础，分3万多个条目汇编而成，范围极为广博。普林尼的基本哲学观点是人类中心论，这一哲学立场贯穿在他的《博物志》中，得到了日益兴盛的基督教的认同，从而大大有助于这部著作的流传。无论如何，《博物志》出自一位对大自然充满好奇心的人之手，它诱使人们保持对大自然的新奇感。这种对自然的好奇和关注的态度，是自然科学得以发展的内在动力。他为了详细记录维苏威火山喷发的情景，亲临现场，不幸遇难，为科学献出了宝贵的生命。

　　但罗马的繁荣是建立在残酷剥削奴隶的基础上的，这种繁荣维持不了

◎ 气势宏伟的罗马万神庙内景

多久。到了公元 2 世纪末，罗马帝国就开始出现危机。

君士坦丁大帝

公元 312 年的一天夜里，正在为第二天的大战而忧心忡忡的君士坦丁，站在罗马附近的米尔维亚桥上眺望着星空。突然，他看到苍茫的天空中出现了 4 个火红色的十字架，还伴随着这样的字样：依靠此，你将大获全胜。

这个情节是那么遥远而虚幻，以至于后人对它的真实性产生怀疑。但是，不管它是真是假，的确从那一年之后，世界历史发生了一个影响极为深远的变化，并且这个变化就来源于君士坦丁。

◉ 君士坦丁大帝头像

君士坦丁是私生子，出生于公元 280 年，父亲是位著名的将军，后来被士兵拥立为奥古斯都，母亲是一个小旅店的女仆。他小时候没有受过多少教育，只懂得一些希腊文。十几岁他就随父亲从军，参加抵御外族入侵的战争。由于有勇有谋，他很快就成长为一名高级将领。公元 306 年，父亲死后，君士坦丁继任"奥古斯都"。此时罗马帝国出现两个奥古斯都并存的局面，君士坦丁是西部奥古斯都，东部奥古斯都为李基尼乌斯。

公元 313 年，君士坦丁与李基尼乌斯在米兰会晤，共同颁布了著名的《米兰敕令》。《米兰敕令》承认基督教的合法地位，并归还以前没收的教堂和财产。

◉ 100 英尺高的宏伟的尼克拉堡巍然耸立，成为帝国时期罗马国力强盛的有力证明，但它的建筑初衷——由于恐惧而大量修建城堡与城墙，却是罗马衰败的征兆。

从此，基督教由受迫害的秘密宗教转变为受政府保护的合法化宗教，迅速在罗马帝国传播开来。此后，君士坦丁与李基尼乌斯为争夺统治权，进行了 10 年的战争。公元 323 年，君士坦丁击败李基尼乌斯，成为唯一的奥古斯都，重新统一了罗马帝国。

君士坦丁夺取全国政权后，在行政、军事、宗教等方面进行了一系列改革，以加强中央集权的专制统治。他取消以前的四帝共治制，委派自己的亲信治理帝国各个部分，加强对地方的控制。他在行省中施行军政分开的政策，军事首长直接向皇帝负责，从而使皇帝完全掌握了军事大权。宗教方面，他对基督教进行保护和利用，把基督教变为帝国政权的可靠支柱。公元323年，为了解决基督教的内部纷争，君士坦丁在尼西亚召集了基督教第一次宗教大集结，统一了基督教的教义和组织，使基督教成为维护专制统治的工具。通过这一系列措施，君士坦丁把罗马的君主专制制度提高到一个新阶段。

随着帝国重心的东移，君士坦丁于公元330年把首都从罗马迁到东方的拜占庭，取名君士坦丁堡，意为君士坦丁之城。为营建新都，他大兴土木，从帝国各地调集石料、木料，用于建造宫殿、教堂、图书馆和大学等。他还大力提倡文学和艺术，采用各种措施吸引世界各地的杰出人才来到君士坦丁堡，使君士坦丁堡成为当时的文化中心。此后，君士坦丁堡一直是东部罗马帝国的首都。

政治上风光无限的君士坦丁，其家庭生活却很不幸。他娶了两个妻子，第一个妻子明妮弗纳为他生了大儿子卡洛斯普士后便死去，第二个妻子弗西蒂生有三男三女。公元326年，弗西蒂向君士坦丁哭诉，说卡洛斯普士调戏自己，君士坦丁一怒之下杀了卡洛斯普士。在得知弗西蒂所说的不符合事实后，他又杀了弗西蒂。除杀了儿子和妻子之外，君士坦丁还以"谋反罪"处死了妹妹的儿子。

君士坦丁在统治期间，虽然宣布基督教合法，鼓励臣民们与他一同接受这个新信仰，但从没有公开承认自己是基督徒。直到公元335年5月22日，君士坦丁身患重病，自知将不久于人世，才请了一位基督教牧师给自己洗礼，据说是为了借此洗净一生的罪恶。然后，这位年届64岁、疲惫不堪的君主，脱去了皇帝的紫袍，换上初信圣徒所穿的白长衣，安然辞世。

君士坦丁的专制统治与改革措施，使罗马帝国得到暂时的稳定，但无法挽救罗马奴隶制社会的没落。君士坦丁死后，统治集团内部发生争夺帝位的长期混战，到狄奥多西一世时才重新恢复统一。

公元395年，狄奥多西一世死后把帝国分给两个儿子，由此罗马帝国正式分裂为以君士坦丁堡为都城

◎ 华美的圣母　油画

在遭受了长达300年的迫害后，公元313年，基督教终于成为罗马的国教。

的东罗马帝国和以罗马为都城的西罗马帝国。公元476年，日益衰落的西罗马帝国被日耳曼人所灭，而东罗马帝国转入封建社会后，又继续存在了近千年。

西罗马帝国覆灭

罗马城虽然经过了外族的两次洗劫，但还拥有很多金银财宝，很多外族还想再去抢劫，比如北非的汪达尔人。

汪达尔人不是北非的土著居民，他们是日耳曼人的一支，原来居住在斯堪的那维亚半岛南部。公元3世纪的时候，他们南下中欧，重金贿赂罗马皇帝君士坦丁，获得了在罗马帝国境内居住的权利。后来匈奴人来到欧洲，汪达尔人被迫西迁，加入了民族大迁徙的洪流之中。他们先是来到高卢境内，接着又翻越了比利牛斯山，到达西班牙，摧毁了当地的罗马政权，在那里建立了汪达尔王国。

公元416年，西哥特人进攻西班牙，汪达尔人被迫南迁。当时，汪达尔人的首领名叫盖赛里克，其身材不高，但足智多谋。他决定避开势力强大的西哥特人，转移到罗马人统治力量薄弱的北非地区。

◉ 公元419年，西哥特人在法国西南建立了西哥特王国。这幅浮雕下图表现的是哥特人对罗马人的胜利，上图是西哥特王国开始建立政权。

到达北非后，汪达尔人一路向东，沿途烧杀抢掠。当时北非的柏柏尔人正在反抗罗马人，他们把汪达尔人视为解放者，积极支持汪达尔人同罗马人作战，使罗马人在北非的政权土崩瓦解。公元438年，汪达尔人占领了北非的迦太基，并建都于此，建立了汪达尔王国。北非是罗马的粮食供应地，这里沦陷后，罗马顿时出现了粮荒，而汪达尔人则势力大增。罗马人被迫同汪达尔人签订条约，承认他们对北非地区的占领，还把罗马的公主嫁给汪达尔王子。

但盖赛里克并不满足，他占领了罗马在非洲的全部领土后，把目光投向了罗马城，他想像阿拉里克一样攻陷罗马城，掠夺财富。为此，盖赛里克建立了一支强大的舰队，并日夜不停地训练。汪达尔人的舰队相继占领了撒丁岛、西西里岛等地中海主要岛屿，成为继迦太基和罗马之后的地中海霸主。

公元455年,盖赛里克率领庞大的汪达尔舰队开始渡海北征,进攻罗马城。当汪达尔人的舰队到达台伯河的入海口处时,整个罗马城陷入了一片恐慌之中。

几辆豪华的马车从罗马皇宫疾驶而出,向城门冲去。

"开门!快开门!"西罗马皇帝从马车中伸出头,对守门的卫兵大声说。

这时旁边的罗马人认出了皇帝,大喊:"不好了!皇帝要逃跑了!"很多罗马人听到喊声赶了过来,将皇帝的车队围得水泄不通。

"让开!让开!"西罗马皇帝愤怒地大喊大叫。

"你不能走!你是罗马皇帝!你必须带领我们抵抗汪达尔人,和罗马共存亡!"一个罗马人义愤填膺。

"罗马守不住了,你们也快跑吧!开门!快开门!"西罗马皇帝急不可待地说。愤怒的罗马人一拥而上,将皇帝活活打死。

很快,汪达尔人的舰队就来到罗马城下。此时的罗马人早已没有了他们祖先当年的勇武,汪达尔人很快就攻克了罗马,并在城中开始了大规模抢劫。皇宫、国库、教堂、富人的宅邸甚至普通百姓的家都被汪达尔人洗劫一空。他们把掠夺来得金银财宝、丝绸、瓷器、华丽的装饰品装满了他们的大船,并且将3万罗马人掠为奴隶,盖赛里克还抢走了罗马公主。最后汪达尔人四处放火,将罗马城付之一炬。几百年来,罗马人留下的无数建筑珍品和文明成果就这样被熊熊大火吞没。罗马,这座昔日繁华富丽的城市,在经历了这场浩劫之后已是满目疮痍,一片凄凉。后来的欧洲把疯狂破坏文明成果的野蛮行为称为"汪达尔主义"。

此时的西罗马帝国已经四分五裂,勃艮第人占领了高卢,西哥特人占据着西班牙,汪达尔人统治着北非,意大利半岛被东哥特人控制着,连西罗马皇帝都是东哥特人的傀儡。

公元476年,日耳曼雇佣军的长官奥多里克废黜了最后一个罗马皇帝罗慕洛·奥古斯都,西罗马帝国灭亡。年轻的罗慕洛·奥古斯都手中没有一兵一卒,他无力反抗,只好命随从把东西搬上车,默默地离开了皇宫。

◉ 英里城堡

由于哈德良长城的保护,在哈德良长城英里城堡的周围发展起来了一些小城镇,有商店、市场、酒馆和浴池。许多守卫长城的罗马士兵在城镇里安了家。

中世纪

法兰克国王克洛维

法兰克人是日耳曼人的一支,生活在罗马帝国的北方。公元3世纪中叶,法兰克人不断渡过莱茵河,闯入罗马帝国境内,大肆屠杀抢掠,让罗马人很是头疼。但同时也有些法兰克人被罗马人招募,充当雇佣兵。公元4世纪时,法兰克人分为两支:一支是海滨法兰克人(萨利克法兰克人),住在莱茵河口附近和索姆河流域;另一支是河滨法兰克人(里普阿尔法兰克人),住在以今德国科隆为中心的莱茵河两岸。"法兰克"在日耳曼语中是"大胆"的意思,法兰

⊙ 骑士制度兴起于8世纪,当时的统治者有足够的财富向骑士们提供战马、武器与盔甲,以使他们在战争中效忠法兰克王国。

克人都是不怕死的勇士,他们打起仗来个个奋不顾身。墨洛温家族是法兰克人中最尊贵的家族,他们都长发披肩,以显示自己高贵。

公元5世纪前期,当时高卢中北部包括巴黎在内广大区域,由西罗马帝国的将军西阿格里乌斯统治着。这里与意大利的联系早被切断,实际上已经独立,西阿格里乌斯自称"罗马人的王"。

公元481年,15岁的克洛维在父亲死后,成了法兰克人的首领。克洛维像多数法兰克人一样强悍好斗,把战斗作为自己的爱好和事业。他性格残忍,善于玩权术,经常果断铲除威胁自己的人,具有政治家长远的战略眼光。

公元486年,一支海滨法兰克人在克洛维的率领下越过阿登森林(在今比利时境内)南下,联合另一支海滨法兰克人,在苏瓦松击败西阿格里乌斯的军队。西阿格里乌斯仓皇南逃,投奔了西哥特人。克洛维派使者前去索要西阿格里乌斯,西哥特人把他套上镣铐送交克洛维。击败西阿格里乌斯后,克洛维占领了包括巴黎和卢瓦尔河以北大片土地,建立了法兰克王国,他本人也从一个部落联盟首领变成真正的国王,开始了以他非常受人尊敬的祖父墨洛温名字命名的墨洛温王朝。

法兰克王国的建立标志着法兰克人从部落联盟演化到了国家阶段,而克洛维也从一个部落首领变成了国王。著名的"苏瓦松花瓶"故事反映了这一过程。

一次，克洛维的部下洗劫了兰斯教堂，抢走了教堂的大量财物。兰斯教堂的主教找到克洛维，希望他能够归还一个被奉为圣杯的大花瓶。克洛维说："我们法兰克人要在苏瓦松分配战利品，如果我抽签抽中的是那只花瓶的话，一定奉还。"到了苏瓦松，所有的战利品都摆在地上。在分配战利品时，克洛维对在场的法兰克人说："我勇敢的战士们，我请求你们在我抽到的东西之外，再把那个花瓶给我。"许多法兰克人都说："可以，尊敬的国王。所有的战利品都是您的，只要您认为合适，您就取走吧！因为谁也没有强大到敢向您说个'不'字。"但一个战士站出来说："除非你抽到花瓶，否则你根本无权得到这只花瓶！"说完挥起斧头将花瓶砍了个稀巴烂。

一年后，克洛维命令军队全副武装到校场集合，以检阅军队。克洛维走到打碎花瓶的那个战士面前时，看了看他的武器，故意生气地说："谁带来的武器也不像你的武器那样保管不当，无论是你的投枪还是斧头，都无法使用。"说完克洛维拿起那个战士的斧头扔到了地上。在那个战士弯腰去捡拾斧头时，克洛维抡起自己的斧头，劈开他的头，那名战士当场横尸校场，在场的法兰克人无不震惊。克洛维对着尸体说："你在苏瓦松的时候就是这样对待花瓶的。"由此，克洛维树立了自己的权威，从一个部落联盟首领变成了一个具有生杀予夺大权的国王。

27岁的时候，克洛维和信奉基督教的勃艮第公主结婚，但那时他本人并不是基督徒。公元496年，克洛维与阿勒曼人激战时，身陷重围。绝望中，他想到了上帝，于是他跪下向上帝祈祷，发誓如果能够转败为胜，他将带领全体法兰克人皈依基督教。奇迹发生了，阿勒曼人发生内乱，杀死了阿勒曼国王，并且全部向克洛维投降。克洛维大为惊奇，认为是上帝在帮助自己，于是在当年圣诞节率领3000名法兰克战士接受了洗礼，皈依基督教。从此，克洛维受到了罗马教会的大力支持，他继续扩张，几乎占领整个高卢。

· 采邑制 ·

采邑制是中世纪早期西欧的一种封建土地所有制。墨洛温王朝末期由于大土地所有制的发展，自由农大量破产，国家无可用之兵，中央的政治、经济、军事力量衰落。公元8世纪30年代，宫相查理·马特改变无条件分赠土地的办法，实行采邑制。没收叛乱贵族和部分教会土地封给官员和将领，受封者必须服兵役和履行封臣义务，而且只限本人，不得世袭。双方如有一方死亡，或封臣不履行义务，分封关系终止。如愿继续以前的关系，必须重新分封。通过采邑制，建立了以土地关系为纽带的国王与受封者之间的主从关系，加速了自由农民的农奴化进程，为形成阶梯式的封建等级制奠定了基础。骑兵逐渐代替步兵，兴起骑士阶层，中小地主力量加强，且提高了国家的政治与军事力量。公元9世纪以后，采邑逐渐变成世袭领地。

查士丁尼镇压尼卡起义

公元359年，罗马皇帝狄奥多西去世。临死前，他把罗马帝国分为东、西两个部分，让自己的两个儿子各自为帝。

西罗马帝国的首都仍然在罗马，领土包括现在的意大利、法国、英国、伊比利亚半岛、奥地利、匈牙利以及北非的阿尔及利亚、突尼斯、利比亚。

东罗马帝国定都君士坦丁

◉ 查士丁尼大帝及廷臣

这是拜占庭时期最著名的镶嵌画之一，描绘的是查士丁尼大帝在大主教的陪伴下主持教堂奉献礼的情景。

堡（原名拜占庭，今土耳其伊斯坦布尔），所以又叫拜占庭帝国。东罗马帝国统治着从黑海到亚得里亚海之间的广大地区，包括东南欧一带、巴尔干半岛、小亚细亚、中东地区和外高加索一部分。

公元476年，西罗马帝国灭亡，而东罗马帝国却继续存在了将近1000年。

君士坦丁堡位于亚、欧两洲的交界处，扼守从黑海进入地中海的大门，地理位置十分重要。当西欧陷入混乱与纷争的时候，东罗马帝国依然非常强盛，君士坦丁堡当时有80万人口，是世界上最大的城市之一，海外贸易非常发达，城内的建筑辉煌壮丽，港口停泊着来自世界各国的船只，一片繁荣景象。

但君士坦丁堡里的很多手工业者和城市贫民在皇帝查士丁尼和他的一大群贪官污吏的统治下仍然过着悲惨的生活，他们生活艰辛，毫无政治权利可言，只有从古罗马时期流传下来的市民娱乐活动才能使他们享有片刻的欢乐。

当时最大的市民娱乐活动是马车比赛。无论是皇帝、贵族、地主、商人还是普通市民，都非常喜欢。每次比赛的时候，从皇帝到市民都聚集到能容纳五六万人的赛车场观看比赛。在东罗马帝国，皇帝的地位是至高无上的，平时人们见了他都要跪下磕头，吻他的靴子。只有到了马车比赛的时候，群众才可以趁机大声喊叫，表达对他的不满。

马车是分队进行比赛的，车夫们都穿着不同颜色的衣服，有蓝色、绿色、红色等，人们也分别支持不同的队。渐渐地，这种支持变成了政治派别。其中蓝队的支持者是元老贵族和地主,而绿队的支持者则是大商人和高利贷者。这两派都有广大的群众支持,这些群众憎恨皇室和各级官僚,每次比赛的时候,他们就联合起来,大声吵闹,矛头直指那些臭名昭著的贪官污吏,赛车场渐渐变成了群众游行示威的场所。

公元532年的一天,查士丁尼带着皇后和文武百官来参加赛车会。皇帝属于蓝派,所以绿派的群众就向他高喊"尼卡!尼卡(胜利的意思)"想灭掉皇帝的威风。许多平日里备受欺压的群众也纷纷站起身来,高举着拳头,挥舞着手臂,高喊打倒贪官污吏的口号。全场的局势快要失控了,一场政治风暴即将来临。查士丁尼见状,急忙令卫兵逮捕了几个带头的群众。这一下全体群众都被激怒了,他们起来齐声高喊"尼卡!尼卡",上前和士兵搏斗。群众冲出赛车场,拿起刀枪火把,冲进政府、教堂和贵族的房屋,四处点火。著名的索菲亚大教堂、宙克西普浴池甚至一部分皇宫建筑都被点燃。起义的群众还冲进监狱,释放了所有被关押的老百姓。人们手拿刀枪,高举火把,围着皇宫高呼,要求处死那些臭名昭著的大贪官。躲在皇宫中的查士丁尼无奈,只好将那几个贪官免职,但群众并没有散去。

◉ 拜占庭武士像

查士丁尼见局势失控,就决定逃走,但遭到了皇后的反对,大臣们也提醒皇帝,城外还有忠于皇帝的大军。查士丁尼急忙派人偷偷溜出城,命令驻扎在城外的刚从波斯前线回来的贝利萨留将军和正从外地赶来的蒙德将军进城镇压起义。查士丁尼假装对群众闹事不介意,通告全城起义的群众,请大家欣赏一场更大规模的马车比赛。起义者上了当,来到了赛车场。

贝利萨留和蒙德率领着军队秘密进城,将赛车场团团围住,贝利萨留抽出宝剑,下令士兵屠杀在赛车场内的起义者。这些装备精良、训练有素的士兵,挥舞着大刀长矛,疯狂地向起义者砍去。一时间,赛车场内惨叫声、呻吟声汇成了一片,大地上鲜血横流。一些逃出场外的起义者又遭到了蒙德率领的军队的屠杀。那一夜,有4万起义者被杀害,君士坦丁堡成了人间地狱,"尼卡"起义就这样失败了。从此以后,拜占庭帝国处于查士丁尼更加残酷的统治之中。

拜占庭的扩张

西罗马帝国灭亡后，东罗马帝国皇帝就以罗马帝国的继承者自居，并以恢复古罗马帝国的版图为己任。当时被视为"蛮族"的日耳曼人在原西罗马帝国的领土上建立了很多小王国，他们信奉基督教的阿利乌斯教派，这是自认为信奉基督教正统、以基督教正统保护者自居的东罗马皇帝所不能容忍的。查士丁尼即位后，立志消灭信仰异端的蛮族国家，实现罗马帝国在政治和宗教上的统一。

东罗马帝国是古罗马帝国工商业繁荣的地区，首都君士坦丁堡位于亚欧大陆的交界处，可以收取高额的过路费，丝绸专卖使政府获利丰厚。查士丁尼又在全国征收土地税，每年可得黄金 3000 磅，使得东罗马帝国的经济实力非常强大。经过多年的准备，查士丁尼开始了自己雄心勃勃的收复罗马帝国计划，发动了大规模的战争。

◉ 拜占庭的纯金皇冠闪闪发光，上面有珍珠、宝石和珠宝挂饰。它的珐琅饰板刻画了 11 世纪的皇帝迈克尔七世及基督和众神。

为了解除后顾之忧，查士丁尼不惜赔款 1.1 万磅黄金，与波斯签订了"永久和约"。稳定了东方后，查士丁尼开始对西方发动大规模的战争。当时西部的外族国家，如汪达尔王国、东哥特王国、法兰克王国等国动荡不安，国内矛盾十分尖锐。这些外族王国文化落后，所以他们努力学习罗马的先进文化，受罗马文化影响很深，以至于他们认为罗马皇帝是人间的上帝。在东罗马帝国大军兵临城下的时候，他们不是联合起来共同对敌，反而互相掣肘，自相残杀。

公元 533 年，查士丁尼派大将贝利萨留率领 1.6 万人从君士坦丁堡出

· 永久和约 ·

公元 6 世纪初，波斯与拜占庭在领土问题上的矛盾激化，边境冲突不断。公元 527 年查士丁尼一世即位后，任命贝利萨留为统帅，与波斯开战。战争初期，拜占庭军失利。公元 530 年，波斯集中 4 万精兵进攻美索不达米亚重镇德拉。贝利萨留指挥训练很差的罗马人和雇佣兵一举挫败波斯军。翌年，双方转战叙利亚，互有胜负。查士丁尼为从日耳曼人手中夺回原属西罗马帝国的西欧、北非疆土，决定与波斯和解。公元 532 年，查士丁尼以向波斯赔款 1.1 万磅黄金为条件，与波斯王库斯鲁一世缔结停止战争的和约，史称"永久和约"。

中世纪

发,开始了长达 20 多年的征服战争。

贝利萨留大军的矛头首先指向的是北非的汪达尔王国。汪达尔人本来与东罗马帝国签订过和平条约,两国长期以来相安无事。但信仰阿利乌斯教派的汪达尔人无法容忍信仰基督教正统的罗马人,所以对汪达尔王国境内的罗马人大肆迫害,有的关进监狱,有的卖为奴隶,并没收了罗马人的土地和财产。很多罗马人纷纷逃到君士坦丁堡,向查士丁尼求救,希望他能消灭蛮族、铲除异端,这正好给了查士丁尼一个发动战争的借口。

贝利萨留率领军队在北非登陆,向汪达尔王国的首都迦太基推进。此前,汪达尔国王盖利麦一直没有认真备战,听到东罗马人登陆的消息才匆忙率军前去迎战,双方在迦太基城附近展开决战。开始的时候汪达尔人占了上风,但盖利麦的兄弟不幸阵亡,悲伤过度的盖利麦抱着弟弟的尸体号啕大哭,竟然放弃了军队的指挥权。失去指挥的汪达尔大军顿时陷入了一片混乱之中,贝利萨留趁机发起反攻,东罗马人反败为胜。此后,汪达尔人再次进攻东罗马人,又遭失败。东罗马人攻陷迦太基,汪达尔王国灭亡。盖利麦带人逃到努米比亚,投奔了柏柏尔人。

查士丁尼把被汪达尔人剥夺的罗马人的财产全部归还,恢复了古罗马时代的旧制度。

征服汪达尔之后,查士丁尼又把矛头转向了东哥特王国。公元 535 年,查士丁尼以调解东哥特王国内部纷争和解救因不同信仰而被迫害的罗马人为借口,出兵被东哥特人占领的意大利。贝利萨留率领 8000 人先占领了西西里岛,很快又登陆意大利半岛。东哥特国王迪奥达特惊慌失措,想向东罗马人投降,结果被部下所杀。东哥特人推举将军维提格斯为新国王。维提格斯决定避敌锋锐,率主力撤到北方的首都拉文那。公元 536 年 12 月,贝利萨留进军罗马,教皇和居民开城投降。

⊙ 10 世纪的拜占庭士兵,身着罗马"战裙"、护心,头戴铁盔,兵器在握,随时准备投入战斗。

公元 537 年 2 月,维提格斯率军南下围攻罗马,贝利萨留坚守不战。东哥特人久攻不克,士气低落,再加上军中暴发瘟疫,只好撤退。公元 540 年,贝利萨留率军北上,攻陷东哥特首都拉文那,俘虏维提格斯。公元 545 年,东哥特人在新国王托提拉的率领下攻陷罗马,但他却向查士丁尼求和,这给了东罗马人以喘息之机。公元 552 年,东罗马人在意大利中部塔地那战役大败东哥特人,托提拉阵亡。

公元 554 年，东罗马人彻底消灭了东哥特的残部，收复了整个意大利半岛。同年，东罗马帝国又利用西哥特王国的内讧，占领了西班牙的东南沿海地区。至此，东罗马帝国恢复了大部分罗马帝国的版图。但东罗马军队在意大利疯狂的搜刮掠夺，不仅遭到蛮族而且也遭到罗马人的痛恨。

公元 565 年查士丁尼去世。不久，东罗马帝国被征服地区大都丧失。

戒日王

笈多王朝灭亡后，印度又陷入小国林立、混战不止的局面。经过多年的战争，出现了四大强国：以德里为中心的坦尼沙王国、以曲女城为中心的穆里克王国、恒河三角洲的高达王国和昌巴尔河流域的摩腊婆王国。其中坦尼沙和穆里克为一方，高达和摩腊婆结盟。

戒日王是坦尼沙国王波罗·瓦尔那的次子，他有一个哥哥和一个姐姐，哥哥罗贾伐弹那英勇善战，姐姐拉芝修黎嫁给了穆里克国王格拉巴伐尔曼，两国关系更加紧密。

公元 604 年，年仅 15 岁的戒日王随哥哥罗贾伐弹那率军征伐侵扰王国西部的白匈奴，不料老国王波罗·瓦尔那突然病逝。高达王国和摩腊婆王国联合起来，趁机进攻坦尼沙王国的盟国穆里克王国，穆里克国王格拉巴伐尔曼战败被杀，戒日王的姐姐、王后拉芝修黎被俘，穆里克王国灭亡。两国军队继续推进，直逼坦尼沙国。在这危急时刻，戒日王随哥哥罗贾伐弹那立即率军快速返回德里，罗贾伐弹那继承王位，率骑兵进攻曲女城，戒日王留守国内。罗贾伐弹那英勇善战，高达和摩腊婆联军大败。于是就派使者前去假装求和，毫无政治斗争经验的罗贾伐弹那放松了警惕，结果被高达国王设赏迦派人暗杀。坦尼沙军队顿时群龙无首，两国趁机发起进攻，坦尼沙军队由胜转败。

留守国内的戒日王立即登基，倾全国之兵与两国联军决一死战。在国破家亡的危局面前，坦尼沙士兵以一当十，奋勇作战，两国联军大败。就在戒日王取得节节胜利的时候，忽然得到姐姐拉芝修黎逃脱的消息。戒日王立即率兵撤出战场，四处寻找姐姐，终于在文迪亚山林中找到了她。没有了后顾之忧的戒日王率军重返战场，一再击败两国联军。穆里克王国复国，由戒日王的姐姐拉芝修黎担任女王，实权由戒日王掌握。公元 612 年，坦尼沙王国和穆里克王国正式合并，戒日王任国王，并迁都曲女城，这一年就是戒日王朝的开端。

为了报姐夫、哥哥被杀之仇和统一印度,戒日王积极扩充军备。他将全国军队分为象兵、车兵、骑兵和步兵四大兵种。象兵以大象为主要作战工具,大象身上披着厚厚的铠甲,象背上坐着一个象夫,指挥大象。作战时,象夫发号施令,一群大象嘶吼着,向敌人冲去。遇到敌人的步兵或骑兵,大象用鼻子卷起来一甩,就能将敌人摔出几丈远。

车兵是由4匹马拉着一辆车,车夫负责驾车,车上的士兵在敌人离得远时放箭,离得近时用长矛和刀剑劈刺。

骑兵和步兵都是身强力壮的年轻人,他们身穿重甲,手持盾牌和锋利的刀剑,勇猛善战。

凭借着这样一支军队,戒日王南征北战,四处征讨,开始了轰轰烈烈的统一印度的战争。位于印度东北的迦摩缕波王国和印度西部的伐腊比王国先后投降,但戒日王在进攻高达王国时遇到了激烈的抵抗。经过激战,戒日王朝的军队杀死高达国王设赏迦,高达国灭亡,戒日王统一了印度北部。

随后,戒日王又把目光投向了印度南部的遮娄其王国。戒日王率军抵达那马达河,遮娄其国王补罗稽舍二世率军严防死守,大败戒日王。戒日王只好与补罗稽舍二世议和,约定两国以那马达河为界,随后率军返回北印度,从此以后再也没有南征。但戒日王建立的戒日帝国是继孔雀王朝、笈多王朝之后又一个基本统一印度北方的政权,在印度历史上他是与孔雀王朝的阿育王、笈多王朝的海护王齐名的人物。

◉ 在佛教流行的同时,印度教也重新崛起。

戒日王笃信佛教,在全国各地建了大量的佛寺、佛塔,仅首都曲女城就建了100座佛寺。当时佛教各派别争论不休。戒日王就每5年举行一次"无遮大会"(宗教大会),让他们辩论。来自唐朝的高僧玄奘在大会上驳倒了所有的僧人,取得胜利。

公元641~647年,戒日王多次派使臣出使唐朝,唐太宗也派王玄策等人率领外交使团回访,戒日王亲自出迎,接受国书,并赠给中国火珠、郁金和菩提树等,与唐朝保持友好关系。

公元647年,戒日王去世,国内

大乱，宰相阿罗那顺趁机篡位，戒日帝国由此瓦解，北部印度再次陷入分裂状态。

日本大化革新

　　日本位于东海之中，是由本州、九州、四国等大岛和很多小岛组成的岛国。公元3世纪以后，本州岛出现了一个较强大的国家大和，它的最高统治者自称天皇。经过不断扩张，大和逐渐占领了很多地区。到公元5世纪时，大和已经统一了日本的大部分地区，定都平城京（今日本奈良）。

　　公元7世纪的时候，大和国的朝政被权臣苏我家族把持着。苏我家族的族长苏我虾夷和他的儿子苏我入鹿架空天皇，疯狂兼并土地，激起了其他贵族，尤其是皇极女天皇的儿子——中大兄皇子的强烈不满。中大兄皇子经常接触一些从唐朝回来的留学生，从他们口中，中大兄皇子得知了唐朝的中央集权和繁荣富强，心中非常向往。为了夺回政权，中大兄皇子联络了一些同样对苏我家族势力不满的大臣，开始密谋除去苏我家族的势力。

　　公元645年六月，高句丽、新罗和百济三国的使者前来给大和国天皇进贡贡品。文武百官身穿朝服，站立在两旁。大殿上只有天皇、苏我虾夷和苏我入鹿坐着。

　　这时，老奸巨猾的苏我虾夷忽然发现中大兄皇子没来，就懒洋洋地问皇极女天皇："中大兄皇子怎么没来啊？"

　　"哦，可能一会儿就到吧。"天皇有些害怕地说。

　　苏我虾夷早就知道中大兄皇子对自己家族把持朝政不满，又听说中大兄皇子最近在一个寺院操练军队，心中突然有一种不祥的预感。他站起身，说自己身体不适，要回去了。

　　临走时，他回头向儿子苏我入鹿使了个眼色，意思是要他注意点。苏我入鹿微微点了点头。

　　"使臣到！"随着朝官的禀报，大殿上鼓乐齐鸣，大臣们立在两旁。三国使者捧着贡品缓缓走进大殿。这时，苏我入鹿发现中大兄皇子竟然跟着三国使者一起走了进来。中大兄一

·天皇·

　　天皇是对日本最高统治者的称呼，是日本国家的标志。原来日本国王的正式称呼是"大王"，公元607年，日本推古天皇派小野妹子出使隋朝，在国书中有"东天皇敬白西皇帝"的句子，这是日本首次使用"天皇"一词。日本古代天皇制从公元593年推古天皇即位至今，约有1400多年。在漫长的历史中，天皇一直处于象征地位，是贵族和幕府将军的傀儡，实际掌权的时间不多。第二次世界大战后，天皇是日本国家的象征。

走进大殿,就高声命令侍卫把大殿的大门关上,任何人不得进入。

"你在搞什么名堂!"苏我入鹿非常生气,站起来大声斥责中大兄皇子。

大中兄皇子也不答话,猛地拔出刀,冲上前去,向苏我入鹿猛砍。苏我入鹿大吃一惊,急忙拔刀自卫。没过几个回合,苏我入鹿的刀就被中大

⊙ 大化革新时所绘制的地产地图

兄皇子震落。苏我入鹿见大势不好,急忙向门口冲去,中大兄皇子一个箭步冲上去,将刀刺入了他的后背。苏我入鹿惨叫一声,趴在地上一动不动。

大殿上的文武百官吓得脸都白了,躲在角落里恐惧地看着这一幕,简直不敢相信自己的眼睛。三国使者捧着贡品,立在大殿上吓得一动都不敢动。杀死苏我入鹿后,中大兄皇子大喊一声,大殿外的侍卫一拥而入,将投靠苏我家族的大臣五花大绑,押了下去。

中大兄皇子笑着对三国使者说:"现在没事了,给天皇献贡品吧。"三国使者这才哆哆嗦嗦地走上前,给天皇献上贡品后,急急忙忙退出了大殿。

中大兄皇子立即冲出大殿,跨上战马,率领宫廷卫队直奔苏我家,同时派人占领京城的交通要道。苏我虾夷的家臣和卫队早就不满他们父子的恶行,见了中大兄皇子的军队一哄而散,众叛亲离的苏我虾夷在绝望中自杀。

政变后的第三天,中大兄皇子逼迫自己的母亲皇极女天皇退位,拥立自己的舅舅登基,就是孝德天皇,自己以皇太子的身份摄政,开始启用从唐朝归来的留

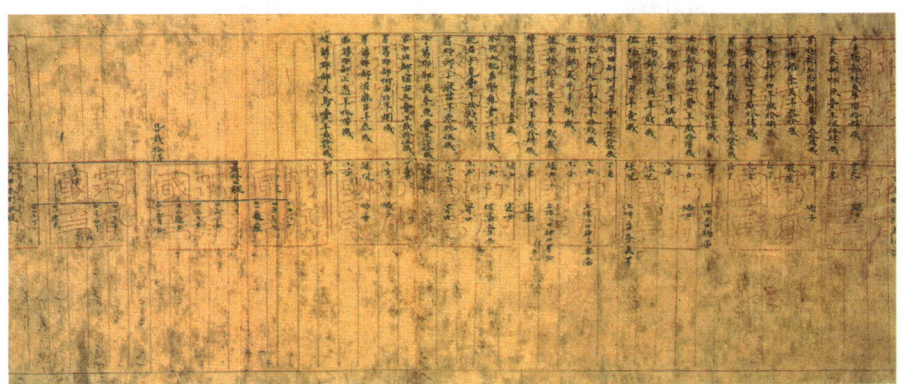

⊙ 为了筹措资金,天皇对新的土地所有者征收赋税。此文件登记着筑前国的物部家族的27个成员的姓名、年龄以及每个人的纳税等级。

学生。孝德天皇即位后,迁都难波(今大阪),仿效唐朝建年号"大化"。

公元646年,孝德天皇颁布《改新诏书》,仿效唐朝进行改革,史称"大化革新"。新政权废除了奴隶主贵族世袭制,改为封建的中央集权官僚制度;废除奴隶主贵族私自占有土地和拥有部民(奴隶)的制度,土地收归国有,贵族以后从国家领取俸禄,部民改称公民,从属国家;建立从中央到地方的行政组织和军事、交通制度,将兵权收归国有;实行班田收授法,每6年授田一次,土地不得买卖,死后国家收回,受田人必须承担一定的租税和徭役。

大化革新是日本历史上一个的重要事件。通过大化革新,抑制了奴隶主贵族的特权,解放了部民,完善了国家制度,促进了日本生产力的发展,是日本从奴隶社会走向封建社会的转折点。

鉴真东渡

鉴真(公元688~763年),俗姓淳于,扬州江阳县(今江苏扬州)人。他父亲是个虔诚的佛教居士,经常到扬州大云寺拜佛。在家庭的影响下,鉴真从小就对佛教产生浓厚兴趣。

◉ 日本奈良法隆寺内的五重塔

鉴真14岁那年,有一次随父亲到大云寺拜佛,被庄重、慈祥的佛像所感动,随即向父亲提出要求出家为僧。父亲见他心意已决,就同意了。于是鉴真拜大云寺智满禅师为师,法名鉴真。18岁又拜道岸律师为师,立志弘扬佛法。两年后,鉴真随道岸律师到长安、洛阳与高僧学习佛法。在学习佛法的同时,他对建筑、医药等也很有研究。在长安期间,鉴真还曾入宫为唐中宗讲佛法。

26岁的时候,鉴真回到了扬州。此时,他已经成为对佛学有很深造诣的高僧,担任扬州大明寺住持。他还筹划修缮了崇福寺、奉法寺的大殿。鉴真在扬州当了40年的住持,弘扬佛法,收了

4万门徒，弟子遍布江南，其中不少人成为高僧，江淮人称他为"授大师"。

唐朝时，中国在各方面都领先于世界，所以世界上很多国家都派留学生来中国学习。日本经常向唐朝派遣唐使，每次都有很多留学生随同前来，返回时也都有学成的留学生一同回国。

每次随遣唐使来中国的留学生少的一二十人，多的二三十人。这些留学生在中国少则住上几年，多则甚至住了40年。他们回国后，大力传播中国的先进文化，积极推动日本社会文化的发展。

> **绳文式和弥生式文化**
>
> 日本最古的文化是新石器时代文化，第一个新石器文化遗址是于1877年发现的大森贝冢（在今东京境内）。考古发掘表明，大约一两万年到9000年前，日本人民已能制造磨光石器和黑色陶器。这种陶器用手捏制，外部带有草绳花纹，被称为"绳文陶器"。故这一时期的文化也被称为"绳文式文化"。大约从公元前300年到公元300年，日本进入弥生式文化时期。这一时期发掘出的陶器的特点是器身薄硬，形状统一，颜色为褐色。弥生式文化时代，日本农业有所发展，主要种植作物是水稻。

天宝元年（公元742年），日本的两位僧人荣睿、普照随遣唐使来到中国学习佛法。一次偶然的机会，他们认识了鉴真的徒弟道航，知道了鉴真。两人特地从长安赶到扬州拜见鉴真。听了鉴真大师宣讲的佛法后，荣睿和普照大为感动，十分敬服。从此两人就在扬州住了下来，随鉴真学习佛法。

在学习的过程中，两人越感到鉴真见识的渊博，于是萌生了请鉴真到日本传播佛法的想法。两人向鉴真说了他们的心愿，当时鉴真已经55岁了，为了弘扬佛法，传播中国的先进文化，欣然接受了邀请，决定东渡日本。

第一次东渡是在公元742年冬。鉴真和21名弟子，以及4名日本僧人准备东渡。当时唐朝政府严禁私自出国，但日本僧人有宰相李林甫的公函，因此地方官员没有阻拦。临行前，鉴真的弟子道航和师弟如海开玩笑说："只有我们这些修行深的人才可以去弘扬佛法，像你这样修行浅的就不要去了。"如海听了非常生气，就跑到官府诬告道航等人出海是为了勾结海盗攻打扬州。官府大惊，逮捕了所有的僧人，虽然后来查明真相，但是却没收了船只。第一次东渡就这样失败了。

第二次东渡是在公元744年，鉴真和14名僧人、85名工匠，买了一艘船，再次出海。结果刚到长江口就被风浪打沉，船修复出海后又遭大风，飘到舟山群岛的一个小岛，5天后他们返回余姚（今浙江宁波）阿育王寺。由于各地寺院纷纷邀请鉴真前去讲法，第二次东渡也搁下了。

第三次东渡。越州（今浙江绍兴）僧人为了挽留鉴真，向官府控告日本僧人荣睿，官府将荣睿投入大牢。鉴真只好作罢。

◉ 日本奈良唐招提寺

第四次东渡。鉴真的徒弟灵佑担心师父安危,苦劝官府,希望官府能够阻拦。结果在官府的阻拦下,鉴真又没有去成。

第五次东渡。鉴真等人乘船出海,结果遇上大风,将他们吹到了海南岛。1年多之后,鉴真等人才返回扬州。5次东渡的挫折,再加上鉴真已是63岁的老人,他得了眼病,不久就失明了。但鉴真志向不改,发誓一定要去日本。

公元753年,鉴真终于随日本遣唐使一起抵达日本,受到日本举国上下的热烈欢迎。日本天皇封他为大僧都,成为日本律宗(佛教的一支)始祖。

鉴真到日本后,除了传播佛法,他随行的人员还将中华建筑、医药、雕刻、绘画等技术传授给日本人,日本医道把鉴真奉为医药始祖,药袋上都贴有鉴真的图像。鉴真在日本生活了10年,于公元763年在日本首都奈良唐招提寺面向西方安详圆寂,终年76岁。

郭沫若曾写诗称赞:"鉴真盲目航东海,一片精诚照太清。舍己为人传道艺,唐风洋溢奈良城。"

"医中之王"阿维森纳

阿维森纳又名伊本·西纳,公元980年出生在阿拉伯帝国布哈拉(今中亚乌兹别克斯坦境内)附近的一个小镇上,他的父亲是一名有学识的税务官。阿维森纳兄弟三人,他排行老二。

阿维森纳从小就聪明好学,10岁的时候,他就学完了学校里的所有课程,并能背诵许多阿拉伯文学著作。后来在一位哲学老师的指导下,阿维森纳开始学习古希腊的医学、数学、哲学和天文学著作,为日后成为著名的医学家打下了坚实

中世纪

的基础。

由于阿维森纳聪明过人,再加上他勤奋努力,16岁的时候已经成为一个小有名气的医生了。一次,国王突然得了一种奇怪的病,整天胡言乱语,疯疯癫癫。御医们绞尽脑汁,使出浑身解数也没有治好国王的病。王室又派人从各地请来许多名医,还是没有治好国王的病。当时年仅18岁的阿维森纳听说后,自告奋勇前往王宫,请求给国王治病。很多行医几十年的著名医生都没有办法,更何况一个十八九岁的年轻人?王宫的侍卫根本不让阿维森纳进去,任凭他怎么说也不行。阿维森纳只好拿出纸和笔,将药方写下来,请侍卫传给御医。侍卫见他态度诚恳,就将药方传了进去。御医们一看,非常吃惊,急忙让侍卫把阿维森纳带进来。在阿维森纳的治疗下,不几天,国王的病就大大减轻,一个月后彻底好了。

为了感谢阿维森纳,国王任命他为御医,并赐给他很多金钱。阿维森纳请求国王允许他去王宫的图书馆读书,国王答应了。在当时,只有非常有学问的人才能进入王室图书馆。阿维森纳抓住这个机会,每天很早就来到图书馆,直到天黑才回去。困了,就小睡一会儿;渴了,就喝点果酒;饿了,就吃点东西;天黑了,点根蜡烛继续学习。在不长的时间内,阿维森纳就把图书馆里所有的书都看完了。从此以后,阿维森纳的学识更加渊博、医术更加高明。人们纷纷来找他看病,连很多有名的医生也前来向他学习。后来这座图书馆发生了火灾,成千上万册的图书被烧毁。人们虽然很惋惜,但也感到非常庆幸,都说:"智慧的宝藏并没有毁灭,它早已转移到'学者大师'阿维森纳的大脑中去了。"

后来布哈拉遇到了战乱,阿维森纳背井离乡,开始了长达15年的四处流浪、江湖行医的生活。1014年,阿维森纳定居哈马丹(在今伊朗境内)。国王的侄子得了怪病,整天躺在床上不吃不喝,只是望着天花板发呆。王宫里的御医们都束手无策,只好请阿维森纳来。阿维森纳坐在王侄的床边给他一边给他检查,一边让一个熟悉哈马丹情况的人大声说出每条大街小巷的名字。当说到一条大街时,王侄的脉搏突然剧烈跳动了一下。阿维森纳让那人把这条街上的人名挨个说一遍。当说到一个姑娘的名字时,王侄的脉搏跳得更剧烈了。阿维森纳站起身,对国王说:"这个年轻人得了相思病,

◉ 阿维森纳
阿维森纳是一位在阿拉伯帝国工作的波斯人。他的著作《医典》在若干世纪里被阿拉伯世界和欧洲的人们广为使用。

105

最好的治疗方法就是让他和心爱的人结婚,否则他就会因为悲伤而死去。"国王听了,只好同意。王侄听说可以和自己心爱的人结婚的消息,病很快就痊愈了。王宫里的御医对阿维森纳佩服得五体投地。

国王听说阿维森纳非常博学,就任命他为宰相。但由于他为人刚正不阿,不善于应酬,因此得罪了朝中权贵,经常受到排挤。有一次,国家发生动乱,王室卫队诬陷他暗藏奸党,突然闯进他家,把财物洗劫一空。幸好阿维森纳从后门逃走,才逃过一劫。国王死后,王子们为争夺王位展开激烈的斗争。阿维森纳又因他人指控而入狱。直到新国王登基,查明真相后,才被释放出来。出狱后,阿维森纳被任命为国王的随从医官和科学顾问。

为了探索医学的奥秘和解除人们的痛苦,阿维森纳笔耕不辍。他先后写成《医典》《活着的人们,死亡之子》《指导大全》和《心脏病的治疗》等几十种作品。晚年,他白日行医,给人治病和著书立说,晚上给徒弟们上课。由于劳累过度,再加上经常亲身试药,他的身体日渐衰弱。1037年,阿维森纳以军医的身份随军出征,不幸病死,年仅57岁。至今伊朗的哈马丹还有他的坟墓。

> **·《医典》·**
>
> 阿维森纳的《医典》是阿拉伯医学的结晶,是一部医学百科全书。它不仅有医学原理和治疗方法,还有药学部分。药学部分分析了760多种药物的药效,为后人提供了丰富的参考。《医典》对当时的一些疑难杂症进行了精辟的论述,如脑膜炎、中风和胃溃疡等。他还论述了水流和土壤在传播疾病时所起的作用,提出传播肺结核、鼠疫、天花等病的是肉眼看不见的病原体的"细菌学说"。《医典》被翻译成拉丁文、希伯来文和英文等多种文字,在西方影响深远。一直到17世纪,《医典》都是欧洲各国医学院的主要医学教科书和参考书。

《一千零一夜》

古时候,在中国和印度之间有个叫萨桑的岛国,国王叫山鲁亚。一天,国王看见王后和奴仆们说笑,怀疑王后有不贞行为,于是就杀掉了她。从此以后,国王每天都要娶一个新娘,第二天早晨就把新娘杀死。

就这样国王一连娶了1000个女子,又杀了1000个女子。老百姓纷纷带着女儿逃出京城。国王命令宰相每天要送一个女子进宫,否则就将他治罪。可有女儿的老百姓早已逃得一干二净,去哪里找啊?宰相愁眉苦脸地回到家里,他的女儿桑鲁卓问道:"爸爸,你遇到什么事了?"

宰相说:"国王要每天娶一个新娘子,可有女儿的人家都逃走了,我上哪里去找啊？"

桑鲁卓不仅相貌出众，而且博学多才，非常聪明。为了救父亲和国内年轻的姐妹，她毅然要求进宫。宰相起初不同意，但看到女儿心意已决，只好同意。

到了晚上，桑鲁卓对国王说："尊敬的陛下，请允许我给您讲一个故事吧。"国王答应了。桑鲁卓就开始讲故事，国王被故事曲折动人的情节深深打动了，故事还没有讲完，天就亮了。桑鲁卓对国王说："尊敬的国王，如果您能够开恩不杀我的话，那么明天晚上我会给您把故事讲完，还要再讲一个更精彩的故事！"国王同意了。

到了晚上，桑鲁卓给国王把昨晚的故事讲完，接着又讲了一个精彩的故事，国王听得入迷了，讲到最精彩处，恰好又天亮了。桑鲁卓又说："尊敬的国王，如果您能开恩不杀我的话，明天晚上我会给您完，再讲一个更精彩的故事。"国王为了听故事，又没有杀桑鲁卓。从此以后，桑鲁卓每天夜里都给国王讲一个曲折离奇、引人入胜的故事，一直讲了1001夜。终于，国王幡然悔悟，发誓以后再也不乱杀人了，随即册封桑鲁卓为皇后，并与她白头偕老。

后人就把桑鲁卓讲的故事收集起来，编成了《一千零一夜》，我国又称为《天方夜谭》。

举世闻名的阿拉伯文学是世界文学艺术宝库之一，其中对世界文学有重要贡献的要数《一千零一夜》。它是中世纪中期近东各国、阿拉伯地区广大艺人、文人、学士经过几百年收集、加工、提炼、编纂而成的。这部书以6世纪的波斯故事为线索，吸收了印度、希腊、希伯来、埃及等地的童话和寓言故事，到14世纪最后编定，成为一部童话和故事集。其中的故事富于启迪意义，在许多篇章中歌颂了劳动人民纯朴善良的高尚品质和爱憎分明的感情，揭露和鞭笞了封建社会的黑暗。《一千零一夜》描述的新兴阿拉伯商人经商航海、追求财富的冒险故事也精彩纷呈。同时，也反映了阿拉伯世界各民族人民的社会生活与风俗习惯，是研究阿拉伯历史的宝贵参考资料。可以说，《一千零一夜》是世界文学史上的一颗明珠，它对后来西方各国的文

⊙ 一艘由阿拉伯人乘坐、印度船员掌舵的船只正航行在海上。

学、音乐、戏剧和绘画都产生了深远的影响。

阿拉伯艺术也别具特色，这在其建筑中表现得尤为突出。由于禁止偶像崇拜，人物和动物的造型艺术比较缺乏。

为了弥补这方面的不足，艺术家独具匠心，利用阿拉伯字母和几何图案进行巧妙构思，使阿拉伯的绘画、雕刻、镶嵌艺术具有抽象化的特点。阿拉伯建筑艺术对欧洲产生了深刻的影响。

阿拉伯人既是文化的创造者，也是文化的传播者，中国古代的罗盘针、造纸术、火药和印度的代数学、十进位法，都是通过阿拉伯人传到西方的。同时，阿拉伯人在古希腊、古罗马文化与欧洲文艺复兴之间建立了纵向联系，在欧洲文化发展史上也起到了承前启后的作用。

《一千零一夜》中有很多精彩的故事，比如《阿拉丁神灯》《阿里巴巴和四十大盗》《渔翁和金鱼的故事》《辛伯达航海旅行的故事》等，都是其中的名篇。

查理大帝

圣诞节之夜，罗马圣彼得大教堂灯火辉煌，装饰一新。随着庄严的音乐声响起，高大魁梧、仪态威严的国王开始在圣坛前做祈祷。站在一旁的教皇把一顶金冠戴在了他的头上，并带头高呼："上帝为查理皇帝加冕，敬祝他万寿无疆和永远胜利！"众位教士也跟着欢呼起来。这就是当时开始称霸西欧的法兰克国王查理一世加冕的盛况。

查理，或称查理曼，出生于

◉ 公元800年圣诞日，教皇利奥三世在罗马圣彼得教堂为查理加冕称帝，宣称这个外族首领为"伟大的罗马人皇帝"，标志着西欧基督教化即罗马和日耳曼的融化基本完成。有人认为查理大帝的加冕标志着神圣罗马帝国的开端，然而大多数人还是认为那时的帝国应该叫法兰克帝国。

中世纪

查理大帝崇尚武力,公元 8 世纪,他曾向南征服伦巴德武士,向北打败了撒克逊人,是欧洲历史上最伟大的政治人物之一。

公元 742 年,其父矮子丕平当时是法兰克王国墨洛温王朝的宫相(相当于中国的宰相)。丕平是位很有谋略的政治家,在他的影响下,查理从小便渴望拥有权力。公元 751 年,丕平建立了加洛林王朝,查理和哥哥卡洛曼一起被确立为王位继承人。查理经常随父亲四处征战,积累了丰富的军事经验。公元 768 年,他的父亲患水肿病死于巴黎,留下查理和卡洛曼两个儿子,法兰克人召开民众大会,推举这两兄弟为国王,平分全部国土。但卡洛曼放弃了对王国的监管,进修道院当了僧侣,三年后去世。公元 771 年,查理被拥戴为法兰克唯一的国王。

查理对基督教极为热诚和虔信,在他统治时期,曾下令教会和修院办学,并在宫中成立学院,广泛招聘僧侣学者前来讲学。他还从中等人家和低微门第人家中挑选子弟,与贵族子弟共同接受教育,甚至任命出身贫穷、学习优异的青年教士为主教。

查理不仅大力推行文化教育,他本人也酷爱学术。他喜欢历史,研究天文学,还向旅行家学习地理知识,并喜欢听文法演讲,甚至编了一本日耳曼语文法。他曾经与聘请来的各国著名学者组成小团体,与其中每个成员都平等相待、自由交往,并以绰号代替真名,查理就给自己取了一个"戴维德"的名字。

在定都亚琛后,他大兴土木,修建了许多金碧辉煌的宫殿和教堂,所有的大理石柱都是从遥远的罗马等地拆除古代建筑运来的。随着建筑的兴盛,绘画、雕刻等艺术也有所发展。查理还派人收集和抄写了许多拉丁文和希腊文手稿,虽然他对抄本内容一无所知,但为后代保留了许多古典作家的著作。因为查理大帝统治的王朝叫加洛林王朝,所以后来的历史学家又把查理时代的文化繁荣称为"加洛林文化"。

查理统治法兰克王国时期,开始

·《凡尔登条约》·

查理之子"虔诚者"路易在位时(公元 814~840 年),他的儿子就曾发动叛乱。路易死后,长子罗退尔即位,另外两个儿子日耳曼人路易和"秃头"查理联合起来反对罗退尔,内战爆发。公元 842 年,罗退尔战败求和。公元 843 年,兄弟三人在凡尔登签订条约。根据条约,法兰克王国一分为三,这个条约就是《凡尔登条约》。三人还约定,罗退尔仍保留皇帝称号,"秃头"查理和日耳曼人路易则有国王的称号。

了大规模的扩张领土行动。他是个典型的中世纪骑士，身材魁梧，精力过人，从不知疲劳，把一生的大部分时间都用在了战争上。他一生共发动了 50 多次远征，并亲自参加了其中 30 次远征。

公元 774 年，查理出兵意大利北部，征服了伦巴德人。随后他又跨过易北河，与撒克逊人展开了长达 33 年的拉锯式战争，并最后征服撒克逊人，迫使他们改信基督教。对撒克逊人的征服使基督教的传播范围空前扩大，查理在基督教世界的威望也与日俱增。公元 778 年，查理率军进入伊比利亚半岛，攻克巴塞罗那城。

通过几十年的征战，法兰克王国领土已经扩大到了相当于今天的法国、瑞士、荷兰、比利时、奥地利以及德国、意大利的大部分地区，成为当时欧洲空前强大的国家。公元 800 年，查理进军罗马，援救被罗马贵族驱逐的教皇利奥三世，并被教皇加冕为"罗马人皇帝"。从此，法兰克王国成为"查理帝国"，查理国王则成了"查理大帝"。他把自己的帝国当作了古代罗马帝国的继续，有些历史学家甚至认为，查理的加冕标志着神圣罗马帝国的诞生。

到晚年时，他的军队已无力再继续征伐。年迈的查理已无当年的雄心壮志，把希望寄托在儿子身上。公元 814 年，查理大帝因病逝世，他的儿子"虔诚者"路易继位。"虔诚者"路易死后不久，他的三个儿子缔结和约，把帝国一分为三。以后的西欧几个主要国家就是在此基础上逐渐发展起来的：东法兰克王国形成了以后的德国，西法兰克形成了以后的法国，东、西部之间偏南的地区形成了以后的意大利。法兰克人的语言也出现明显的分化，逐步形成了法语、德语和其他西欧国家的民族语言。

诺曼征服战

英国自公元 789 年便成为维京人疯狂劫掠的目标，1013 年，丹麦王斯汶大举入侵不列颠，攻占了伦敦，建立了包括英国、丹麦和挪威在内的北欧帝国。丹麦王国衰落后，长期流亡在诺曼底的英国王子爱德华被迎回英国，继承了王位。爱德华曾宣誓永保童贞，因而没有儿子，在表弟诺曼底公爵威廉访问英国时，爱德华将王位继承权暗许给威廉，但在他临终时，却由哈罗德继承了王位。诺曼底公爵威廉听说后极不甘心，决定以武力夺回王位继承权。

威廉以讨伐背信弃义的篡位者为名在欧洲各国进行游说，得到了教皇、神圣罗马帝国皇帝和丹麦国王的支持，教皇还赐给他一面神圣的"圣旗"。不久，威廉便组织了一支6000余人的军队，其中有2000余名骑兵、3000余名步兵和450艘战舰。整个部队集结在索姆河口的圣瓦莱里，只等风向转南即可出发。

◉ 在一副以鲸鱼骨雕成的早期盎格鲁—撒克逊基督徒的棺材上，留有罗马异教与基督教的象征符号的奇异混合，显示了公元8世纪早期不列颠文化中的复杂性。

1066年9月27日，威廉下令横渡英吉利海峡，向英国挺进。而这时，英国国王哈罗德正在约克庆祝胜利。原来，当威廉正积极准备攻打英国的时候，挪威国王哈拉尔和托斯蒂格联合在一起，入侵英格兰北部的约克。托斯蒂格想向哈罗德要求王位的继承权，而哈拉尔却想趁火打劫。他们一路烧杀抢掠，向约克前进。哈罗德听到哈拉尔入侵的消息后，立即率兵救援约克。经过一场苦战，敌军全部被歼，哈拉尔和托斯蒂格也被杀。

9月28日，威廉顺利渡过海峡并在佩文西登陆，在黑斯廷斯建立营地，并开始向四周洗劫，用来补给。10月1日，哈罗德闻讯赶紧率领亲兵返回伦敦，11月13日夜，哈罗德率领各地兵力6000余人，到达巴特尔，并占据了附近的一个高地，威廉的军队也向这边前进。14日，双方会战开始，哈罗德在山冈的顶部指挥，两侧是他的亲兵，山脊的两翼则主要为民兵。为防止骑兵的冲击，哈罗德将士兵组成一个"防盾的墙壁"，两翼又有险陡的洼地防止威廉军迂回攻击，这样，哈罗德军队就能有效地维持阵形。威廉将部队排成左中右三部分，每一部分又有三个梯队，前面为弓弩兵，中间是重装备步兵，后面为骑兵，而队伍的正前方，打出了教皇赐予的"圣旗"。

威廉军队开始缓缓向山坡进攻，直扑英军的盾墙。两军接近时，威廉军前面的弓弩手开始进攻，但由于地势处下风，并没有给对方造成太多的伤亡。而英勇的英军则向威廉军投掷长矛、标枪和石块，犹如疾雨，对威廉军造成极大的威胁，造成了严重伤亡。威廉军左路兵向山坡进攻，英军突然从上而下猛攻下来，左路军队随之溃逃，对中路军的士气造成了很大影响。威廉重新排好阵形，让骑兵分成小队，试图攻破盾墙，但英军的步兵手持战斧，打得诺曼骑兵纷

◉ 黑斯廷斯战役挂毯画
威廉一世在这场战役中实现了"诺曼征服"，建立了诺曼王朝。

纷落马，败阵而逃。

威廉见无法攻破盾墙，急中生智，决定佯退，以引诱英军离开山坡。他先让步兵撤回安全地带，再让骑兵引诱英军。原本占上风的哈罗德见对方伤亡惨重开始全线撤退，认为这是消灭威廉的大好机会。于是，哈罗德命军队全线压上，向前迅速追击。威廉继续后退，从谷底退向山坡，步兵却向两侧转移。等到占据居高临下的有利地势后，威廉立即下令进行反攻。这时，英军的盾墙因为移动而漏洞百出。诺曼军一鼓作气杀入英军，哈罗德猝不及防，被砍死。失去主帅的英军溃不成军，威廉最终赢得了会战的胜利。

接着，威廉大军直逼伦敦，势不可挡。伦敦早已做好了投降的准备，威廉如愿以偿地登上了英国的王位。

诺曼征服战后，封建制度移植到英国，英国建立起中央集权政府。从此，英国历史上的诺曼王朝开始了。

基辅罗斯的盛衰

◉ 图为保加利亚卡赞勒克古墓的内景

斯拉夫人是居住在欧洲的一个古老的民族。他们身材高大，吃苦耐劳，在公元八九世纪的时候，他们建立了很多以城市为中心的公国（国家元首是公爵，又称大公），其中以北部的诺夫哥罗德公国最强大。

公元9世纪末，诺夫哥罗德公国的大公奥列格率领大军南下，攻占了基辅，并占领了附近的广大地区，建立了基辅罗斯（罗斯是斯拉夫人的自称），就任第一任"罗斯大公"。奥列格凭借着强大的武力不断向外扩张，占领了大片的领土，使基辅罗斯成为欧洲的一个强国。他死后，继任的是伊戈尔。伊戈尔为了对外继续武力扩张，对内残酷剥削，激起了老百姓的强烈不满。

每年冬季，伊戈尔都要带着大批士兵到各个村子挨家挨户地征收毛皮、蜂蜜、粮食等"贡物"，然后在第二年春天乘船顺着第聂伯河而下，运到拜占庭去卖，

中世纪

换取丝绸、呢绒、香料和金银器皿等物。

公元945年的一天,伊戈尔又带领士兵去村子里征收"贡物"。士兵们把大量的贡物装上车准备返回基辅的时候,伊戈尔脸上露出了不满的神情:"今年的贡物怎么这么少?走,再去村子里转转。"说完带着几个士兵再次来到村子里。

村民看到伊戈尔又回来了,都非常气愤。一个老人说:"豺狼都有来找牛羊的习惯,乡亲们,你们说我们该怎么办?"

"杀死这群恶狼!"村民们都愤怒地说。

当伊戈尔发现一大群村民拿着斧头、大棒向他冲过来,还抖着威风说:"你们想干什么?想造反吗?"话刚落音,村民们就围着伊戈尔和几个士兵你一斧头、我一棒子将他们打得稀烂,伊戈尔当场毙命。

伊戈尔死后,他的妻子奥莉佳摄政。她是个心狠手辣的女人,派出了大批军队,血洗了村庄,将老幼妇孺统统杀死,将年轻人统统卖为奴隶,最后将村庄付之一炬,烧成了灰烬。伊戈尔的儿子斯维亚托斯拉夫长大后成为基辅罗斯的大公。他比伊戈尔更崇尚武力,据说他剃着光头,只留一撮头发,耳朵上戴着一个大耳环,狰狞可怕。他经常拿着一把大刀率领士兵东征西讨,来去如风,打仗时他从来不带辎重和炊具,就靠掠夺。他身体强壮,常常以马鞍为枕头,席地而睡,吃半生不熟的马肉。

公元967年,斯维亚托斯拉夫和拜占庭帝国结盟,共同攻打保加利亚,大获全胜,占领了保加利亚的首都。斯维亚托斯拉夫被胜利冲昏了头脑,他妄想在保加利亚的首都住下来,然后再进攻拜占庭帝国和西欧。

"到那个时候,希腊的黄金、捷克的白银、匈牙利的战马、拜占庭的丝绸……一切好东西都任我享用!哈哈哈哈!"他有点得意忘形。

◉ 基辅的圣索菲亚大教堂

但是拜占庭帝国的突袭打碎了斯维亚托斯拉夫的美梦。原来拜占庭帝国一直对基辅罗斯充满戒心,害怕它强大后会进攻自己,于是派遣军队袭击了它。斯维亚托斯拉夫没有防备,仓促迎战,被打得大败,只好率领残兵败将狼狈逃回基辅。

113

为了解决后患,拜占庭帝国把斯维亚托斯拉夫的行踪告诉了基辅罗斯的敌人突厥人。突厥人在半路上伏击了斯维亚托斯拉夫,这支刚被打败的军队根本无力迎战,结果全军覆没。突厥人还将斯维亚托斯拉夫的头割下来,当成盛酒的容器。

从此以后,基辅罗斯元气大伤,一蹶不振,国家分裂成三个小国,混战达40多年,同时南方草原的突厥人也不断袭击它们,掠夺它们的财产,杀死它们的人民,给罗斯人带来的深重的灾难。

在突厥人的打击下,基辅罗斯最终解体了,分裂成了许多公国。13世纪时,基辅罗斯被蒙古人征服。

美洲玛雅文化

玛雅人是印第安人的一支,生活在今墨西哥南部的尤卡坦半岛和中美洲一带,创造了辉煌的文明。

玛雅人是美洲唯一留下文字的民族。早在公元1世纪的时候,玛雅人就已经发明了象形文字。玛雅人的词汇非常丰富,大概有3000多个,是一种非常成熟的文字。当时文字被祭司垄断,祭司用头发制成毛笔,用无花果树的树皮做成纸,将他们的历法、编年史、祈祷文、风俗、科学、神话等记录下来。可惜的是,西班牙入侵美洲后,认为玛雅人的书是"魔鬼的书籍",强迫玛雅人将他们的历史文献交上来,然后付之一炬,给后世的研究工作造成了无可挽回的巨大损失,现在存留下来的玛雅文抄本仅有3部。除了这3本书之外,考古学家们还在玛雅古城的废墟中挖掘出了大量的石碑,古城中城墙上、宫殿上、庙宇中,还刻有大量的文字。

◉ 玛雅士兵雕像

玛雅人的天文学知识非常丰富。他们已经计算出太阳年的时间是365.2420日,这个结果在当时是遥遥领先于世界其他民族的。玛雅人将一年分为18个月,每个月20天,另外还有5天禁忌日,一共365天。墨西哥海岸的玛雅人金字塔中供奉着365个神像,象征着一年365天。玛雅人的历法与农业息息相关,分为"播种月""收割月""举火月"(用火烧荒地)等。他们精确地算出日食发生的时间,

中世纪

◉ 玛雅手稿
材料为树皮，以黑红两种颜料写成，其中方中带圆的符号即为玛雅人的象形文字。

◉ 玛雅人的算术图谱

算出月亮和星星的运转周期。而且玛雅人测出金星的运转周期为584天，比现在科学家测出的583.92天只差了一点。

在数学方面，玛雅人也取得了辉煌的成就。他们用点表示一，用横表示五，画一个贝壳表示零。玛雅人的零的概念虽然比印度人要晚，但却比欧洲人早800年。当欧洲人还在将165记成"100加上60再加上5"的时候，玛雅人已经开始直接使用1、6、5三个符号表示了。

玛雅人在农业上为世界人民做出了巨大的贡献。他们培植出了玉米、西红柿、土豆、红薯、辣椒、南瓜等农作物。后来，这些农作物传遍了全世界。

在建筑方面，玛雅人也成就非凡。在古埃及，金字塔是法老的坟墓，而玛雅人的金字塔则是祭坛。玛雅金字塔高达几十米，全部用巨大的石头砌成，四周有阶梯，装饰着精美的浮雕，一直通到塔顶，塔顶是祭祀用的祭坛。在发掘的一座玛雅人城市的中央广场周围，建造有四座高大的神庙，最高的达75米。神庙呈三角形，顶上建有一座神殿，气势雄伟。玛雅人每隔20年就在城市里立一根石柱，上面刻满了象形文字，记载了这20年里发生的大事。迄今为止，一共发现了几百个柱子，最早的石柱建于公元292年。公元800年后，玛雅文明突然衰落，再没有立石柱。此后，玛雅文字失传，玛雅人的后代在文化方面已经退化，对他们伟大祖先创造的辉煌文化一无所知。

· 奇琴伊察 ·

奇琴伊察是玛雅文明后古典期（公元900～1520年）的重要城市。"奇琴伊察"就是"伊察人之井边"的意思。所谓"伊察人"，其实就是北迁来到尤卡坦半岛的玛雅人。他们在这里建造了奇琴伊察这座祭祀和生产中心，后来便发展为新帝国的首都，使已走向衰败的玛雅文明一度出现复兴。

在奇琴伊察城市中心有一座以羽蛇神库库尔坎命名的金字塔。金字塔的北面两底角雕有两个蛇头。每年春分、秋分，太阳落山时，可以看到蛇头投射在地上的影子与许多个三角形连套在一起，成为一条动感很强的飞蛇，象征着在这两天羽蛇神降临和飞升。因此这座沉浸在狂热信仰中的城市，又被称为"羽蛇城"。1441年，统治着尤卡坦半岛东部和北部长达两个多世纪的奇琴伊察被西班牙人占领。从那以后，显赫一时的"羽蛇城"渐渐被荒野丛林所吞没。

400多年后，美国人爱德华·赫伯特·汤普逊发现了这座被遗弃了的城市。

玛雅文明是美洲古代印第安文明的杰出代表，吸引着一代又一代的历史学家前去研究。

到加纳做生意

生活在撒哈拉以南的是黑人，所以撒哈拉以南的非洲又称为"黑非洲"。

在古代，黑非洲有一个加纳王国，以盛产黄金而闻名于世。为了赚取高额利润，很多商人不惜冒着生命危险，穿越茫茫的撒哈拉大沙漠，来这里做生意。

11世纪的时候，一个叫贝克利的摩洛哥学者对这个黄金之国产生了浓厚的兴趣，正巧他的一位朋友要去加纳做生意，贝克利就随商队一起出发了。

无边无际的撒哈拉大沙漠，一眼望不到边，沙漠中没有一株植物，有的只是渴死的人和骆驼的白骨，令人不寒而栗。贝克利朋友的商队里有很多的骆驼，除了货物之外，还驮着大量盛着清水的皮囊。经过了几个月的长途跋涉，一天早上，朋友指着南方的一片黑影对贝克利说："看！奥达格斯特到了。"朋友向贝克利解释，奥达格斯特是黄金之国加纳北方的一个边境城市，是北方的门户。所有来加纳做生意的商人都要经过这里，缴纳进口货物的税款。看到奥达格斯特，商队顿时发出一阵欢呼，因为他们终于走出了撒哈拉大沙漠。大家振奋精神，赶着骆驼，很快来到了城下。

来到城门口，他们看到很多商队正在排队进城。城门口是加纳的税务官，负责征收进入加纳的货物的税款。按

◉ 表现加纳人淘洗金沙的图画

照规定，商人运进一驮（一头骆驼所驮的货物）食盐征收1个金币，运出一驮食盐要征收2个金币，一驮铜征收5个金币，一驮杂货则要征收10个金币。过了一会儿，轮到贝克利朋友的商队缴纳税款了。税务官仔细检查了他们所携带的货物，征收了金币后就让他们进城了。

货物交易的场所不在奥达格斯特，而在加纳的首都昆比（今马里共和国首都巴马科以北），所以商队稍事休息后，马不停蹄地向昆比赶去。

贝克利骑在骆驼上，仔细观赏加纳的风土人情。在通往昆比的大路两旁，有很多村庄，村庄里盖着一座座圆形的草房子。黑人男子都不留胡子，女子都不留头发，他们手持农具在田间地头辛勤地劳作着，庄稼长势喜人。在河边，有很多黑人正在淘金。向朋友打听之后贝克利才知道，原来在加纳，从山里开采出来的大块黄金都归国王所有，而平民只能得到从砂石里淘取的少量的黄金。国王拥有很多的黄金，最大的一块可以做拴马石。

经过几天的跋涉，商队终于来到昆比。昆比有3万人，是一个大城市，有宽阔的街道，高大的建筑。经朋友介绍，贝克利才知道，原来昆比分为两部分，一部分专供来加纳做生意的商人居住；另一部分是加纳国王居住的地方，由高大豪华的宫殿和一些圆顶的官邸组成。

忽然贝克利听到一阵欢快的鼓声，街上的人们纷纷站在路旁，兴奋地望着鼓声传来的方向。"是国王巡游！"朋友一边拉着贝克利站到路边，一边对他说。

只见两排雄赳赳气昂昂的士兵手持长矛走在前面开道，命令百姓回避。国王骑着一匹高头大马，头上戴着一顶高大的黄金王冠，脖子上戴着金项链，手腕上带着金手镯，身上的衣服更是镶满了黄金。贝克利仔细一看，连马鞍都是黄金的！真不愧是"黄金之国"的国王啊！

第二天一大早，贝克利就和朋友来到市场做生意。市场是一片大空地，商人们把食盐、铜、布匹等物放在地上，然后离开。不一会儿，加纳人走上前，来到自己看中的货物前，放下一定数量的黄金，然后离开。这时商人回到自己的货摊前，如果觉得满意，就拿起黄金离开；如果不满意，就退回去。加纳人又走过来，如果看见货物旁边的黄金被拿走了，就表示成交了，就把货物拿走。如果黄金没有拿走，就表示货物的主人嫌出价太低，要求加钱，这时加纳人就可以选择继续加钱或放弃购买。商人把这种做生意的方式叫"哑巴交易"。

贝克利的朋友对这次交易非常满意，过了几天，他们买了当地的象牙等物品后就回国了。回到国内，贝克利根据自己在黄金之国的所见所闻，写成了《非洲见闻》一书，成为对非洲古代文明较早的记载。

欧洲的教会

在古代东方，皇帝、国王是一国之主，说一不二。但在中世纪的欧洲，势力最大的不是皇帝、国王，而是教皇。为什么会出现这种情况呢？

罗马帝国的末期，罗马皇帝为了从精神上控制人民，巩固自己的统治，大力宣传基督教。基督教因此发展很快，传遍了罗马帝国全境，并按照罗马帝国的行省分为很多个教区。其中首都罗马教区的地位最高，它的教长称为教皇。罗马帝国灭亡以后，欧洲进入了中世纪。在中世纪，欧洲各个王国之间和内部混战不休，社会动荡，局势混乱。由于欧洲的各个民族都信奉基督教，教会在人民中的影响很大，有时只有教会才能组织起群众。

各国国王为了维持自己的统治，纷纷支持教会。法兰克的"矮子丕平"在教皇和教会的支持下，当上了法兰克王国的国王。为了报答教皇，他两次进军意大利，击败了威胁教皇的伦巴德人，把占领的伦巴德王国的领土献给教皇，教皇就在这块土地上建立了教皇国，史称"丕平献土"。从此以后，教皇既是基督教的最高领袖，又是教皇国的君主，势力更加强大了。公元 800 年的圣诞节，丕平的儿子查理来到罗马的圣彼得大教堂。在他祈祷的时候，教皇突然把一顶皇冠戴在查理的头上，并大声宣布："上帝为查理皇帝加冕，祝他万寿无疆，保佑他永远胜利！"查理又惊又喜，从此以后就正式称为皇帝，成为教皇的忠实保护者。

中世纪的时候，欧洲人绝大多数目不识丁，甚至连国王、贵族都不会写自己的名字。在识字的人中，教士占了大多数。他们以《圣经》为最高真理，只传播符合基督教教义的文化知识，所有的文学、艺术、法律、哲学，统统都是为教会和神学服务的。一个人从出生、长大、成年、结婚、生子、老死，处处都要受到教会的控制。如

◉ 装饰豪华的《福音书》象牙装订板

果有人胆敢违反教会的教条，将会寸步难行，甚至会被关进教会的监狱，处以残酷的刑罚。最严重的惩罚是被开除教籍，如果一个人失去教籍，那么这个人就会失去一切社会关系和地位，失去一切保障。普通老百姓要是失去了教籍，就会倾家荡产；国王失去了教籍，就会失去王位，所以每个人都害怕教皇。

由于以上种种原因，教皇凌驾于欧洲各国皇帝、国王之上。皇帝、国王登基，必须由教皇进行加冕才算合法；与教皇同行时，教皇骑马，皇帝和国王则要步行。觐见教皇时，皇帝、国王必须下跪行礼，以示尊敬。

教皇任命了很多教区的主教，在各国建立了很多教堂、修道院和神学院。行走于中世纪的城市和乡村，最高大、最宏伟的建筑就是教堂。教皇不仅直接统治着教皇国，他还通过各国的主教霸占了西欧各国1/3的最好的土地，残酷地剥削耕种这些土地上的农民。

每年各国的居民都要向教皇缴纳"什一税"，就是每人把收入的1/10交给教会，还要应付教会的种种临时摊派。为了聚敛钱财，教士们挖空心思搜刮人民的钱财，"赎罪券"就是其中之一。按基督教的说法，人生来就是有罪的，要想死后进入天堂，必须忏悔并做善功赎罪，但仅有这些还是不够的，所以必须购买赎罪券来弥补。

在西欧各国，尤其是富裕的德意志地区，教士们走街串巷，像小贩一样高声叫卖赎罪券。教士们说，购买赎罪券后，将钱币投入教会的钱箱中，当听到"叮当"一声时，这个人的灵魂就得救了。教皇和教士们靠剥削和欺骗，聚敛了大量的钱财，过着非常奢侈的生活。

教皇和教会在中世纪不断发展壮大，成为西欧封建社会的支柱和最大的封建主。

卡诺莎之行

在中世纪的欧洲，原先各国主教的任免权都掌握在各国皇帝、国王的手里，罗马教廷无权干涉。对此，罗马教廷一直心怀不满，时刻想改变这种状况。1056年，年仅6岁的亨利登上德国皇帝的宝座，他就是亨利四世。罗马教廷欺负亨利四世年纪小，就趁机反对德国皇帝任免主教，以削弱德国皇帝的权力。1073年，新当选的教皇格列高利七世发布教皇令，宣布教皇的权力高于一切，不仅可以任免主教，还可以惩罚、审判和任免皇帝、国王，但谁也不能审判教皇。西欧各国的皇帝、国王虽然对此不满，但由于害怕教皇的强大势力，只好表示赞成。当亨利四世23岁时，年轻气盛的他再也无法忍受教皇对自己的限制了，于是一场教皇的教权和皇帝的王权之间的激烈冲突爆发了。

1075年，亨利四世无视教皇禁止各国国王任免主教的禁令，一口气任命很多德国境内的主教。教皇得知后，写信给亨利四世，要他立即撤销委任，并写信忏悔，否则就开除他的教籍。亨利四世对此不屑一顾，还召开宗教大会，宣布废黜教皇，并写信辱骂教皇。教皇大怒，宣布开除亨利的教籍，剥夺他的皇帝资格，并号召德国人和西欧各国反对亨利。德国国内一些反对亨利四世的贵族和教士纷

◉ 亨利四世跪求教皇

纷站出来，要求亨利放弃皇帝的职位，宣布效忠教皇，并且在一年内求得教皇的赦免令，否则就将剥夺他的皇帝资格。这时，西欧各国的国王也纷纷表示拥护教皇，反对亨利四世，亨利四世一下子陷入了四面楚歌的境地。不久，亨利四世听到了一个更不幸的消息：教皇已经到达意大利北部的卡诺莎城堡，等候德国反对亨利的贵族派军队来接他去参加制裁亨利的会议。

亨利四世冷静地分析了一下自己目前的处境，觉得现在还没有同教皇抗衡的能力，眼下最要紧的就是保住自己的皇位。

1077年1月，亨利四世带着妻儿和几个贵族，前去卡诺莎城堡向教皇谢罪求饶。当时大雪纷飞，寒风呼啸，滴水成冰，亨利等人艰难地翻过阿尔卑斯山，来到了卡诺莎城堡。按照当时谢罪的规定，亨利摘下了皮帽、脱掉了大衣和靴子，

◉ 在奥托之后，所有的德国国王都由教皇加冕，拥有"神圣罗马皇帝"的称号，图为加冕后的奥托三世接受朝拜。

披上了一条忏悔罪人用的麻衣，跪在城堡外的雪地里，向教皇忏悔。

连续三天，亨利在冰天雪地里冻得瑟瑟发抖，痛哭流涕地表示对教皇忏悔。到了

第四天,教皇才勉强接见亨利。

看着跪在地上的亨利,教皇仍旧怒气难消。他冷哼一声说:"我已经开除了你的教籍,你不是已经废黜了我、骂我是假僧侣吗?那你还来干什么?"

亨利诚惶诚恐地说:"尊敬的教皇,我已经承认自己的错误了。我是特地赶来向您忏悔的,请您原谅我的无知和狂妄,请您宽恕我。我已经撤销了冒犯您的命令,并写了服从您的保证书,请您过目。"说完,亨利从怀中掏出几张纸,哆哆嗦嗦递给教皇。

教皇这才满意,在场的主教和贵族也都纷纷表示愿意为亨利作证。亨利当场写了一份誓词,表示永远忠于上帝,永远忠于教皇。恢复教籍后,亨利就离开了卡诺莎城堡,回德国去了。在西方,"卡诺莎之行"就是投降的代名词。

回到德国以后,亨利卧薪尝胆,力量逐渐壮大,消灭了德国境内的反对势力。1080年,感到上当的教皇又一次开除了亨利的教籍。这时,羽翼丰满的亨利也再次宣布废黜教皇,并率兵进攻意大利,围攻罗马。教皇仓皇南逃,不久病死。

《自由大宪章》

在英国首都伦敦西北30千米处的泰晤士河畔耸立着温莎古堡。古堡周围绿草成茵,不远处是大片茂密的森林,宛如一个美妙的童话世界。

1215年6月15日的早晨,一阵清脆的马蹄声打破了早晨的宁静,一群贵族骑着马来到温莎古堡外,摆上了一张桌子和几把椅子,然后站在那里静静等候。而他们身后的不远处的茂密森林里,隐藏着几千身穿重甲、手拿利剑的士兵。

上午9点,"吱呀"一声,厚重的古堡大门缓缓打开,英国国王约翰在教皇的使者、坎特伯雷大主教和卫士们的陪同下,缓缓来到桌子前。贵族们一起向约翰行礼,约翰漫不经心地下了马,

◎ 英国国王约翰像

坐到了一把椅子上。贵族们则坐到约翰的对面。一个贵族从怀里掏出一张羊皮纸，递给约翰，说："国王陛下，请您过目。"约翰接过来，漫不经心地看着，但越看越生气，脸色变得铁青。

"啪"的一声，约翰把羊皮纸拍在桌子上，猛地站起身来，对贵族们大声咆哮："我是你们的国王！难道我还要受到你们的限制吗？"

"国王陛下，我们是英国所有贵族的代表，这张羊皮纸上的要求是我们一致提出的。您必须接受，必须在上面签字，否则我们将不再承认您是我们的国王！"贵族们毫不退缩，针锋相对地说。这时，国王的侍卫长快步来到国王身边，在他耳边悄悄说了几句话。约翰的脸"刷"地一下变得惨白，他的双眼恐惧地望着远处的森林，隐隐约约可以看见刀光剑影。冷汗一下子从他的额头冒了出来，再看看那些贵族们，似乎是有备而来。约翰一下子瘫坐在椅子上，叹了一口气说："好吧，我答应你们的条件，同意签字，只要你们承认我是你们的国王。"贵族们一听，欣喜万分，一个贵族快步走上前去，递给国王一支鹅毛笔。约翰接过笔，飞快地在羊皮纸上签了字，然后狠狠地把鹅毛笔摔在桌子上，站起身骑上马，头也不回地回温莎古堡去了。贵族们拿着羊皮纸，发出阵阵欢呼。

国王是一国之君，地位至高无上，怎么还有人敢向国王提出条件呢？这就要从头说起。英国国王亨利二世年老体弱，认为自己已经不可能再有儿子了，所以他就把自己的土地和财产分给了 5 个儿子。没想到 1167 年的圣诞夜，他的妻子竟然又给他生了一个儿子，老亨利惊喜万分。因为儿子和上帝的儿子耶稣同一天出生，所以老亨利非常溺爱他，给他取名约翰。由于老亨利已经将所有的土地和财产都分给了其他 5 个儿子，小约翰已经无地可封了，所以家人都叫他"无地王约翰"。

亨利二世死后，他的第三个儿子狮心王理查继承王位。狮心王理查在位 10 年，绝大部分时间都在国外打仗，并于 1199 年战死。狮心王理查死后，英国王位出现两名继承人——约翰和他的侄子亚瑟。约翰用武力囚禁了亚瑟，不久亚瑟就音信全无，约翰顺利登上了王位。人们引论纷纷，认为是约翰杀死了亚瑟。

约翰在位期间，为争夺诺曼底，同法国展开了一场大战，结果以惨败而告终。英国丧失了在欧洲大陆的全

《自由大宪章》的主要内容

《大宪章》规定：国王尊重教会的选举自由不受侵犯；归还以前国王侵占的领主土地、抵押物和契据；不经领主代表会议同意，国王无权增加税款和征收税款；不经领主法庭的同意，国王不得任意逮捕贵族和剥夺他们的土地、财产；保障领主和骑士的采邑继承权。《大宪章》还规定，从大封建主中选出 25 名代表，组成大宪章监督委员会，以监督国王执行大宪章的情况。

部领地。

在内政方面,约翰横征暴敛,引起了贵族、市民们的强烈不满,贵族们纷纷割据。英国大主教病死后,在继任的人选上,约翰和教皇英诺森三世又产生了激烈的冲突。为了教训一下约翰,教皇下令全英国的教士一律停止活动。在长达6年的时间里,英国的教堂全部关闭,死者不能安葬,而且不能举行最后的弥撒,人们认为他们死去的亲人没能进入天堂,而是进入了地狱,因此痛恨约翰。约翰陷入了众叛亲离的境地。

在约翰外出期间,贵族和教士秘密协商,要制定一项法律保护自己的权益。于是《自由大宪章》诞生了,并强迫约翰在上面签字。

《自由大宪章》开创了国王权力受法律约束的先例,成为人类历史上宪法的雏形。《自由大宪章》至今还陈列在大英博物馆中。

"阿维农之囚"

13世纪的时候,西欧的国家特别是法国崛起了。法国国王腓力四世凭借强大的武力,强行夺取了很多公爵的领地,进一步扩大了王权。腓力四世野心勃勃,想让整个法兰西只听从自己一个人的命令。但法国人都信仰天主教,很多传教士都只听从罗马教皇的命令,对腓力四世不屑一顾,这让腓力四世非常恼火。他决心凭借自己的强大实力,做一个真正意义上的法国国王。

由于连年发动战争,法国军费开支巨大。为了弥补军费开支,腓力四世决定向法国的教会征税。在以前,拥有大量土地和财产的教会是不向所在国的国王纳税的,他们只向教皇纳税,腓力四世的这个决定大大损害了教皇的利益。教皇卜尼法斯八世非常生气,下了一道

◎ 教皇格列高利一世的象牙雕像

公元590～604年,作为教皇,他的严厉施行宗教信条与政治上的敏锐极大地加强了罗马教皇的权力,他的传教热情使基督教信仰传遍西方文明世界的最远边界。其后的每一位教皇都力图使教权的影响力高于王权,在中世纪的欧洲,教权与王权从未停止过斗争。

命令，重申教会只向教皇纳税，各国国王无权向教会征税。

桀骜不驯的腓力四世立即针锋相对地发布了一道命令，没有国王的许可，严禁法国的金银、马匹、货物出口。命令虽然没有提到教皇，但实际上却切断了法国教会和贵族向教皇缴税的渠道，断了教皇在法国的财源。卜尼法斯八世无可奈何，只好同意腓力四世向教会征税。

但卜尼法斯八世不甘心失败，他决心捍卫教皇的利益，而腓力四世也不满足自己取得利益，还想进一步扩大。于是，教皇的神权和国王的王权之间的斗争更加激烈。腓力四世准备制定一个法令，以限制教皇在法国境内的权力。卜尼法斯八世听说后，急忙派法国的大主教前去干涉。法国大主教仗着有教皇撑腰，狐假虎威，在腓力四世面前趾高气扬，不可一世。腓力四世刚开始默不作声，后来实在忍无可忍，下令士兵把大主教抓起来，投入了监狱，随后交给法庭审判。

听到这个消息后，卜尼法斯八世气得七窍生烟。他一连发了三道教皇令，指责腓力四世犯了严重错误，声称只有罗马教廷才有权力审判大主教，并宣布取消腓力四世向教会征税的特权。腓力四世也不甘示弱，他当众烧掉了教皇令，并向在场的所有人郑重宣布，从今以后，除了上帝，他和他的子孙决不屈服于任何外来的势力。

为了彻底让法国的教会势力服从于国王，1302年，腓力四世在巴黎圣母院召开了法国历史上第一次由贵族、教士和市民三个等级参加的会议。在会议上，腓力联合贵族和市民两个阶级，迫使教士们向国王效忠。

卜尼法斯八世气急败坏，立即下令开除腓力四世的教籍。不料，腓力四世根本不吃这一套，他列举了卜尼法斯八世的29条罪状，宣布要以法国国王的名义在法国审判教皇，并派军队去罗马逮捕教皇。

1303年9月的一天，卜尼法斯八世正在开会，准备对腓力四世进行惩罚。正在这时，一群法国士兵闯了进来。领头的法国军官说："奉法国国王的命令，我们要逮捕教皇卜尼法斯八世去法国受审！"整整三天，卜尼法斯八世脸色苍白，浑身颤抖，躺在床上不吃不喝，受尽了法国人的侮辱和戏弄。虽然后来他被营救出来了，但由于气愤、惊吓和刺激，75岁高龄的卜尼法斯八世不久就死了。当时的人们这样评价他：爬上教皇位子的时候像只狐狸，行使职权的时候像头狮子，死的时候却像条狗。

在和教皇斗争中大获全胜的腓力四世并不满足，他把法国籍的一个大主教扶上教皇的位置，即克雷芒五世，从此教皇成了腓力四世的傀儡。克雷芒五世长期居住在法国而不回罗马，后来索性将罗马教廷迁到了法国南部的小城阿维农。从此，罗马教廷凌驾于国王之上的时代一去不复返了。历史学家把70多年里居住在阿维农的 7 位教皇称为"阿维农之囚"。

成吉思汗

◎ 成吉思汗

1162 年，铁木真出生在蒙古草原尼伦部贵族孛儿只斤氏家族。铁木真的父亲也速该因为作战英勇，被推举为尼伦诸部的领袖，后来在部落的仇杀中丧命，孛儿只斤家族败落，铁木真一家陷入困境。

铁木真的青少年时期是在动荡不安和极端艰苦的条件下度过的。当时，草原诸部混战不已，彼此相互仇杀。在这样的环境中，铁木真养成了坚毅、果敢的性格，并练就了强健的体魄、超群的武艺和过人的才智。1180 年，年轻的铁木真已经远近闻名。为了重振家业，铁木真去找父亲的安答（结义兄弟）、克烈部首领王罕。在王罕的庇护下，铁木真开始积聚力量，势力迅速壮大。

铁木真的崛起引起了乞颜部贵族扎木合的忌恨，虽然他曾与铁木真结为安答。1190 年，扎木合与泰赤乌等 13 部联合起来，组成 2 万多联军，进攻铁木真。铁木真探知消息，将部众集中起来，列成 13 翼，与扎木合联军决战，这就是著名的"十三翼之战"。一场激战过后，铁木真失利，退避于斡难河谷地。扎木合领军返回本部后，将俘虏分为 70 大锅煮杀，引起了很多部落不满，不少人转而投奔铁木真。铁木真虽然战败，却得到民众拥护，兵力得以迅速壮大。

1196 年，铁木真联合王罕，配合金的军队，在斡里扎河围歼了反叛金的塔塔儿部，杀死了他们的首领，报了杀父之仇。战后，金封王罕为王，任命铁木真为招讨使，铁木真名声大振。此后，他又战胜了篾儿乞等部，攻取呼伦贝尔草原。1202 年，铁木真彻底歼灭塔塔儿部，占领了西起斡难河、东到兴安岭的广大地区。

1203 年，和铁木真以父子相称的王罕开始进攻铁木真。铁木真与王罕大战于合兰真沙陀，这是铁木真生平最艰苦的一次战斗。结果铁木真大败，只带领 19 人落荒而逃。逃亡途中经过班朱尼河时，铁木真和伙伴们饮河水立誓："如果我建立大业，一定和追随我到此的兄弟同甘共苦，如果违背誓言，就像这河水一样。"这就是蒙古历史上著名的班朱尼河之誓。

1204年，铁木真征服蒙古草原上唯一能和自己对抗的乃蛮部的首领太阳罕。1206年，统一了西起阿尔泰山、东到兴安岭的整个蒙古草原。各部贵族在斡难河源头举行盛大集会，推举铁木真为大汗，称其为"成吉思汗"，建立了强大的蒙古帝国。

成吉思汗的黄金家族是蒙古帝国的最高统治集团，拥有全部的土地和百姓。他按照分配家产的方式，将百姓和土地分给自己的子弟亲族。成吉思汗推广了千户制度，将全蒙古的百姓划分为95千户，任命蒙古的开国功臣以及原来的各部贵族担任那颜（意为千户长），世袭管领。为了维护自己至高无上的统治地位，成吉思汗还建立了一支由大汗直接控制的人数达1万人的常备护卫军，这支强大的护卫军成为巩固蒙古帝国、进行对外战争的有力工具。

成吉思汗还派人根据畏兀儿文字创造了蒙古文字，用这种畏兀儿蒙古文发布命令，登记户口，编订法律，大大加强了统治，推进了蒙古文化的发展。

成吉思汗又任命自己的养子失吉忽秃忽为大断事官，负责分配民户，后来又让他掌管审讯刑狱等司法事务。成吉思汗还制定了蒙古法律"大札撒"，作为全部蒙古人民都要遵守的准则。法律的制定，对于安定社会、加强蒙古政权的统治起到了积极的作用。

蒙古汗国建立之后，成吉思汗开始向外扩张。他先后3次入侵西夏，迫使西夏称臣纳贡，并随同蒙古一同进攻金。1211年，成吉思汗南下进攻金，1215年，攻占了中都燕京。

1219年，成吉思汗踏上征讨花剌子模的万里西征之路。1221年，成吉思汗占领花剌子模全境后大军继续西进，1225年，持续7年的西征结束。

1226年，成吉思汗再次进攻西夏。1227年七月，成吉思汗病死军中。成吉思汗死后，他的子孙们继续他未竟的事业，攻灭西夏、金、南宋，建立起一个空前庞大的大帝国。元朝建立后，追尊成吉思汗为元太祖。

◉ 成吉思汗陵内供奉的马鞍与蒙古刀

奥斯曼土耳其崛起

土耳其人是突厥人的一支,土耳其就是由"突厥"一词转变而来的。突厥人原来生活在中国北方的蒙古高原和中亚一带,后来被中国的唐朝击败,被迫西迁,来到中东地区,依附于塞尔柱突厥人建立的鲁姆苏丹国。鲁姆苏丹将一块贫瘠的位于西北边境的土地赏赐给他们,让他们为鲁姆苏丹国守卫边疆,抵抗拜占庭帝国。

1242年,鲁姆苏丹国在蒙古人的打击下瓦解,土耳其人趁机崛起。酋长埃尔托格鲁尔率领土耳其人东征西讨,打败了四周的部落,自称埃米尔(君主的意思)。1288年,埃尔托格鲁尔病死,他的儿子奥斯曼继位。

奥斯曼想娶长老谢赫艾德巴里的女儿为妻,但遭到了拒绝。一天,奥斯曼来到谢赫艾德巴里家,对他说:"我昨天做了一个奇怪的梦,梦见我的腰部长出了一棵大树,所有的树叶都变成了利剑,指向拜占庭帝国的首都君士坦丁堡的方向。长老,你懂得解梦,我的这个梦是什么意思?"谢赫艾德巴里沉思了一会儿说:"这个梦预示着你的子孙会占领君士坦丁堡,成为世界的统治者。"奥斯曼听后非常高兴,说:"那我现在可以娶你女儿吗?"谢赫艾德巴里点头答应了。奥斯曼登基那天,谢赫艾德巴里赠送给他一把"胜利之剑"。后来,颁发"胜利之剑"成为奥斯曼土耳其苏丹即位的传统仪式之一。此后,奥斯曼手持"胜利之剑"四处征战,建立了一个庞大的帝国。

奥斯曼是个雄才大略的人,当时拜占庭帝国已经衰落,外强中干,在小亚细

⊙ 多瑙河上的战斗
图中戴头盔的匈牙利人试图阻挡轻装上阵、以强弓为武器的蒙古军过河,1241~1242年间,成吉思汗的子孙已将帝国疆域拓展到了欧洲的中部。

亚的统治摇摇欲坠。奥斯曼把部落的士兵组织起来，将掠夺的土地分给他们，大大激发了他们的战斗热情。他还吸收了很多其他突厥部落的勇士，壮大了自己的力量。有了强大的军事实力，奥斯曼开始向拜占庭帝国发起进攻。他攻占美朗诺尔城后，将这里作为首都，改名为卡加希沙尔。1300年，奥斯曼自称为苏丹，并宣布他的国家是一个独立的公国。奥斯曼并没有就此满足，1301年，奥斯曼对拜占庭帝国发起了更大的进攻，占领了富庶的卑斯尼亚平原，国力大增。1317年，奥斯曼率领军队围攻拜占庭帝国在小亚细亚最重要的城市布鲁沙城。拜占庭人凭借高大的城墙拼死抵抗，奥斯曼围攻了9年都没有攻克。1326年，实在无力抵抗的拜占庭人被迫宣布投降。这时候，奥斯曼已经身染重病。奥斯曼去世后，他的遗体被安放在布鲁沙的大教堂内。奥斯曼死后，他的儿子乌尔汗继任为苏丹，迁都布鲁沙城。此后，人们把奥斯曼创建的国家称为奥斯曼帝国，也称奥斯曼土耳其。土耳其人也因此被称为奥斯曼人或奥斯曼土耳其人。

乌尔汗和他父亲一样，是一个野心勃勃的人。他继续父亲没有完成的事业，在不到10年的时间里，完全占领了拜占庭帝国在小亚细亚的领土。乌尔汗利用塞尔维亚和拜占庭帝国的矛盾，开始插手欧洲事务。为了占领一个进攻欧洲的军事基地，乌尔汗于1354年率军渡过达达尼尔海峡，占领了加里波里半岛上的格利博卢城堡。由于城堡高大坚固，加上拜占庭人的拼死抵抗，土耳其人一时无法攻克，乌尔汗一筹莫展。这时，乌尔汗的儿子苏莱曼自告奋勇，表示愿意前去攻打格利博卢城堡。在征得父亲的同意后，他只率领39名勇士，夜里乘船偷偷渡海来到城堡下。正在这时，此地突然发生大地震，城堡的城墙被震塌，城堡内的士兵和居民惊慌失措，纷纷逃亡。苏莱曼等人一个个斗志昂扬，杀入城中，很快占领了这座城堡。土耳其人急忙增兵3000人，巩固了胜利果实。后来，格利博卢城堡成为奥斯曼土耳其进攻欧洲的桥头堡。

1359年，乌尔汗去世，他的儿子穆拉德一世即位。穆拉德一世率领奥斯曼大军继续进攻已经衰落不堪的拜占庭帝国，攻陷了一座又一座名城，拜占庭帝国被迫乞降，逐步沦为奥斯曼帝国的附庸。

· 绍约河之战 ·

1241年2月，7万蒙古大军离开南罗斯的营地，进攻中欧。这支蒙古大军兵分两路，北路军2万人在拜答儿和开都的指挥下北进波兰，切断对匈牙利的一切支援。拔都和速不台指挥5万主力部队，于3月12日进攻匈牙利。匈牙利国王贝拉四世率领6万多大军从佩斯出发，迎战蒙古主力。蒙古军诱敌深入，在绍约河畔击败匈军。匈军余部扎营拒抗，速不台指挥蒙军故意在包围圈上留下一个明显的缺口。匈军士兵从这个缺口突围，蒙军沿着匈军逃军的侧翼密集射击，几乎全歼匈军，蒙古军大获全胜。

中世纪

俄罗斯的崛起

1240年，蒙古西征军在成吉思汗的孙子拔都的率领下攻占了基辅罗斯的首都基辅。1242年，占领了俄罗斯大部分土地的拔都建立了庞大的钦察汗国，许多俄罗斯的小公国被迫向他屈服。因为蒙古人住在金色的大帐中，所以俄罗斯人又把钦察汗国称为"金帐汗国"。

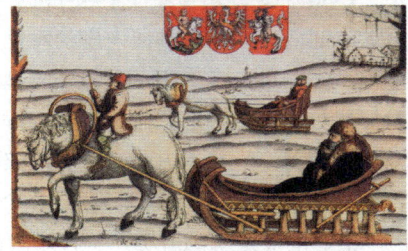

金帐汗国中，蒙古人只占少数，俄罗斯人占大多数。为了有效统治俄罗斯，拔都就以册封全俄罗斯大公的封号为诱饵，挑拨离间，使各个小国之间不和，甚至互相攻打，借此铲除反抗蒙古的势力，巩固自己的统治。归顺的小国王公们接受金帐汗国的敕令，向金帐汗国缴税、服兵役。为了向金帐汗国缴税和满足自己的奢侈生活，大公们竭力搜刮老百姓，老百姓们苦不堪言。

1327年的一天，一支蒙古军队来到伏尔加一带，这里是全俄罗斯大公亚历山大统治的地方。蒙古人一到这里就开始抢夺老百姓的财产，老百姓纷纷拿起武器抵抗。

◉ 这三幅图表现了16世纪上半期俄罗斯人民的生活情景，他们或骑马，或乘雪橇，或坐四轮马车外出旅行。

亚历山大也忍无可忍了，他亲自率领军队攻击蒙古人。蒙古人死伤惨重，狼狈逃走。金帐汗大怒，决定派军队讨伐亚历山大。

这时，莫斯科大公伊凡匆匆赶来求见。

"你来有什么事？"金帐汗问。

"无比尊敬的金帐汗，您千万不要为了亚历山大那个混蛋生气。为了表示我的忠心，我愿意率领我的军队和其他大公的军队为您讨伐他。此外，这是孝敬您的礼物。"伊凡说完，献上了很多金银财宝。

金帐汗一看,非常高兴,说:"好,打败了亚历山大,我就封你为全俄罗斯大公,让你替我收税!"

伊凡率领军队很快打败了亚历山大。亚历山大被处死后,伊凡如愿以偿地被封为全俄罗斯大公。从此,他利用手中掌握的收税权力中饱私囊,还帮助金帐汗去镇压别的小公国,同时扩大了自己的领土。到他死的时候,莫斯科公国已经成为俄罗斯最强大的公国了。到了伊凡的孙子季米特里·顿斯特伊担任大公的时候,莫斯科公国的势力又进一步发展,领土面积进一步扩大。这时的金帐汗国却四分五裂,蒙古王公们为了争夺大汗之位混战不止。季米特里决定趁金帐汗国内乱之机举兵反抗,摆脱蒙古人的统治。他率兵赶跑了莫斯科公国内的蒙古人,宣布独立。金帐汗国的大汗马麦汗非常恼火,决定教训一下季米特里。

1380年9月,马麦汗率领15万大军大举进攻莫斯科公国,季米特里率领10万大军迎战。两军在顿河南岸的库里可沃平原相遇。战前季米特里仔细观察了一下地形,库里可沃平原不大,中间是沼泽,四周是山岗和森林,不利于蒙古骑兵发挥优势。季米特里利用地形精心排兵布阵,他将军队一字排开,中间是主力,两边是两翼,中间主力前面是先锋部队,他还将一支精锐的骑兵埋伏在蒙古军后方的森林里。

清晨的大雾刚刚散去,蒙古军队就呐喊着向俄罗斯人杀过来。俄罗斯士兵群情激奋,勇敢地冲向蒙古人。两军杀在一起,难分难解。季米特里身穿厚厚的铠甲,挥舞着大刀,奋勇杀敌。渐渐地,蒙古人占据了优势,击溃了俄罗斯人的两翼,并集中兵力向中间主力进攻。俄罗斯主力步步后退,将蒙古人引到了沼泽地带。泥泞的沼泽大大延缓了蒙古人的攻势,季米特里趁机组织俄罗斯军队反攻。

埋伏在森林中的俄罗斯骑兵看到蒙古人陷入沼泽,阵形有些混乱,俄罗斯骑兵指挥官果断下令出击。蒙古人根本没有料到自己背后还有一支伏兵,顿时军心大乱。在俄罗斯人的前后夹击下,蒙古人大败而逃,这场战役最终以俄罗斯人的胜利而告终。库里可沃之战表明,俄罗斯人是可以战胜蒙古人的。到了15世纪,莫斯科的伊凡三世统一了俄罗斯,并最终击败

◉ 当俄罗斯南部沦落到蒙古人手中时,俄罗斯北部的诺夫哥罗德公国在其年轻的王子亚历山大·涅夫斯基领导下却取得了一定的成功。1240年,他在涅瓦河畔击败了一支瑞典军队,保障了国家北部边境的安全。随后,他又击退了来自西方的两次入侵,一次是条顿骑士团,一次是立陶宛人。到1263年他去世时,他的国家仍然保持独立。为此,他赢得了英雄和圣人的声誉。1547年,亚历山大·涅夫斯基被封为圣人。

蒙古人，结束了金帐汗国对俄罗斯长达两个半世纪的统治。16 世纪，俄罗斯已成为欧洲的一个的强国。

黑死病肆虐欧洲

1345 年的一天，蒙古大军围攻克里米亚半岛的卡法城，城中的意大利商人和拜占庭军队凭借着高大的城墙拼命抵抗。整整一年过去了，蒙古人始终没有攻下。

后来卡法的守军发现蒙古人的进攻势头越来越弱，最后竟然停止了攻击。蒙古人在搞什么鬼？卡法守军百思不得其解。不过卡法守军丝毫不敢放松警惕，认为这很可能是蒙古人在为发动一场更猛烈的进攻做准备。

◎ 埋葬死于黑死病的人们

果然，没过几天，蒙古人再次对卡法城发动攻击。不过这次蒙古人没像以前几次那样爬上云梯攻城，而是在城下摆了好几排高大的投石机。

"发射！"随着蒙古将军一声令下，"嗖嗖嗖"一颗又一颗的炮弹，向卡法城飞来。卡法守军看到炮弹时非常吃惊，原来这些"炮弹"不是巨大的石头而是一具具发黑的死尸！不一会儿，卡法城里就堆满了很多发臭的死尸。

蒙古人发射完这些"炮弹"后，就迅速撤退了。这些腐烂的黑色尸体严重污染了卡法城的水源和空气，过了不久，很多人出现寒战、头痛等症状，再过一两天，病人便开始发热、昏迷，皮肤大面积出血，身上长了很多疮，呼吸越来越困难。患病的人快的两三天，慢的四五天就死了，死后皮肤呈黑紫色，因此这种可怕的疾病得名"黑死病"。当时的人们并不知道这是由老鼠传播的鼠疫——一种由鼠疫杆菌引起的烈性传染病。

卡法城变成了人间地狱，城中的大街小巷到处都有黑色的死尸，到处都是痛苦的呻吟和绝望的哭号声。幸存的意大利商人披着黑纱，急忙乘船逃回意大利。但他们万万没有想到，一群携带黑死病菌的老鼠也爬上了船，躲在货舱里，跟随他们来到了意大利。

意大利人很快就知道了黑死病的事，因此拒绝他们的船靠岸。只有西西里岛

◉ 感染瘟疫的人随时随地寻求救助，图中这个不幸的家庭寄希望于牧师的祈祷。

的墨西拿港允许他们短暂停留，船上的老鼠跑到了岛上，黑死病首先在这里传播开来。因为墨西拿港是一个大港口，每天都有很多其他欧洲国家的商船靠岸，这些老鼠又登上这些船，来到欧洲各国。于是，一场大规模的黑死病开始在欧洲迅速传播。

其实，黑死病能在欧洲迅速传播，和当时欧洲人恶劣的生活条件是分不开的。那时，就连罗马、巴黎、伦敦这些大城市，也都是污水横流，垃圾、粪便和动物的死尸随意丢弃，臭气熏天，卫生状况非常差，这就为传染病的传播提供了有利条件。当时的人也很少洗澡，从贵族到农民，很多人的身上跳蚤、虱子乱蹦乱跳。

此外，由于基督徒极端仇视猫，他们认为猫是魔鬼的化身，因此蛊惑欧洲人对猫进行疯狂屠杀，致使猫几乎灭绝。老鼠没有了天敌，得以大量繁殖。

当时的医学水平根本无法治愈黑死病，一旦染病只能等死。人们把染病者关进屋子里，把门和窗全部钉死，让他们在里面饿死。有的人结成一个个的小社区，过与世隔绝的生活，拒绝听任何关于死亡与疾病的消息。有的人则认为反正是死，不如及时行乐。他们不舍昼夜地寻欢作乐，饮酒高歌，醉生梦死。有的人手拿香花、香草或香水到户外去散步，认为这些香味可以治疗疾病。也有一些人抛弃了他们的城市、家园、居所、亲戚、财产，独自逃到外国或乡下去避难。而罗马教皇则坐在熊熊烈火中间，以此来隔绝黑死病的侵袭。由于欧洲的犹太人懂得隔离传染病人的医学常识，所以死的人较少。一些别有用心的基督徒就侮蔑犹太人和魔鬼勾结，带来了黑死病，大肆屠杀犹太人。整个欧洲简直是一幅世界末日的景象。

据统计，在14世纪的100年中，黑死病在欧洲共夺去了2500多万人的生命，再加上饥饿和战争，大约有2/3的欧洲人死亡。

英法百年战争

11世纪，威廉征服英国成为英国国王后，通过联姻和继承，英王在法国占有广阔的领地。12世纪以来，法国逐渐收回被英国占领的部分地区，力图把英国人从领土上驱逐出去，双方的矛盾越来越尖锐。富庶的佛兰德尔曾被法国夺回，但

中世纪

◉ 英王爱德华三世提出应由他继承法国王位，并且修改了皇室盾形纹章，把法国的鸢尾花与英国的狮子绘在一起。

仍与英国保持密切的联系，对佛兰德尔的争夺成为双方斗争的焦点。1328年，没有儿子的法王查理四世去世，英王爱德华三世凭借自己是法王腓力四世外甥的身份要求法国王位继承权。这样，为争夺法国的王位继承权，双方开始出兵作战，拉开了英法百年战争的序幕。

1337年11月，英王爱德华三世率军入侵法国。对于岛国英国来讲，制海权是入侵法国成败的关键。1340年6月，爱德华三世率领250艘战舰、约1.5万人攻击斯鲁斯港里的法国舰队，法国舰队闻讯急忙出海迎战。拥有380艘战舰和2.5万人的法国舰队向英国舰队压过来。爱德华三世不敢硬碰，指挥舰队开始有条不紊地佯退。见英国船要逃，法国舰队急速追击，阵形开始紊乱。英军舰队突然调转船头，向法军冲去。虽然数量处于劣势，但英国海军却有更丰富的海战经验，法国舰船几乎全军覆没。英国夺得了制海权，为陆上战争解除了后顾之忧。

1346年，丧失海军的法王腓力六世大怒，他将自己精锐的重装骑兵派到前线，想用强硬的马蹄把英军踏得粉身碎骨。而当时的英国以步兵为主，根本没有与之相抗衡的骑兵。号称6万余人的法国骑兵在克雷西与2万英军步兵相遇。英王爱德华三世命令部队放慢进攻速度，引诱法军来攻。当两队尚有一定距离时，英军强弓手开弓放箭，箭雨向法国骑士飞去。原来，英军为对付身披铠甲的法国骑士，偷偷制造了一种秘密武器——大弓，这种弓箭射程远、射速快、精确度高，能在较远处射穿骑士的铠甲。法军被箭雨打乱了阵脚，溃不成军。英国步兵抓住时机猛攻上去，与法军展开白

· 阿金库尔战役 ·

阿金库尔战役发生于1415年10月25日，是英法百年战争中著名的以少胜多的战役。1415年8月，英王亨利五世率军约6000人在塞纳河口登陆后向加来进军。法国军队在加来以南阿金库尔要塞奉命截击。英国装备了英格兰长弓的弓箭手按照楔形分布，骑兵全部下马作战，阵前设置尖头栅栏，以阻挡法国骑兵冲击。法国骑兵首先发起进攻，但泥泞的土地给骑兵前进带来了很大困难。英国弓箭手集中射击法国骑兵的马匹，身穿沉重盔甲的骑士纷纷落马，结果打乱了从后面冲上来到法国步兵的阵型，使他们也遭到了英国弓箭手的射击。少数冲到英军阵前的法国骑兵遭到了英国步兵的顽强抵抗，被全部消灭。随后，英国弓箭手手持短兵器和步兵一起冲锋，将陷在泥潭中动行动不便的法国骑兵全部消灭。这场战斗的结局改变了英国人在英法战争前期的被动局面，从此以后英军节节胜利，直到贞德出现。

⊙ "百年战争"中发生在斯鲁斯港口外的大规模海战

刃格斗。身着笨重铠甲的法军陷入被动，很快被英军击败。英军控制了陆上进攻的主动权，一举占领了法国的门户诺曼底，不久又攻占了重要港口加莱。英国的弓箭让法军吃尽了苦头，从卢瓦尔河至比利牛斯山以南的领土都为英国人所有。

为抵抗英国的侵略，夺回丧失的土地，后来的法王查理五世改编军队，整顿税制，还任命迪盖克兰担任总司令。迪盖克兰指挥法军避开英军的锋芒，采用消耗、突袭和游击战术，发挥新组建的步兵、野战炮兵以及新舰队的威力，使英军节节败退，陷入困境。法国趁势夺回大片领土，并恢复了骑兵建制。

在战争中，法国内部矛盾日益加剧，贵族争权夺利，农民起义不断。刚登上英国王位的亨利五世乘机重燃战火，不久法国的半壁江山又沦入英军手中。英军继续向南推进，开始围攻通往法国南方的门户要塞奥尔良，法国贵族却没有一个敢去解围。

农民出身的少女贞德以神遣的救国天使的名分，手持一把剑和一面旗帜带领法军冲进英军营中。贞德的勇气鼓舞着法军，他们顽强拼杀，一次次击败英军的进攻。法军击溃英军，被围困长达7个月之久的奥尔良城得救了。战争由此开始向有利于法军的方向发展，1453年，法军夺回了所有被攻占的地区，英国被迫投降。

英法百年战争给法国人民带来深重灾难，但促进了法国民族意识的觉醒；同时使英国放弃了谋求大陆的企图，转而走向海洋扩张的道路。

"圣女"贞德

1428年，英军联合法国的叛徒集团勃艮第党人向法国发动了大规模进攻，占领了法国北方的大片领土，并包围了法国南方的门户奥尔良城。当时的情况非常危急，一旦奥尔良失守，法国南方就有全部沦陷的危险。而法国以查理王子为首的统治集团却对此束手无策，只知道逃跑。

中世纪

在这种情况下,法国姑娘贞德挺身而出。贞德是法国东部洛林地区杜米列村的一个普普通通的乡下姑娘。她没有上过学,从小就帮着家里干农活、放羊。在童年时代,贞德亲眼看见了英国侵略军的暴行,从小就树立了反抗侵略的信念,她还曾参加家乡的游击队,同英军英勇作战。

> **· 圣女贞德节 ·**
>
> 1431年5月30日早晨,在鲁昂,贞德被无情的火焰吞噬了。23年后,贞德的家属向教会申请,要求重新审查贞德案件。1456年,罗马教廷审查后确认,贞德是无罪的,所谓异端的罪名,全属无中生有,从而撤销对她的判决。1920年,贞德被罗马教廷封为"圣女",不久,巴黎高等法院做出规定:每年5月的第二个星期日为法国贞德节。

听说奥尔良被围后,贞德心急如焚,她决定去找查理王子。1429年4月的一天,卫兵向正在喝闷酒的查理报告说有个乡下姑娘要见他。"不见不见!"查理不耐烦地摆摆手。过了一会儿,卫兵又来报告说那个姑娘非要见他不可,说她是为解奥尔良之围而来的。

"什么?一个乡下姑娘居然能解奥尔良之围?好,让她进来。"查理冷笑着说。不一会儿,贞德走了进来。"你叫什么名字?"查理问。

"我叫贞德。"贞德回答。

"你能解奥尔良之围?"

"是的,我能。"贞德坚定地说。

"你凭什么这么说?"查理疑惑地问道。

"凭殿下您、伟大的法国人民和我的爱国热情。"

当时查理的处境非常糟糕,贞德的到来给他带来了一丝希望,于是他就让贞德带领6000法军去奥尔良。

贞德身穿男子的服装,披着白色的铠甲,腰配长剑,骑着高头大马,率领大军浩浩荡荡地进军奥尔良。当时英国人已经在奥尔良城外修建了很多堡垒,将奥尔良围得水泄不通。看到这种情景,很多军官和士兵都有些泄气,觉得别说解围,就算冲进去都是不可能的。

看到这种情况,贞德鼓励大家说:"大家不要灰心。堡垒是死的,人是活的。只要我们有信心,一定可以战胜敌人,攻克堡垒。"

贞德随即率领法军向英军进攻。贞德左手拿着旗帜,右手拿着宝剑,身先士卒,杀入敌阵。在她的鼓舞和带领下,法军将士个个英勇杀敌,攻克了一个又一个的堡垒。一次,贞德率军攻打一个高大坚固的堡垒时,像往常一样冲在最前面,结果不幸被英军射中一箭,贞德因失血过多而昏迷,部下急忙把她抬到后方。战斗一直从早晨持续到傍晚,法军伤亡很大,可仍然没有攻克堡垒。昏迷中的贞德听到战场上激烈的厮杀声,突然惊醒过来,她忍着伤痛,翻身上马,又呐喊着冲向堡垒。法军见贞德这样奋不顾身,士气大振,个个争先恐后,终于攻下了堡垒。英军见大势已去,只好灰溜溜地逃走了。

贞德率领大军雄赳赳气昂昂地进入奥尔良,城中的军民夹道欢迎,发出阵阵欢呼。城中教堂的钟声响彻云霄,人们整夜高唱赞美诗。奥尔良胜利的消息传出后,整个法国沸腾了,人们都亲切地称贞德为"奥尔良的女儿"。

奥尔良大捷后,贞德决定保护查理王子到兰斯城的教堂去登基,因为按照当时的规定,国王必须在那里登基才算合法。

贞德说出自己的计划后,查理和他的大臣们又一次惊呆了。因为当时兰斯城在英国人手中,去兰斯城无异于一场远征。在贞德的一再坚持下,查理只好勉强同意。贞德率领法军一路攻城略地,所向披靡,很快就攻占了兰斯城。查理在兰斯大教堂正式登基,成为法国国王,史称查理七世。

查理七世登基后,觉得自己的地位稳固了,又看到贞德在人民中的威信越来越高,渐渐地不再重用贞德了。同时,查理七世手下的大臣们非常嫉妒贞德的功劳,害怕她夺走自己的地位,因此想方设法排挤她。

贞德要求率军收复巴黎,查理七世勉强同意,但只给了她很少的军队。因为敌众我寡,贞德在巴黎城下被打败,被迫撤退到巴黎南面的康边城。英军紧追不舍,在贞德准备退回康边城的时候,城中守军突然关上了城门,贞德被与英军勾结的勃艮第党人俘虏了。

勃艮第党人以1万金币的高价将贞德卖给了英国人,但查理七世却无动于衷,根本不去营救。被俘的贞德坚贞不屈,后来被英国人以女巫的罪名活活烧死。在贞德爱国精神的感召下,法国人民纷纷拿起武器,最终赶跑了英军,收复了全部国土。

◉ 查理七世的加冕礼 油画
画面中央便是率领军队于奥尔良大败英军的"圣女"贞德。

中世纪

君士坦丁堡的陷落

在奥斯曼帝国的蚕食下，拜占庭帝国只剩下一个城市，就是首都君士坦丁堡。

1453 年，野心勃勃的奥斯曼土耳其苏丹率领 20 万大军和数百艘战船围攻君士坦丁堡。君士坦丁堡位于欧洲大陆的东南端，北临金角湾，南靠马尔马拉海，东面与亚洲的小亚细亚半岛隔海相望，西面与陆地相连，地势十分险要。大敌当前，君士坦丁堡的军民更是尽一切力量加固首都防御工事，除了在西面筑了两条坚固的城墙外，还在城墙上每隔 100 米修建一个碉堡，墙下挖了很深的护城河。在城北金角湾的入口处，他们用粗大的铁索封住海面，使任何船只都无法进入，在城东、城南临海的地方，他们也修建了高大的城墙。

4 月 6 日，土耳其苏丹拒绝了拜占庭皇帝君士坦丁的求和，下令攻城。随着一阵阵震耳欲聋的巨响，一块块重达 500 公斤的巨石从土耳其人的大炮中发出，重重地砸在君士坦丁堡的城墙上，高大坚固的城墙顿时出现了一个个的大坑。"冲啊！"数万土耳其士兵肩扛粗大的木头，滚动着木桶，向护城河冲去，企图填平护城河，为大军攻城铺平道路。"射击！快射击！"城墙上的拜占庭军官不住地大声催促士兵反击。

拜占庭士兵趴在城墙上，躲在堡垒中，用毛瑟枪、火炮、投石机、标枪、弓箭等向城下密密麻麻的不断涌过来的土耳其人疯狂射击。

◉ 君士坦丁堡的陷落

看到这一幕，土耳其苏丹知道正面强攻是不行了，必须另想办法。于是他下令挖地道，准备潜入城中，打拜占庭人个措手不及。不料，地道还没有挖到城中，就被拜占庭人发觉，拜占庭人用炸药破坏了地道。

此后，4艘拉丁船和1艘希腊船企图冲过土耳其人的封锁线，支援拜占庭。土耳其苏丹下令海军将它们击沉，土耳其人派出140多艘战舰前去拦截，结果反被击沉了很多艘，而拜占庭军的5艘船却顺利地进入君士坦丁堡。城中军民见来了援兵和给养，士气大振。

土耳其苏丹把海军司令叫来，臭骂了一顿，并宣布把他撤职。海军司令一听，顿时慌了神，急忙说："尊敬的苏丹，千万别撤我的职，给我一个赎罪的机会，我知道怎么攻克君士坦丁堡！""怎么攻克？"苏丹问。"用海军从金角湾进去！""胡说八道！金角湾有铁索，怎么进？"苏丹非常生气。

"有办法，金角湾北边是由热那亚商人守卫的加拉太镇，与君士坦丁堡隔海相望。热那亚商人都是些见钱眼开的财迷，只要我们给他们大量的贿赂，就可以从加拉太镇进入金角湾。""好，就照你的主意办，先不撤你的职。"

土耳其人和热那亚人经过秘密协商，达成了协议，热那亚人同意土耳其人从加拉太镇经过。一天晚上，土耳其人的80艘战船来到加拉太镇。他们在岸上用木板铺设了一条道路，上面涂满了油，以减少摩擦。经过一夜的努力，这些战船终于从陆路通过了加拉太镇，进入了金角湾。

第二天早晨，守卫君士坦丁堡北墙的士兵发现了土耳其人的战舰，大吃一惊。在苏丹的亲自指挥下，土耳其士兵在炮火的掩护下，一次接一次地冲锋。君士坦丁堡内的所有教堂的钟声都敲响了，拜占庭皇帝亲自登上城头，激励士兵拼死作战。可就在这时，一件不可思议的事情发生了。一群士兵从城墙上的小门出击，返回后忘了将门锁紧！土耳其人发现了拜占庭人这一致命疏忽，他们立即结集重兵，猛攻这个小门，终于攻进这座城市。

土耳其人进城后，并没有毁灭这个城市，抢掠过后，他们把奥斯曼帝国的首都迁到这里，改名为伊斯坦布尔。

"玫瑰战争"

百年战争失败后，英国国内各阶层矛盾越来越尖锐，英国皇室内部争斗更为激烈。在这种长期的争斗中，英国皇族后裔的两个家族逐渐形成了两大对立的贵族集团：一是以红玫瑰为标志的兰开斯特派，它代表着西北经济落后地区的贵族集团；一是以白玫瑰为标志的约克派，它代表着东南部经济比较发达地区的贵族集团。围绕着英国王位继承权问题，两大集团进行了激烈的争夺，英国朝政更为混乱。1454年12月，约克公爵查理在宫廷斗争中失利，开始举兵反对兰开斯特家族出身的国王，玫瑰战争开始。

1455年5月22日，约克公爵联合沃里克伯爵等贵族从南方调遣3000人发起对兰开斯特派的进攻。兰开斯特家族出身的国王亨利六世和王后玛格丽特率军队2000余人在圣奥尔本斯迎战。约克军密集的弓箭和火炮打败了国王军队，国王受伤后被俘，而王后玛格丽特则逃到了苏格兰。约克公爵迫使国王承认他为王位继承人，玛格丽特闻讯大怒，从苏格兰借兵反攻约克，双方在威克菲尔德展开激战。人数占优的玛格丽特军一举击败约克军，并将约克及其次子杀死，把他的首级扣上纸做的王冠悬挂示众。

约克公爵的死，使约克派贵族的拥护者极为愤怒，他们拥立约克公爵的儿子爱德华为王，称为爱德华四世。在沃里克伯爵的帮助下，1461年3月，爱德华四世率领4万余人向北进军，攻打玛格丽特。玛格丽特带军6万迎击，两军在陶顿相遇。

陶顿位于地势较高的山丘上，玛格丽特的军队居高临下，地势较为有利。但是，这一天却刮起强劲的南风，雪暴风狂，使人睁不开眼睛。同时，玛格丽特军枪炮的射程和威力也因逆风而大打折扣。爱德华四世却正好相反，虽然处于地势较低之处，但风雪却使他们的弓箭枪炮威力大增。借着风势，爱德华向山上发起猛攻，兰开斯特军损失惨重。虽说占有人数上的优势，但恶劣的自然条件却抑制了玛格丽特的军队。

为了扭转被动的防守局面，玛格丽特下令向山下的爱德华军队发动反攻，双方在风雪中展开肉搏。一直激战到傍晚，仍然未分出胜负。突然，玛格丽特军队的侧翼开始骚动。原来，爱德华四世的后续部队赶到，并从防守较弱的对方侧翼进行猛攻。玛格丽特军队发生混乱，无法抵挡。爱德华四世率领将士一鼓作气，一直追杀到深夜。玛格丽特趁乱带着亨利六世和幼子又一次逃往苏格兰。

1465年，亨利六世再次被俘，被爱德华四世囚禁在伦敦塔，基本肃清了兰开斯特派的势力。

约克派掌握政权后，内部的矛盾开始显露出来，国王爱德华四世与实权人物沃里克伯爵产生了不可调和的冲突。沃里克发动反叛，把爱德华俘获，关到监狱里。爱德华出狱后又重新组织力量，一举将沃里克赶到法国。沃里克便与兰开斯特家族结成联盟，并在法国的支持下，卷土重来，爱德华不得不逃亡到他妹夫勃艮第公爵那里。

沃里克掌权后,英国人民对他的统治极为反感,国内矛盾再一次升温。爱德华抓住这一有利时机,于1471年3月亲率军队在巴尼特和沃里克展开决战。这天浓雾迷漫,仅有9000人的爱德华决定以先发制人的战术突袭对方,于是他率部队提前出发,而沃里克想依靠2万人的绝对优势采取迂回战术夹击对方。激战开始后,浓雾使双方分不清敌我,死伤惨重。爱德华趁势猛攻,沃里克在交战中被杀。兰开斯特的军队抵挡不住,几乎全军覆没。爱德华抓住了王后玛格丽特,并将她和她的幼子及许多兰开斯特派贵族杀死,只有兰开斯特的远亲亨利·都铎逃脱。

◉ 1471年4月14日的巴尼特战役中,约克家族的国王爱德华四世打败了兰开斯特家族的亨利六世的军队。

1485年,亨利·都铎率军击败英王查理三世并将其杀死,结束了历时30年的玫瑰之战,都铎登上王位后,与爱德华四世的长女伊丽莎白结婚,至此两大家族重新修好。

"玫瑰战争"是贵族自己实施的大手术,使英国两大家族为首的贵族几乎全部消亡,新兴贵族和资产阶级的力量逐渐发展起来,政治也逐渐统一。

哥伦布发现新大陆

哥伦布(1451~1596年)出生于意大利的热那亚城,那里航海业发达,年轻的哥伦布热衷于航海和冒险,这些条件为其日后的远航打下了基础。

十五六世纪的欧洲,地圆学说已广为传播。人们相信从欧洲海岸出发一直向西,便可以到达东方。《马可·波罗游记》把东方描写为遍地是黄金和香料的天堂。当时的欧洲,随着商品经济的发展和资本主义萌芽的出现,发生了所谓的"货币危机",即作为币材的黄金、白银严重匮乏。许多欧洲人狂热地想到东方去攫取黄金,以圆自己的发财梦,哥伦布便是其中的代表人物。

梦想归梦想，去东方在当时可不是一件容易的事。传统的东西之间陆上贸易通道已被崛起的奥斯曼土耳其帝国隔断，地中海上的通路又为阿拉伯人把持。欧洲人要圆自己的梦，必须开辟新船路。可喜的是此时中国的指南针业已传入欧洲，而欧洲的造船业也达到相当的水平。这时，年富力强的哥伦布认为条件已经成熟，决定进行一次远航。

第一次航行并不顺利，首要的问题是找不到赞助支持者。1486年，哥伦布就向西班牙王室提出了自己的设想，直到1492年才获批准。在西班牙王室的支持下，哥伦布于当年的8月3日率领3艘帆船和87名水手从巴罗士港出发，向正西驶去。经过两个多月的颠簸，哥伦布一行终于发现了一片陆地，草木葱茏。他们欣喜地上岸，并将其命名为圣萨尔瓦多，意为救世主。这个岛屿就是巴哈马群岛中的一个，现名为华特霖岛。当时哥伦布犯了一个错误，他以为已经到了印度，就没有再向西，而是转道向南，沿着海岸线，陆续到达了今天的古巴和海地。他称这一带的土著民族为印第安人（即印度人），并了解了他们的风土人情，只是没有找到大量的黄金。

虽然没有直接获取黄金，但哥伦布也不虚此行。他一上岸就与当地的土著进行欺诈性贸易，以各种废旧物品换取他们珍奇、贵重的财物。而善良的土著人待之如上宾，主动帮助他们适应当地的生活方式，如建筑房屋、采集和狩猎等。这些野心勃勃的殖民者却在站稳脚跟后，对当地人进行疯狂掠夺和残酷的压榨。临走的时候，还虏走了10名印第安人。就这样，哥伦布及其船队于1493年的3月15日回到出发地巴罗士港，向人们宣布他已找到去东方的新航路。哥伦布由此受到国王的嘉奖，平步青云地跻身贵族行列。

不久，尝到甜头的西班牙王室有意让哥伦布再度远航。第二次航行，哥伦布到达海地和多米尼加等地区。之后哥伦布又两次航行美洲，但最终也未能给西班牙王室带回可观的黄金，终于受到冷落。1506年的5月20日，哥伦布在西班牙的瓦里阿多里城郁郁而终。

· 亨利的航海探险 ·

亨利王子是葡萄牙国王若奥一世的三王子，因设立航海学校、奖励航海事业而被称为"航海者"。1415年，亨利亲自率军突袭休达，仅用一天时间就攻克休达。后人把这看作是葡萄牙人对外扩张的开端。1420年，亨利派出了他的第一支仅有一艘帆船的探险队，向南寻找几内亚。探险途中，船被风吹向了西方，马德拉群岛就这样被发现了。1427年，他向西南探险的舰队又发现了亚速尔群岛。1444年，亨利组织了以掠夺奴隶为目的的航行，一次带回来200多名奴隶，并在拉古什郊外出售，这是欧洲400年罪恶的奴隶贸易的开始。1448年，亨利王子派人在布朗角的阿尔金岛建立永久性的堡垒，作为葡萄牙探险的贸易中继站。1460年亨利病逝，标志着葡萄牙海上探险史上一个时代的结束。

哥伦布发现了美洲新大陆,但到死都认为自己到了印度,今天的东印度群岛的名称即来源于此。美洲的发现开拓了人们的眼界,使世界逐步连为一体,对于扩大世界范围内的交流和推动人类文明进步有一定积极意义;同时也引发了欧洲大规模的殖民扩张,给当地的人民带来空前的灾难。

麦哲伦环球航行

费尔南多·麦哲伦,世界著名航海家,出身于葡萄牙贵族。10岁左右时,他被父亲送入王宫服役,1492年成为王后的侍从。16岁时,他进入葡萄牙国家航海事务厅,因而熟悉了航海事务的各项工作。1505年,麦哲伦参加了一支前往印度探险的远征队,不久因心理素质好、组织能力突出被推

⊙ 香料之路

自从罗马时代以来,香料作为食品的调料以及药剂的原料一直为欧洲人所看重,它们出产于热带地区,从陆地上运送到西亚的港口,威尼斯人控制着向欧洲进口香料的贸易。16世纪,欧洲人渴望直接获得香料,这刺激了他们到东方进行探险,葡萄牙开始从印度运走胡椒,从斯里兰卡运走肉桂,从摩鹿加群岛运走肉豆蔻和丁香,从中国运走姜。香料易于大规模运输且获利丰厚,为了更加降低运送到北欧的香料运输成本,葡萄牙人将主要的销售中心从里斯本转到了阿姆斯特丹与安特卫普,到1530年,安特卫普成为欧洲最为富庶的城市,其后进一步成为西班牙从秘鲁输入白银的中心。

举为船长。此后,麦哲伦带领船员多次到东南亚一带探险和游历,积累了丰富的航海知识和航海经验。他根据古希腊人所提出的地球是圆形的说法,坚信穿过美洲东面的大洋就能到达东南亚,于是决定做一次环球航行。

麦哲伦先求助于葡萄牙王室,未果,转而向西班牙国王请求资助。西班牙国王查理虽然在口头上表示坚决支持麦哲伦的探险计划,但在实际行动中并不慷慨,只给了他少量资金。由于资金紧张,麦哲伦只购买了5艘破旧不堪的船只,最大的载重量只有120吨,最小的仅75吨。这些航船很难经受住大风浪的考验,被人们戏称为"漂浮的棺材",但这些并没有破坏麦哲伦的计划。

麦哲伦率领一支由5艘帆船和来自9个国家的近270名水手组成的船队，于1519年9月20日从西班牙塞维利亚港出发，向西驶入大西洋。6天以后到达特内里费岛，稍事休整，10月3日继续向巴西远航，途中曾在几内亚海岸停靠，终于在11月29日驶抵圣奥古斯丁角西南方27里格处（里格，长度单位）。之后，船队继续向南，次年的3月到达阿根廷南部的圣朱利安港。当时的自然条件对航行极为不利，寒冷的天气使得缺衣少食的船员开始怀疑此行的价值，人心不稳，最终发生了3名船长叛乱事件。麦哲伦凭其卓越的领导才能，果断地平息了反乱，处死了肇事者。船队在圣朱利安港一直待到这一年的8月，为的是等待气候的好转。

根据麦哲伦等人的航海日志，船队于1520年8月24日离开圣朱利安港南下，10月21日绕过了维尔京角进入了智利南端的一道海峡（后被命名为麦哲伦海峡）。由于该海峡水流湍急，麦哲伦的船队只得小心翼翼地探索前进，经过20多天他们才驶出海峡，在此期间有两条船沉没。10月28日，麦哲伦等人出了海峡西口进入"南面的海"，有趣的是在这片海域的110天航行竟然没有遇上过巨浪，故而船队称之为"太平洋"。由于长时间的曝晒，船上的柏油融化，饮用水蒸发殆尽，食物也变质甚至生了蛆虫。船员无奈之下只得以牛皮绳和舱中的老鼠充饥。其艰难困苦可见一斑，但最危险的时刻还没有到来。

经过严重的减员之后，麦哲伦的船队于1521年3月抵达马里亚纳群岛中的关岛。在这里船员们获得梦寐以求的新鲜食物，他们感觉自己好像进入了天堂。他们停下来休整了一段时间以恢复体力，之后他们继续向西航行，到达了菲律宾群岛。

在登上菲律宾群岛的宿雾岛后不久，这些殖民者的本来面目就显露出来。麦哲伦妄图利用岛上两部落的矛盾来控制这块富饶的土地，不料在帮助其中一个部落进攻另一个部落时，被土著人杀死。

麦哲伦死后，环球航行面临夭折的危险，幸好麦哲伦的得力助手埃里·卡诺带领余下的两船逃离虎口，他们穿过马六甲海峡进入印度洋，这时仅有的两只船又被葡萄牙海军俘去一只。埃里·卡诺只好带领仅存的"维多利亚"号绕过好望角，回到西班牙的塞维利亚港，已是1522年的9月6日。经过3年多的航行，原来浩浩荡荡的船队只剩下一艘船和18名船员，可见这次航行代价之惨重。

历时3年有余的环球航行，以铁的事实证明了地球是圆的，使天圆地方说不攻自破，同时也使世界的形势大大改观，宣布了一个新时代的到来。麦哲伦等人为世界航海史、科学史做出巨大贡献的同时，客观上也给殖民主义扩张开辟了广阔的道路。

文艺复兴

14世纪前后,意大利半岛出现了一些城市国家,比如佛罗伦萨、威尼斯和热那亚等。这些城市国家有发达的商业和手工工场,是欧洲经济最发达的地区,产生了商人和工场场主等新兴的资产阶级。他们渴望摆脱中世纪神学对人们精神的控制,要求以人为中心,而不是以神为中心,渴望享受世俗的快乐,追求人生的幸福。

14世纪末,奥斯曼帝国攻陷了东罗马帝国的首都君士坦丁堡,东罗马帝国灭亡。许多东罗马的学者带着大批的古希腊古罗马文学、历史、哲学等书籍和艺术品,逃往西欧避难,其中有很多人逃到了意大利。一些逃到佛罗伦萨的东罗马学者在当地开办了一所叫"希腊学院"的学校,专门讲授古希腊的辉煌文明和文化,这让当时只知道《圣经》的佛罗伦萨人耳目一新。后来意大利和欧洲其他地区也开办了很多类似的学校。欧洲人发现古希腊文明的一切竟然是那么美好、中世纪的一切是那么丑恶,因此许多学者呼吁复兴古希腊古罗马的文化艺术,得到了新兴资产阶级的支持,欧洲掀起了一场声势浩大的"希腊热"浪潮,当时的人们把这场运动称为"文艺复兴"。

文艺复兴之所以首先发生在意大利,是因为意大利在地理和文化上是古罗马的继承者,古罗马的文明在意大利保存得最多也最完整。古罗马人是意大利人的祖先,复兴祖先的文化艺术,对意大利人来说是一件非常光荣的事。

◎ 具有文艺复兴风格的佛罗伦萨圣十字教堂

文艺复兴的先驱是但丁。但丁在他的长诗《神曲》中描写自己在古罗马诗人维吉尔和自己恋人的带领下游历了天堂、地狱和炼狱,在地狱里但丁看到了很多历史上的盗贼、暴君和恶人在这里受苦,甚至当时还活着的教皇也在这里有一个位置,而那些高尚的君主和圣贤则在天堂中享福。《神曲》将批判的矛头直指天主教会,表达了诗人对它的厌恶,但丁因此被誉为中世纪最后一名诗人和新时代第一位诗人。

14世纪的一天，一个年轻人不顾修道士的阻挠，闯入罗马附近的一个修道院的藏书室中。这个修道院是在罗马帝国灭亡后不久建立起来的，它的藏书室中收藏了很多古罗马的书籍。但在漫长的中世纪，没有一个修道士对这些书感兴趣，所以也就没有人去翻阅它们。年轻人推开早已腐烂不堪的木头门，看见一屋子的珍贵书籍上落满了厚厚的灰尘。他擦去这些灰尘，发现了很多珍贵的古书，甚至还有许多早已失传的书。看到这一切，年轻人兴奋得又哭又笑，随后赶来的修道士都觉得这个人的精神不正常。他顾不上那些修道士的抗议和呵斥，就开始埋头整理这些无价之宝。

这个年轻人就是文艺复兴的著名代表之一、意大利小说家、佛罗伦萨人薄伽丘。当时佛罗伦萨是个城市共和国，它的工商业是欧洲最发达的。经济的发达也带动了文化的发达，佛罗伦萨第一个高举"文艺复兴"的大旗，开展了反教会反封建的新文化运动。薄伽丘满怀激情，投入到了这场轰轰烈烈的运动中。他创作的小说集《十日谈》以佛罗伦萨黑死病大流行为背景，讲的是3个女子和7个男子躲到一个乡间别墅，为了打发时间，每人每天讲一个故事，一共讲了10天。这些故事有的是薄伽丘自己的见闻，有的是各地的奇谈传说，对当时的国王、贵族、教会等势力的腐朽黑暗大加讽刺，揭露了他们的虚伪本质。因此薄伽丘备受教会势力的咒骂攻击，他一度想烧毁自己的著作，幸亏好朋友彼特拉克劝阻，才使《十日谈》得以保存下来。

薄伽丘的好朋友彼特拉克被称为"人文主义之父"，他提出了要在思想上摆脱封建主义的束缚，要一切以人为中心，要关心人、尊重人，给人以自由。彼特拉克强烈反对天主教会以神为中心的封建教义，反对人一生下来就有罪的说法，他认为人应该掌握自己的命运，人是伟大的，应该享受人生的快乐。彼特拉克第一次提出了以人为中心的"人文主义"进步思想。

文艺复兴预示中世纪"黑暗时代"的结束。后来，文艺复兴逐渐从意大利向欧洲其他国家扩展，文艺复兴的领域也由原来的文学扩展到美术、医学、天文学、航海等，极大地促进了欧洲的发展，使欧洲成为近代最发达的地区。

大诗人但丁

但丁出生于意大利的佛罗伦萨，父母早亡，由姐姐抚养长大。10岁前，他就读完了古罗马作家维吉尔、奥维德和贺拉斯等人的作品，对维吉尔推崇备至，视之为理性的象征和引导自己走出人生迷途的第一位导师。12岁时,他拜意大利著名学者布鲁内托·拉蒂尼为师,学习修辞学、神学、诗学、古典文学、政治、历史和哲学。拉蒂尼对但丁影响很大,被他称为"伟大的导师","有父亲般的形象"。但丁的青年时代是在读书中度过的,他勤奋好学,求知欲十分强烈,曾经到帕多瓦、波伦那和巴黎等地的大学深造,对美术、音乐、诗学、修辞学、古典文学、哲学、神学、伦理学、历史、天文、地理和政治都有很深的研究,成了一个多才多艺、学识渊博的学者。

◎手持《神曲》的但丁像

少年时,但丁曾经历了一场刻骨铭心的爱情。有一位名叫贝阿特丽齐的少女,她端庄、贞淑与优雅的气质令但丁一见钟情,再不能忘。遗憾的是贝阿特丽齐后来遵从父命嫁给一位银行家,婚后数年竟因病夭亡。哀伤不已的但丁将自己几年来陆续写给贝阿特丽齐的31首抒情诗以及散文整理在一起,取名《新生》结集出版。诗中抒发了诗人对少女深挚的感情,纯真的爱恋和绵绵无尽的思念,风格清新自然、细腻委婉,是欧洲文学史上第一部剖露心迹、公开隐秘情感的自传性诗作。1291年,在亲友的撮合下,但丁与盖玛结婚,生有两男一女。

但丁不是一位只埋头于故纸堆的学究,他积极投身于争取共和和自由的政治斗争。但丁的故乡佛罗伦萨是欧洲最早出现资本主义萌芽的城市之一,也是新兴的资产阶级同封建贵族激烈斗争的中心。但丁在青年时代就加入了代表资产阶级利益的归尔弗党,参加反对封建贵族和罗马教皇专制统治的政治斗争。1300年,归尔弗党建立了佛罗伦萨共和国,但丁被任命为最高行政会议6大行政官之一。但共和国不久后失败,但丁遭到放逐,从此再也没有回到佛罗伦萨。在流放期间,但丁创作了《飨食》《论俗语》《帝制论》3部作品。《飨食》介绍了从古至今的科学文化知识,猛烈地批判封建等级观念,是意大利第一部用俗语写的学术性著作;《论俗语》论述了意大利各地区方言的历史演变与特点,为意大利民族语言的发展奠定了理论基础;《帝制论》第一次从理论上阐述了政教分离、反对教皇干涉政治的观点,向封建神权勇敢地提出挑战。

◎《神曲》插图　波提切利

波提切利为但丁的《神曲》绘制了大量的插图。

意大利北部名城拉文那的君主是

立很有文化修养的骑士，他非常仰慕但丁的文学才华，邀请但丁到拉文那去定居。但丁到拉文那后，创作了他一生中最伟大的著作《神曲》。《神曲》是一部采用中世纪梦幻文学形式写成的长诗，描写诗人梦幻游历"地狱""炼狱""天堂"三界的经过。但丁在诗中对教会的贪婪腐化和封建统治的黑暗残暴进行了无情抨击，赞美现实生活并强调人的价值，体现了人文主义的新思想，为文艺复兴运动的兴起开辟了道路。《神曲》是用意大利方言写成的，为意大利文学语言奠定了基础，因此但丁被意大利人称为"民族诗人"。

> **· 彼特拉克 ·**
>
> 彼特拉克（1304～1374年），意大利诗人和学者，其父原为佛罗伦萨的律师，早年受父命研习法律，但酷爱文学。父亲去世后潜心学习古罗马著作家的著作，并从事诗文创作。1341年，在罗马的卡匹托利山上接受了"桂冠诗人"的美称。他平时喜爱旅游，欣赏大自然的优美，并借机搜集散佚在民间的古典名著原稿，然后用人文主义观点加以阐释。他的著作很丰富，著名的有《歌集》《阿非利加》《意大利颂》《名人列传》，他作品中的人文主义思想对欧洲文学产生了极大影响。

晚年时，但丁与妻子盖玛和已经长大成人的三个孩子在拉文那团圆，得享天伦之乐。1321年秋，但丁不幸染上疟疾，不久便去世，享年56岁。但丁在世时，一直希望能够重回故乡，但未能如愿。但他坚信等《神曲》全书出版后，佛罗伦萨人民会请他返回故里，并给他戴上桂冠，因此还婉言谢绝了波伦那大学授予他的"桂冠诗人"称号。他死后，被拉文那人民戴上桂冠，隆重安葬。

几世纪后，佛罗伦萨人想把但丁的遗骸迁回故乡，市政府甚至在圣克洛斯教堂为他修筑了一座高大的墓冢。但迁葬一事遭到了拉文那人民的坚决反对，他们认为但丁是他们的光荣。结果直到现在，佛罗伦萨的但丁墓仍然是一座空穴。

"文艺复兴美术三杰"

16世纪，文艺复兴运动逐步走向繁荣，意大利涌现出很多著名的艺术家、文学家和科学家，其中达·芬奇、拉斐尔和米开朗琪罗被称为"文艺复兴美术三杰"。

达·芬奇是佛罗伦萨人，他学识渊博、多才多艺，被认为是世界上智商最高的人，他在多个领域都有所建树，但使他闻名于世的是他的绘画。

达·芬奇的代表作是为米兰的圣玛利亚修道院画的壁画《最后的晚餐》和肖像画《蒙娜丽莎》。《最后的晚餐》取材于《圣经》，描绘了耶稣在被捕前的一个晚上吃晚餐时，对12个门徒说："你们当中有人出卖了我。"12个门徒顿时震惊了，他们有的愤怒，有的怀疑，有的极力表示自己清白，有的询问，有的讨论，只有一个人紧握着钱袋，惊慌失措，身体后仰，他就是收了敌人银币后出卖耶稣的叛徒犹大。达·芬奇将这12个不同性格的人，描绘得惟妙惟肖，以艺术的手法谴责了叛徒犹大的卑鄙行为。这幅画是世界绘画史上的经典之作，1980年，《最后的晚餐》被列为世界文化遗产。相传在画这幅画时还有一个有趣的故事。达·芬奇为了画好耶稣，就去找了一个相貌端庄的模特，照着模特的样子画。画好以后，达·芬奇非常满意，就给了模特一大笔钱。几年后，达·芬奇要画犹大，就去找了一个相貌猥琐的乞丐，照他的样子画了犹大。没想到，乞丐放声大哭，对达·芬奇说："是你害了我！

◉ 蒙娜丽莎 达·芬奇
现藏于巴黎卢浮宫。

我就是以前的那个模特，你给了我一大笔钱后，我就开始过起奢侈的生活，但很快就把钱花光了，只好当了乞丐。"达·芬奇听了感慨不已。

有一天，一个富商请达·芬奇给他的妻子画像。这位贵妇人刚刚失去了小女儿，心里万分悲痛。达·芬奇为了让她微笑，特意请来一个喜剧演员，给她讲笑话，做各种滑稽的动作，这位贵妇人终于微微一笑。达·芬奇抓住这一刹那的微笑，一气呵成，终于画出了杰作《蒙娜丽莎》。

米开朗琪罗·波纳罗蒂出生于意大利的佛罗伦萨。他年轻的时候，有一次，一位公爵请他和达·芬奇各自创作一幅古代佛罗伦萨人反抗外敌侵略的画。当时达·芬奇已经是非常有名的画家了，但米开朗琪罗的构思和创作还是获得人们的认可与好评。米

◉ 这是意大利文艺复兴时期艺术的最伟大的体现之一——西斯廷教堂，它位于罗马的梵蒂冈城，首先由教皇西克斯图斯四世于15世纪70年代开始建造，当时最出色的画家——包括贝罗津诺与波提切利——用壁画装饰了它的四壁。但最伟大的艺术杰作是由米开朗琪罗从1508年开始添加上的，尽管他经常与自己的赞助人——教皇尤利乌斯二世激烈争吵，但还是花费了4年时间完成了西斯廷教堂的天顶画。25年之后，新教皇重新将他召了回来，请他在祭坛之后的西墙上进行创作，从而诞生了另一杰作——《最后的审判》。

开朗琪罗的画表现的是佛罗伦萨人正在河里洗澡,听见了军号声,他们匆忙上岸,穿上衣服,拿起武器奔向战场,表现了佛罗伦萨人奋不顾身保卫祖国的英雄气概。

米开朗琪罗还是个雕塑家,他的代表作是《大卫》。《大卫》取材于《圣经》,雕像雕塑了一个健壮的青年,目光炯炯有神,表现了战胜敌人的必胜信心。《大卫》像完成后,佛罗伦萨人将之树立在城中,作为保卫佛罗伦萨城的英雄象征。后来他还应罗马教皇之请,为西斯廷教堂绘制天顶画。

拉斐尔·桑乔出生在意大利东部的乌尔比诺城,他的父亲是一位画家,受父亲的影响,拉斐尔从小就非常喜欢画画。21岁的时候,拉斐尔来到佛罗伦萨,仔细观摩达·芬奇和米开朗琪罗等人的作品,进步很快。他的性情平和、文雅,他的画也一样。后来受教皇的聘请,拉斐尔为梵蒂冈创作了很多宗教画。以前的宗教画都非常呆板,拉斐尔别出心裁,将文艺复兴中的古典艺术思想注入宗教画中,使这些宗教画看上去充满了人文主义色彩。在他创作的名画《雅典学院》中,巨大建筑物的一重重拱门由近及远,柏拉图和亚里士多德边走边谈,周围是苏格拉底、阿基米德等人,象征着古希腊文明后继有人。拉斐尔37岁就去世了,但他的天才创作为他赢得了"画圣"的称号。

马丁·路德与宗教改革

马丁·路德是著名的宗教改革家。他出生于德国萨克森州的埃斯勒本,2岁那年举家迁往曼斯费尔德。父亲汉斯·路德当矿工,靠租用领主的三座小熔炉起家。马丁·路德的父母都是虔诚的基督教徒,所以他从小就接受了严格的宗教教育。1501年春,他进入当时德意志最著名的爱尔福特大学,在1502年秋获得文学学士学位,1505年,又以优异成绩取得硕士学位。在大学期间,他开始受到反对罗马教皇的世俗思想的影响。

大学毕业后不久,22岁的马丁·路德不顾亲友的反对,进入圣奥古斯丁修道院当修士,希望通过苦修让上帝赦免自己的罪行。1512年,他获得维登堡大学的神学博士学位,并成为该校的一名教授。1512~1513年,他逐步确立了自己"因信称义"的宗教学说。他认为一个人灵魂的

◎马丁·路德

马丁·路德,德国宗教改革的发起者,新教的创始人。1517年,马丁·路德把他的《九十五条论纲》钉在德国维登堡一所教堂的门上,从而开始了基督教改革运动。他反对罗马天主教会干预国家政事,并于1525年因拒绝放弃其论点而被逐出了天主教,这也导致了众多新教教会的出现。

⦿ 1530年,神圣罗马帝国皇帝试图为与改革者和解进行最后尝试,因为路德派教徒正在与罗马天主教教徒讨论一些有争议的论点。

获救只需靠个人虔诚的信仰,根本不需要外在的善功及教会的权威。这一学说一反天主教的救赎理论,从根本上否定了教会和僧侣阶层对社会的统治权。

德意志当时深受罗马教皇的盘剥,每年都要向教皇上缴30万古尔登(当时的一种货币单位)的宗教税。1517年万圣节前夕,教皇又派人到德意志大量兜售"赎罪券",宣称只要交钱购买,上帝就会免除其罪行。马丁·路德对教皇的做法非常不满,于是写了《九十五条论纲》,张贴在维登堡卡斯尔教堂的大门上。在《论纲》中,他痛斥教皇兜售"赎罪券"的做法,提出"信仰耶稣即可得救"的原则,反对用金钱赎罪的方法。《论纲》引起了强烈反响,激发了人民对教权至高无上的怨愤和反对,点燃了德国宗教改革的火焰,使路德一时成为德意志民族的代言人。1519年,罗马教会的神学家约翰·艾克同马丁·路德在莱比锡展开了大论战,这场大辩论,成为路德宗教改革生涯中的一次重大转机。1520年,为了更加广泛地传播自己的思想,马丁·路德撰写了一系列文章和小册子,发表了被称为宗教改革三大论著的《致德意志贵族公开书》《教会被囚于巴比伦》《基督徒的自由》。这年6月2日,教皇颁布敕令,希望马丁·路德能在60天内撤回《九十五条论纲》中的41条,否则就开除他的教籍。路德不为所动,公开把教皇的敕令付之一炬。

1521年,路德参加了教皇召集的沃姆斯帝国会议。

之前,友人曾劝路德不要前往,担心他会惹来杀身之祸。但路德说:"即使沃尔姆斯的魔鬼有如房顶上的瓦片那样多,我还是要坦然前往。"在100多名萨克森贵族的伴随下,在沿路凯旋式的迎送行列中,路德到达了沃尔姆斯。他拒绝承认错误,义正词严地为自己申辩,得到沃尔姆斯全市人民的同情与支持。他在会上郑重宣称:"我坚持己见,决不反悔!"与罗马教廷彻底决裂。德皇无计可施,只好放了路德,但代表教皇开除了路德的教籍。

为了避免遭到教会的迫害,路德隐居到瓦特堡,从事《圣经》的德文翻译工作。

1525年,42岁的路德与一位叛逃的修女波拉结婚,以实际行动向天主教的禁欲主义发起了挑战。1543年,路德翻译的德文版《圣经》面世了,在书中,路德恢复了早期基督教民主、平等的精神,为人民提供了对抗天主教会的思想武器。

他还把自己"信仰耶稣即可得救"的主张加入其中,成为基督新教的主要教义。此外,他翻译的《圣经》使用的是德国语言,这种统一的语言成为联系分裂的德意志各邦的重要纽带。

1546年2月,路德因病去世,被葬于维登堡大教堂墓地,享年63岁。他死后,他所创立的基督新教在欧洲各国传播开来,掀起一场轰轰烈烈的宗教改革运动。

"日内瓦的教皇"加尔文

加尔文(1509~1564年),出生于法国北部皮卡迪的努瓦容,父亲曾任主教秘书,是一所小教堂的辩护,颇有名望。母亲是一旅店主的女儿,不幸早逝。继母作风严厉,据说对加尔文忧郁个性的形成有很大影响。

1528年,加尔文顺从父意,进入奥尔良大学学习法律。在大学里,加尔文迷上了神学,受到了路德宗思想的吸引。1531年,父亲去世后,他决定去巴黎专攻神学。他在巴黎研究了希腊文、希伯来文和拉丁文《圣经》,要求按照古代基督教的面貌改造罗马教会,逐渐倾向于宗教改革,1534年,加尔文成为路德宗教徒。

◉法国宗教改革家约翰·加尔文主张严格的新教教义,清教徒遵循了这一点。加尔文在瑞士的日内瓦获得机会将自己的思想付诸实施,加尔文在这里担任首牧长达28年之久。

由于遭受巴黎当局的迫害,加尔文在1534年10月逃到了瑞士的巴塞尔,化名卢卡纽斯,继续研究路德宗的著作和《圣经》。1536年,他的《基督教要义》出版,此书初版时仅有6章,到1559年最后修订版时达到80章,是加尔文毕生研究新教和在日内瓦从事宗教政治活动的全面总结,成为宗教改革时期一部影响最大的新教百科全书。1536年,加尔文的足迹延伸到了日内瓦,这里成为他日后宗教改革大本营。

围绕加尔文的思想,形成了加尔文教。加尔文主张信仰得救,主张简化教会组织,规定教职人员只能从信徒中民主选举产生,从而彻底改革了教会组织。在加尔文教里,长老的地位十分突出,被称为"宗教改革的警察",因此加尔文教也称长老会。1541年重回日内瓦后,加尔文开始了自己的改革。他首先把教会从罗马教皇的制约下解脱出来,使其不再受制于罗马教皇,也不再受制于诸侯。由长老、市议员和市政官等组成的宗教法庭成为日内瓦的最高行政机构。

加尔文本人虽然不是宗教法庭的正式成员,但他经常出席法庭例会,是法庭的实际负责人。以此为基础,日内瓦发生了根本性的转变,成了一个政教合一的神权共和国,国家法律和宗教纪律成为约束人们行为的两条准绳,加尔文也成了日内瓦城高高在上的主宰。不论是城内的教会,还是行政当局都要拜伏在他的法杖之下。日内瓦成了新教的罗马,而加尔文也成了"日内瓦的教皇"。1540年,加尔文和穷寡妇意勒蕾结婚,育有一子,但没有成年就夭亡了。1549年,意勒蕾也死了,此后他没有再娶。

加尔文对自己的工作抱着一种苦修而不求安逸的精神。他一生都在不断地修订《基督教要义》,使其不断完善。从初版至最后修订版历时20多年,篇幅扩充了15倍之多。在最后的修正版,他把这部书修剪到各部分都配合得很好,如同一棵生长匀称的大树,枝叶繁茂,果实累累。他的勤勉让那些关心他的人都奇怪为什么"有如此坚强高贵心性的人会有如此脆弱的身体"。当他病情加重时,仍然没有人能劝他休息,即使不得不暂时放下工作,他也在家里给造访的人解答问题,而从不顾及自己的疲劳。

晚年的加尔文体弱多病,他在1564年4月25日立下遗嘱。在遗嘱中,对他能荣膺上帝拣选、得享永恒光荣这一点,充满了自信。在经过了多天的病痛折磨和无数次的祷告后,他于5月27日逝世,享年56岁。

加尔文在成为万人景仰的人物的过程中,也有让后人为之遗憾的污点。塞尔维特是西班牙著名的人文主义者,血液循环论的发现者之一,因为批判《圣经》而长期遭到罗马教会的迫害。他同加尔文是多年的朋友,两人常有通信往来。后来,他在日内瓦被捕,加尔文亲自审讯,以死刑逼他承认错

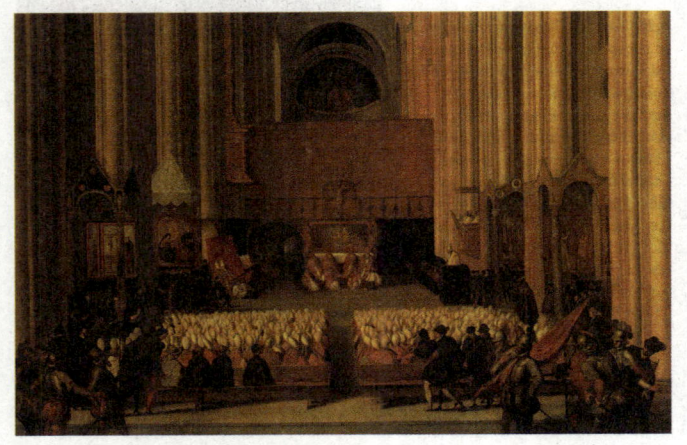

⦿ 这幅16世纪威尼斯画派的作品描绘的是一次特伦托会议。人们原本希望在这次罗马天主教大会上,达成与所有基督教徒的妥协,但这个希望很快就落空了。

误。塞尔维特拒不屈从,最后被加尔文处以死刑。为此,恩格斯曾说,"值得注意的是,新教徒在迫害自然科学的研究上超过了天主教徒。塞尔维特正要发现血液循环过程的时候,加尔文便烧死了他,而且还活活地把他烤了两个钟头"。

丰臣秀吉

1467年,日本进入了"战国时代"。当时日本列岛分为几十个诸侯国,各国诸侯为了争夺地盘和权力,展开了旷日持久的大混战。包括京都在内的许多繁华的城市被付之一炬,百姓们流离失所,苦不堪言。

16世纪中期的时候,日本本州岛中部的尾张国(今日本名古屋一带)在织田信长的统治下,逐渐强大起来。当时绝大部分日本人都信佛教、排斥外来宗教,但织田信长受传教士的影响优待天主教。别的诸侯军队都使用的是大刀长矛,而他从传

⊙ 丰臣秀吉像

教士手中买来了大量的火枪装备军队。在诸侯国中,武田家的骑兵号称天下无敌。1575年,武田家的武田胜赖进攻织田信长的盟友德川家康,德川家康抵挡不住,向织田信长求援。织田信长率领自己的火枪兵前来增援。武田胜赖率骑兵进攻织田信长,织田信长让火枪兵躲在防马栅后面,用火枪向武田军的骑兵射击。在火枪兵的打击下,武田胜赖的骑兵几乎全军覆没,许多大将战死。此战以后,诸侯中再也没有人能和织田信长相抗衡了。织田信长花了11年的时间,基本统一了中部日本。1568年,织田信长进入京都,混战了100多年的"战国时代"结束。

1582年,织田信长手下的大将明智光秀发动叛乱,织田信长在京都本能寺自杀,日本全国又陷入了混乱之中。织田信长手下另一名大将丰臣秀吉率领军队杀死了明智光秀,成了日本的实际统治者。

1536年,丰臣秀吉出生于尾张国的一个农民家庭,后来成为织田信长的侍卫。丰臣秀吉随着织田信长南征北战,立下了赫赫战功,受到了织田信长的重用。平定了明智光秀的叛乱后,丰臣秀吉打着拥护天皇的旗号,率领织田信长留下的20多万军队经过8年的苦战,终于平定了日本各地的叛乱,完成了统一。

为了名正言顺地统治日本，丰臣秀吉下了一道命令，把全国的能工巧匠全都征集到京都。当时的京都已经是一片废墟了，丰臣秀吉决定建造一座自古以来最富丽堂皇的京城。几年后，新京城终于建好，丰臣秀吉在京城里为自己修建了豪华府邸，取名为"聚乐第"。

一天，丰臣秀吉把天皇、皇后和皇子们请到聚乐第，然后下令全国的大名（诸侯）们前来觐见。丰臣秀吉身穿绣金的衣服，率领文武百官和大名们叩见天皇。天皇心里很明白，现在丰臣秀吉大权在握，自己只不过是个任他操纵的傀儡而已。丰臣秀吉只是想借天皇的名义来威慑诸侯罢了，于是天皇就将他封为"关白"。

"关白"在日本是丞相的意思。当诸侯朝拜完天皇之后，丰臣秀吉就以关白的身份发了第一道命令："从此以后，我们要一心一意拥戴天皇，服从关白。"得意扬扬的丰臣秀吉下令大宴群臣，一连进行了5天，比以往天皇的排场还大。

丰臣秀吉和织田信长不一样，他认为天主教是外来宗教，信奉洋教会受洋人控制，于是下令驱赶传教士，拆毁教堂，强迫基督徒改信佛教。他下了一道命令："为了弘扬佛教，我决定铸造一尊大铁佛。所以老百姓必须将自己家中的刀、枪等武器上缴官府，以备铸佛之用，限期30天，违令者严惩不贷。"其实丰臣秀吉是想借铸造大佛来收缴藏在民间的武器，以防止老百姓和武士们造反。

在内战中所向无敌的丰臣秀吉野心膨胀，认为朝鲜和中国也和国内的诸侯们一样不堪一击。他计划先出兵占领朝鲜，再占领中国，迁都北京，然后再征服印度，最后统治全世界。

1591年，丰臣秀吉纠集了20万人、700艘战船，悍然发动了侵朝战争。由于朝鲜已经好几百年没有打仗了，所以军备非常松弛，结果被日军打得大败，朝鲜的首都汉城和很多重要的城市都失陷了，朝鲜国急忙派使者向中国明朝的皇帝求援。

在中朝联军的打击下，日军连连失败，最后丰臣秀吉忧郁而死。

阿克巴大帝

莫卧儿帝国的第三个帝王是阿克巴大帝。他是巴布尔的孙子，阿克巴是伟大的意思。阿克巴是印度历史上的一位伟大的君主，可以和阿育王相媲美。他在位期间不断扩张，到他去世时，莫卧儿帝国的版图东起布拉马普特拉河，南到哥达瓦利河上游，西起喀尔，北抵克什米尔，成为印度历史上一个空前庞大的帝国。

中世纪

1566年,14岁的阿克巴即位后不久,前苏尔王朝的贵族阿迪尔沙和喜穆率军3万、战象1500头卷土重来,企图恢复苏尔王朝。莫卧儿军大败,重要城市阿格拉和德里相继失陷。阿克巴和宰相培拉姆汗不甘失败,立即率领2万骑兵反攻德里,两军展开了决战。刚开始时,喜穆依靠优势兵力和众多的战象占了上风,莫卧儿军节节败退。阿克巴和培拉姆汗立即调整战术,派大军迂回到苏尔人的两翼攻击,牵制其推进,同时率主力进行反攻,给苏尔人制造混乱。为了对付

◉ 这个葫芦形的白玉酒杯,雕工细腻精美。据说它是阿克巴的孙子沙杰沙汗皇帝用过的酒器。旁边是一只镶嵌了各种宝石的金勺,两者的做工均十分细腻精美。

苏尔人的战象,阿克巴指挥战士们向战象发炮,令弓箭手射火箭。这一战术果然有效,战象害怕火,见了炮火和火箭只有四处狂奔,根本不听指挥,苏尔军的阵势大乱。阿克巴趁机下令进攻,杀死了喜穆手下的两员大将。为了扭转不利战局,喜穆亲自上马率军反攻,阿克巴弯弓搭箭,"嗖"的一声,羽箭射中了喜穆的眼睛,喜穆惨叫一声,倒地而亡。苏尔军见主帅战死,顿时斗志全无,纷纷扔下兵器四散而逃,莫卧儿军乘胜追击,取得了最后的胜利。通过这场战役,莫卧儿人彻底战胜了苏尔人,莫卧儿帝国确立了对印度的统治,并开始了对外扩张。

阿克巴登基时才14岁,朝政大权完全掌握在宰相培拉姆汗手里。宰相认为阿克巴是一个小孩子,根本不把他放在眼里,利用手中的大权,任人唯亲,排斥异己,甚至连阿克巴的好友都被处死,还企图篡位。

18岁的时候,阿克巴对飞扬跋扈的培拉姆汗再也无法容忍了,下令将他处死,自己亲自掌握了朝政。

阿克巴亲政后,一些贵族很不满意,在各地发动叛乱,严重威胁了阿克巴的王位和国家的稳定。阿克巴亲自率兵镇压,终于平息了叛乱,巩固了自己的王位。为了警告叛乱者,他下令将2000多名叛乱者的头骨筑成了一座令人毛骨悚然的头骨塔。印度是一个多宗教的国家,大多数平民信奉印度教,此外还有多种宗教。阿克巴宣布宗教自由,各个宗教平等,他任命了很多印度教徒做官,并娶了一位印度教贵族的女儿为王后。

为了根除宗教冲突,1581年阿克巴自己创立了一个宗教——"圣教"。阿克巴是这个宗教的教主,圣教徒相遇后都高呼"阿克巴"。圣教没有寺庙,也不用祈祷,只是要求平时多做好事,爱护动物就可以了。这个宗教虽然没有流行,但却缓解了印度的宗教矛盾。

阿克巴对社会上的一些陈规陋习厌恶痛绝,屡次下令改正。当时印度有一种

155

非常野蛮、非常残酷的风俗，就是丈夫死了，妻子必须跳入火中殉葬，这种风俗当然也在阿克巴禁止的范围之内。

一次，一个官员向他报告："启禀陛下，孟加拉已故总督的妻子明天要跳火殉葬！"阿克巴知道孟加拉总督的妻子是一位非常聪明能干的女人，她决不会主动要求跳火殉葬的，一定是有人逼她。

> **·阿克巴改革·**
>
> 莫卧儿帝国君主阿克巴（1556～1605年在位）是印度历史上最有作为的开明君主之一。他为了加强中央集权，调和阶级矛盾，进行了一系列政治改革。包括实行宗教宽容政策，取消征收人头税政策，实行新的税收制度，按土地的实际产量分等收税，规定税额为收成的1/3；取消包税制；发展经济，改革陋习。阿克巴改革使莫卧儿帝国进入了全盛时代。

第二天，阿克巴早早地带着侍卫来到了孟加拉总督的家。这时院子里已经燃起了熊熊大火，四周站满了人，一个穿着华丽衣服的女子正在哭泣。

阿克巴走到总督妻子面前，问道："你跳火殉葬，是自愿的吗？"总督妻子哭着连连摇头说："不是啊，陛下！是我丈夫的哥哥逼我殉葬的，他怕我分丈夫的财产！"

"哼！"阿克巴冷哼一声，瞪了总督的哥哥一眼，总督的哥哥跪在地上吓得浑身打战。阿克巴大声对在场的人说："现在我下令，从今以后，谁再强迫寡妇跳火殉葬，一律处死！"在场的所有的人齐声附和，手忙脚乱地把火扑灭，扶着总督夫人进屋去了。

在英明的阿克巴统治下，莫卧儿帝国逐渐强盛。

德川幕府

丰臣秀吉死后，他的儿子丰臣秀赖年纪还小，原来归顺丰臣秀吉的大名德川家康起了反叛之心。

1598年丰臣秀吉死后，他的部下分裂为以石田三成、小西行长为首的官僚派和以加藤清正、福岛正则为首的武将派。实力最强的首席大老（辅佐丰臣秀赖的最高执政官）德川家康为取丰臣家而代之，利用两派不和迫使武将派归顺了自己，然后率领10万军队，于1600年六月进攻官僚派，石田三成和小西行长组成8万人的大军迎战。九月，两军交战于关原（今日本岐阜县不破郡）。由于官僚派的大将小早川秀秋临阵倒戈，投降了德川家康，导致官僚派惨败，石田三成和小西行长被俘。德川家康把他们处以极刑,90多个参加官僚派的大名的领地被没收,丰臣秀赖也被降为一般的大名,德川家康开始称霸全国。

1603年,天皇封德川家康为"征夷大将军",德川家康在江户(今日本东京)建立了幕府,成了日本实际的统治者。从此日本开始了德川幕府(又称江户幕府)时代。

图为德川家康的一位将领与大阪城堡的守卫者搏斗。丰臣秀吉之子丰臣秀赖在堡垒里坚守很长时间,最后被迫自杀。

随着德川家康一天天衰老,丰臣秀赖一天天长大。德川家康为了自己家族的利益,决定消灭丰臣秀赖,永绝后患。丰臣秀赖也不甘示弱,为了击败德川家康,他招募了大量的武士,决心与德川家康决一雌雄。在关原之战中,很多参加官僚派的大名失去领地,很多武士失去了生活来源,因此他们非常憎恨德川家康。当丰臣秀赖在大阪发出招募武士的消息后,很快有10万名武士前来投奔。1615年夏天,德川家康率领大军进攻大阪,丰臣秀赖拼死抵抗,但最终大阪还是被攻陷,丰臣秀赖自杀。

德川家康为了巩固和强化自己的统治,建立了完整的幕藩体制。幕即是德川幕府,是中央政府机关,幕府将军是日本的最高统治者,统治着全国200多个藩国。天皇只是名义上的国家元首,没有任何实权,只是个傀儡。藩就是藩国,是幕府将军封给各地大名的土地和统治机构。藩国的统治者是大名,他们要绝对服从幕府将军和他颁布的各项法令,但在藩国内,他们享有很高的自治权,拥有政治、军事、司法和税收等大权,甚至还拥有自己的武装。日本实际上是由幕府和藩国共同构成的封建国家,这就是所谓的幕藩体制。

德川幕府把当时的日本人分成4个等级:士、农、工、商。士就是武士,是日本的统治阶级。农是农民,工是工匠,商是商人,他们都被统治阶级剥夺了一切政治权利。

德川幕府时期的主要的生产资料——土地,全部属于幕府和藩国所有。这些封建领主把土地分成很多份地让农民耕种,农民要向领主缴纳地租,地租约占他们全部收成的40%,此外还必须服各种多如牛毛的徭役。德川幕府建立后,日本结束了长期的战乱,国内一片和平景象,农业逐步恢复,工商业也开始快速发展,新兴城市不断出现,许多城市的规模日益扩大,出现了繁荣景象。到了18世纪初，德川幕府的所在地江户的人口已达百万，大阪和京都的人口也超过了 30 万。城市中出现了一些主要为统治阶级服务的商业和金融机构，这时候一些大商人、高利贷者也相继涌现，并享有极大的特权，大阪的鸿池和江户的三井是当时全国最富有的高利贷者。

在对外关系上，德川幕府发布锁国令，实行锁国政策，禁止日本船只出海贸易，严格限制日本与海外交往，只同中国、朝鲜和西方的荷兰保持一定的贸易关系，并对到达日本的外国船只进行监视，严格控制它们的贸易活动。

德川幕府实行锁国政策主要是为了巩固自己的统治，防止沿海的藩国通过海外贸易获取大量的资金，用以购买武器；同时也为了防止西方殖民主义的渗透，维护日本的独立。锁国政策实行了 200 多年，使日本成为一个闭关自守的国家，几乎处于一种与世隔绝的状态，割断了日本经济同世界经济的联系，造成了日本的落后，严重阻碍了日本资本主义的发展，使日本被西方国家远远地甩到了后面。

哥白尼与《天体运行论》

◉ 哥白尼像

哥白尼出生于波兰的富商家庭，他 10 岁丧父，由舅父瓦兹洛德大主教抚养，受到了良好的教育。他少年时代就对天文学有浓厚兴趣，中学时，在老师指导下，制造了一具按照日影确定时刻的日晷。1491 年，哥白尼以优异成绩考入克拉科夫大学，学校的人文主义者、数学家和天文学家布鲁楚斯基对他影响很大，哥白尼经常向这位学者请教天文学和数学方面的问题，还学会了用天文仪器观测天象。

大学毕业后，哥白尼在舅父的资助下前往意大利。1497～1500 年，他在博洛尼亚大学读书，除教会法规外，还同时研究多种学科，尤其是数学和天文学，并与该校的天文学教授、意大利文艺复兴运动领导人之一的诺法拉交往甚密，他们时常一起观测宇宙，记录数据，研讨前人有关天文学的著作。哥白尼了解到，早在公元前3世纪，古希腊天文学家阿里斯塔恰斯就曾提出过地球绕太阳运行的概念，并首先测定了太阳和月亮对地球距离的近似比值，但后来遭到宗教势力的反对。为了直接阅读这类著作，哥白尼学会了希腊文。天文测量的实践和对前人著述的钻研，使他对地球中心说产生了怀疑。地球中心说是古希腊哲学家亚里士

⊙ 有关哥白尼的《天体运行论》的描绘

多德提出来的，公元2世纪，罗马天文学家托勒密又加以推演论证，使它进一步系统化了。地心说认为地球静止不动地居于宇宙中心，日月星辰都围绕地球运转，这一学说被基督教会奉为真理，成为神权统治的重要理论基础。

1506年，哥白尼回到祖国，在弗罗恩堡大教堂担任教士，这使他有了一定的社会地位和物质保障，得以继续从事天文学和科学实验活动。为了研究方便，他特意选择了教堂围墙上的箭楼做宿舍兼工作室，他在里面设置了一个小小的天文台，用自制的简陋仪器，开始了长达30年的天体观测。正是在这里，他写下了震惊世界的巨著《天体运行论》，而其中选用的27个观测事例，有25个是他在这个箭楼上观测记录的。《天体运行论》共有6卷，在书中，哥白尼大胆地提出："太阳是宇宙的中心，所有行星都围绕太阳运转；地球不是宇宙的中心，而是绕太阳运转的一颗普通行星。""人们每天看到的太阳由东向西运行，是因为地球每昼夜自转一周的缘故，而不是太阳在移动。""天上的星体不断移动，是因为地球本身在转动，而不是星体围绕着静止的地球转动。""火星、木星等行星在天空中有时顺行，有时逆行，是因为它们各依自己的轨道绕太阳转动，而不是因为它们行踪诡秘。""月亮是地球的卫星，一个月绕地球转一周。"

哥白尼的太阳中心说，科学地阐明了天体运行的现象，推翻了长期以来居于统治地位的地球中心说，从根本上否定了基督教关于上帝创造一切的谬论。尽管他的学说仍然坚持宇宙中心和宇宙有限论，但却把天文学从宗教神学的束缚中解放出来，实现了天文学的根本变革，在近代科学的发展上具有划时代的意义。

然而，这本伟大著作的面世确是相当曲折的。哥白尼深深了解自己学说的颠覆性影响，慑于教会的强大力量，他迟迟没有将书稿送去付印出版。直到他病重时，才由唯一的弟子雷提卡斯将书稿送至德意志的纽伦堡出版。1524年5月24日，

70岁的哥白尼终于收到了《天体运行论》的样书,那时他的眼睛已经失明,据说他只用手摸了摸书的封面,就与世长辞。《天体运行论》出版后,果然遭到了罗马教廷的激烈反对,被列为禁书,就连宗教改革家马丁·路德也辱骂哥白尼是个傻子,居然想推翻《圣经》的权威论证。直到300多年以后的1882年,罗马教皇才最终承认了哥白尼学说是正确的。

哥白尼不仅仅是一位伟大的天文学家,他还在众多方面取得了突出成绩。他精通拉丁文和希腊文,对古希腊罗马的文学颇有研究;他绘制过埃尔门兰德地区的地图,设计过埃尔门兰德各城市的自来水系统;他的医术大名远扬,连教区外的人也常来请他治病;他甚至写过一本《货币的一般理论》的经济学著作,主张实行货币改革,限制货币发行量,以抑制因为货币贬值而给国内市场带来的混乱。

乌托邦

托马斯·莫尔于1478年2月7日出生在英国伦敦一个富裕的家庭,他的父亲曾担任过英国皇家高等法院的法官。12岁时,按照当时给名人当侍从的社会风气,莫尔被父亲送到坎特伯雷大主教约翰·摩顿家当侍从。摩顿既是学识渊博的学者、律师、建筑师,又是阅历丰富的政治家、外交家。莫尔耳濡目染,再加上他聪明伶俐、勤奋好学,进步非常快。摩顿曾向他的朋友说:"在我们桌子旁服侍的这个孩子将会成为一个出类拔萃的人物。"当时拉丁文是通往上层社会的通行证,所以14岁时,莫尔又被送到伦敦的圣安东尼学校学习拉丁文。1492年,莫尔进入牛津大学攻读古典文学。他在这里广泛阅读了古希腊哲学家和当代人文主义者的作品,其中柏拉图的思想对莫尔产生了巨大的影响,使他成了一个人文主义者。后来莫尔转学法律,成为一名正直的律师,获得了很高

◉《乌托邦》插图
不劳而获、战火纷飞、尔虞我诈,这些现象在乌托邦是难以觅寻到的。

威望并当选为议员。此后，莫尔步步高升，被封为爵士，担任过下院议长、英国大法官，成为仅次于英国国王的重要人物。后来由于莫尔反对英国国王亨利八世成为英国宗教领袖而被处死。

莫尔所处时代的英国处于亨利八世的统治之下，王室贪得无厌，对外侵略扩张，官员欺上瞒下，贪污腐败成风，贵族和大商人勾结政府，欺压百姓。当时贵族和大商人为了养羊获取高额利润，将成千上万的农民赶走，霸占他们的土地。被驱赶的老百姓到处流浪，不是被饿死，就是沦为强盗。莫尔对社会现状极为不满，于是就写了《乌托邦》一书来讽刺黑暗的现实和寄托自己的理想。

《乌托邦》的全名是《关于最完美的国家制度和乌托邦新岛的既有益又有趣的全书》，"乌托邦"这个词来源于希腊语，意思是"没有的地方"。这本书采用了莫尔和一个水手对话的形式，讲述水手在奇异的岛国——乌托邦的生动有趣的见闻。

乌托邦是个大岛屿，全岛有54个城市，每个城市分4个区，各个区中每30户选举一名低级官员，再从10名低级官员中选举一名高级官员。乌托邦的首都亚马乌罗提城在岛的中央，这样便于各个城市的代表开会。乌托邦的全国最高机构是元老院，代表由岛上54座城市派出3名经验丰富的公民组成，每年更换一次，商讨关系到全岛公共利益的事务。元老院选举一人担任国王，国王是终身制，但如果国王虐待人民，可以弹劾他。政府除了偶尔组织人民反抗外来侵略外，其余职能都是组织社会生产劳动和安排人民生活。各级官员除了调解民事纠纷外，也要参加劳动。

乌托邦的土地、生产工具、房屋、财产归全民所有，生活用品按需分配。在平等的基础上实行生产公有和消费公有。乌托邦男女平等，妇女有受教育权、婚姻自主，和男子一样参加社会劳动，享有和男子一样的政治权利。在乌托邦，农业受到高度重视，但农业不是一种职业，而是一种义务劳动。乌托邦的每个公民都必须从事两年的义务劳动，然后回到城市从事一门手艺。只有特别喜欢和擅长农业劳动的人才能申请延长劳动时间。但如果碰上农忙，就要安排城里的人去乡村劳动。他们每天工作6个小时，其余的时间归个人支配。人们的服装样式基本上都一样，只有男式女式、已婚未婚的分别。公民就餐在公共食堂，看病到公共医院。乌托邦物资充足，生活富裕，这里没有盗贼，也没有乞丐。乌托邦的人勤奋敬业，生活简朴，遵守法令，乐于助人，鄙视游手好闲和奢侈腐化。乌托邦禁止嫖赌、饮酒、欺骗、阴谋、虐待等恶行。乌托邦没有货币，没有商品，人们视金银如粪土，把金银做成粪桶、便盆等。在信仰方面，乌托邦信仰自由。

乌托邦还非常重视教育和科学研究，每个儿童必须上学，不仅要进行知识方面的培养,还要进行道德方面的培养。从事科学研究的人可以不参加劳动,但如果不能胜任,就要被安排去劳动。相反,如果从事劳动的人有特长,那么也可以去参加科学研究。

《乌托邦》是世界上第一部空想社会主义名著,影响了后来的傅立叶、圣西门和欧文等空想社会主义者。空想社会主义也是马克思的科学社会主义的来源之一。

塞万提斯

米格尔·德·塞万提斯·萨维德拉,1547年出生于西班牙首都马德里附近的阿尔卡拉·德·埃纳雷斯小城的一个没落贵族家庭,他的父亲是一个外科医生。由于家境贫寒,塞万提斯只上过中学,但他非常勤奋好学,走在街上见到有字的废纸也要捡起来读一读。虽然塞万提斯没有上过大学,但他阅读了很多古希腊古罗马的经典名著和其他著作,成为一个博学的人。

22岁那年,塞万提斯作为红衣主教的侍从来到了意大利。在意大利,塞万提斯深受当时兴起的人文主义的影响,广泛接触了很多文人学者,阅读了大量优秀的文学作品。一年后,不安于现状的他参加了西班牙驻意大利的军队,被分配到一艘战舰上当水兵。

当时奥斯曼土耳其的舰队经常出没在地中海,给欧洲国家构成了很大的威胁。于是西班牙和意大利的威尼斯组成联合舰队,共同抵抗土耳其。1571年,历史上著名的勒颁多海战爆发。本来塞万提斯发高烧,船长让他躺在船舱中休息。但塞万提斯怎么也不答应,他不顾船长的劝阻,毅然冲上甲板参加战斗。在战斗中,塞万提斯和战友们最先登上土耳其人的战船,同土耳其人展开了殊死搏斗。最后西班牙和威尼斯的联合舰队大获全胜,而塞万提斯则身受重伤,被截去了左手。但塞万提斯一点也不后悔,他说:"失去了左手,右手更显得光荣!"

1575年,塞万提斯请假回家去

◉ 画家笔下的堂吉诃德

看望父母。临行前,西班牙舰队的统帅给西班牙国王写了一封推荐信,希望能提拔塞万提斯做军官以表彰他在勒颁多海战中的英勇表现。在回国途中,塞万提斯遇上了土耳其海盗,被卖到阿尔及利亚当奴隶。因为塞万提斯身上有一封推荐信,土耳其人把他当成大人物,向他勒索巨额赎金。

经过了5年的奴隶生活,塞万提斯的家人才凑够了赎金,将他赎回。就这样,塞万提斯回到了阔别了11年的故乡。回到西班牙后,塞万提斯并没有受到西班牙国王的重用,只担任了一个普通的税务人员。由于塞万提斯刚直不阿,得罪了贵族和教会,被人诬告投入了监狱,后经朋友多方奔波才得以出狱。

不幸的遭遇和长期在社会底层的生活,使塞万提斯深刻地了解了西班牙社会的黑暗和不公。1605年,58岁的塞万提斯写出了他的不朽名著《堂吉诃德》的第一部。这本书很快就风靡全国,一年中竟然再版6次,成为当时的流行小说。一次,西班牙国王站在阳台上看见一个大学生边走边看书,并不时地哈哈大笑。国王就对侍从说:"那个大学生不是神经病就是在看《堂吉诃德》。"但塞万提斯的贫穷生活仍然没有改变。由于塞万提斯在《堂吉诃德》中对教会和贵族进行了辛辣嘲讽,于是有人写了一本《堂吉诃德》续集,严重歪曲了堂吉诃德的形象。塞万提斯非常生气,不顾自己身患水肿病,坚持创作,写出了《堂吉诃德》第二部。1616年,贫病交加的塞万提斯与世长辞。

《堂吉诃德》是塞万提斯的代表作,也是世界文学史上一部经典之作。《堂吉诃德》的全名是《奇情幻想的绅士堂吉诃德·台·拉·曼却》,讲的是一个叫堂吉诃德的穷乡绅非常喜欢看骑士小说,终于有一天他走火入魔了。他找出祖先留下的一套旧盔甲,骑着一匹瘦弱的老马,手拿一柄长矛和破盾牌,带着随从桑丘,去打抱不平,改造社会,结果闹出了一连串的笑话。

看见了风车,堂吉诃德认为那是可怕邪恶的巨人,不顾桑丘的劝阻,骑着马冲过去与"巨人"搏斗,结果身受重伤。

在酒馆里,堂吉诃德认为这是魔鬼的城堡。他冲进地窖,把酒馆老板盛酒的皮囊全都刺破,鲜红的葡萄酒流了一地。堂吉诃德大声叫嚷:"我把魔鬼都杀死了!"结果被酒馆老板赶了出去。

堂吉诃德处处碰壁,闹了很多笑话,直到临死前才清醒过来,认识到骑士小说害人不浅,将他收集的骑士小说付之一炬。他对继承自己财产的外甥女只提出了一个要求,就是不能嫁给读过骑士小说的人。

由于教会对塞万提斯恨之入骨,所以他死后连一块墓碑都没有给他立。但人民没有忘记塞万提斯,200多年后,西班牙人民在首都马德里广场树立起了堂吉诃德和桑丘的雕像。

鲜花广场上的火刑

1600年2月17日,罗马鲜花广场,烈火与浓烟吞噬了一个伟大的生命。在生命的最后时刻,殉道者对全世界发出响亮的号召:"火并不能把我征服,未来的世界会了解我,知道我的价值!"这位伟大的殉道者就是文艺复兴时期意大利最著名的天文学家、科学家——乔尔丹诺·布鲁诺。

布鲁诺1548年出生于意大利那不勒斯附近诺拉城的一个贫苦农民家庭,10岁就进了修道院。命运似乎要安排布鲁诺为宗教而献身,投入上帝的怀抱。可是自幼性格倔强、善于独立思考的布鲁诺却走向了另一面:他读了大量书籍,自学了多门学科的知识,特别是天文学。当他读了哥白尼的《天体运行论》之后,更看到科学的光明。他要为科学的胜利进军摇旗呐喊。

◉ 在这幅15世纪的绘画上,当教士布道、举行弥撒和圣餐礼时,周围的信徒都恭敬地跪在地上。

布鲁诺不惮于公布自己的天文学、哲学见解。在《挪亚方舟》一文中,布鲁诺不但讥讽了权威的亚里士多德,甚至直接抨击了《圣经》和罗马教廷。当时布鲁诺还是一名修道士,他这种离经叛道的举动引来了宗教卫道士们的围攻,但都被他一一挫败。渐渐地,罗马教廷不能再容忍这样一个"异端分子"挖断自己的根基,于是派人监视其言行。布鲁诺被迫流亡海外,先后辗转于瑞士、法、英、奥地利、匈牙利和捷克、斯洛伐克等国。流亡生活并没能使他火热的内心世界有丝毫降温,他到处演讲,宣传哥白尼的日心说,点燃了无数青年学生和进步人士心中的科学之火,科学的种子撒遍了欧洲大陆。

经过对自己演说的整理,1584年,布鲁诺写成《论无限性、宇宙和诸世界》一书。书中系统阐述了自己的无限宇宙论的思想,高度评价了哥白尼的日心说。他写道:"宇宙是个宏伟的肖像,是个独一无二的自然,借助于全部物质的种、主要本原和总和,它也是它所可能是的一切,既不能给它增添什么,也不能从它拿去任一形式。"布鲁诺认为宇宙是无限大的、物质的,包含着无数像太阳一样发光发热的恒星。同时太阳仅仅是太阳系的中心而已,并不是宇宙的核心。布鲁诺还做出超越时空的预言：生命不仅存在于地球，在遥远的其他行星上也可能有生命的踪迹。

束缚人们思想达几千年之久的"球壳"，就这样被布鲁诺打碎了。布鲁诺的卓越思想让同时代的人茫然、震惊，他们认为布鲁诺的思想简直是骇人听闻，就

◎ 圣阿伯利奈尔教堂内景
教会势力在欧洲极为庞大，教堂成为当时欧洲各个地区最为豪华的建筑。

连被尊为"天空立法者"的天文学家开普勒都无法接受。罗马教廷更是被布鲁诺的思想和言论吓得瑟瑟发抖，他们不择手段地收买布鲁诺的朋友，将布鲁诺诱骗回国，并于1592年5月23日逮捕了他，把他囚禁在宗教裁判所的监狱里。

布鲁诺锒铛入狱，但他不改初衷，在他看来，真理终将战胜邪恶。宗教裁判所对其施尽酷刑，也没使勇士屈服，就转而利诱："只要你公开表示认罪和忏悔……给你安排一个令人羡慕的高位。"布鲁诺却轻蔑道："这正体现了你们内心的虚弱和恐慌！"主教恼羞成怒："你执迷不悟，等待你的只有火刑。"布鲁诺则平静却有力地说："真理面前，我绝不退让半步。"在经受了8年之久的接连不断的审讯和折磨后，布鲁诺在鲜花广场的火海中走完了他短暂而光辉的一生。

布鲁诺虽然被处死了，但其为科学献身的精神却获得永生。后来，人们在鲜花广场为这位科学的殉道者树立了纪念碑。

莎士比亚

莎士比亚的父亲早年是自耕农，1551年迁居到斯特拉福镇，开了一家经销皮革制品兼营农产品的店铺，1557年同当地的富家女玛丽·阿登结婚，生了8个子女，存活5人，莎士比亚排行老大。4岁时，他的父亲被选为"市政厅首脑"，

成了拥有2000多居民、20家旅馆和酒店的斯特拉福镇镇长。7岁时，他开始上学，学习拉丁语、文学和修辞学。1578年，父亲经商失利，莎士比亚只好辍学帮助父亲打理生意。虽然莎士比亚只读过7年书，但掌握了丰富的修辞、历史和古典文学知识。18岁时，他与邻乡富裕农民的女儿安·哈瑟维结婚，三年后已有3个孩子。莎士比亚对自己的婚事常常感到遗憾，他的妻子比他大8岁，而他认为女人应该与比自己年纪大的男子结婚。

1586年，莎士比亚来到伦敦，在一家剧院门口当马夫，侍候骑马前来看戏的富人。他头脑灵活、口齿伶俐，工作之余，还悄悄地看舞台上的演出，并坚持自学文学、历史、哲学等课程，同时自修了希腊文和拉丁文。当剧团需要临时演员时，他就演一些配角，不久就被剧团吸收为正式演员。那时候，伦敦的剧团对剧本的需求非常迫切。因为一个戏要是不受观众喜欢，马上就要停演，需要再上演新戏。莎士比亚在学习演技的同时，也开始编写一些剧本。27岁那年，他写了历史剧《亨利六世》三部曲，展示出了自己的才华。剧本上演后，大受观众欢迎，莎士比亚逐渐在伦敦戏剧界站稳了脚跟。1596年，他在南安普敦伯爵亨利·娄赛斯雷的帮助下，替父亲申请并获得了家徽，于是莎士比亚家成了当地世袭的乡绅，以后他又在家乡购置了房产和地产。

莎士比亚一生共写了2部长篇叙事诗、37个剧本、154首十四行诗和一些杂诗，代表作品众多。以1600年为界，莎士比亚的作品分为前后期，前期的基调是乐观的，所写9部历史剧反映了英国民族国家的形成过程，表达了反对封建割据，拥护中央集权的君主专制制度，希望实现开明君主统治的愿望。这个时期的悲、喜剧更多地表现了人文主义者的理想。以"爱征服一切"为主题，悲剧《罗密欧与朱丽叶》反映了爱情、理想与封建偏见的冲突，赞美了青年纯真的爱情。《威尼斯商人》则描写了旧式高利贷商人与新兴工商业资本家之间的矛盾。1601～1607年是莎士比亚创作最辉煌的时期，这个时期莎士比亚的作品以悲剧为主，是封建社会后期激烈的阶级斗争的反映。《哈姆雷特》以12世纪丹麦的一个复仇故事为主题，揭露宫廷的仇杀，认

◉ 画家笔下的奥菲莉娅

奥菲莉娅是莎士比亚著名悲剧《哈姆雷特》中的一个不幸少女。

为整个世界都成了一座监狱。《李尔王》则描写了社会正义与权威之间的矛盾。莎士比亚的戏剧处处体现了人文主义思想,使他成为英国文艺复兴运动的代表性人物。除戏剧外,莎士比亚的十四行诗大都是写给他一个理想中的情人的,在表达爱情中流露出对生活的肯定,要求个性解放。

1610年前后,莎士比亚回到故乡,开始享受田园生活,安度晚年。

莎士比亚成名时所受到的尊重远不如今天,当时的剧作家都是受过高等教育的大学精英分子,他们对来自农村、学历浅薄的莎士比亚突然成为剧坛的明星,深感不安,羞于与之为伍。名噪一时的戏剧作家格林在写给同行的信中公开攻击莎士比亚是一只"青云直上的乌鸦,利用我们的羽毛美化自己,用演员外衣掩盖起虎狼之心",还辱骂莎士比亚"自以为写了几句虚夸的无韵诗就能同你们中最优秀的人比美,他是地地道道的打杂工,却自以为在英国只有他才能'震撼舞台'"。

1616年初,莎士比亚因病逝世。在他的墓碑上刻着这样的碑文:"看在上帝的面上,请不要动我的坟墓,妄动者将遭到诅咒,保护者将受到祝福。"

> ·开普勒·
>
> 开普勒(1577~1630年),文艺复兴时期德国著名天文学家。生于德国魏尔,1587年入蒂宾根大学,1600年成为天文学家第谷的助手。1601年第谷去世后,受聘为皇家数学家。此间,他从一个哥白尼学说的拥护者逐渐走上科学发现的道路。开普勒在第谷天文观察的基础上,发现了行星运动的三大定律。他把哥白尼体系建立在更科学、更精确的基础上,也为牛顿力学体系的建立打下了基础。他的著作主要有《神秘的宇宙》《哥白尼天文概要》《光学》等。

伽利略的故事

实践出真知,谁要是违背了这条真理,谁就注定要在科学面前跌上一跤,哲学大师亚里士多德也不能例外。

亚里士多德曾做出这样一个著名论断:两个铁球,其中一个是另一个重量的10倍。如果两个铁球在同一高度同时落下,那么重的铁球落地速度必然是轻的铁球的10倍。这话并不难理解:重的物体当然比轻的物体先着地,这还用问吗?而且这话是大师说的,人们对此深信不疑。而一个十七八岁的毛头小伙子偏不信这一套,招来人们一阵又一阵的冷嘲热讽。

◎伽利略

这个毛头小伙子就是18岁的伽利略,在1590年的一天,他当众宣布自己要检验一下圣哲的话,地点就选在著名的比萨斜塔。这天天气格外晴朗,好像老天也要见证一下这个历史时刻。消息传出,人们奔走相告。时过不久,比萨斜塔周围便密密麻麻地挤满了人,就像今天的重大赛事要开场一样。

伽利略带着他的助手,信心十足地步入斜塔,然后快步走上塔的最高层。他环视四周,人们的面孔有的充满惊奇,有的则略带嘲讽,还有的漠然以待。伽利略不慌不忙将器具一一取出。这些器具包括一个沙漏(用于计时),一个铁盒,底部可以自动打开,还有两个分别重为10千克和1千克的铁球。伽利略的助手将这两个铁球装入盒子,然后将盒子水平端起,探身到栏杆的外侧。最后由伽利略在众目睽睽之下按动按钮,盒子的底部打开,两个铁球同时从盒中脱落,自由落向地面。这时成千上万的人全都屏住呼吸,目光随着铁球向下移动,在铁球从铁盒落到地面的短暂间隔中,人群异常安静,地上连掉一根针都能听到。短暂的十几秒钟过去了,只听"咚"的一声,两个铁球同时砸到了地面上,时间不差分毫。平静的人群立即沸腾了,有的人对着塔上的伽利略欢呼,有的人惊得合不拢嘴,那副神情分明在说:"原来亚里士多德也有错的时候!"伽利略则浑身轻松,心满意足地微笑着。

自由落体实验在人们的一片沸腾声结束了,亚里士多德的"落体运动法则"不攻自破。可敬的伽利略并没有为这点小小成绩(在他看来,这仅仅是一点小小的成绩)而飘飘然,从塔上下来,他就投入到新的科学研究中。

凭着这种追求真理、尊重实践的科学精神,伽利略又接连做出一系列的重大发现。1608年,有一位荷兰的光学家,无意之中将两张玻璃片组合起来,竟能将远处的景物看得好像就在眼前一样。这项惊人的发现立刻吸引了伽利略的注意。根据他的推想,望远镜的两个透镜必须一个是凸透镜,一个是凹透镜。于是,他

◉ 审判伽利略

伽利略于1632年出版了《关于托勒密和哥白尼两大世界体系的对话》,提出了全新的宇宙论。结果宗教裁判所命令伽利略说清楚自己为什么质疑传统的观念。最终伽利略被迫宣称地球是宇宙中静止不动的中心。

成功地制造了一个能放大两三倍的望远镜。之后，伽利略经过一次又一次改进，最后制造出一架可以放大 32 倍的望远镜。他将望远镜送给威尼斯的市议会，市议会对他的成就非常赞赏，对这位杰出的物理学家刮目相看，立刻决议增加他的薪水，并且承认其地位为终身职业，这是许多教授梦寐以求的。

在一个晴朗的夜里，伽利略用望远镜观察月亮。那个时候，人们依照亚里士多德的学说及《圣经》的教义，认为月亮是完美无缺的，表面是完全光滑的银白色。可是伽利略通过这架简陋的望远镜，发现月亮和地球一样，有高山也有深谷，既不平滑，也不光洁。他又用这架望远镜去看银河，发现银河竟是由无数的小星球组合而成的，因为有的星球离开地球太远，若不借助望远镜，便无法看得真切。

一次，伽利略在教堂里祈祷完之后，就坐在长凳上看远处的景物。他的视野中浮过雪白的大理石柱、美丽的祭坛……突然，教堂的执事进来破坏了沉静的氛围，原来他来点教堂的灯，这种灯是用长绳系在天花板上的。当这位执事点灯时，不小心碰动了它。借助惯性，吊灯就一左一右地摆个不停。这时，伽利略的注意力又转移到灯上，目光随着吊灯左右摆动。突然，伽利略发现一个有趣的现象，尽管吊灯摆动的幅度越来越小，但完成摆动周期所花的时间始终未变，当时他测定时间是靠脉搏的频率。伽利略由此发现了钟摆的等时性原理。

除了这些发现，伽利略还著有《论运动》《关于托勒密和哥白尼两大世界体系的对话》《关于两种新科学的对话》等科学专著。伽利略为科学事业做出巨大贡献，被称为近代自然科学的奠基人。

哈维和血液循环

威廉·哈维（1578～1657年）出生在英国肯特郡的一个富裕家庭，他从小好学，读小学时，他就以优异的成绩名列前茅，尤以英语和拉丁语最为突出。他 10 岁时进入坎特伯雷王家学校，16 岁时进入剑桥大学，并在 3 年后获得文学学士学位。1600 年，哈维进入意大利的帕多瓦大学学习医学，在两年后以优异的成绩获得医学博士学位，教授们在他的学位证书上写下了这样的赞语："威廉·哈维以突出的学习成绩和不平凡的才能引人注目，并获得本校讲授解剖学、医学和外科教授们的赞扬。"学成归国后不久，哈维和伊丽莎白女王的御医朗斯托洛·白劳恩的女儿结为伉俪。母校剑桥大学为表彰他在留学中所取得的卓越成绩，也授予他博士学位。两年后，英国皇家医学院又选举他为委员，又过了几年，哈维被委任为圣巴托罗缪医院的医师。

早在公元前2世纪，古罗马的神医盖伦提出了一种血液循环理论，他认为血液在人体内像潮水一样流动之后，便消失在人体四周，并把血液运动解释为是上帝的安排。他的这一理论被教会当作不可侵犯的真理，一直到16世纪时，才受到怀疑和挑战。享有"解剖学之父"美誉的比利时医生维萨里和发现血液小循环系统的西班牙医生塞尔维特相继批判了盖仑的学说，但他们也为此付出了生命的代价。维萨里受到宗教裁判所的迫害，被判处死刑；塞尔维特在日内瓦被当作"异教徒"活活烧死。半个世纪之后，哈维决心弄清人体血液的奥秘，他动手在自己家中建立起了实验室，开始了艰苦的探索。

他先是用兔子和蛇，之后又扩展到其他40余种动物。在解剖这些活体动物之后，他发现心脏就像一个水泵，它专门输出血液，这些血液凭借其收缩压力流遍全身。这时他又产生了第二个疑问：心脏中的血液又是从哪儿来的呢，是自己造出来的吗？

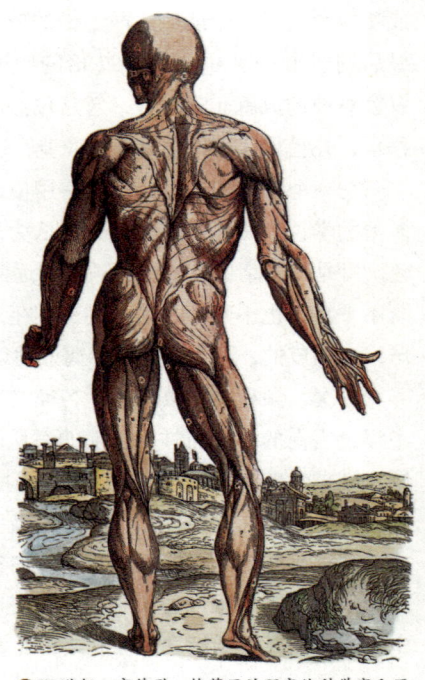

◉ 16世纪，安德烈·维萨里的研究使科学家和医生得到了清晰的人体解剖图。17世纪，对人体的了解深入到内部，特别以血液循环系统的研究为代表。

通过进一步研究，哈维终于发现心脏本身不具备造血机能，而仅仅是一个中转站和动力站而已。血液被心肌压出，沿动脉血管流向身体各个组织、器官，之后再经静脉管流回心脏，周而复始，循环往复。这就是著名的哈维血液循环理论。为了证明这一理论的正确性，哈维又进行了相关实验。他请一些体型较瘦的人作为实验对象，先把他们的静脉扎紧，结果近心端的血管瘪了下去；然后再扎起动脉，却发现近心端的血管膨胀起来，而远心端的血管瘪了下来。这充分说明，血液从心脏流出，经动脉到达全身各处，又从静脉流回心脏。

尽管哈维的科学结论有充分的事实依据，可还是没有被当时学术界、医学界、宗教界的认可，甚至遭到非议和攻击。

1628年，他的《心血运行论》在德国的法兰克福出版，这部只有72页和2幅插图的惊世之作，虽然堪称生理学由蒙昧走向科学的转折点，但是却因为他的观点与权威理论不符，而被称为荒谬的言论和无稽之谈。不过还好，因为他的御

中世纪

● 哈维发现血液循环的机理后，很多人并不相信。作为皇家医生的他经常给国王查理一世讲解有关血液循环的机理。

医身份，教会虽然气恼，却也奈何不了他。

晚年的哈维刻苦钻研动物生殖和发育问题，在1651年又出版了《动物生殖》一书，提出了生物器官的"渐成论"，否认了那种认为各个器官同时形成的"预成论"。英国皇家科学院为表彰他的功绩，特地为他建造了一座铜像。

1657年6月3日，哈维因脑血栓突发病逝于伦敦，享年80岁。皇家医学院为他举行了隆重的葬礼，将他葬在伦敦以北80千米处哈维家族的墓地。1883年10月18日，皇家医学院为他举行了迁葬仪式，将他的遗骨重新安葬在汉普斯台德大教堂的哈维纪念馆中。在他的墓地上竖起一块石碑，上面的题词是："发现血液循环，造福人类，永垂不朽！"

胡格诺战争

胡格诺战争是法国天主教势力同新教胡格诺派（即加尔文派）之间进行的一场长期战争。它虽然带有明显的宗教色彩，但就其性质和内容而言，则是法国的一场内战。

在中世纪的法国，王权与贵族割据势力不断斗争，由于经济利益和宗教信仰的不同，反对王权专制的贵族逐渐分为两个集团：一个是以王室近亲吉斯公爵和洛林红衣主教查理为首的强大的天主教集团，他们对国王有举足轻重的影响；另一个是以波旁家族的孔代亲王、纳瓦尔国王亨利、海军上将科利尼为代表的新教胡格诺派集团。

胡格诺战争的直接导火索是"瓦西镇屠杀"。早在16世纪40年代，亨利二世就曾让特别法庭以惩办异端为名，将大批胡格诺派教徒处以火刑。1559年，弗

> · 巴黎圣母院 ·
>
> 巴黎圣母院是一座哥特式的教堂，是古老巴黎的象征。它矗立在塞纳河中西岱岛的东南端，位于整个巴黎城的中心，为欧洲早期哥特式建筑和雕刻艺术的代表。集宗教、文化、建筑艺术于一身的巴黎圣母院，原为纪念罗马主神朱庇特而建造，随着岁月的流逝，逐渐成为巴黎圣母院早期基督教的教堂。它的地位、历史价值无与伦比，是历史上最为辉煌的建筑之一。

朗索瓦二世继位后,因为他的年纪太轻,大权旁落到了吉斯家族手中,致使新旧教派冲突更加加剧。1562年3月1日,胡格诺教徒正在瓦西镇举行宗教仪式,吉斯公爵率军队赶到,大肆屠杀,胡格诺教徒死伤将近200人。

1562年12月,天主教与胡格诺教在德勒交战,这一战中,天主教徒的将领蒙朗西被俘,元帅安德烈战死。1563年2月,在奥尔良一战中,吉斯公爵被暗杀,而胡格诺派的纳瓦尔国王安托万在鲁昂之围中战死。1563年3月,王后卡特琳发布"安布瓦斯敕令",给了新教徒信仰自由和在指定地区举行宗教仪式的自由。

1567年9月,新教胡格诺派包围巴黎。11月,双方在圣德尼交战,德国新教派兵驰援法国新教,使胡格诺派兵力得以增强,战胜了天主教派。1568年,法国天主教和宫廷被迫签订《隆朱莫条约》。9月,在天主教的压力之下,查理九世撤销宗教宽容敕令。1569年3月,新教军队在雅尔纳克被天主教军队击败,孔代战死。1570年,为了缓和两派关系,太后卡特琳签署"日耳曼敕令",新教徒又获得了有限的信教自由。

1572年8月23日,吉斯公爵之子亨利乘胡格诺派的重要人物聚集巴黎庆祝其领袖亨利婚礼之机,以巴黎各教堂的钟声为信号,率军对胡格诺教派进行突然袭击,杀死胡格诺教徒2000多人。由于24日正值圣巴托罗缪节,因此这一血腥的夜晚在历史上被称为"圣巴托罗缪之夜"。这次大屠杀后,胡格诺派在法国南部和西南部组成联邦共和国,并于1575年发动全面起义,很快席卷了法国南部的大部分地区。

1576年5月,法王亨利三世签署"博利厄敕令",给予新教在一切城市举行宗教仪式的自由。天主教徒对此强烈不满,吉斯公爵亨利成立天主教神圣同盟,两派战争又起。1577年9月,战败的胡格诺派与天主教派缔结《贝日拉克和约》,使"博利厄敕令"中给予新教的自由和权利得到了限制。

1585年,得到西班牙支持的吉斯公爵亨利在南特重建天主教同盟,亨利三世也撤销两次敕令,胡格诺派则在波旁家庭的纳瓦尔国王亨利

◉ 1572年8月23日,法国国王下令展开圣巴托罗缪日大屠杀,这使南北矛盾更加尖锐。

的带领下，于1587年在库拉特击败天主教军队。

1588年5月，吉斯公爵亨利进入巴黎城，包围王室所在的卢浮宫，亨利三世逃出巴黎，并签署敕令满足天主教的一切要求。同年12月，吉斯公爵和天主教所有首领被国王近卫军暗杀，巴黎发生暴乱，成立了以吉斯家族为首的新政权，亨利三世不得不与波旁家族结盟。1589年，纳瓦尔国王亨利在亨利三世被刺杀后成为法王亨利四世。

天主教派拒不承认亨利四世的法王地位，所以亨利四世无法进入巴黎，而当时法国90%以上的人口都信仰天主教。1593年7月25日，在重压和形势的逼迫之下，亨利四世在圣德尼大教堂改信天主教，并与天主教达成休战协定。

1594年3月22日，亨利四世进入巴黎，并于1598年4月颁布"南特敕令"，宣布天主教为国教，胡格诺派在法国全境有信教的自由，"南特敕令"保留了胡格诺教派的一些特权，打破了天主教一统天下的局面，而至此，持续30多年的胡格诺战争结束了。

从养羊到圈地

15世纪末16世纪初，随着新航路的开辟，海外贸易量逐渐增大，人们对呢绒的需求日益增加，使毛纺织业开始繁荣起来。随着毛纺织业的迅速发展，对羊毛的需求量越来越大，羊毛的价格飞涨。为了获取高额利润，越来越多的人开始养羊。

英国是位于大西洋上的一个岛国，气候湿润，雨量丰沛，草木茂盛，非常适合畜牧。一些英国贵族为了赚取利润，纷纷投资养羊。养羊需要大片的土地，贵族们先是把荒地、森林和沼泽的土地围起来当作牧场。当这

⊙ 圈地运动造成了"羊吃人"的悲惨结局。英格兰沿海的大亚茅斯周遭环绕着农田和牧场，这里是英国"圈地运动"的盛行地区。

些土地无法满足贵族们日益扩大的羊群时，他们又把原来租种他们土地的农民赶走，拆毁房屋，把整个村庄甚至所有能长草的土地都用篱笆把土地圈占起来，变成牧场养羊。在当时的英国，到处可以看到被木栅栏、篱笆、沟渠和围墙圈起来的一块块草地。这就是历史上臭名昭著的圈地运动。

那些被赶出家园的农民，无家可归，只好到处流浪。他们找不到工作，无力养活家人，很多人铤而走险，变成了强盗，英国的社会秩序越来越乱。

圈地运动从15世纪70年代开始，一直持续到19世纪上半叶，英国有一半以上的土地都变成了牧场。在圈地运动的发展过程中，为了维护社会

> **· 条田制 ·**
>
> 西欧农村在中世纪时，耕地呈条块分割状，称为"条田"。大大小小的土地占有者在其中占有一条或若干条土地，这样的土地布局称为"条田制"。在"条田制"下，耕种与收割的日期，都是由村民先开会决定。收割完毕后，村民有权在地里捡拾麦穗和放牧牲畜。这样的共耕制度不利于那些勤劳能干的农民发挥自己的生产积极性。由于土地比较分散，划分条田的田埂会造成土地的浪费，同时也不利于经营管理。而且条田都很窄，只能顺犁顺耙，所以不利于土壤的改良。耕种时，邻近的土地可能被牲畜践踏，引起纠纷。从水利建设来说，不便于单位生产者独立采取排灌措施。从牲畜方面来讲，全村的牲畜集中在一起放牧，容易引起牲畜传染病的传播，并且由于草料不足，使得牲畜营养不良，而牲畜的自行杂交也不利于改良畜种。

秩序，虽然英国国王爱德华六世颁布了一些企图限制圈地程度的法令，但这些法令并没起多大的作用，圈地日益愈演愈烈。很多财迷心窍的贵族置法律于不顾，根本不肯停手。

在限制圈地运动的同时，英国国王为了使被驱逐的农民很快安置，也颁布了限制流浪者的法令，其实是想把那些流离失所的农民，都赶进工场做工。法律规定凡是有劳动能力的流浪者，如果在规定的时间内找不到工作，一律严惩。

后来英国国会又颁布了一个法令，凡是流浪一个月还没有找到工作的人，一旦抓住就要卖为奴隶，奴隶的主人可以让他干任何工作。如果奴隶逃亡，抓回来要判为终身的奴隶。第三次逃亡，抓回来后要判处死刑。任何人都有权将流浪者的孩子抓去当学徒，做苦力。

在亨利八世和伊丽莎白统治时期，大批流浪的农民被处死。圈地运动使英国失去土地的农民越来越多，农民为了活命不得不走进生产羊毛制品的手工工场或其他手工工场，成为资本家的廉价劳动力，忍受资本家的残酷剥削。在手工工场里，工人每天要工作十几个小时，但工资却很低。

忍无可忍的农民被迫揭竿而起。在英国各地爆发了很多反对圈地运动的起义，其中最大的是诺福克郡的农民罗伯特·凯特领导的起义。1549年6月，农民凯特率领大批被夺去土地的农民发动了大规模的起义。起义军逼近诺福克郡的瑙威城，

市政府吓得紧闭城门。凯特就把起义军驻扎在城外的森林中,附近的失去土地的农民和城中的破产农民纷纷前来投奔,起义军很快就发展到2万人。

凯特给市政府送去了一封信,要求立即停止圈地,恢复农民对土地的使用权。市政府一面假装答应,一面连夜去报告国王。国王听了,派人送来大赦令,要求农民回家,但并没有满足他们的要求,愤怒的农民占领了瑙威城。

国王得知瑙威城被农民占领后,立即派沃里克率1.5万军队前去镇压。起义军与政府军展开了浴血奋战,由于政府军装备精良,训练有素,在激战了两天后,起义军战败,凯特等300名农民被绞死。那些对凯特怀恨在心的贵族要求沃里克大规模屠杀农民,沃里克问:"杀光了农民,你们去种地吗?"这些贵族才肯罢休。凯特的起义虽然失败了,但在一定程度上遏制了圈地运动。

圈地运动为英国提供了大量的资金和廉价劳动力,使英国的资本主义很快发展起来。

"无敌舰队"的覆灭

自哥伦布发现新大陆后,西班牙凭借强大的海上势力,在美洲占领了广大地域,掠夺了大量财富,并将殖民势力扩展到欧、亚、非、美四大洲。此时,英国正处于资本主义发展阶段,急需大量的原料和财富,也开始积极推行殖民政策,向外扩张。西班牙是海上霸主,这给英国的对外扩张带来极大的阻碍,于是两国的矛盾冲突日益尖锐。

为和西班牙争夺海上的霸权,英王伊丽莎白采取各种措施加快海军的建设,同时利用海盗来抢劫西班牙从各地掠来的财物,从而威胁西班牙在海上的贸易垄断地位。西班牙对此极为恼火,怀着侵占英国的目的,

◉ 画中描绘了1588年侵入英国的西班牙"无敌舰队",在英国舰队的炮火轰击下慌张撤退的情景。

就想把苏格兰女王玛丽扶上英国的王位。1587年3月，伊丽莎白下令处决了玛丽。海上的不断侵扰和玛丽之死，使愤怒的西班牙国王腓力二世准备以武力征服英国。

1588年2月，西班牙国王腓力二世命西多尼亚公爵为统帅，率领130余艘船、3万余人、2431门火炮组成庞大舰队远征英国。英国接到情报后，积极备战。伊丽莎白命霍华德勋爵为统帅，德雷克为副手，并对英国舰船船身、船楼、船体及炮台、火炮做了相应的改进。英舰船体矮且狭长，重心较低，目标小，灵活性强，速度快。船上装载的火炮数量多，射程比西班牙的重炮远。

7月中旬，在一座座堡垒似的西班牙战舰上挤满了步兵，西多尼亚欲利用步兵数量上的优势，运用传统战法，冲撞敌舰，并钩住它们，然后登船与英军进行肉搏战。但英军快速灵活，伺机攻击，始终保持敌炮射程范围之外的距离，利用自己炮火射程远的优势不断袭击敌船，消耗对方的火药，使他们时刻处于警备状态。当西班牙舰队到达尼德兰加莱附近时，并未得到计划好的帕尔马公爵的船只、人员及弹药的补给。

7月29日凌晨，英国在8艘旧船内装满硫黄柴草等易燃物品，船身涂满柏油。点燃后，8只火船像8条火龙顺风而下，向西班牙舰队急驰而去。在黎明的宁静中，西班牙哨兵发现几道火舌向他们冲来，立即发出警报。顿时，西班牙舰队乱作一团，一些木壳船已经被大火点燃。西多尼亚公爵忙命令各舰船砍断锚索，想等到火船过去再占领这个投锚地。但恐慌的西班牙人乱成一片，他们只顾夺路奔逃，致使船只相互碰撞，甚至大打出手，而被砍断锚索的舰船只能随风沿着海岸向东北漂流。西多尼亚只好命旗舰"圣马丁"号起锚向漂流的船只追去。

·海盗王德雷克·

德雷克本是奴隶贩子出身，但他发现直接抢劫比做生意来钱更快，于是就加入了海盗行列。由于胆大心细，德雷克在海盗界很快就闯出了名堂，成为伊丽莎白一世私人赞助的海盗，每次他抢劫回来，都会拿出10%的战利品孝敬女王。在对无敌舰队的战斗中，德雷克作为分舰队司令，为战争的胜利立下了大功。德雷克还是个成功的航海家，他于1580年继麦哲伦之后再次完成环球航行，而且沿途狠狠打击了西班牙人。德雷克的威名让西班牙人闻风丧胆，对他又恨又怕。德雷克的海盗活动为英国建立海上霸权起了很大的推动作用。

德雷克、霍金斯等人继续全速向西班牙舰队追去。英军开始向西班牙军队开火，许多船只纷纷中弹起火，而西班牙的重炮却很难击中目标，步兵和重炮无法充分发挥作用。英国凭借船身矮小，灵活自如，对西班牙战船猛烈地轰击。他们巧妙配合，相互策应，使散开的西班牙战舰更为混乱。激烈的战斗持续了近一天，英军的损失极小，而西班牙舰队却受到严重的摧残，舰船被打得支离破碎，旗舰被击沉，损伤30余艘船只，16艘成了英军的战利品，剩余的伤兵残船在西

中世纪

多尼亚的领导下被迫退出英吉利海峡。

不甘心失败的西多尼亚带领残部决定再度控制英吉利海峡,但风向始终没有转向有利于他的方向,再加上没有船只、人员及弹药的供给,他只好放弃并绕道北海退回西班牙。途中他们又遭到风暴的袭击,1588 年 10 月,当他们返回西班牙时,仅剩 43 艘残破船只。

这场海战是历史上第一次全凭舰炮制胜的海战,舰船的机动性和火炮优势取代了传统的战法。同时英军的胜利使西班牙一蹶不振,英国成为新的海上霸主。

伊凡雷帝

1530 年 8 月 25 日,俄罗斯首都莫斯科克里姆林宫诞生了一位王子,取名伊凡。这时,天空突然想起了阵阵雷声,紧接着一道闪电击中了克里姆林宫。莫斯科人惊恐万状,俄罗斯大公瓦西里三世派人到俄罗斯东边的喀山汗国,请求喀山大汗解释这个天象。善解天象的喀山大汗的妻子说:"沙皇已经出生,他生下来就有两排牙齿,一排用来吞食我们,一排用来吞食你们。"

1533 年,瓦西里三世去世,年仅 3 岁的伊凡登基,称伊凡四世。瓦西里三世的几个弟弟见伊凡四世年幼,根本不把他放在眼里,经常在他面前大吵大闹,甚至公开侮辱他。

伊凡四世 8 岁时,这些大贵族又毒死了代他摄政的母亲,可怜的伊凡一下子成了孤儿,那些大贵族就更加肆无忌惮了。年幼的伊凡四世对那些贵族无可奈何,只好把怨气发泄到小动物身上。他经常残忍地拔掉小鸟的羽毛、挖掉小鸟的眼睛,看着它们痛苦地慢慢死去,而他却开心大笑。有时候伊凡四世抱着小猫、小狗,从塔楼上扔下去,看着它们摔死,从中寻找乐趣。

1547 年,伊凡 17 岁了,莫斯科克里姆林宫大教堂为他举行了隆重的加冕仪式,大主教马卡林把从东罗马帝国传下来的皇冠戴在他头上。为表明自己已拥有无

◉ 波克洛夫大教堂

教堂为纪念 1552 年伊凡占领喀山而建。据说教堂竣工时,伊凡弄瞎了所有参与兴建该教堂的建筑师,因为他不想让他们建造比这更富丽堂皇的其他建筑。

限的权力,伊凡四世不再满足大公的称号,他自称"沙皇"。沙皇起源于古罗马帝国皇帝的称号"恺撒"(俄语里的"沙"是从拉丁文"恺撒"转音而来),沙皇也就是皇帝。伊凡四世成了俄国第一位沙皇。

伊凡四世虽然登基了,但朝政大权还掌握在他的舅舅、大贵族格林斯基手里。格林斯基专横独断,横征暴敛,弄得人们怨声载道。

伊凡四世登基半年后,莫斯科城内突然发生了一场大火,火势非常凶猛,烧毁了大半个城市。莫斯科人纷纷传说这是格林斯基放的火,愤怒的人民自发组织起来,冲进格林斯基的家,杀死了遇见的所有格林斯基的家人,并将他家洗劫一空。后来又冲进克里姆林宫,继续追杀格林斯基家的人。直到伊凡四世发话说要严惩格林斯基,人们才逐渐散去。

这件事把伊凡四世吓坏了,从那以后,伊凡四世得出了一个教训:"今后再也不能把政权交给大贵族掌握了,必须由自己亲自掌握。"他积极拉拢中小贵族和商人,成立了属于自己的特辖军,疯狂地屠杀了4000名大贵族,加强了中央集权,同时颁布了《兵役条例》,增强了军事实力。

为了满足中小贵族和商人对土地和财富的渴望,伊凡四世发动了对喀山汗国的战争。喀山汗国是从金帐汗国分裂出来的一个小国,这里土地肥沃,物产丰富,商业繁荣,俄罗斯曾对其发动过很多次侵略战争,结果都失败了。伊凡曾经发动过3次侵略喀山汗国的战争,结果也是大败而回。这次,伊凡四世亲自率领15万大军,带着150大炮,杀气腾腾地来到喀山城下。

当时喀山只有3万守军,使用的是落后的火绳枪,更糟糕的是喀山城的城墙还是木头的。

伊凡四世仗着优势兵力,要喀山人投降,但被喀山人严词拒绝了。恼羞成怒的伊凡四世疯狂地命令炮兵们开炮。俄军的炮弹一颗接一颗落在喀山城的城墙上,城墙上顿时燃起了大火。喀山军民一面灭火一面继续向俄军射击,并派出游击队骚扰俄军。一个月过去了,喀山城依然耸立着。

伊凡四世令俄军抓了几百个喀山老百姓,押到喀山城下,声称要是不投降就将他们全部杀死,但又一次被喀山守军拒绝了。伊凡四世残忍地下

· 伊凡四世杀子 ·

相传在1581年的一天,伊凡四世在皇宫中发现太子的妻子竟然只穿了一件衬衣,而规定是必须穿3件。伊凡四世本来就对这个儿媳妇很不满意,这次看见她公然违反规定,气得一脚踹了过去。儿媳妇应声倒地,当场就流产了。太子听说父亲的暴虐行为后,气得冲进皇宫找他理论。父子俩大吵了起来,以残忍著称的伊凡四世火冒三丈,顺手拿起铜头手杖对着太子的脑袋痛击。太子被打得头破血流,很快就断气了。伊凡四世这才冷静下来,对自己的失手感到万分后悔,但为时已晚。伊凡四世剩下的几年时间,他都是在追忆亡子的痛苦中度过的。

令将几百个老百姓全部杀死,这不但没有吓倒喀山守军,反而激起了他们对侵略者更大的仇恨。

后来俄军挖了一条地道,一直通到喀山城墙下,然后放上炸药,将一段城墙炸塌,如狼似虎的俄军从坍塌的城墙处一拥而入,终于攻入了喀山城。喀山守军全部被杀,妇女、儿童被卖为奴隶,喀山居民的财产被洗劫一空。就这样,俄罗斯吞并了喀山汗国。

伊凡四世一生都生活在尔虞我诈、钩心斗角的宫廷政治度过,因而养成了多疑、残暴的性格,动不动就大发雷霆,随意杀人,一次他在盛怒之下竟然打死了自己的儿子,所以历史上称他为"伊凡雷帝"。

◉ 1547 年,"恐怖的伊凡"接受加冕,成为沙皇,他在加冕仪式上所戴的皇冠,据说在 11 世纪时曾属拜占庭。

尼德兰革命

随着欧洲文艺复兴和科学技术的发展,资产阶级慢慢登上历史舞台。1556 年,包括荷兰、比利时、卢森堡和法国东北部的尼德兰地区,因王朝联姻和王位继承关系,归属了西班牙。西班牙对尼德兰推行封建专制制度,对尼德兰人民进行残酷奴役和剥削,造成手工工场倒闭、工人失业,极大地扼制了资本主义经济的发展。西班牙专制还体现在教会迫害上:查理一世曾在尼德兰设立宗教裁判所,颁布"血腥诏令",残酷迫害新教徒;腓力二世加强教会权力,命令尼德兰总督一切重大事务都要听从教会首领格伦维尔的意见,并且拒绝从尼德兰各地撤走西班牙军队。西班牙的专制行为引起尼德兰人民的极度不满和抗议。

面对西班牙的专制统治和宗教迫害,以宗教斗争为先导的尼德兰民众反封建斗争逐步高涨。激进的加尔文教教徒迅速增多,并不时地同当局和教会发生冲突。腓力二世只好表面答应群众的要求,但是暗地里却在秘密制订残酷镇压尼德兰革命势力的计划。1566 年,尼德兰贵族也向西班牙国王请愿,要求废除宗教裁判所,缓和镇压异端的政策。在没有任何收获的情况下,贵族中的激进派加入加尔文教会和革命群众的行列,一场大的革命风暴即将来临。

1566 年 8 月,一个叫马特的制帽工人,掀起了破坏圣像、圣徒遗骨和祭坛的运动,并得到广大人民群众的支持,安特卫普、瓦朗西安爆发了起义。1567 年,腓力二世命阿尔法为总督，率军进驻尼德兰，开始了对异端派别和起义军的血腥镇压，一些贵族和资产阶级也被杀害。由工人、农民和革命资产阶级分子构成的起义军和激进的加尔文教徒转移到森林里和海上，组成"森林乞丐"和"海上乞丐"，展开游击战，神出鬼没地袭击西班牙军队，奏响了荷兰革命的交响曲。1568年，奥兰治亲王威廉从国外组织一支雇佣军，但终因势单力薄而被阿尔法击败。1572年4月，在"森林乞丐"和"海上乞丐"影响下，尼德兰北方各省均发生起义，致使阿尔法军力分散。"海上乞丐"趁机率领装有枪炮的轻便船猛攻泽兰省的布里尔，守卫的西班牙军遭受重创。起义军又一举将西班牙军从北部大部分地区驱逐出

⊙ 玛格丽特是查理五世的女儿，1559年，被弟弟西班牙国王腓力二世派到尼德兰做总督。

去，并占领了荷兰省和泽兰省，建立了自己的根据地，威廉被推选为执政。

阿尔法极为恼火，他开始集中兵力镇压北部起义军。1572年12月，阿尔法大军挺进到哈勒姆，几次强攻都以失败告终。于是阿尔法改变策略，包围哈勒姆，切断所有通道，封锁城池，断绝城内的一切供给，并不时进行佯攻，消耗城内的弹药，8个月后终于攻陷哈勒姆城。攻占了哈勒姆城后，阿尔法开始攻打荷兰的莱顿城。莱顿城地势险要，防御工事坚固，易守难攻。阿尔法继续采用封锁战术。城民和起义军坚持了近一年，基本上到了弹尽粮绝的地步。阿尔法感觉时机成熟，开始发起总攻，但城内剩余的弹药仍使阿尔法惨败。于是阿尔法试图诱降起义军，遭到拒绝。

"海上乞丐"这时赶来救援，游击队在海坝上挖了16处缺口，海水顺势涌向莱顿城，莱顿城外一片汪洋，本来就伤亡惨重而士气低落的西班牙人在海水中仓皇撤退。

1576年9月4日，布鲁塞尔举行起义，起义军占领了国务委员会大厦，西班牙在尼德兰南部的统治被推翻了。

1576年11月，以威廉为代表的北方起义军和南方起义军签订协定，首先驱逐西班牙人，成立政府，再解决双方在宗教问题上的分歧。1581年，北方7省联合成立荷兰共和国，宣布废黜腓力二世。而坚持妥协的南方起义军却遭到西班牙军队的镇压而失败。1609年1月9日，西班牙国王和荷兰共和国签订协议，承认了荷兰的独立。

尼德兰革命建立了第一个资产阶级共和国，它使荷兰人民推翻了西班牙的专制统治，取得民族独立。

资产阶级革命时期

查理一世被押上断头台

新航路开辟以后,大西洋上的岛国英国因为地处美洲和欧洲大陆之间,所以发展得很快,出现了很多资产阶级新贵族(靠经营工商业致富的贵族)。但以国王查理一世为代表的封建势力还想维持落后的封建统治,疯狂搜刮资产阶级的钱财,激起了资产阶级的强烈不满。由资产阶级组成的议会为了自己的利益千方百计限制国王的权力,但国王对议会根本不屑一顾,议会和国王之间的冲突不可避免。

1640年10月,议会突然逮捕了国王查理一世的两个亲信斯特拉夫伯爵和罗德大主教,并判处他们死刑。查理一世得知后,大发雷霆。第二天,查理一世带着卫队冲进议会,对议会首领说:"我以国王的身份命令你们立即释放斯特拉夫伯爵和罗德大主教!""这根本不可能!"议会首领的态度也很强硬,很多议员围了上来,向国王提出抗议。查理一世见势不妙,赶紧逃出了议会。

1640年11月,为了筹措军费镇压苏格兰人的起义,查理一世被迫召开议会,企图通过新的征税法案。议员们不但没有通过法案,反而趁机提出要求限制国王的权力。这一要求得到了广大工商业者、市民和农民的支持。查理一世恼羞成怒,亲自率领卫队闯进议会准备逮捕反对最激烈的5名议员。但这5名议员早已听到了风声,躲了起来,查理一世扑了个空。第二天,查理一世下令全城搜捕,但国王的卫队遭到了人民的阻拦,伦敦周围农村的农民也纷纷进城,表示拥护议会,连伦敦市长也反对逮捕这5名议员,查理一世在伦敦陷入了孤立。

◉ 查理一世

几天以后,查理一世逃出了伦敦,来到了英格兰北部的约克郡,准备纠集忠于自己的军队,讨伐议会。1642年8月22日,查理一世率领军队在诺丁汉升起了军旗,正式宣布讨伐议会。

消息传到伦敦后,议会慌忙组织军队抵抗。当时英格兰北部和西部的封建贵族拥护国王,参加了国王军。而在工商业比较发达的包括伦敦在内的英格兰东南部,很多资产阶级新贵族、市民和农民都表示拥护议会。内战开始后,由于国王军训练有素,临时拼凑起来的议会军接连战败,国王军一直打到离伦敦很近的牛津。伦敦城内的议员们乱成一团,有的主张坚决抵抗,有的主张逃跑,有的主张和国王议和。这时,议会军统帅克伦威尔挺身而出,强烈谴责逃跑和议和的人,主张同国王军决战,早已没有主意的议员们只好表示同意。

克伦威尔是一个新贵族的儿子。内战爆发后,他招募了60名农民组成了骑兵,加入了议会军同国王军作战。由于他的军队纪律严明,作战勇敢,屡建战功,人数也不断增加,所以很快就得到了议会军广大官兵的拥护,克伦威尔也成了议会军的统帅。

1644年7月的一个傍晚,在约克城西郊的马斯顿草原,国王军和议会军展开了决战。国王军有1.1万名步兵和7000名骑兵,议会军有2万名步兵和7000名骑兵。国王军的统帅鲁波特望着黑压压的议会军,问侍从:"克伦威尔也来了吗?"侍从说:"是的,他来了。"鲁波特听了长长地叹了一口气,因为他知道克伦威尔能征善战,再加上议会军人数比国王军多,这场仗很难取胜。正当他准备去吃晚饭的时候,议会军分三路,呐喊着向国王军发起了冲锋,这是鲁波特始料不及的,他慌忙部署军队迎战。在他的指挥下,国王军打退了议会军的左翼。就在这时,克伦威尔率领着精锐骑兵向鲁波特杀来。鲁波特吓得掉转马头,狼狈逃走了。国王军顿时大乱,议会军趁机发起总攻,国王军大败。第二年夏天,议会军抓住了查理一世。但他很快逃了出来,又发动第二次内战,结果又被打败,再次成为俘虏。

1649年1月30日,伦敦法庭宣布查理一世是"暴君、叛徒、杀人犯和人民公敌",宣布对他处以死刑。一身黑衣的查理一世早已没有了昔日趾高气扬的模样,他脸色苍白,目光呆滞,浑身颤抖。刽子手手中锋利的斧头向查理一世的脖子用力砍去,查理一世的头颅滚落到地上,沾满了泥水,人民发出一阵欢呼。此后,英国成立了共和国,资产阶级革命取得了成功。

◎ 此图描绘了查理一世被处死后,当刽子手拿着国王的头颅示众时,一位妇女当场昏厥的情景。

复辟与"光荣革命"

克伦威尔死后,他的儿子理查·克伦威尔继任为护国主。但他软弱无能,既没有他父亲的威望,也缺乏治国的才能,克伦威尔手下的高级军官们根本不把他放在眼里。不到一年,理查·克伦威尔就被迫辞去护国主的职位。这些高级军官们争权

◉ 威廉在英国西海岸登陆,受到资产阶级和新贵族的欢迎。

夺势,谁也不服谁,搞得国家乌烟瘴气,一片混乱。为了维护自己的利益,英国的资产阶级和新贵族决定把流亡在法国的查理一世的儿子查理二世接回英国。

多次复辟失败的查理二世接到这个消息后,大喜过望。为了能得到资产阶级和新贵族的支持,他表示赦免所有参加过革命的人,实行宗教信仰自由,承认在革命期间获得土地的人的产权,甚至宣称如果他当上国王后,政府将由国王、上院和下院联合组成。资产阶级和新贵族非常高兴,1660年5月26日,查理二世被迎回伦敦,重登王位,斯图亚特王朝复辟了。

但不久,查理二世就露出了他的狰狞面目,开始了反攻倒算,大肆迫害革命者,英国处于一片白色恐怖之中。

1661年1月31日的早晨,伦敦的薄雾还没有散去,一辆华丽的马车在一群侍卫的保护下,来到伦敦近郊的墓地。马车停住后,一个侍卫走到马车前,毕恭毕敬地说:"陛下,墓地到了。"查理二世打开车门,走了下来。

"他的坟墓在哪里?"查理二世问。

"在那里。"侍卫朝远处一指。

"来人啊!给我砸了他的墓碑,挖出他的尸体!"查理二世望着那块墓碑,眼里冒出怒火,歇斯底里地喊道。

一群侍卫拿着铁锹、铁锤一拥而上，很快就将那块刻有"护国主——克伦威尔"的墓碑砸了个稀巴烂。他们抡起铁锹，又挖出了克伦威尔的棺材。侍卫们拿着斧头，将棺材劈开，取出了已经腐烂的克伦威尔的尸体。同时被砸墓碑和开棺的还有克伦威尔的女婿——爱尔兰总督爱尔顿和很多革命者。

查理二世将这些革命者的尸体施以绞刑，吊在绞刑架上。但这还不能解查理二世的心头之恨，他又下令将这些尸体的头砍下来，悬挂在当年审判查理一世的威斯敏斯特宫的竿子上示众。对那些曾经参与审判查理一世的法官们都以"弑君"罪处死，已经死了的也要从坟墓里挖出来砍头。

在查理二世流亡法国期间，他得到了法国的大力支持。为了感谢法国，查理二世将英国在欧洲大陆唯一的一个贸易点敦刻尔克卖给了法国，这使英国丧失了在欧洲大陆的立足点。英国人民极为不满，认为这是"丢掉了挂在腰带上的一把钥匙"。法国政府因此更加起劲地支持查理二世，给了他大量的贷款。有了法国的撑腰，查理二世的底气更足了。他在英国倒行逆施，解散议会，取消城市的自治权，将人民在革命期间取得的权利全部剥夺。

1685年，查理二世病死，他的弟弟詹姆斯二世即位。詹姆斯二世是个狂热的天主教徒，他一上台就宣布天主教为国教。这就意味着革命时那些靠没收天主教会势力的土地而致富的资产阶级和新贵族将被迫退还这些土地，从而引起了他们的强烈不满。这项政策同时也引英国国教徒的不满，他们认为天主教定为国教后，他们的地位、领地、税收以及一切福利都将丧失。于是，他们联合起来，反抗詹姆斯二世的反动统治。他们不敢发动群众起义去推翻詹姆斯二世，而是想换一个国王。选谁当国王呢？他们选择了在荷兰执政的威廉二世。为什么选择他呢？一是因为他是詹姆斯二世的女婿，二是因为他信仰新教。

威廉二世接到英国人的信后，非常高兴，觉得这简直就是天上掉了一块馅饼！经过一番精心准备，威廉二世带领1万步兵和4000骑兵，乘坐600艘战船在英国西南部德文郡的托尔贝港登陆。威廉二世在英国资产阶级和新贵族的带领下，率军向伦敦挺进，一路上势如破竹。詹姆斯二世的军队虽然多，但都贪生怕死，不敢与威廉二世的军队交

·《权利法案》·

《权利法案》是斯图亚特王朝的国王们与英格兰人民和议会在17世纪长期争斗的结果。它成为1688年革命后施政的基础。法案的主要内容在于明文宣布詹姆士二世的各种措施非法。法案规定：不经议会同意，国王无权征税；不能在和平时期维持常备军；议会要定期召开；议员的选举不受国王干涉；议员有在议会活动的自由等。同时法案也确定了王位继承问题。《权利法案》为限制王权提供了宪法保障，在英国确立了资产阶级专政的君主立宪制，是英国法律的基本组成部分之一。

战。很多军官都投降了威廉二世,甚至包括英军总司令约翰·丘吉尔,就连詹姆斯二世的小女儿和她的丈夫也投奔了威廉二世。众叛亲离的詹姆斯二世逃到了法国,威廉二世当上了英国国王。英国人把这次不流血的政变叫作"光荣革命"。光荣革命结束了英国的专制统治,为英国资本主义的发展提供了稳定的环境。

牛顿的发现

1642年圣诞节,牛顿降生于英格兰北部乌尔索普村的一户农家。父亲在牛顿还没出生时就去世了,母亲为了生存,改嫁给邻村的牧师巴顿,牛顿被留给了年迈的外祖母。不幸的童年使牛顿形成了沉默寡言、腼腆和孤僻的性格。但牛顿爱好思考,喜欢动手做木匠活,这无疑为以后从事实验研究工作打下了基础。

12岁时,牛顿来到离家不远的格兰山镇上的金格斯中学,寄宿在克拉克的药店楼上。他用木箱和玻璃瓶做成水钟,控制时间,每天黎明时水钟按时滴水到他的脸上,把他叫醒。

牛顿的母亲原希望他成为一个农民,能赡养家庭,但牛顿本人却无意于此。14岁时的牛顿充满理想,不停地思考各种问题,他在自家的石墙上刻了太阳钟,争分夺秒地学习。有一次,他在暴风雨中跑来跑去测验风力,浇得浑身湿透。他的母亲怕他真的疯了,只好放弃了让他成为农民的念头,叫他继续读书。

随着年岁增大,牛顿越发爱好读书、喜欢沉思、做科学小试验。牛顿在中学时代学习成绩并不出众,只是对自然现象有好奇心,他分门别类地记读书心得,又喜欢别出心裁地做些小工具、小试验。1661年,牛顿经过数年的勤奋学习,终于考入剑桥大学,并获"减费生"资格。1664年成为奖学金获得者,1665年获学士学位。一位叫巴罗的学者发现牛顿是个人才,举荐他为研究生,把牛顿引向了自然科学的王国。1665年1月,

> **·英国皇家学会·**
>
> 1660年,斯图亚特王朝复辟后,伦敦成为英国学术研究的中心。为了组织好学术研究,伦敦的科学家们在当年11月提出成立一个促进数学和物理研究的学院,推选约翰·威尔金斯为主席,并向查理二世递交了申请。不久查理二世批准了申请,并担任了该学会的保护人。该学会虽然经由皇家批准成立,但在组织上是一个独立自由的社团,在制定章程和吸收新会员时不受任何政府机构的干扰。英国皇家学会每年3月的第3个星期三召开选举年会。自1915年开始,该学会的会长均由诺贝尔奖获得者担任。英国皇家学会在英国起着国家科学院的作用,促进了英国自然科学的发展,享有极高的国际声誉。

牛顿完成大学学业，在巴罗的推荐下，继续留在学校做研究。但刚过半年，伦敦就爆发了大规模的黑死病，剑桥全校暂时停课，牛顿回到了故乡。

1665～1666年，牛顿认真总结了前人的科学研究方法并加以运用，很快就研究出了二项式定理，制定出微积分，用三棱镜把白光分解成七色光并确定了每种颜色光的折射率，他还继承了笛卡儿把地上的力学应用于天体现象的想法来探索行星椭圆轨道问题，试图把苹果落地与月亮绕地联

◎ 牛顿

系起来。1667年，牛顿重返剑桥大学，在巴罗教授指导下继续从事科学研究。1669年，巴罗教授推荐他担任"卢卡斯数学讲座"教授，26岁的牛顿担任此职一直到53岁。1672年，他被接纳为伦敦皇家学会会员。1687年，《自然哲学的数学原理》这一划时代的著作问世，该书以牛顿的三大运动定律和万有引力定律为基础，建立了完美的力学理论体系，说明了当时人们所能理解的一切力学现象，解决了行星运动、落体运动、振子运动、微粒运动、声音和波、潮涨潮落以及地球的扁圆形状等各式各样的问题。在以后的200多年中，再也没有人补充任何本质上的东西，直到20世纪量子论和相对论的出现，才使力学的范畴扩大。

牛顿虽然在年轻时就成了享誉欧洲的大科学家，但在生活上并不富裕，一生中大部分时间是在贫困中度过的。1696年，他的一位同学蒙格特担任英国财政大臣，任命牛顿为造币局的副局长。牛顿经过两三年努力，很快解决了英国币制的混乱问题，并在1699年升任造币局局长。此后他的生活有所改善，年薪2000英镑，是在剑桥当教授时的10倍。

1727年3月，84岁的牛顿出席了皇家学会例会后，这位一生不知疲倦的科学家突然发病，于3月20日拂晓前与世长辞。他的临终遗言是："我不知道世上的人对我怎样评价。我却这样认为：我好像是在海滨上玩耍的孩子，时而拾到几块莹洁的石子，时而拾到几块美丽的贝壳并为之欢欣。那浩瀚的真理的海洋仍展现在面前。"

牛顿的骨灰被安葬在威斯敏斯特教堂，威斯敏斯特教堂是英国历代君主举行加冕仪式的地方，牛顿是第一位以科学家身份安葬在此的人。

"太阳王"路易十四

为什么路易十四被称为太阳王呢?那是因为成年后的路易十四,无论言行起居还是穿着服饰,都极其优雅而庄严。他好大喜功,喜欢人们叫他"大皇帝"(Grand Monarch)。他选择太阳为他本人特殊的标识,是因为太阳是天体中最明亮的。人们目睹路易十四高高坐在镀金的宝座上,光辉四射,又怎能不俯首帖耳,顶礼膜拜?

说到路易十四,还不由得让人想起法国的香水,法国香水工业之所以那么发达,路易十四功不可没。

法国人原先不爱洗澡,就是国王也不例外。他们宁愿一天换几套衣服,也不愿意用香皂洗澡,因为他们认为多洗澡不好,认为香皂有毒。由此可想而知他们身上的味儿该有多难闻,路易十三就曾被称为"臭王"。到了路易十四时,他为了不让别人闻到自己身上的臭味,就大量地使用香水,还用混合了葡萄酒的水洗手和漱口,再用洒了香水的干布擦。在香水这方面,他很讲究,让人每天都配制出一种他喜欢的香水来。不仅自己用,他还命令他的臣民不擦香水就不许出入公共场合,还要不时地更换香水。就这样,法国的香水工业迅速地发展起来。

这个故事只不过是路易十四的一个逸闻趣事,和他的一生相比,实在是微不足道。由于父亲早逝,路易十四在5岁时就继承了王位。当时表面上由太后安娜执政,但实权却掌握在首相马扎然手中。年幼的路易十四曾经历了由法院贵族和资产阶级领导的反抗政府的"投石党运动",跟随朝廷逃离巴黎,并遭到追捕。

◉ 凡尔赛宫外景

这个事件对他亲政后加强王权、削弱高等法院的权力和实行钳制贵族的政策有深刻的影响。

1661年,强权首相马扎然死后,路易十四开始亲政。他事事躬亲,称自己为从事"国王的职业"。刚一上台,他就判处不可一世的财政总监福凯终身监禁,然后打击高等法院的权威,又把一切介于君主和庶民之间的承上启下的权力机构撇在一边,通过种种措施,空前加强了中央专制王权。在他亲政的 55 年(1661～1715 年)中,法国一度称霸欧洲,这一时期后来被伏尔泰称为"路易十四的世纪"。

在国内经济领域,路易十四推行科尔伯的重商主义政策,大力修建基础设施,降低税率,奖励工业生产,积极从事对外贸易,造就了法国经济的繁荣。路易十四拥有一支自罗马帝国以来欧洲人数最多、最强大的常备军,1672 年,陆军人数达到 12 万,1690 年超过 30 万,几乎相当于欧洲其他国家军队人数的总和。依靠这支军队,他打败了法国的传统敌人德意志和西班牙,与诸多的欧洲国家结成同盟关系,使法国处于优势地位,以至于没有任何障碍能够限制这个年轻国王的行动。当时似乎只有荷兰这个贸易强国可与法国匹敌,但它却由法国王室的支系支配着。在思想文化领域,他大力推行"君权神授"思想,宣称"朕即国家",树立起无上的权威,在宫廷里被称为"太阳王"。同时,他对文学艺术和科学给予资助,先后成立了法兰西科学院、法兰西建筑科学院和法兰西喜剧院,兴建了华丽堂皇的凡尔赛宫。在他统治时期,古典主义的戏剧、美学、建筑、雕塑和绘画艺术都大放异彩,出现了像法国喜剧创始人莫里哀、古典主义美学家布瓦洛、寓言作家拉·封丹、建筑艺术家克洛德·贝洛等一大批艺术大师。

但是,路易十四的强权统治也造成了深刻的社会危机。他在 55 年中打了 32 年仗,连绵不断的对外战争和豪华无度的宫廷开支,使法国的人力和财力日趋枯竭,在他统治的后期,法国相继爆发了规模巨大的起义。1715 年,曾称雄一时的路易十四在人民群众的一片怨声中死去。

彼得大帝改革

彼得大帝是俄国历史上最杰出的沙皇之一,他为俄国夺得几代人梦寐以求的出海口,他的改革使贫穷落后的俄国走上近代化强国之路。

俄罗斯人普遍把胡须这种"上帝赐予的饰物"当作自豪的标志,有一把宽阔密实而且完整的大胡子被认为是威严和端庄的表征。可是,为了改变社会风气,彼得决定先从俄罗斯人的胡须开刀。他宣布剪胡子是全体居民的义务,并亲自动手剪掉了一些高级军官的胡须。但改革在民间却遇到很大阻力,于是,彼得设立了"胡须税":留须权可以花钱购买,富商留胡须要付很大一笔钱,即每年 100 卢布;领主和官员每年要付 60 卢布;其他居民要付 30 卢布;农民每次进出城要付1戈比。有一种专门制造的金属小牌，作为缴纳胡须税的收条。留胡子的人把小牌挂在脖子上，它的正面画着短髭和胡须的标记，同时写着"须税付讫"的字样。

这是彼得大帝改革中的一个插曲。

彼得出生于1672年，10岁时，彼得被拥立为"第二沙皇"，与同父异母的哥哥伊凡共享皇位。彼得年幼，伊凡愚钝，异母姐姐索菲娅公主掌管朝政。彼得只得随母亲隐居到莫斯科的郊区，在那里和小伙伴们玩军事游戏，建立起两个童子军团，这两个军团后来成为他执政后近卫军的中坚力量。小彼得经常和外国侨民来往，向他们学习数学、航海等知识，受到了西欧文化的影响。

⊙彼得大帝是18世纪初期俄国的统治者，俄国历史上被尊为大帝的第一人。他全力以赴地将封闭保守的俄国转变成一个真正的帝国。

1689年，彼得同贵族之女叶多夫金·洛普辛娜结婚，1696年又提出离婚，并把妻子送进了修道院。1712年，彼得同女奴叶卡捷琳娜结婚，后者在彼得死后，成为俄国的第一个女皇。

1689年，彼得夺取政权，他把国事交给母亲和舅舅等亲信管理，自己仍然操练童子军团，一直到1694年母亲去世后，他才开始亲政。彼得是一位野心勃勃的皇帝，1695年，他亲政不久就率3万大军进攻顿河河口的亚速，但由于没有海军而失败。第二年春天，不甘失败的彼得指挥一支仓促建立的舰队再围亚速，土耳其被迫投降。虽然占领了亚速，却暴露了俄国在军事上的落后。于是他在1697年派遣一个使团前往欧洲考察，学习航海、造船和外语。彼得自己也化名加入使团，他沿途参观工厂、码头、大学，拜访过大科学家牛顿，还曾在荷兰的造船厂当学徒。第二年夏天，彼得担心国内发生叛乱而回国。1700年，彼得发动对瑞典的突然袭击，但由于俄国的落后，在纳尔瓦大战中被瑞典打得大败。

⊙图为彼得大帝剪须运动中的一个场面。由于公众对剪须存在抵触情绪，彼得大帝恩准付出高额税款的人可以不剪须。而那些做出这种选择的人要佩戴上题有"已付钱"字样的大纪念章。

为了实现富国强兵,彼得在经济、政治、军事、文化等方面推行了一系列欧化政策,使俄国迅速成为欧洲强国。

在经济方面,彼得大力发展工业,为俄国的强盛奠定了工业基础。他积极建造基础设施,建设通商口岸,发展国内贸易,并实行保护关税政策,奖励输出,限制输入。军事方面,他建立了一支由步、骑、炮、工组成的20万人的正规陆军和一支由48艘战舰、大批快艇和近3万名水兵组成的海军舰队。文化教育方面,他建立了众多培养专门人才的学校,并派遣留学生到西欧学习,规定贵族子弟必须接受教育,必须学会算术和一门外语。此外,他还建立了俄国的第一个印刷所、博物馆、图书馆以及剧院,创建了第一份全俄报纸《新闻报》,并亲任主编,又于1724年开始筹建俄罗斯科学院。政治上,他把宗教权控制在国家和自己手中,改革了行政管理制度,加强了中央集权。这些改革改变了俄国生产力水平低、工商业和文化不发达的局面,为俄国跻身于欧洲强国之列奠定了基础。

在国内改革的同时,彼得发动了连绵不断的战争,从东南西北各个方向拓展了俄国的领土,他在具有战略意义的涅瓦河口修建了彼得堡要塞,建造起木屋城堡,并在1713年把首都由莫斯科迁往彼得堡。1714年,俄军占领瑞典首都斯德哥尔摩。1721年,瑞典被迫与俄国签订和约,把波罗的海的里加湾、芬兰湾及沿岸的爱沙尼亚、拉脱维亚等地割让给俄国。在不到20年的时间里,彼得把彼得堡由几个小村庄变成了拥有7万人的大城市。1721年10月,为了表彰他的功绩,参政院授予他"大帝"和"祖国之父"的称号,俄国国号也改为俄罗斯帝国。

1725年1月28日,彼得大帝在彼得堡去世,享年53岁。

奥地利的开明专制

18世纪中后期,欧洲大陆各国的封建制度日趋衰落,资本主义迅速发展。一些欧洲封建专制国家的君主为了巩固自己的专制统治和顺应时代的发展,他们利用法国启蒙运动思想家伏尔泰希望"开明专制"的观点,高喊"开明"的口号,进行了自上而下的改革,把自己装扮成开明君主。于是"开明专制"便

◉ 玛丽亚·特蕾西娅

成了当时欧洲大陆各封建国家的特征。

奥地利大公兼神圣罗马帝国皇帝的查理六世没有儿子,他担心自己死后王位旁落,就制定了一个新的王位继承法——国本诏书。诏书规定,如果没有儿子,那么女儿也可以继承王位。为了防止自己死后邻国和诸侯反对自己的女儿,查理六世慷慨地给了邻国君主和国内诸侯很多好处,以换取他们的支持。邻国的君主和国内诸侯都纷纷表示赞成查理六世的"国本诏书"。1740年,查理六世去世,他的大女儿、23岁的特蕾西娅即位,成了奥地利大公和匈牙利的女王。

特蕾西娅1717年生于维也纳,天资聪颖,受过良好系统的宫廷教育,学习过世界史、宗教史,能流利地讲德、法、意、捷克和拉丁语。1736年,特蕾西娅同洛林公爵弗兰茨·斯特凡结婚。

特蕾西娅一登基,邻国和国内的诸侯就推翻了以前的承诺,公开反对她继承皇位,并发兵攻打奥地利,阴谋夺取奥地利的领土。1740年,普鲁士国王腓特烈联合法国、巴伐利亚、萨克森、西班牙、撒丁等国组成反奥联盟,拒绝承认特蕾西娅的合法继承权,并派兵侵入奥地利最富庶、工业最发达的西里西亚省,史称"奥地利王位战争"。面对严峻的形势,特蕾西娅决心捍卫自己的王位和帝国的统一。她采取了一系列措施,迅速缓解了奥地利的国内矛盾,使奥地利一致对外。随即又积极活动,取得了英国和俄国的支持,并得到了英国大量的经济援助,终于渡过了危机。1745年,她的王位继承权得到了德意志大多数选侯的承认,她的丈夫弗兰茨也被推举为神圣罗马帝国皇帝(皇帝只允许男子继承),但她仍大权独揽。

1748年,奥地利与交战国签订《亚琛和约》。和约承认了特蕾西娅的王位继承权,但规定奥地利必须把大部分西里西亚割让给普鲁士,把一部分意大利领土割让给西班牙和撒丁王国。

战争的失败暴露了奥地利的政治和军事弊端,使特蕾西娅认识到:"国家的弊端,不仅仅是个人的问题,也是整个王朝结构造成的结果。"在一大批受到启蒙思想影响的大臣的辅佐下,特蕾西娅宣布实行"开明专制",进行一系列大规模的改革,以振兴国家,巩固统治。

为了对付强大的法国和普鲁士,特蕾西娅首先进行军事改革,创办了

> **· 神圣罗马帝国 ·**
>
> 公元962年,德意志国王奥托一世称帝,成为天主教世界的最高统治者。他建立的帝国从1152年起就被称为神圣罗马帝国,被认为是罗马帝国的继承者。经过几百年的征战后,神圣罗马帝国衰落了下来,成为境内各公国和领地的联盟。1356年,"金玺诏书"确定了七大选帝侯,从15世纪初开始,哈布斯堡家族垄断了皇帝之位。1474年时,帝国改名为德意志民族神圣罗马帝国,已经徒具虚名。宗教改革运动之后,神圣罗马帝国实际上已经分崩离析,三十年战争后,荷兰和瑞士脱离帝国。拿破仑称帝后,迫使神圣罗马帝国皇帝放弃了皇帝称号,使帝国彻底瓦解。

"玛丽亚·特蕾西娅陆军大学",规定以后军官必须经过正式训练才能任职,军官升职不以出身而以学历和战功为标准。她改革征兵方式和军事训练方法,将军队由10万人扩充到27万人,奥地利的军事实力大大增强。

在政治上,为了加强中央集权,特蕾西娅组成国务院,建立了管理内政和财政的机构,剥夺了邦议会和贵族领主的权力。

经济上,她下令统一货币,并发行纸币,减轻农民服劳役的时间,取消贵族和僧侣不纳税的特权。她还鼓励工商业者创立工厂,并设立奖金奖励新发明和新企业。为了改变技术落后的状况,特蕾西娅允许外国技术人员迁居奥地利。同时,公费派遣技师到国外深造,并禁止熟练工人外流。

1780年,特蕾西娅去世,她的儿子约瑟夫二世继承王位(他在1765年父亲去世后就继承了神圣罗马帝国的皇位)。他采取了激进的改革措施,进一步加强了中央集权,废除了农奴制,严格限制天主教的势力。但他的措施触犯了贵族的利益,也激化了民族矛盾。1790年,约瑟夫二世去世,他给自己写的墓志铭是:"这里沉睡着一位国王,他心地纯洁,但却目睹了自己的全部努力归于失败。"

特蕾西娅和约瑟夫二世的改革,取得了很大的成就,是奥地利近代化的开端。

普鲁士精神

普鲁士是神圣罗马帝国的一个小诸侯国,本来并不强大,但国王威廉一世励精图治,扩充军备,逐渐成为欧洲的一个军事强国。威廉一世自称"士兵国王",认为一个国王必须是一个优秀的军事家。他加重赋税,扩充军队,强迫农民当兵,把普鲁士军队从4万人增加到9万人,还参加了反对瑞典霸权的北方战争。

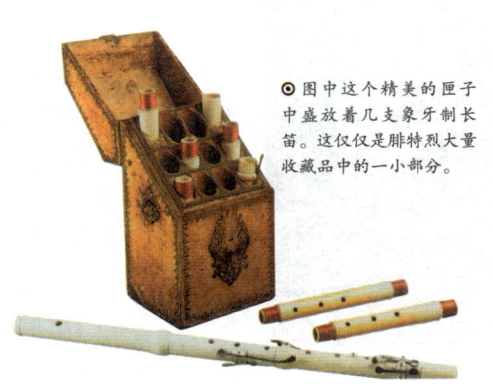

◉ 图中这个精美的匣子中盛放着几支象牙制长笛。这仅仅是腓特烈大量收藏品中的一小部分。

但令威廉一世头疼的是他的儿子腓特烈,他不喜欢军事而喜欢音乐。腓特烈从小就受到法国文化的熏陶,一心想当音乐家和哲学家。他不仅能熟练地吹奏横笛,自己作曲,还写了很多优美的诗。威廉一世非常生气,认为他学的都是些没用的东西,因此腓特烈和父亲发生了激烈的冲突,并和好朋友准备逃到英国去,结果半路被拦截了。威廉一世把他关了起来,后来腓特烈终于屈服,表示愿意学习军事,这才获得了自由。

1740年,威廉一世去世,腓特烈即位,被称为腓特烈二世。腓特烈二世即位后,不再沉溺于文学艺术,而是勤于政事,励精图治,他每天早晨四五点就起床,一直工作到深夜。平时穿的衣服也是普通的士兵服,仅仅在参加庆典时才穿上一件外袍。腓特烈生活简朴,他的官员的薪俸也很少,他要求官员必须严格遵守法律,严惩贪污。在当时,欧洲各国贪污腐败成风,只有普鲁士官员清廉。

为了增强国力,腓特烈二世颁布了一系列的法律,大力发展经济,他组织人员改造河流,排干沼泽,给农民提供牲畜和种子,发放贷款。在矿产丰富的西里西亚地区建立矿场,在柏林建了很多工厂。

普鲁士的崛起是和拥有一支强大的军队分不开的。腓特烈二世把军队建设看得高于一切,他将原来9万人的军队扩充到20多万,把国家4/5的收入都用于军费开支。普鲁士军队装备精良,训练有素,纪律严明。腓特烈二世率领他的军队四处征战,夺取了大片土地。1740年,他刚即位就加入了法国组织的反奥同盟,发动了对奥地利的战争。经过两次战争,普鲁士占领了奥地利最富庶、工业最发达的西里西亚,摘取了"奥地利王冠上的明珠",获得了3.5万平方千米的土地,国土面积增加了1/3,实力大增。在1756~1763年的英法七年战争期间,普鲁士联合英国,同法国、奥地利、俄国作战,虽然首都柏林一度被俄国占领,但后来却反败为胜,巩固了自己的领土,一跃成为欧洲的强国之一。1772年,腓特烈二世又勾结奥地利和俄国瓜分波兰,夺取了3.6万平方千米的土地。法国一位高级官员惊叹说:"别的国家都是拥有一支军队,而普鲁士则是军队拥有一个国家!"

腓特烈二世是欧洲历史上的名将,他毕生从事战略战术方面的研究,创造了多种战术。其中最有名的就是"线形战术",当时欧洲军队使用的火枪

◉ 腓特烈二世设计的无忧宫

一次只能发射一发子弹,发射第一颗子弹后,要退出弹壳装第二颗子弹,中间间隔了一段时间。腓特烈二世将士兵排列成三排,第一排士兵卧倒,第二排士兵单腿跪下,第三排士兵站立。当第一排的士兵射击时,第二、第三排的士兵装子弹。第二、第三排的士兵发射时第一排的士兵装子弹,如此反复循环,可以不停射击,杀伤力很大。靠着这种战术,腓特烈二世打了很多胜仗。

但在与俄国作战时,他的这种战术却遭到了失败。原来俄国骑兵的速度很快,像一阵风似的就冲到了普鲁士军队的阵地,普鲁士士兵根本就来不及装子弹,因此遭到了惨败。

腓特烈二世从失败中吸取教训,得出了战争的关键在于速度。他又设计了一种新的战术,首先用大炮猛轰敌人的阵地,然后再派骑兵冲锋,最后步兵上前巩固成果。这种炮兵、骑兵和步兵相结合的战术成为近代战争史上最有效的进攻手段。

1786年8月17日,腓特烈二世去世,他被尊为"大帝"。在他临死前,神父布道说:"人赤条条地来,又赤条条地去。"腓特烈二世挣扎着坐起来,大喊:"我不要赤条条地去,我要穿上我的军装!"后来拿破仑来到他的墓前,对手下的将军说:"如果他还活着,我们根本就来不了柏林。"

叶卡捷琳娜二世

叶卡捷琳娜二世本名叫索菲娅·奥古斯塔,是德意志一个小公爵的女儿。幼年时,索菲娅受到法国启蒙思想家的影响,经常给孟德斯鸠写信。这种书信往来持续了很长时间,后来她当女皇后仍是这样。1744年,15岁的索菲娅随母亲来到俄国,改名为叶卡捷琳娜·阿里克塞耶芙娜,并在第二年同后来的沙皇彼得三世结婚。

◉ 圣彼得堡皇宫前的阅兵式

叶卡捷琳娜来到一个完全陌生的环境中,与丈夫彼得的关系又不好,因此常感到孤独寂寞。她把时间用在读书和了解俄国上,为自己积累了丰富的知识。同时她也处心积虑地积蓄力量，取得了俄国贵族和军队的支持。1762年，叶卡捷琳娜在近卫军军官的支持下发动政变，囚禁了继位仅半年时间的丈夫彼得三世，三天后又将其杀害，自己登上了俄国沙皇的宝座。

叶卡捷琳娜即位后的国内形势很不稳定，反对她篡位的贵族大有人在，但她采取了一系列维护贵族特权、加强贵族专政、巩固农奴制度的措施，稳定了自己的政权基础。她把俄罗斯的农奴制度推广到乌克兰、白俄罗斯和波罗的海沿岸广大被征服的地区，并规定农奴是地主的私有财产，可以随意买卖。她还把大量国有农民连同土地赠送给贵族，这样到18世纪初，全国人口的49%已变成农奴，叶卡捷琳娜在位期间也是俄国农奴制高速发展时期。

⊙ 叶卡捷琳娜每天大部分时间都在阅读、书写备忘录及信件或签署政令中度过。

同时，她改革了中央和地方的政权机关，建立起高度集中的专制制度，采取一系列措施鼓励工商业的发展，使俄罗斯帝国的国力在彼得一世后再次获得了迅速发展，进入了鼎盛时期。她还接受了法国启蒙思想家的"开明专制"的政治主张，和伏尔泰、狄德罗等法国思想家交往密切，在1767年夏天召集"新法典起草委员会"会议，宣扬了自己的君主专制、严厉的法治主义以及法律面前人人平等的思想。由于她的卓越才能和成就，她成为继彼得一世后第二个被俄国贵族授予"大帝"称号的沙皇。

巩固政权之后，叶卡捷琳娜二世继承彼得大帝的衣钵，开始大举对外扩张。她在1768～1774年和1781～1791年两次发动对土耳其的战争，夺取了亚速海及黑海沿岸地区，

·俄都圣彼得堡·

俄罗斯第二大城市圣彼得堡位于波罗的海芬兰湾东端的涅瓦河三角洲，是俄罗斯通往欧洲的"窗口"。圣彼得堡位于大涅瓦河和小涅瓦河汇聚的三角洲地带，在18世纪初，这里还是一片沼泽。随着圣彼得堡市的建造，人工运河在市内纵横交错，这些运河是在叶卡捷琳娜二世时期开凿，以缓解因芬兰湾水浅而倒灌进入圣彼得堡的海水。圣彼得堡共有42个小岛，由423座桥梁连接。风光旖旎的圣彼得堡因而有"北方威尼斯"的美誉。因其地处北纬60度，每年初夏都有"白夜"现象。这座历史名城由彼得大帝于1703年所建，以东正教圣徒彼得的名字对其命名。1712～1918年，它一直是俄国首都，因此得名"北方之都"。

兼并克里米亚汗国,并取得黑海至地中海的航行权。她还3次参加瓜分波兰,为俄国取得第聂伯河以西的乌克兰、白俄罗斯、立陶宛等地。到18世纪末,俄国虽然在政治、经济、文化上仍大大落后于西方国家,可是由于广大的幅员与强大的军力,它却已跻身于欧洲列强之列了。

连续多年的对外战争,消耗了俄罗斯帝国大量的财力物力,而这些负担都转嫁到农民身上。在叶卡捷琳娜二世的纵容下,贵族们穷凶极恶地压榨农民,终于在1773年酿成俄国历史上最大规模的普加乔夫农民起义。叶卡捷琳娜二世利用起义军缺乏统一指挥、各自为战的弱点,用了两年多时间镇压了这次起义。

叶卡捷琳娜二世无疑是俄国历史上最野心勃勃的皇帝之一。她在48岁时有了第一个孙子,取名为亚历山大,意思是希望孙子学习古代的亚历山大大帝,使俄国成为横跨亚、非、欧三大洲的大帝国;50岁时有了第二个孙子,取名康斯坦丁,希望他成为君士坦丁堡的征服者。她甚至说:"要是我能活到200岁,整个欧洲都是俄国的。"叶卡捷琳娜二世晚年还念念不忘建立俄国的世界霸权,企图建立一个包括6个都城(彼得堡、莫斯科、柏林、维也纳、君士坦丁堡、阿斯特拉罕)的俄罗斯帝国,而且要侵入波斯、中国和印度。可是她的野心未能实现,1796年11月6日,她因为中风去世,享年67岁。

启蒙运动的先驱伏尔泰

◉ 法国启蒙思想家伏尔泰,这是他34岁时的一幅肖像画。

伏尔泰是18世纪法国启蒙运动杰出的哲学家、政治活动家、文学家。伏尔泰的真名是弗朗索瓦·玛丽·阿鲁埃。1694年,伏尔泰出生于一个富裕的中产阶级家庭。父亲是法院公证人,母亲在他7岁时去世。10岁时,伏尔泰进入了耶稣会主办的大路易中学读书,12岁时已会作诗,并爱读反对宗教、宣扬自由的书。1711年8月,中学毕业后,迫于父亲的压力,伏尔泰又学了两年法律。但他却爱好文学,时常作诗,出入于豪贵门第。从1714年初开始,伏尔泰开始做见习律师。从这时起,伏尔泰开始写时政讽刺诗。

1717年5月17日，伏尔泰因一首涉及摄政王并预言"法国将要死亡"的诗歌《幼主》，遭到逮捕并被关进了巴士底狱。他在狱中完成了悲剧《俄狄浦斯》，出狱后，他用"伏尔泰"的笔名出版了这部悲剧，剧本在巴黎上演，大受欢迎，伏尔泰由此一举成名。1721年，他完成了史诗《亨利亚特》。这部史诗引起了较大的反响，但却没有得到官方的出版许可。

1725年，伏尔泰侨居英国，在那里研究了哲学家洛克和科学家牛顿的作品，完成了两部历史著作《论法兰西内战》和《查理十二史》。著名的悲剧《布鲁图斯》也是在这时完成的，为1789年法国资产阶级革命做了舆论准备。1729年下半年，伏尔泰完成了另一部史诗《奥尔良少女》，重新塑造了法兰西民族女英雄贞德的形象。

1734年伏尔泰回到法国后，在里昂出版了不朽的世界名著《英国通讯》（又名《哲学通讯》）。这部著作以书信体裁介绍英国的政治、哲学、科学和宗教等情况，抨击君主专制制度和法国的教派斗争，宣传唯物论思想，引起了极大的轰动。法院将这本书判为禁书，全部焚毁，而伏尔泰也被迫隐居。

在避居期间，伏尔泰又匿名发表了《论形而上学》《牛顿哲学的基础》等著作，同样猛烈地攻击封建制度和教会的统治。后来，他得到法国宫廷的重用，1745年被路易十五任命为编纂法兰西王国历史的史官，次年又被选为法兰西学院院士。但他因触犯了权贵大臣的利益，不久被迫离开巴黎。

1750年6月，伏尔泰离开巴黎到普鲁士，成为无忧宫的宠客。1751年，他完成历史著作《路易十四时代》。1752年，他与普鲁士国王在思想观点上发生冲突，两人关系破裂。伏尔泰于1753年离开了普鲁士。从此，他决心再也不同任何君主来往。1754年，他前往瑞士。

◉ 1775年，在法国一贵妇人的沙龙上，客人正在宣读伏尔泰的作品，启蒙思想已深入人心。

1755年，他在瑞士边境的佛尔纳购置了一座城堡，并在这里度过了后半生。定居佛尔纳后，伏尔泰积极投身于启蒙运动，继续宣传自己的民主思想，抨击封建统治者和教会的罪恶，评论法国社会发生的各种事件。当时启蒙的代表人物如卢梭、狄德罗、爱尔维修等人，都公认伏尔泰是他们的老师，对他推崇备至。在启蒙思想家中，伏尔泰的文学作品数量最多，成就也最高，各种体例几乎无所不包。在剧本方面，他最著称的有悲剧《欧第柏》《布鲁杜斯》《伊兰纳》等和喜剧《放荡的儿子》《一个苏格兰女人》等；在诗篇方面，他最著称的有史诗《亨利亚特》《奥尔良少女》等；在小说方面最著称的有《老实人》《天真汉》等。他才思敏捷、妙语连珠、文笔锋利、词句精练，善于以机智的讽刺打击敌人，字里行间充满着嬉笑怒骂的哲言。

1755年11月，葡萄牙首都里斯本的两次地震在思想家中引起了混乱。伏尔泰写了两首哲理诗，《咏里斯本的灾难》和《咏自然法则》，遭到卢梭的批评。1758年7月，《瑞士报》刊登文章攻击伏尔泰，称他即使不是无神论者，也是被自然神的兴趣冲昏头脑的疯子。12月，伏尔泰在同一刊物上发表了《斥一篇匿名文章》，公开向宗教势力挑战。1759年，伏尔泰完成《老实人》一书，给了天主教会以毁灭性的打击。

这期间，伏尔泰完成了他一生中最激进的论著——《哲学辞典》和《有四十金币的人》。这标志着他思想的转变和成熟。伏尔泰的活动动摇了专制制度、天主教会的威信以及整个封建制度的全部体系，他的威信越来越高。

1772年，老年伏尔泰又投入到保卫人权、消灭败类的战斗中。他用真名发表了《关于康普小姐诉论的哲学思考》，要求恢复"南特敕令"给予新教徒的权利。1775年，伏尔泰写了《理性史赞》，概述了近代历史，他乐观地预言开明的理性取得最后胜利的日子就要到来。

1778年，84岁的伏尔泰回到巴黎，受到了人们的热烈欢迎。巴黎剧院上演了他的新作悲剧《伊兰纳》，演员们在舞台上抬出他的大理石半身像，还为石像举行了加桂冠的仪式。同年5月30日，伏尔泰因病逝世。

卢梭与《社会契约论》

让-雅克·卢梭，是启蒙运动时期最杰出的思想家之一，也是一位伟大的文学家。他的祖籍在法国，1712年，他出生于瑞士日内瓦的一个平民家庭。父亲伊萨克是个贫困的钟表匠和舞蹈教师，母亲是一个牧师的女儿，在卢梭出生几天后病逝。

卢梭从小和姑妈生活在一起，在姑妈的指导和鼓励下，他从小就阅读了很多古希腊和古罗马的名人传记、抒情小说，获得了丰富的知识。10岁时，他被送到一个叫朗贝尔西埃的牧师家里住了两年，学会了拉丁文。12岁时，在一个公证人那里做仆人。1725～1728年，他在一个性格暴戾的雕刻匠的店里做学徒兼杂役，生活艰辛，不时受到主人的鞭笞，最后他不堪忍受，弃职逃走，从此过着颠沛流离的生活。

◎卢梭像

1728年，16岁的卢梭流浪到萨瓦，1740年来到里昂，两年后又来到了巴黎。直到1750年7月，第戎科学院宣布他的论文《论科学和艺术是否败坏或增进道德》获得第一名，卢梭才开始在社会上享有盛誉，成为哲学界的著名人物。成名之后，卢梭改变了生活方向，他决心放弃对财产和声誉的追求，永远保持贫困和独立。1752年，他创作的歌剧《乡村魔术师》上演后获得巨大成功，演出的第二天，法王路易十五授予他一笔年金，但他拒绝接受。

1755年，卢梭出版了他最重要的理论名著《论人类不平等的起源和基础》，震动了整个欧洲。在该书中，他对私有制进行了猛烈的抨击，并提出暴力能支持暴君也能推翻暴君的辩证思想。1758年，他与百科全书派的领袖狄德罗在宗教等问题上发生分歧，最后与百科全书派分道扬镳。这以后，他患了一种受迫害妄想症，遭受了严重的病痛折磨。

但是在1761～1762年间，他完成了自己最重要的3部著作：《新爱洛绮丝》《爱弥儿》和《社会契约论》。《新爱洛绮丝》通过叙述平民出身的少年圣·普洛和贵族女儿朱丽叶的悲剧爱情，揭示了社会伦理道德的冲突。《爱弥儿》认为一个人生下来就是完美的，教育者的职责是保持孩子的这

·百科全书学派·

18世纪的时候，法国学者狄德罗主持编撰《百科全书》。为了增强该书的权威性，狄德罗邀请了当时法国几乎所有优秀学者为之撰稿。这些学者虽然信仰不同，哲学观点也不同，但是他们还是倾心为这部巨著奉献出了自己的心血。由于撰稿人大多数都是启蒙思想家，所以该书不可避免地成为启蒙思想的传播者。围绕着这本书，这些学者形成了百科全书学派这个派别，其中以狄德罗为核心的唯物论者是这个派别的核心力量。由于这部书中有太多反封建反专制的内容，所以还未出版就被列为禁书。不过狄德罗等人冲破了种种阻碍，最终将该书分别出版，前后共花了30年的时间。

种完美本性，促进受教育者自然发展。《社会契约论》集中体现了卢梭的民主主义思想，后来成了反映西方传统政治思想的最有影响力的著作之一。卢梭认为国家是由于订立契约而产生的，而人民是订立契约的主体。所以，人民有权利废除对自己不利的契约，建立符合自己权利的契约，这就是著名的"人民主权论"。

《爱弥儿》和《社会契约论》的出版，给卢梭带来了巨大灾难。他的书被焚毁，他本人也受到法院的通缉和教会的声讨，只能隐姓埋名、隐居起来度日。

1766年，卢梭流亡到普鲁士。英国大哲学家休谟听说他的遭遇后，热情地邀请他到伦敦居住。那时，饱经风霜的卢梭患了严重的妄想症，对谁都不

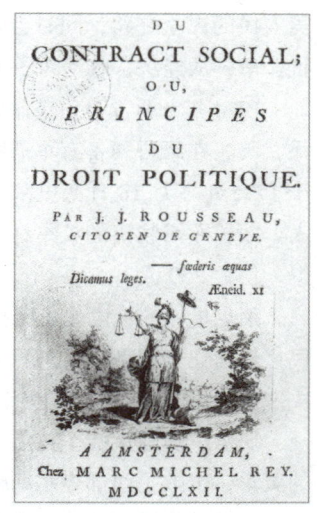

◎《社会契约论》封面

相信。到伦敦后，他怀疑休谟会谋害自己，于是经常和休谟争吵。住了不到一年，他就惊慌地逃离了英国。

1770年，法国政府宣布对他赦免，卢梭返回巴黎。他恢复了自己的真名，在沙龙里朗读叙述自己生活史的著作《忏悔录》。这部世界文学史上别具一格的名著，不仅以坦率的态度叙述了卢梭的生活史，而且用美妙的文笔和卓越的才能维护他的学说，回击他的论敌。

晚年的卢梭过着孤独而清贫的生活，郁郁寡欢。1778年7月2日，他因中风而病逝。法国大革命后，他的遗体被葬入巴黎的伟人公墓。

莱克星顿的枪声

从16世纪开始，北美洲逐渐成为欧洲列强的殖民地，各国都有移民移居北美。经过100余年的发展，美利坚民族渐渐形成。18世纪中叶，英国在北美大西洋沿岸建立了13个殖民地，并阻止当地资本主义经济的发展，企图把这些殖民地变成英国工业品的销售市场和廉价原料的供应地，加大对殖民地的掠夺与压榨。英法七年战争结束后，英国在殖民地增加税收，控制出海权，把战争损失转嫁到北美人民的身上，双方矛盾日益激化。英国为独占西部，禁止向西移民，切断了北

美人民的谋生之路，同时也限制了资产阶级对西部的开发，北美人民不断掀起反抗斗争，从经济、政治斗争渐渐演变成武装冲突。

1774年9月5日，英属殖民地代表在费城成立"大陆会议"，并秘密组织民兵武装，在康科德备有军需物资库。这一消息被英殖民者麻省总督盖奇知道后，于1775年4月18日派史密斯上校带兵收缴。民兵在莱克星顿一役中，牺牲了18人。毁掉军需物资的英军在撤退时受到全莱克星顿人民武装的包围，英军且战且退，伤亡259人。

莱克星顿的枪声是美国独立战争中的第一次战役，它震动了整个北美殖民地。民兵迅速集合起来，包围了波士顿。5月10日，大陆会议在费城召开第二次会议，决定成立一支真正的革命军队——大陆军，由华盛顿任总司令。

缺枪少弹的大陆军凭借满腔热情，攻占了加拿大的蒙特利尔，打退了波士顿的英军，击败了南部查尔斯顿的殖民者。1776年7月2日，大陆会议通过了《独立宣言》，大陆军成为合众国武装，整个北美殖民地人民情绪激昂。华盛顿率领军队接连取得胜利，迫使英军退出新泽西州中西部。

英军欲以加拿大为基地，先平定北部新英格兰和纽约的美军，再向中南部推进。伯戈因遂带领加拿大英军南下，计划与纽约豪的驻军会合。但豪改变计划南下，伯戈因失去接应，新英格兰境内的民兵不断阻击和骚扰，伯戈因无法获得充足的补给，行动迟缓。

9月19日，处于困境的伯戈因决定放弃交通线，破釜沉舟向南进发，在弗里曼农庄向美军发起进攻。美军的顽抗使英军损失惨重，伤亡600余人。10月7日，英军再次进攻，又遭到美军痛击，伯戈因被迫撤退。10月12日，退到萨拉托加附近的伯戈因发现被追击的美军包围，只好投降。16日，与美签订《萨拉托加条约》。

⊙ 1775年4月18日黎明，莱克星顿的枪声揭开了北美独立战争的序幕。

资产阶级革命时期

萨拉托加的胜利,是美国独立战争的转折点。国际反英势力纷纷支援美国,法、西、荷等国相继对英宣战,英国在国际上处于孤立状态。

英军将战略重心转移到南方,先征服佐治亚州,又逼降查尔斯顿的美军,随后攻占了南卡罗来纳。1780年12月,华盛顿任命洛林为南部美军总司令。洛林将部队分散开来,展开游击战。1781年1月17日,在考彭斯歼灭英军1100人。3月15日,在吉尔福德重创英军。同时,法国舰队在海上与英军周旋,也大大牵制了英军的陆上攻势。

◉ 新大陆森林里的海狸给了欧洲皮毛市场源源不断的供应,海狸帽一时成为上流社会的流行时尚,这给英国商人带来了巨大财富。

4月,美军在法、西、荷等国海上舰队的配合下,开始大规模反攻,迫使英军退守海岸线。8月,英统帅康沃利斯将南部主力集中在弗吉尼亚半岛上的约克敦,以便与纽约驻军相互策应。华盛顿率领美法联军1.6万余人,从水陆各方包围了约克敦,切断了英军与纽约驻军的联系。10月9日,联军发起总攻,分别从左右两方同时向约克敦发炮。火炮的巨大吼声持续了十八九个小时,英军逐渐支撑不住。16日,试图从海上逃跑的英军又因暴风吹散了准备好的船只而无法撤离。17日,失去反攻能力的英军只好投降。

1783年11月3日,美英签订和约,英国承认美国独立。美国独立战争宣告结束。

美国独立战争摆脱了英国的殖民统治,实现了美国独立,掀起了美洲殖民地人民谋求独立的革命浪潮,开创了资产阶级革命的新纪元。

美国《独立宣言》

1743年4月13日,杰弗逊出生于弗吉尼亚。杰弗逊的父母对子女的教育非常重视,让他接受了良好的教育。杰弗逊少年时就通晓拉丁文和希腊文,阅读了很多古典名著。1760年,杰弗逊考上了威廉·玛丽学院。在求学期间,他每天学习达15小时,浏览了很多启蒙运动时期英法大思想家、大哲学家的作品,视野日益开阔,思想日渐深刻,为他成为美国历史上出类拔萃的人物奠定了基础。1767年,杰弗逊取得了律师资格,后来又当选为弗吉尼亚议员,开始从政。

随着北美殖民地经济的快速发展和英国对殖民地剥削日益加重,北美人民和英国宗主国的矛盾日益尖锐。起初杰弗逊并没有产生独立的念头,后来他看了一本宣扬独立的小册子《常识》。《常识》的作者大声疾呼,北美殖民地的前途和命运在于摆脱英国的殖民统治宣告独立。当时殖民地人民反英斗争日益高涨,杰弗逊也投身于北美独立运动的洪流之中。

1776年6月7日,在费城举行的第二届大陆会议上,弗吉尼亚代表理查德·亨利·李提出了一个议案,要求解除对英国国王的一切效忠,争取外国政府的援助,殖民地成立一个独立自主的国家。经过简短的讨论,大会决定任命托马斯·杰弗逊、约翰·阿丹姆斯、本杰明·富兰克林、罗杰·谢尔曼和罗伯特·李文斯顿5人组成一个委员会,负责起草一份宣言,宣布与英国决裂。虽然其他几人都比杰弗逊年长,但大家都一致推举他为执笔人。

从6月11日到28日,在两个多星期的时间里,33岁的杰弗逊把自己关在屋子里,奋笔疾书。他绞尽脑汁,反复修改,仔细推敲,以求尽善尽美。在杰弗逊写《独立宣言》期间,他的母亲和一个孩子刚刚去世,妻子又卧病在床。杰弗逊强忍着内心的巨大痛苦,以坚强的毅力,完成了这一庄严、艰巨而又伟大的任务。7月4日,经过大陆会议短暂讨论和修改后,13块殖民地的56名代表在《独立宣言》上郑重签字,正式批准通过。

7月8日,在宾夕法尼亚州大会堂的院子里,大陆会议向群众宣读了《独立宣言》。群众纷纷将帽子、鲜花抛到空中,大声欢呼。广场上礼炮齐鸣,军队列队游行。教堂的钟声响了一整天,一直持续到深夜。

《独立宣言》第一部分深受启蒙运动中法国哲学家卢梭的"社会契约论"和英国哲学家洛克的"天赋人权说"的影响,阐述了人生而平等,造物主赋予人们固有的、不可转让的权利,包括生存权、自由权和追求幸福的权利。主权在民,人民根据契约组成国家。第二部分谴责了英国在殖民地的残暴统治和肆意掠夺,已经成为迫害人民的政府,阐述了殖民地人民要求独立的原因。它痛斥英王乔治三世的种种罪行:"他拒绝批准对公共福利有用和必要的法律,屡次解散州议会;派遣大批官员和军队控制殖民地的人民,搜刮民脂民膏;任意向殖民地人民征税;掠夺殖民地的船舶,骚扰沿海地区,焚毁城镇和乡村,杀害人民。"第三部分,《独立宣言》向全世界庄严宣布:"我们

起草《独立宣言》的委员会成员们站在主席约翰·汉考克面前,站立者中左数第四人为杰弗逊。

以善良的殖民地人民的名义,向全世界郑重宣布,我们这些联合起来的殖民地从此成为,而且名正言顺地成为独立自主的美利坚合众国。从今以后,取消一切向英国王室效忠的义务,断绝一切和大不列颠的政治关系。我们是自由独立的国家,拥有宣战、结盟、缔约、通商以及一切独立国家所拥有的权力。"

《独立宣言》的发表,对号召北美人民同英国殖民者进行斗争以获取独立起到了巨大作用,为独立战争提供了理论基础,充分表明了殖民地人民建立自己的独立国家的决心,是殖民地人民走向成熟的里程碑。《独立宣言》是资产阶级思想史上的重要文献,被马克思称为"世界上第一个人权宣言"。

攻占巴士底狱

在巴黎东南的圣安东街,有一座高大的城堡,它就是巴士底狱。巴士底狱建于1382年,起初是为了抵抗英国人而建的堡垒,后来由于巴黎的扩大逐渐成为巴黎市区的建筑,改为王家监狱。这座阴森恐怖的城堡有高高的石墙,城墙上有8座塔楼,每个塔楼的顶端都安放着一门大炮,虎视眈眈地对着整个巴黎。巴士底狱四周有一条宽25米的壕沟环绕,只有通过吊桥才能进入。几百年来,法国的官吏和密探,可以不经任何法律就逮捕反对国王、反对贵族、反对专制主义的人,把他们投入巴士底狱。在法国人民眼里,巴士底狱就是封建专制的象征。

◉ 表现巴黎人民攻占巴士底狱的图画

18世纪的法国,国民分为三个等级,第一等级是教士,第二等级是贵族,第三等级是资产阶级、城市平民、工人和农民。第一、第二等级的人数只占全国人口的1%,但他们有权有势,占有全国1/3的土地,却不用缴税。他们还利用他们手中的权力,提高税收,设置关卡,千方百计地剥削人民,引起了广大人民的不满。

1789年5月,法国国

王路易十六为了榨取更多的钱供他挥霍，召开了三级会议。第三等级的代表识破了他的诡计，趁机提出要求限制国王的权力，把三级会议变成国家的最高权力机关，这理所当然遭到了路易十六的拒绝。于是第三等级的代表宣布退出三级会议，成立国民大会，后来又改为制宪会议。听到这个消息后，路易十六暴跳如雷，秘密调集军队进入巴黎，准备逮捕第三等级的代表。

　　巴黎人民得知这一消息后，群情激愤，怒不可遏。1789年7月13日，巴黎人民手拿大刀、长矛、火枪，举行了声势浩大的起义。起义军迅速占领了巴黎的军火库，夺取了好几万只火枪和几门大炮。惊慌失措的路易十六急忙派军队前去镇压，但被起义军打得大败。仅一天的时间，起义军就控制了全城，只剩下市东南的巴士底狱了。

　　7月14日，巴黎群众高呼："到巴士底狱去！"起义军从四面八方赶来，包围了巴黎最后一座封建堡垒。巴士底狱守备司令德·洛纳被潮水一样涌来的起义军吓破了胆，急忙命令士兵绞起铁索，升起吊桥。为了减少伤亡，起义军派了几个代表，举着白旗，去同巴士底狱守备司令德·洛纳谈判，希望他投降。但丧心病狂的德·洛纳竟然命令巴士底狱的士兵向代表们开枪。巴黎人民被彻底激怒了，立即向巴士底狱发起了猛攻。巴士底狱的士兵从城墙上向起义军开火，并用塔楼上的大炮轰击。起义军冒着守军的炮火前进，他们抬着云梯，越过壕沟，奋不顾身地攻城。但由于守军的火力太猛，起义军损失惨重，被迫撤退。起义军从四周的街垒向巴士底狱射击，但由于距离太远，对守军构不成威胁。

　　"我们也要有大炮！"大家齐声说。很快，起义军找到了几门旧大炮，上面生满了铁锈。一个叫肖莱的酒商自告奋勇来当炮手。"轰轰轰"，一排排的炮弹带着起义军的怒火打在城墙上，人民发出阵阵欢呼。但旧大炮的威力太小了，只打掉了一些石屑，在厚厚的城墙面前，实在是微不足道。巴士底狱的守军大声嘲笑起义军。

　　有几个勇敢的人拿着铁锹、铁镐、火把和炸药，冒死冲到巴士底狱的城墙下，想在墙上挖个洞，然后用炸药

> **·巴士底狱·**
>
> 　　巴士底狱虽然是一个关押政治犯的监狱，但它的条件并没有想象中那么恶劣。其实巴士底狱的生活条件还是很不错的，囚犯之间可以互相串门，条件好的还可以带仆人进去，饮食也相当好，除了没有自由之外，什么都有。巴士底狱并不光关押些政治犯，很多"头脑发热"的贵族青年也常被送到里面去吸取其教训，比如伏尔泰就两次被关了进去。当然，巴士底狱也经常关押一些比较顽固的政治犯，那些人的待遇就差多了，经常有人被活活折磨得发疯，而且一关就是几十年甚至一辈子。谁也不知道巴士底狱里面关押了多少人，由于它的神秘，人们一直把它当成封建专制的象征。所以在法国大革命时期，人们把攻占巴士底狱看成是革命胜利的标志。

炸塌城墙。但他们还没来得及行动,就被城墙上的士兵打死了。

"我们需要真正的大炮和炮手!"大家又分头去找,过了一会儿,找来了一门威力巨大的大炮。炮手们调整好角度,把炮弹放到大炮里,点燃火绳,"轰"的一声,大炮发出一声怒吼,威力巨大的炮弹重重地撞在城墙上,发出震耳欲聋的爆炸,城墙一下子就掉了一大块。人们发出阵阵欢呼。"轰轰轰!"炮手们一刻也不停,继续发炮。"咣当"一声,一颗炮弹把铁索打断了,吊桥掉了下来。"冲啊!"起义军们发起冲锋,踏着吊桥冲进了巴士底狱,城内的士兵见大势已去,纷纷投降,而德·洛纳被愤怒的起义军活活打死。

占领巴士底狱的消息传到全国后,各地的法国人民纷纷起义,夺取政权。后来7月14日被定为法国国庆日。

路易十六被推上断头台

1791年6月20日夜,一辆马车悄悄地从巴黎出发,乘着夜色向北疾驶,第二天早晨,马车来到了北方边境小镇发棱。

"请出示你的护照!"边境驿长德鲁埃拦住了马车。

"我们是俄国人!这是我和我妻子的护照。"车上一个戴眼镜的胖子一边说一边把护照递了出去。发棱镇的居民从来没有见过这么豪华的马车,纷纷上前围观。德鲁埃仔细地看了看护照,没错,是俄国大使馆签发的。但这个戴眼镜的胖子和车上的贵妇人有些眼熟,他们是谁呢?突然,德鲁埃想起来了,他们是国王路易十六和王后!

◎ 路易十六

"你们是国王路易十六和王后!"德鲁埃对那个胖子大声喊道。

戴眼镜的胖子正是法国国王路易十六。见有人认出了自己,他慌忙驾着马车,夺路而逃。"站住!快拦住他们!"德鲁埃大声喊。他急忙跨上一匹马,追了上去。

小镇的人们也发出阵阵怒吼,纷纷追赶马车。

"停车!停车!否则我就开枪了!"赶上马车后,德鲁埃拔出手枪,指着驾车的路易十六说。

实在没办法,路易十六只好停了下来。过了不一会儿,赶上来的群众将马车围得水泄不通,路易十六和王后吓得躲在马车里不敢出来。最后,在当地国民卫队的押送下,路易十六和王后只好灰溜溜地返回了巴黎。一路上,群众的骂声不绝于耳。

路易十六为什么要出逃呢?路易十六是个昏庸无能的国王,他不理朝政,只喜欢打猎和修锁。每次在国务会议上,他都打瞌睡。在巴黎,供他打猎用的马就有1800匹,各地的备用马有1200匹。他还经常把一些锁匠召进宫,交流修锁的经验,法国人民戏称他为:"我们的锁匠国王。"他的王后玛丽是奥地利皇帝的妹妹,是个挥霍无度、奢侈成性的人,弄得国库一贫如洗,法国人称她为"亏空夫人""赤字王后"。有一年,法国闹饥荒,很多老百姓都没有面包吃。大臣向她报告情况,她竟然吃惊地说:"没有面包吃?那为什么不吃点心?"令大臣哭笑不得。

法国大革命爆发后,面对汹涌澎湃的革命形式,路易十六吓破了胆子。他出于无奈,只好发表声明,表示拥护革命,并给欧洲各国发了通告。奥地利和普鲁士害怕本国人民也像法国人一样,推翻自己的统治,决定联合起来,镇压法国大革命。奥地利和普鲁士号召欧洲的君主联合出兵,进攻巴黎。

路易十六当然不是真心拥护革命,他做梦都想恢复自己的统治。私下里他给欧洲各国的君主写信,秘密派人出国,告诉欧洲各国的君主,不要相信他的公开声明,因为那是在革命人民的压力下说的。他请求欧洲各国出兵干涉,甚至不惜割让领土作为代价。法国王后玛丽给她的哥哥奥地利皇帝写信说:"武力已经摧毁了

◉ 1793年1月21日,路易十六作为"民族的叛徒""人类自由的敌人"而被送上断头台。

一切，现在只有武力才能恢复一切。"

当欧洲各国的君主正在商量出兵干涉的时候，路易十六和王后实在等不及了，就决定出逃到外国，然后再率领保王军和外国干涉军打回巴黎。不料事情败露，于是出现了本文开头的那一幕。

普奥干涉军很快就来到法国边境，法国人民立即组织军队抵抗。路易十六和玛丽得知后欣喜若狂，他们秘密派人将法军的作战计划和军事机密送给了敌人，并设法拖延军需品和军火的生产，策动法军的高级军官投敌。法军节节败退，外国干涉军一直打到巴黎附近。

渐渐地，巴黎人民发现，失败都是路易十六和王后搞的鬼！愤怒的巴黎人民发动起义，将国王和王后关押起来，紧接着又处决了大批的反革命分子。没有了这两个叛徒的捣乱，国内局势巩固了。法国人民纷纷组织义勇军，奔赴前线，同外国干涉军浴血奋战，终于在瓦尔密大获全胜，挽救了法国，挽救了革命。

1792年9月22日，法国成立了共和国，废除了君主制。在如何处置路易十六上，最高权力机关国民大会发生了严重分歧。激进的雅各宾派说路易十六是叛徒、暴君和卖国贼，坚决要求处死国王，保守的吉伦特派则坚决反对。就在两派争执不下的时候，人们在王宫发现了一个秘密保险柜，里面全是国王通敌叛国和镇压革命的计划。这一下，吉伦特派哑口无言了。

1793年1月21日，在滂沱大雨中，路易十六被押上了断头台。当刽子手砍掉暴君的头时，围观的群众发出阵阵欢呼。不久，王后玛丽也被处死。

热月政变

1789年7月14日巴黎人民起义，推翻了国王路易十六的统治，代表大资产阶级利益的君主立宪派上台执政。他们制定了宪法，保留了国王。路易十六通敌叛国后，巴黎人民再次发动起义，推翻了君主立宪派，代表工商业资产阶级的吉伦特派上台执政（因为这一派中大多数人来自吉伦特省）。吉伦特派上台后，宣布废除君主制，成立共和国，史称法兰西第一共和国。不久，路易十六被处死。

吉伦特派上台执政后，开始奉行对外侵略扩张的政策。法军占领了比利时，并挺进意大利和德意志。但法国国内物价飞涨，人民怨声载道，可吉伦特派为了维护本阶级的利益，却拒绝采取强硬手段来解决日益严重的危机，商人们囤积居奇，不肯出售粮食和日用品，企图获取高额利润。人民生活困苦不堪，全国到处都是抢粮事件，社会动荡不安。

处死路易十六后，普鲁士、奥地利、西班牙和英国组成"反法联盟"向法国大举进攻。由于失去了人民的支持，法军节节败退。国内的形势也很严峻，保王党四处闹事，全国大约有 2/3 的郡发生了叛乱，尤其是南方的万第省尤为严重。吉伦特派束手无策，为了自己的利益，竟然向以前的革命盟友雅各宾派举起了屠刀。他们借口保卫国民公会，防止"破坏秩序者"，从外省调来了 1 万国民警卫队，让他们在巴黎游行，反对雅各宾派。但没有多久，警卫队看清了吉伦特派的真面目，转而支持雅各宾派。

吉伦特派的倒行逆施激起了人民的强烈不满，英勇的巴黎人民发动第三次起义，推翻了吉伦特派的统治，推举雅各宾派上台。

雅各宾派上台后，国内外形势非常严峻。国内的保王党在很多地区发动叛乱，并宣布在押的路易十六的儿子查理为法国国王，称路易十七。战局继续恶化，普鲁士、奥地利、西班牙和英国等国从西、北、南三面进攻法国。吉伦特派不甘心失败，派一个女特务刺杀了雅各宾派的首领之一——马拉。

在危急关头，雅各宾派的首领罗伯斯庇尔迅速采取了一系列的措施，比如宣布将逃亡贵族的土地分成小块，出售给农民，以取得他们的支持；废除一切封建特权；严厉打击囤积居奇的商人；发布全民动员令，积极抵抗外敌。为了镇压猖獗的反革命活动，雅各宾派颁布了《惩治犯罪嫌疑人法令》，同时规定了 40 种生活必需品的最高价格，以打击囤积居奇。这就是法国大革命史上赫赫有名的"恐怖统治"。

恐怖统治是在历史特定条件下的一种特殊手段。实行恐怖统治后，群众踊跃参军，积极参加镇压国内的叛徒和抵御外国军队。很快，国内保王党的叛乱和吉伦特派的反革命活动被镇压下去了，外国军队也被赶跑了。一大批奸商被处决，物价很快稳定下来。

国内外局势稳定下来之后，雅各宾派却陷入了内斗之中，分成了左中右三派。左派的首领艾贝尔主张进一步实行极端恐怖政策，攻击罗伯斯庇尔的政策不够彻底，并想发动政变，结果被罗伯斯庇尔送上了断头台。右派首领丹东为革命做出过巨大贡献，他主张"爱惜人民的鲜血"，停止恐怖政策，结果被罗伯斯庇尔以通敌叛国罪也送上了断头台。反对派虽然被镇压了，但罗伯斯庇尔更加势单力薄了。雅各宾派的左右两派的残余势力和吉伦特派联合起来，准备推翻罗伯斯庇尔。由于恐怖政策经常滥杀无辜，遭到了人民的反对，罗伯斯庇尔也渐渐失去了人民的支持。

1794 年法兰西共和国历热月的一天，国民大会又一次召开了会议。在会议上，很多代表纷纷走上演讲台,发表演讲,批评雅各宾派的恐怖政策。他们一个比一个激动,最后大喊"打倒暴君罗伯斯庇尔""逮捕罗伯斯庇尔"。雅各宾派的代表非常愤怒,他们纷纷要求发言,但都被议长拒绝,最后罗伯斯庇尔要求发言,结果也被拒绝。

罗伯斯庇尔被宪兵投进了监狱,巴黎人民很快把他救了出来。这时罗伯斯庇尔在是否发动起义的问题上犹豫不决,群众大失所望,纷纷回家。很快罗伯斯庇尔再次被捕,并被送上了断头台。历史上把这次政变叫作"热月政变"。

拿破仑

拿破仑在一次与敌军作战时,遭遇顽强的抵抗,队伍损失惨重,形势十分危险。拿破仑也因一时不慎掉入泥潭,被弄得满身泥巴,狼狈不堪。

可此时的拿破仑却很乐观,内心只有一个信念,那就是无论如何也要打赢这场战斗。只听他大吼一声:"冲啊!"他手下的士兵看到他那副滑稽模样,忍不住都哈哈大笑起来,但同时也被拿破仑的乐观自信所鼓舞。一时间,战士们群情激昂,奋勇争先,终于取得了战斗的最后胜利。

这是广泛流传的拿破仑的故事。在这个故事中我们不难看到拿破仑永不言败的精神,或许正是这种精神鼓舞着拿破仑创造了一个非比寻常的精彩人生。

在卡罗的8个子女中,老二拿破仑总是显得与众不同。他并不是一个讨人喜欢的孩子,身材矮小、体格瘦弱、外表非常笨拙,一开口就显得有些蠢。但他的权威令孩子们折服,连哥哥也对他俯首帖耳。1779年,拿破仑进入布伦纳军校学习,这是一所贵族学校,由于拿破仑来自乡下,所以他经常受到同学们的鄙视和嘲笑。但是拿破仑学习成绩很好,尤其是历史课,

◎ 巴黎"无套裤汉"

这一名称来自百姓们不穿只有贵族才穿的短裤,而他们却是大革命的主力军。

他对法国的历史事件、历史人物、历史发展了如指掌，这也成了他以后引以为豪的资本。

在布伦纳军校的一年冬天，雪下得很大。百无聊赖之际，拿破仑想出了一个新花样。他带领大家在大院子的雪地里扫出通道，建立碉堡，挖掘壕沟，垒起胸墙。当工程完成后，他指挥大家进行模拟攻防军事游戏。战斗持续了15天之久，而拿破仑就此成了学校里的英雄人物。

15岁那年，拿破仑进入巴黎陆军学校学习，学习时间虽然只有两年，但他却深深受到了法国启蒙思想的影响。从巴黎陆军学校毕业后，拿破仑当上了一名炮兵少尉，1791年晋升为中尉，次年又被提升为上尉。当时正值法国大革命期间，所谓时势造英雄，拿破仑抓住了机遇，迅速脱颖而出。1793年，法国保王党人在英国和西班牙的大力支持下，占领了法国南部重镇土伦，共和军久攻不克。拿破仑奉命参加土伦战役，任炮兵指挥，并晋级为上校。依靠拿破仑指挥的炮兵部队，共和军终于攻占了土伦。此役使拿破仑声名大振，不久他被破格提升为准将。1795年，他的炮兵部队在巴黎再建奇功，以5000人之力击溃了2万多名叛乱分子，这之后，拿破仑被任命为法国"内防军"副司令。后来，他又被派往意大利和埃及战场作战。此时的拿破仑已非昔日可比，他以不断的军事胜利证明了自己的实力。1799年，拿破仑从战场上悄然返回法国，发动了"雾月政变"，从此处在法国权力的顶峰，终于在1804年加冕称帝，即拿破仑一世，法国进入了法兰西第一帝国时期。

拿破仑执政时期，通过内政外交方面的努力，使法国迅速走向强盛。他着力打击教会势力，镇压反叛势力，采取各种积极政策推动经济发展，并主持制定了《民法典》，又称《拿破仑法典》。《拿破仑法典》将法国大革命的成果以宪法的形式确定下来，对法国及其他资本主义国家的立法产生了深远影响。在对外战争上，拿破仑领导的军队几乎击败了所有的欧洲大国，推动了法国大革命的思想在欧洲的传播。

但是侵略俄国的惨败使法国元气大伤，并给其他敌对国家造成了可乘之机。1814年的莱比锡战役是拿破仑军事史的一个转折点——他第一次败给了反法联盟。之后，反法联军占领巴黎，拿破仑被流放到意大利海边的厄尔巴岛。1815年，拿破仑成功逃出流放地，返回法国，受到了热烈欢迎并迅速恢复了权力。但此时的法国已经雄风不再，经历了滑铁卢战役的惨败后，拿破仑永远退出了历史舞台。他被流放到大西洋中的圣赫勒拿岛，于1821年去世，终年51岁。

工业革命时期

瓦特发明蒸汽机

提起蒸汽机，人人都知道那是瓦特发明的，但这并不等于在瓦特之前就没有使用蒸汽的机械。其实，蒸汽机的发明也经历了一个产生、发展和逐步完善的过程。

传说，古埃及早在公元前2世纪便出现了利用蒸汽驱动球体的机械装置，只是年代太过久远，具体情况已无从考证。又有记载说公元1世纪，古希腊发明家希罗曾用蒸汽做动力开动玩具，大画家达·芬奇也用画笔描绘过用蒸汽开动大炮的情景。

◉ 蒸汽机的发明者瓦特

较为确切地使用蒸汽作动力还应是从近代开始。1698年，英国工程师萨弗里发明了使用蒸汽驱动的抽水机。1712年，英国的纽科门发明了效率更高的蒸汽机，可以用活塞把水和冷凝蒸汽隔开。事实上，瓦特发明蒸汽机就是从改进纽科门蒸汽机开始的。

纽科门蒸汽机在生产领域的广泛使用，激起了人们的关注，这其中当然也包括詹姆士·瓦特。机会只赋予有准备的人，而瓦特就是这样一个有准备的人。

詹姆士·瓦特，1736年1月19日出生于苏格兰的格拉斯哥市附近的机械师家庭。他从小就迷恋机械制造。由于家道中落，瓦特中学刚毕业便去伦敦学习制造机械的手艺。他天资聪颖又勤奋刻苦，用1年时间学会了别人用4年才能学会的技艺。然后瓦特

> **·特列维迪克·**
>
> 特列维迪克是一个机械师，他对机械发明很有兴趣。瓦特发明蒸汽机后，他就开始设想用蒸汽机为动力来推动马车行进，投身到这个发明之中。很快，他就试制出一辆蒸汽机车。但是这辆车的性能很差，不具备实用价值。当他第二次试制的时候，本来试验很成功，机车的性能提高了不少，但是当他把机车弄到仓库的时候忘了关开关，结果机车蒸汽机里的水被烧干后引起了一场大火，机车被烧坏了。后来特列维迪克又试制了几辆蒸汽机车，但性能都不如第二次的好，很快，他钱花光了，只好停止了试验，把实验资料和机车卖给了别人，黯然退出了火车发明者的行列。

在家乡的格拉斯哥大学谋了一份仪器修理师的差事。

瓦特借修理教学仪器的机会结识了许多科学家，如布莱克教授和罗比逊等人，经常与他们一起探讨仪器、机械方面的问题。1764 年的一天，格拉斯哥大学的一台纽科门蒸汽机模型送到瓦特这里要求修理。瓦特不但修好机器，还对机械的构造和工作原理产生极大的兴趣。他找到了布莱克教授，与之共同研究减少纽科门蒸汽机耗煤量，提高其效率的方案。后来瓦特发现纽科门蒸汽机的汽缸和冷凝器没有分开，造成了热能的极大浪费，找到了症结之后，瓦特便开始改造纽科门蒸汽机的试验。

◉ 瓦特式蒸汽机的核心部件是分离冷凝器（即图中中间偏左的那个小圆筒汽缸），图中也展示了"太阳与行星齿轮"联动装置（位于最大的飞轮的中心），这一装置将振荡杆的上下运动转换为圆周运动，从而为其他机器提供动力输出。

他筹措了一些资金，租了一间实验室，开始试制具有冷热两个容器的蒸汽机。他想，这样一来负责做功的汽缸始终是热的，而蒸汽冷凝的过程在另一个容器中完成，如此便可避免同一汽缸反复冷热交替，节约了热能。经过多次实验、多次失败，瓦特最终完成了一台具有实用价值的单作用式蒸汽机，并申请了专利保护。

为了在更大范围内推广自己的新发明，瓦特用自己设计的蒸汽机与纽科门蒸汽机当众比赛抽水。结果用同样多的煤，瓦特蒸汽机抽水量是纽科门蒸汽机的 5 倍。人们看到了瓦特蒸汽机的优势，纷纷以它替代了纽科门蒸汽机。

瓦特没有就此罢手，而是吸收了德国科学家利用进排气阀使汽缸往复运动的原理，用飞轮和曲拐把活塞的往复运动变成圆周运动，可惜该技术已被皮卡德抢先申请了专利权。但他另谋出路，用行星齿轮结构把往复运动变成了圆周运动，终于 1781 年 10 月获得了双作用式蒸汽机的专利权。

瓦特再接再厉，1784 年用飞轮解决了转动的稳定性问题，获得了蒸汽机方面的第三个专利，两年以后他又着手进行了蒸汽机配气结构，从而获得第四个专利。瓦特不间断地努力，还发明了压力表保证了机器运行的安全。最终于 1794 年彻底完成了双作用式蒸汽机的发明改造，因为这一年皮卡德专利期满，瓦特将行星齿轮结构改装为曲柄连杆结构，使蒸汽机达到比较完善的地步。

瓦特为了保护自己专利的收益权，多次与人对簿公堂。1781 年，洪布劳尔发明了"双筒蒸汽机",瓦特认为其中引用了自己的专利,就向法院提出控告,结果阻止了这一发明的推广。特列维迪克发明了"高压蒸汽机",瓦特也坚决反对,要求国会宣布其危险和非法。他的助手试验用蒸汽机来驱动客车,也得不到他的支持,直到晚年,瓦特都对蒸汽机车抱着敌视态度。

尽管如此,蒸汽机的发明,使工业革命迅速展开,并波及美、德、法等国。瓦特为人类进步事业做出了不可磨灭的贡献,国际单位制中以"瓦特"作为功率单位就是为了纪念这位发明家。

火车和轮船的发明

瓦特发明蒸汽机后,很多人想:"要是把蒸汽机用到交通工具上,大大提高速度,那该多好啊。"

1789年,一个叫富尔顿的美国年轻人抵达英国,登门拜访了蒸汽机的发明家瓦特,向他说了自己想把蒸汽机用到船上的想法。

1803年的一天,天气晴朗,万里无云,富尔顿决定在法国巴黎的塞纳河上进行试航。富尔顿的蒸汽轮船是一艘长约21米、宽约2.5米的大船,与别的船不同的是,它的上面装着一台8马力的蒸汽机。

刚开始,这艘大船在塞纳河上吐气冒烟,摇摇晃晃地航行着,但过不长时间就不动了。在两岸围观的人大声嘲笑富尔顿,称这艘轮船为"富尔顿的蠢物"。第一次试航就在人们的哄笑声中结束了。

但富尔顿并没有因为一次失败而泄气。为了继续研究,他四处求援,甚至找到了拿破仑。结果拿破仑认为他是个骗子,把他轰了出去。最后富尔顿得到了美国政府和企业家的援助。有了资金的富尔顿,把自己的全部精力都投入到了研究之中。他在每一次失败之后,总是告诉自己:"一

◉ 火箭式发动机

斯蒂芬森著名的火箭式发动机是一个圆筒,在它的驱动下,轮子基本上能够与地平线保持一致,这一发明是如此实用,以至于夺得了1829年首届火车速度试验赛冠军。

旦蒸汽动力船研制成功，将是世界船舶史上最伟大的发明之一。我一定能行！"

1807年，在美国纽约的哈得逊河上，富尔顿再次试航。这次的蒸汽轮船被命名为"克莱蒙特"号。这艘蒸汽轮船长45米、宽4米，没有橹、帆和桅杆，只有一根大烟囱，船体两侧各有一个大水车式的轮子。两岸围观的人们依旧把它称为"富尔顿的蠢物"。

在两岸观众的目光下，"克莱蒙特"号冒着滚滚浓烟，以每小时9千米的速度飞快地离开了码头。观众看到"富尔顿的蠢物"以超过一般帆船的速度前进时，发出一片欢呼声。在船尾亲自操作的富尔顿看到这情景，激动地流下了热泪。

但不到一会儿，"克莱蒙特"号又不动了，满头大汗的富尔顿和助手们急急忙忙拿着工具，很快就修好了。"克莱蒙特"号的机器发出巨大的轰鸣声，这时岸上一位贵妇人惊叫起来："天哪，那蠢物又动了！"排除了小故障的"克莱蒙特"号又开始破浪前进。

在当时，从纽约到哈得逊河上游的小城阿尔巴巴，全程航行一共240千米。普通的帆船，即使是顺风，也要两天两夜，但"克莱蒙特"号无论是否顺风，只需要32小时。后来，富尔顿被人们称为"轮船之父"。

蒸汽轮船的成功航行，大大激发了人们的发明创造热情。蒸汽机可以用到船上，提高水上运输工具的速度，如果也能用到陆地的交通工具上，提高速度，那该多好啊！于是很多人开始研究如何将蒸汽机用在陆地工具上。

1781年，乔治·斯蒂芬森出生在英国一个贫穷矿工家庭。14岁的时候，斯蒂芬森当了一名见习司炉工。他很喜欢这个工作，经常认真地擦洗机器，清洁零部件。经过多次拆装，他逐渐掌握了机器的结构和制图等方面的知识。忙碌了一天后，他还去上夜校，提高自己的文化知识。后来，斯蒂芬森也投入到了蒸汽机车的研究中。

1814年，斯蒂芬森制造出了在铁路上行驶的蒸汽机车。但这辆蒸汽机车构造简单、震动厉害、速度缓慢，有人驾着一辆马车和火车赛跑，讥笑斯蒂芬森："你的火车怎么还没马车跑得快呀？"附近的农民责怪他的火车声响又尖又大，把附近的牛都吓跑了，跟他吵架，找他算账。

面对这些困难，斯蒂芬森没有灰心，他进行了一系列改进，减小了机车发出的声音，增大了锅炉的火力，提高了机轮的运转速度。1825年9月，他又进行试车表演。又有一个人骑着一匹快马，要和斯蒂芬森比赛，他以为蒸汽机车根本比不上他的骏马。但蒸汽机车拖着30多节车厢，载着400多位乘客，以每小时20多千米的速度飞快前进，很快就把马车甩到了后面。由于蒸汽机车在刚发明的时候是用煤做燃料，经常从烟囱中冒出火星，所以人们就把蒸汽机车叫作火车，这个名称一直沿用到今天。

工业革命

工业革命是指欧洲资本主义的机器大工业代替个体手工业工场的革命，也称产业革命或第一次科技革命。它既是生产技术的革命，又是社会生产关系的重大变革，开始于18世纪60～80年代，结束于19世纪末。

工业革命首先发生在英国。当时的英国推翻了封建专制，建立了资产阶级政权，英国政府制定了一系列的

⊙ 英国工业革命后，动力技术同样应用于纺织业中。

法律来促进资本主义的发展。在国内，英国进行了圈地运动，大量的生产资料聚集在少数资本家手里，消灭了自给自足的小农经济，大批失去土地的农民被迫走进城市和工厂，成为工人，为资本家提供了充足的劳动力。

18世纪中叶，英国战胜了西班牙、荷兰和法国，成为海上霸主，取得了大量的殖民地，为本国的资本主义发展提供了用之不竭的工业原料和广阔的工业品销售市场。英国人还通过贩卖黑人奴隶牟取了暴利，积累了大量的资金。这一切，为工业革命的发展提供了充足的条件。

由于国内外市场的迅速扩大，对工业品的需求量大大超过了手工工场所能生产的数量，因此资本家们迫切需要生产技术变革。

首先进行技术变革的是棉纺织业。英国占领印度以后，大量的印度廉价棉布被贩卖到英国。为了生存，英国纺织工场的工场主们就开始想办法，改进生产技术，降低成本。当时

> **·日不落的大英帝国·**
>
> 英国本来只是一个盘踞在英伦三岛上的小国家，但是随着资本主义的发展，再加上地处海岛，本土很少受到外来侵略，所以国力越来越强。1588年，英国打败了"无敌舰队"，初步建立了海上霸权。随后英国又打败了荷兰和法国，抢夺了不少殖民地。英国开办的东印度公司通过各种卑鄙手段，最后终于完全控制了印度全境。英国是工业革命的先驱，所以在工业革命中受益最多，国力也最强大。后来英国在各个大洲都拥有了自己的殖民地，不管在什么时候，太阳光总能照到英国殖民地的土地上，英国人因此骄傲地宣称：在大英帝国的土地上，太阳是永远不会落的。

英国的织布技术很落后,纺织工人一会儿拿着梭子从左手抛到右,一会儿又拿着梭子从右手抛到左,一天也织不了几尺布。1733年,一个叫凯伊的工程师发明了飞梭,用绳子一拉,梭子很快就飞了过去,织布的速度一下子提高了好几倍。

织布的技术提高了,但纺纱还是原来的速度,棉纱一下子供不应求,英国的织布场都出现了"棉纱荒"。英国的"艺术与工业奖励协会"

◉ 1839年,汽锤的发明使重工业革命化。

用高额奖金来奖励发明新型纺纱机的人。有个叫哈格里夫的织工,偶然发现他的妻子珍妮失手将手摇纺车打翻在地,可纺车仍然转个不停。哈格里夫大受启发,他想,纺车有这么大的力,为什么不让它带更多的纱锭?于是他设计了一个可以同时带动8个纱锭的纺车,纺纱的效率一下子提高了8倍。他把这项发明归功于自己的妻子珍妮,所以就给这个纺车起名为"珍妮纺纱机"。后来经过改进,珍妮纺纱机能纺出80~130根纱锭。但珍妮纺纱机是人工操作,很费力气,1769年,凯伊发明了水力纺纱机。

棉纺织业的技术革命推动了其他行业的发展,其中最重要的是交通运输、钢铁、采矿和机器制造等部门的技术变革。

由于水力纺纱机要建在有水的地方,受到地域和气候的限制,这为瓦特发明蒸汽机创造了条件。瓦特在总结了前人科研成果的基础上改良了蒸汽机,并很快投入使用。1784年,英国建成了第一个蒸汽机纺纱厂。蒸汽机的发明是科学史上划时代的成就,从此资本主义工业生产开始迅速发展起来。

18世纪中叶以前,英国炼铁的燃料主要是木炭,这耗费了大量的木材,炼铁业受到很大的限制。1784年,工程师科特发明了一种以煤为燃料的煤铁炉,使炼铁业的功率提高了15倍。1785年,英国建立了第一座近代化炼铁厂,英国近代钢铁工业建立起来了。炼铁业的发展,促使了采矿业的发展,蒸汽机也广泛用于采矿业。1815年,维纳发明了安全灯,使地下瓦斯爆炸的危险大大减小,煤的产量大大增加。

工业的发展开始促使运输业发展。1807年,富尔顿发明了轮船。1840年,英国第一个轮船航运公司成立。1814年,斯蒂芬森发明了火车,英国随即出现了修建铁路的狂潮,到了1850年,英国已经建成了数千千米的铁路。

工业革命使英国获得了"世界工厂"的称号,成为世界头号强国,加强了它的海上霸主地位。英国凭借强大的实力,加紧殖民扩张,攫取了大量的利益。

后来,工业革命从英国传到了欧洲大陆,19世纪的时候又传到北美地区,促进了这些地区的生产力的发展,帮助这里的新兴资产阶级打击封建势力,夺取了政权。但同时,西方资本主义国家凭借强大的势力,四处侵略扩张,给亚、非、拉人民带来了深重的灾难。

《自由引导人民》

1830年7月25日,法国国王查理十世颁布敕令:修改出版法,限制新闻出版自由;解散新成立的议会;修改选举制度。查理十世的意图很明显,就是进一步限制人民的选举权和出版自由。当天下午,反对派主要报刊的编辑和记者在《国民报》编辑部集会,起草抗议书。在抗议书中,反对派明确表示拒绝承认解散议会,并宣布政府已经失去合法性,但他们也表示并不否认王权。

27日,巴黎市民听到消息后积极响应反对派,纷纷走上街头。28日黎明,起义正式开始。工人、手工业者、大学生和国民自卫军建筑街垒,夺取武器库,与保皇军队展开了白刃战。资产阶级温和派代表、大银行家拉菲特主张与国王谈判,但查理十世和首相波利尼亚克却拒绝谈判。7月29日,起义者控制了巴黎,占领卢浮宫和杜伊勒里宫,外省发动的起义也取得胜利,起

◎《自由引导人民》
这是德拉克洛瓦最著名的代表作,也是他最具浪漫主义色彩的作品,是法国七月革命的直接反映,画中的自由女神成了法国绘画中最迷人的形象,它与巴黎凯旋门、埃菲尔铁塔一样,成为法兰西文化的象征,画家也因此画而成为浪漫主义艺术的领袖人物。

义群众及其领导者要求宣布成立共和国,这在法国历史上被称为"光荣的三天"。

受形势所迫,查理十世不得不收回敕令,命令蒙特马尔公爵组织政府。但为时已晚,局势的发展已经不允许查理十世亡羊补牢。30 日,拉菲特主持召开了 60 人议员大会,推举奥尔良公爵路易·菲利浦为摄政官。31 日,路易·菲利浦手举三色旗在王宫的阳台上接受了摄政官的称号。8 月 2 日,查理十世提出将王位让与其孙波尔多公爵,遭到了路易·菲利浦的拒绝。8 月 7 日,众议院召路易·菲利浦即位,建立了金融资产者统治的七月王朝。这就是法国历史上有名的七月革命。

在这次革命中,圣德克区的克拉腊·莱辛姑娘一马当先,在街垒上举起了象征法兰西共和制的三色旗;少年阿莱尔为把这面旗帜插上巴黎圣母院旁边的一座桥顶上,倒在血泊中。

⊙《马赛曲》浮雕

《马赛曲》浮雕为法国浪漫主义雕刻家吕德的代表作。在这幅作品中,胜利女神与法国人民融为一体,鼓舞了人民的民主革命斗志。

当时法国著名的浪漫主义画家德拉克洛瓦目击了这一悲壮激烈的巷战景象,义愤填膺,决心画一幅画来描绘群众革命的壮举,名画《自由引导人民》就是在这种背景下诞生的。

德拉克洛瓦(1798~1863 年),素有"浪漫主义狮子"之称。他出生于巴黎郊外一个富有家庭,1816 年到巴黎学画,1882 年的作品《但丁的小船》使他成为浪漫主义运动的中心人物。他的作品常以奔放的情感表达出对自由的热爱和对革命的向往。他的浪漫主义的表现方式为 19 世纪绘画的现实主义运动和印象主义开拓了道路。

《自由引导人民》展示的硝烟弥漫的巷战场面,是德拉克洛瓦在自己上百幅"七月革命"街垒战草图的基础上定稿的。这里除了参战的市民、工人以及那个象征阿莱尔的少年英雄之外,画家在正中还设想了一个象征自由的女神形象,她头戴法国大革命时期的红色弗里吉亚帽,左手握枪,右手高擎飘扬着的三色旗,正转身号召民众向君主专制王朝冲去。她是全画的中心,观众注目的焦点,也是这幅三角形构图的制高点。女神的左侧,一个少年挥动双枪急奔而来;右侧那个身穿黑上衣戴高筒帽的是大学生,他紧握步枪,眼中闪烁着对自由的渴望(有人认为这就是画家本人);在他身后有两个高举战刀、怒形于色的工人形象;前景上除了倒毙在瓦砾堆上的近卫军尸首外，还有一个受伤的青年匍匐着想站起来，仰望着女神手中的三色旗；远处是处在晨雾中的巴黎圣母院。如果仔细观察，还可隐约看到北塔楼上飘扬的一面共和国旗帜。整幅画气势磅礴，结构紧凑、连贯，色调丰富炽烈，用笔奔放，有着强烈的感染力。

德拉克洛瓦选择这个造型优美的自由女神形象作为全画的主人公，乃是他的浪漫主义想象力的表现。在创作上，德拉克洛瓦追求的是个性解放。在社会改革上，他向往的是自由、平等。而要反映对被压迫民族的同情，要热烈歌颂人民群众争取自由的斗争，就必须选择具有象征意义的理想形象。采用历史或神话素材正是浪漫主义绘画的特色，因此，他在这里选择"自由女神"被认为是最合适的象征。

英国宪章运动

19世纪30年代，英国完成了工业革命，社会日益分裂成资产阶级和无产阶级两大阶级。富有的资产阶级掌握了国家政权，为了维护自己的利益，他们制定了一系列的法律。而广大的无产阶级深受资产阶级的剥削，在政治上毫无权利，在经济上处于贫困状态。工人们每天要工作16～18个小时，资本家还大量雇佣低工资的女工和童工。工人们居住的条件也非常恶劣，他们的房屋狭小、肮脏，居住区里卫生条件很差，伤寒、疟疾、肺病等疾病流行。一个英国政府官员在视察了格拉斯哥城的工人居住区后说："15～20个工人们挤在一间小屋子里，躺在地板上，他们的被子竟然是半腐烂的麦秸秆混着破布条，房屋肮脏、潮湿，马都不能拴到里面。"

为了摆脱悲惨的生活，从19世纪20年代开始，工人们就不断举行大规模的游行示威。1836年，英国伦敦一个叫洛维特的木匠，发起成立了"伦敦工人协会"，号召工人们争取选举权，选出能代表自己利益的人去做议员，为工人说话。"伦敦工人协会"提出了6点主张：第一，凡是

> **19世纪中期 三大工人运动**
>
> 19世纪三四十年代的时候，由于工业革命的进一步发展，无产阶级的痛苦也进一步加深，爆发了三大工人运动。第一个是法国里昂工人起义，为了反抗七月王朝的反动统治，里昂工人先后于1831年11月和1834年4月自发举行起义。第二个运动就是英国的宪章运动，这次运动虽然以和平手段为主，但中间还是夹杂了流血事件。第三个运动是德国西里西亚织工起义，西里西亚是德国的纺织中心，当地工人除了要受资本家剥削之外，还要受封建地主的剥削，进入19世纪40年代后，工人工资被进一步压低，织工们不堪重负，最终毅然起义，但是由于寡不敌众，起义最终失败。

年满21岁，身体健康、没有刑事犯罪记录的男子都应该拥有选举权；第二，选举时必须秘密投票；第三，全国各选区应该按照当地的居民人数排定，选区选出的议员名额也应当与人数相

◉ 这幅画表现的是1842年人们列队把有300多万人签名的宪章请愿书送往国会的情景。

适应；第四，国会每年改选一次；第五，取消对候选人的财产资格限制；第六，如果议员当选，应该发薪金。宪章运动从此开始。

1838年，这6项主张以法案的形式公布，被命名为《人民宪章》。《人民宪章》一经公布，就受到了广大工人的热烈欢迎，宪章运动很快从伦敦扩展到全国各地。工人们在各地举行大规模的集会，经常有四五万人参加，有的集会甚至多达10万人。他们高举着火把，发表战斗性的演说，甚至高呼斗争口号："武装起来！"一个工人领袖在演说中说："普选权问题，归根结底是刀子和叉子的问题，是面包和乳酪的问题！"

1839年2月4日，第一届宪章运动代表大会在伦敦召开，定名为宪章派工会会议。会议一致决定在5月5日采取和平请愿的方法，向议会递交请愿书。有的代表提出，如果议会拒绝请愿书，和平请愿失败，那就举行武装暴动。当时在请愿书上签字的人超过了125万，请愿书重达300公斤，工人们把它放在装饰着彩旗的担架上，抬到了议会。7月12日，议会拒绝了请愿书提出的要求。政府随即派出了大量的军警对工人们进行镇压。

和平请愿活动失败后，愤怒的工人们举行了武装暴动。1839年11月，英国南威尔士1000多名矿工，手拿木棍、长矛和短枪等简陋武器，向南约克郡进军。政府立即派出大量军警前去镇压。在达纽波特，军警向工人们疯狂射击，很多工人倒在了血泊中。工人们没有被敌人的残暴吓倒，他们沉着迎战，顽强抵抗。20多分钟后，由于寡不敌众而遭到失败。政府以此为借口逮捕了宪章派领导人欧康纳，宪章派工会被迫解散。

3年后，欧康纳出狱。在他的领导下，拥护《人民宪章》的工人们组成了一个全国宪章派协会，入会者达5万多人。1842年，他们再次向议会递交请愿书。请愿书的内容除了以前的6条内容外，又增加了要求废除教会的"什一税"和"新

贫民法"的内容。请愿书有 300 万人签字（约占当时英国成年男子的一半），再次要求把议会将《人民宪章》定为法律。请愿书指出："议会既不是由人民选出来的，也不是由人民做主的。它只为少数人的利益服务，而对多数人的贫困、苦难和愿望置之不理"，"英国的统治者穷奢极欲，被统治者饥寒交迫"。当时英国女王每天的收入是 164 镑 17 先令 60 便士，她的丈夫阿尔伯特亲王每天的收入是 104 镑 20 先令，而广大普通工人每天每人的收入只有 2 便士。但这次请愿再次被议会否决。此后，英国各地罢工活动此起彼伏。

最终，宪章运动还是被镇压，但英国政府不得不颁布了一些改善工人劳动状况的法令，在一定程度上缓解了英国社会的阶级矛盾。

席卷欧洲的革命

19 世纪 40 年代中期，随着工业革命的扩展，欧洲大陆的资本主义得到迅速发展，新兴的工业资产阶级力量日益壮大，但在政治上他们仍然处于无权或少权状态，政权被封建落后势力所把持，深受他们的压迫，这些封建势力成了资本主义发展的绊脚石。另外，深受外族压迫的东南欧各国都希望推翻外国统治，取得民族独立。

1845 年，欧洲大陆普遍发生了马铃薯病虫害（当时马铃薯是欧洲人的主要口粮），各国相继出现了农业歉收，许多地方出现饥荒。1847 年，欧洲又发生了经济危机，很多工厂倒闭，大量的工人失业。广大人民群众的生活状况日趋恶化，社会动荡不安，欧洲大陆的阶级矛盾和民族矛盾迅速激化。

当时的意大利半岛分裂为许多封建小国，它们都直接或间接地受制于奥地利，这种分裂状态和外族统治严重阻碍了意大利资本主义的发展。1848 年 1 月，西西里岛首府巴勒莫的人民首先发动了起义，揭开了 1848 年欧洲革命的序幕。经过激战，起义者

◉ 法国二月革命的消息传入德国后，德国各地都掀起了声势浩大的游行和集会，柏林也于同年 3 月爆发了革命。

击败了国王的军队,建立了资产阶级临时政府。在巴勒莫起义的影响下,意大利的米兰、威尼斯等地也相继爆发了反对奥地利统治的起义。撒丁、那不勒斯、托斯卡纳的封建小国的统治者也向奥地利宣战,意大利半岛革命形势高涨。1849年2月9日,以马志尼为首的罗马共和国宣告成立。7月3日,法国、奥地利和两西西里王国出动军队,颠覆了罗马共和国。后来由于各小国封建统治者的背叛,革命形势急转直下。8月22日,奥地利军队攻陷威尼斯,意大利革命失败。

在意大利的影响下,1848年,欧洲各国相继爆发了大规模的革命。当时的法国处于代表金融资产阶级利益的七月王朝的统治之下,这引起了工业资产阶级的不满。于是工业资产阶级和广大人民联合起来,于2月22日在巴黎群众发动了起义。经过两昼夜的激烈战斗,起义军攻占王宫,法国国王路易·菲利浦出逃,起义军成立了临时政府,宣布废除君主制,建立共和国,史称法兰西第二共和国。但胜利果实被资产阶级篡取,他们下令解散国家工厂,并把工厂中的工人编入军队或驱赶到外省去做苦工。工人们忍无可忍,被迫举行了六月起义,但遭到了政府军的残酷镇压,起义失败。

德意志在1848年以前是一个由35个邦和4个自由市组成的四分五裂的联邦国家,这种分裂的状况和意大利一样,严重地阻碍着资本主义的发展。德意志的巴登公国首先爆发革命,并迅速波及了很多地区,纷纷成立了资产阶级政府。3月13日,普鲁士王国首都柏林的工人、市民和大学生举行示威游行,并同普鲁士军队展开激烈战斗。普鲁士国王威廉四世调动大批军队,向起义军发起猛攻。经过激烈战斗,普鲁士军队被迫撤出柏林,威廉四世同意召开有资产阶级参加的议会。3月29日,资产阶级首领康普豪森组阁,柏林三月革命的胜利果实落入资产阶级手中。

东南欧也爆发了反对外国统治的民族解放运动,其中以匈牙利的革命最为声势浩大。当时匈牙利处于奥地利的统治之下。1848年3月15日,佩斯人民在革命家裴多菲的领导下,强迫市长在实行资产阶级改革的政治纲领《十二条》上签字,不久革命群众控制了首都。革命者向奥地利皇帝提出建立匈牙利独立政府和废除封建制度的要求。奥皇非常敌视匈

◉ 这是自由主义改革家们印发的宣传单上的插图:1848年的普鲁士首都柏林,挥动着警棍的警察驱散了人们的一次游行示威。

牙利革命，他调集了大批反革命军队进攻匈牙利，并于1849年1月5日攻陷匈牙利首都。匈牙利政府迁到德布勒森。不久，匈牙利起义军展开反攻，取得节节胜利。4月14日，匈牙利议会发表《独立宣言》，宣布匈牙利独立。5月21日，匈牙利起义军收复了布达佩斯。为了镇压匈牙利革命，奥地利勾结沙俄，共同出兵。沙俄出动了14万大军入侵匈牙利，20万奥地利军队也对匈牙利发起了猖獗的进攻，匈牙利处于腹背受敌的境地。由于双方军事力量相差悬殊，再加上匈牙利内部右翼分子叛变，匈牙利军队遭到惨败，匈牙利革命失败。

匈牙利革命的失败标志着欧洲1848年革命的结束。镇压了匈牙利革命后，沙俄又相继镇压了罗马尼亚、捷克等国的革命运动，成为欧洲宪兵和镇压东欧民族解放运动的刽子手。

《共产党宣言》

随着欧洲工人运动的蓬勃发展，一种代表工人利益、科学指导工人争取解放的思想应运而生，它就是马克思、恩格斯创立的科学社会主义。

1847年春季的一天，一位青年来到比利时首都布鲁塞尔的同盟街5号。他仔细看了一下门牌号，整理了一下衣服，走上前去，轻轻敲了下门。

◉ 马克思

◉ 恩格斯

过了一会儿，一个留着大胡子的人打开门，看见一个陌生人站在门外，他问答："请问您找哪位？"这个大胡子就是马克思。

"请允许自我介绍一下，我叫莫尔，是受正义者同盟的委托前来拜访您的。"那位青年说道。

"哦，欢迎，快请进。"马克思非常热情。

当时欧洲有很多工人团体和社会主义小组，正义者同盟是影响较大的一个国际组织，在欧洲各国都有会员。莫尔就是正义者同盟的领导人之一。

坐下之后，莫尔打开皮包，掏出一封信，对马克思说："马克思先生，这是我们全体正义者同盟领导人签名的委托书，想请您和恩格斯先生为我们写一个宣言。"

1847年夏天，正义者同盟在英国首都伦敦召开了第一次代表大会，恩格斯出席了会议，而马克思由于经济原因没能出席会议。大会根据马克思和恩格斯的提议，将正义者同盟改为共产主义者同盟，并将原来的口号"人人皆兄弟"改为"全世界无产者联合起来"。恩格斯为同盟起草了新《章程》。新《章程》的第一条就明确规定了共产主义者同盟的目的：推翻资产阶级政府，建立无产阶级专政，消灭旧的阶级对立的资产阶级社会，建立没有阶级、没有私有制的新社会。从此，一个崭新的无产阶级政党——共产主义者同盟诞生了！

> **·三大空想社会主义者·**
>
> 三大空想社会主义者分别是圣西门、傅立叶和欧文。圣西门非常痛恨剥削制度，他提出了实业制度，在这个制度下，每个人都要劳动，按劳取酬，圣西门的这个理论成为科学社会主义的理论来源之一。傅立叶和圣西门一样，都是法国人，他的理论是一种和谐制度，即建立协助社，同样是每个人都要劳动，除了按劳取酬之外，还要按资本和技能获得报酬。傅立叶还组织过试验，但由于他的想法不切实际，很快就失败了。空想社会主义者所做的最大试验是欧文在美国所为，为此他投入了巨额资金，但试验最终失败。空想社会主义者们的失败是必然的，因为他们的设想缺乏现实基础，但他们的理论却成了科学社会主义的理论来源。

为了躲避反动的资产阶级政府的迫害，正义者同盟的活动都是在地下进行的。共产主义者同盟成立后，开始在工人中大力宣传，扩大影响。马克思、恩格斯在比利时首都布鲁塞尔组织了一个"工人教育协会"，并把《德意志－布鲁塞尔报》作为共产主义者同盟的宣传阵地，用来传播共产主义思想，教育广大的工人和群众。

1847年底，共产主义者同盟在伦敦召开了第二次代表大会。在大会上，代表们觉得应该用宣言的形式写一个纲领。大会结束后，马克思和恩格斯受代表们的委托，经过紧张的工作，合写了《共产党宣言》。

在《共产党宣言》中，第一，马克思和恩格斯用辩证唯物主义的科学理论阐述了资本主义必将灭亡和共产主义必将胜利的科学结论，指出生产关系一定要适应生产力的客观规律；第二，无产阶级的伟大使命是推翻资本主义，建立社会主义和共产主义，无产阶级是资本主义的掘墓人；第三，共产党是无产阶级的先锋队，没有共产党的领导，无产阶级不可能取得胜利；第四，批判了形形色色的假"社会主义"和假"共产主义"。在《共产党宣言》的最后，马克思、恩格斯用豪迈的口吻向全世界宣布："让统治阶级在共产主义者的革命面前发抖吧！无产者在这个革命中失去的只是锁链，他们获得的将是整个世界！"

1848年2月，《共产党宣言》在伦敦正式出版，并很快被翻译成了多种文字在世界各国传播。《共产党宣言》是马克思、恩格斯的重要著作之一，是无产阶级革命政党的第一个完整理论，是共产主义运动的第一个纲领性文件。它的发表，标志着马克思主义的诞生。

印度反英大起义

19世纪初，伴随着工业革命，英国工业资本发展迅速，使得英国对殖民地的剥削与资本掠夺进一步加大。印度是英国统治下的一个半殖民地半封建社会，殖民者把印度变成了倾销产品的市场和原料基地，使印度当地的手工业者破产失业，给广大农民和手工业者带来深重灾难，也直接影响到一些封建主的利益。印度各阶层与英国殖民者之间的矛盾日益尖锐，全国到处弥漫着反英抗英的吼声，民族起义在秘密酝酿之中。

1857年初，殖民者不顾印度人的宗教信仰，引起士兵们满腔怒火。殖民者还不断降低士兵待遇，更激起了他们的仇视。5月10日，驻守在米鲁特的士兵杀死英国军官，首先起义。

当晚，米鲁特起义军向德里进发，在德里城内军民的响应下，11日起义军就攻占了德里。他们焚烧英国军营，严惩英国军官，袭击英国教堂。起义军在这里组建了起义政权，周围农民、手工业者等社会各阶层纷纷加入起义军，起义军人数增至4万余人。英殖民者急调军队，以旁遮普为后方基地，向德里发起进攻。4000余英军于6月8日对德里发起攻势。德里城墙坚固，环城有一条很深很宽的护城河。英军开始时缺少重炮、攻城炮，在起义军的英勇抗击下，英军的每次进攻均被击退。受到挫败的英军并没放弃，他们一面调集重炮，一面和混进起义军内部的封建主勾结，造成起义军内部发生矛盾，实力有所削弱。

9月14日，德里城在英殖民军重炮的轰击下被攻陷，起义军在街巷内与英

◉ 这是一幅绘制于1830年的图画，描绘了印度南部拉贾坦古拉王乘坐在一个豪华的象轿上，而一个不列颠公使骑着棕红色的马紧随其后，表明英国的殖民统治已愈演愈烈。

图为莫卧儿王朝最后一个皇帝，1857年被起义者劝服领导反英起义，遭镇压后被流放到缅甸。

军展开肉搏战。经过6天的激战，起义军打死英军5000余人，最终被迫退出德里城，向勒克瑙转移。英殖民者进驻德里后展开了疯狂报复，屠杀起义军2万余人。

1858年3月，勒克瑙成了起义中心，集结起义军20万人。英军获得消息后，立即调集9万大军和180门大炮，向勒克瑙逼近。面对枪炮装备精良的敌人，以马刀为主的起义军不畏强敌，与英军展开英勇的斗争。在英军猛烈炮火下，起义军坚守半月之久，终因伤亡惨重被迫放弃勒克瑙城。3月21日起义军主力开始撤离，随即英军攻陷了勒克瑙城。

3月25日，在休·罗斯爵士的率领下，英殖民军开始了进攻另一个起义中心詹西城。当日，英军对詹西城展开了激烈的炮轰。詹西女王是一位英勇而出色的指挥官，她亲临城头，与起义军并肩作战。在她的影响下，起义军更为顽强勇敢，英军的进攻屡屡受挫。4月1日，2万起义军在坦提亚·多比的率领下，赶往詹西支援解围，但遭到英军的截击而溃败。4日，詹西城内投降主义者叛变，引英军从南门攻进城池。女王大怒，遂亲身挥动武器，带领士兵一起冲锋陷阵，与英军展开白刃战。顽强的起义军们杀死英军无数，但终因寡不敌众，大势已去，女王趁夜突出重围。

德里、勒克瑙和詹西三大起义中心相继沦陷，各地起义军先后转入游击战。他们充分利用地形，机动灵活地与英军周旋，在运动中寻找时机打击英军。

1858年5月，坦提亚·多比和詹西女王分别率领起义军向卡尔皮集结，围攻了瓜廖尔。6月，起义军攻占瓜廖尔，在这里建立临时政权。英殖民者十分恐慌，立即从各地调集军队。6月17日，英军在罗斯的指挥下向瓜廖尔进攻。在城市的东南郊，詹西女王与英军展开激战。詹西女王始终和士兵在一起奋战，多次对英军发动猛烈的攻击，但遭到英军炮火的轰炸，起义军伤亡越来越多。最终起义军因腹背受敌而溃败，詹西女王英勇就义，坦提亚·多比率军撤出瓜廖尔。

在英军收买政策下，起义军内部出现叛变，1859年4月，坦提亚被出卖后遇难，印度民族起义最后失败。

这次起义是印度历史上的重要转折点，它沉重地打击了英殖民统治，也加速了印度资本主义的发展，这次民族大起义在亚洲近代史上也占有重要地位。

苏伊士运河

苏伊士运河位于埃及东北部的苏伊士地峡,作为亚、非两大洲的分界线,连接着地中海和红海,战略位置十分重要,拿破仑占领埃及时,就曾萌发开凿运河以沟通两个海域的想法。

1798年,拿破仑征服埃及。在仔细察看埃及的地理位置后,他认为开通一条运河,把地中海和红海连成一体十分必要。因为这样既可以直接攫取印度和远东的财富,又可以切断

⊙ 苏伊士运河的通航典礼是在英法两国的主持下进行的。

英国与东方殖民地的联系,削弱它的实力。为此他责成科学顾问对该地区进行勘测。结果这些人得出红海海面比地中海海面高几米的谬论,认为若是开通运河,整个埃及三角洲就会被淹没。无奈之下,拿破仑也只得作罢。

时过不久,拿破仑被纳尔逊领导的英国海军驱逐出这一地区,之后这块宝地也没有得到片刻的安宁。19世纪,被工业革命武装起来的西方列强把殖民魔爪伸向亚非拉的每一个角落。苏伊士地峡处在地中海与红海之间,如果在此开通运河,就可以大大缩短从大西洋到印度洋的航线,如此的经济、政治、军事战略重地早令殖民者垂涎三尺。

1854年,法国殖民者费迪南德·李赛普使用欺诈的手段,得到土耳其的埃及总督赛德帕的信任,与之签订了《关于修建和使用沟通地中海和红海的苏伊士运河及其附属建筑的租让合同》。合同规定,从运河通航之日起,租期99年,期满后归埃及所有;埃及无偿提供开掘运河所需的一切土、石、劳动力;运河是埃及的一部分,运河公司是埃及公司,受埃及法律和习惯所制约。这份合同生效后,1859年4月25日,李赛普组建的"国际苏伊士运河公司"正式开凿苏伊士运河。工程从北端的赛得港开始,沿苏伊士地峡向南推进,到1869年11月凿通了这条长达100多千米的运河。但代价是巨大的,10年间,由于高强度的劳动,低劣的食物,再加上监工的虐待,12万劳工累死在工地上。苏伊士运河中流淌的不仅是

红海与地中海的海水,还有成千上万名埃及劳工的血泪。

这条运河开通后,总长达到 190.25 千米;深 22.5 米;允许通过的船只最大吨位为 21 万吨;满载油轮限速 13 千米/小时,货舱船限速 14 千米/小时。

以上性能的这些数据使得它成为世界上最长的无船闸运河,而且航道极为安全,事故发生率几乎为零,并且可以昼夜通航。

⊙ 连通红海与地中海的苏伊士运河挖掘现场

如此性能优越的运河,并没有因为埃及人付出了惨重的代价就为他们带来福利,而是长期为西方殖民者所把持。从竣工之日起,运河公司股票的 52% 就控制在法国资本家手中。1875 年,英国政府又巧取豪夺,占有了埃及掌握的 15% 的股票,控制了公司 44% 的股权,成为该运河的实际控制者,然后又在 1882 年派兵强占运河区,长达 74 年之久。直到 1956 年,埃及最终才把运河收归国有,这期间英国的船只从本土到海湾国家,航程缩短了 46%,从而为以英国为代表的欧洲列强节约了大量费用,缩短了船只的航运周转期。这使得列强更快更多地从东方的殖民地攫取财富,更牢固地控制那里弱小的国家和民族。苏伊士运河因此一度被称为向西方殖民主义输血的主动脉。

1956 年,埃及不但将运河收归国有,而且击败了英法和以色列的联合进攻,捍卫了运河主权。但到了 1967 年,西奈半岛被以色列占领,埃及被迫关闭运河。6 年后,埃及收复了西奈部分领土,1975 年又重新开放运河。苏伊士运河历经沧桑,最终回到了埃及人手中。

⊙ 巨轮通过苏伊士运河的情景

俄国 1861 年改革

19 世纪中期以前,沙皇俄国的资本主义经济虽然有所发展,但仍然是一个落后的农奴制国家。农奴的数量在这个国家占到 90% 以上,世世代代饱受贵族地主的剥削和压迫。

1846年，英国废除了《谷物法》。在利益的驱使下，俄国的地主拼命剥削农奴，把粮食贩卖到英国，赚取了大量金钱供他们挥霍。以前农奴都有自己的份地，地主们将农奴的份地抢走，实行月粮制，每月只发给他们仅能糊口的粮食，并强迫他们在土地上没日没夜地劳动。在月粮制下的农奴们的地位已经和奴隶差不多了，就连一个俄国大地主也不得不承认："月粮制介于农奴制和奴隶制之间，月粮制下的农奴们始终无法摆脱他们的处境，除了微薄的生活资料和劳动到死以外，没有任何前途。"在月粮制下的农奴受着地主们的残酷剥削，他们的劳动率越来越低。

◉ 尼古拉一世

落后的俄国在克里米亚战争中一败涂地，尼古拉一世服毒自杀，他的儿子亚历山大鉴于教训，推动了1861年改革。

由于地主们的残酷剥削，农奴们一贫如洗，根本无力购买工业制品，这对俄国资本主义的发展产生了严重的制约。另外，由于农奴们都被地主们束缚在土地上，自由劳动力很少，使得工厂严重缺乏劳动力。由于地主们可以任意剥削农奴，所以他们根本不去关心生产工具的改进。一个地主解释他为什么不使用打谷机时说："我为什么要使用打谷机？如果庄稼都在秋天打完了，那农奴们在冬天干什么？买打谷机还要花钱，还要维修、保养，而用农奴根本不用花一分钱！"这就严重阻碍了俄国生产率的提高和工业的发展。

1853～1856年，为了争夺在奥斯曼土耳其的利益，俄国和英法两国之间爆发了战争。因为战场主要在俄国的克里米亚半岛，所以被称为克里米亚战争。在战争中，俄国农奴制的落后和英、法资本主义的先进形成了鲜明的对比。俄军使用的滑膛枪射程仅为英法军队使用的来复枪的1/3；俄国海军的战舰还是木质帆船，而英、法军队的战舰则是先进的汽船；俄国南方没有修铁路，所有的军需品都要靠大车来运，前线士兵的弹药、粮食和药品严重不足，而英、法军队则在占领区迅速修建了铁路，弹药、粮食和药品供应充足、及时，后勤保障非常得力。加上俄国的军官腐败无能，

◉ 这幅克里米亚战争的雕版画描绘的是塞瓦斯托波尔以东的一个英军战地。

侵吞军饷、贪污军需品，而英法联军则纪律严明。在战争中，俄军一败涂地，伤亡达52万多人，耗费了5亿卢布，俄国的财政到了崩溃的边缘，国际地位更是一落千丈。沙皇尼古拉一世服毒自杀，继任的沙皇亚历山大二世被迫向英法两国求和。

克里米亚战争使俄国统治者意识到，只有废除农奴制，加快资本主义的发展才能富国强兵。克里米亚战争加剧了俄国的阶级矛盾，耗费了大量的人力物力，农奴们纷纷起义。一些开明的知识分子秘密成立组织，密谋发动起义，准备推翻沙皇的统治。

为了巩固自己的统治，亚历山大二世在1861年3月3日签署了《关于脱离农奴依附关系的农民的一般法令》《关于脱离农奴依附关系的农民购买其宅地及政府协助农民购买耕地的法令》等一系列关于废除农奴制的法令。这些法令主要分为3个方面：一是宣布农奴人身自由，地主再也不能任意买卖农奴和干涉农奴的家庭生活。农奴可以从事工商业，成为市民和商人。二是规定土地仍然归地主所有，农奴必须购买。资金主要部分由政府以有息债券的形式付给地主，然后农民在49年内连本带息还给政府。事实上，农奴为了赎买土地而交纳的赎金大大高于地价，按照市场价格卖给农民的土地仅值5亿卢布，但实际上农奴交给政府的赎金却高达19亿卢布。三是为了有效地管理农奴，农奴要住在原来的村庄中。村中的官员由民主选举产生，但必须服从政府的命令。

除此以外，沙皇还废除了募兵制，实行义务兵制。在文化教育方面也推行了一些普及教育的措施。

1861年的改革是沙皇实行的一次自上而下的资产阶级性质的改革，是俄国历史上一次重要的转折点，使俄国的生产关系在一定程度上适应了生产力的发展，俄国从此走上了迅速发展资本主义的道路。但这次改革很不彻底，仍保留着大量的封建残余。

美国南北战争

美国独立后，南北两方沿着不同的体制发展。美国北部工业发展迅速，资本主义生产力得到极大提高。而南部仍是以种植庄园主剥削压榨奴隶为基础的奴隶制。北部工业的发展，需要大量的廉价劳动力、生产原料和商品市场，而大量的奴隶却被南部奴隶主束缚在庄园里，南部的生产原料也多出口到欧洲，并从欧洲进口工业品，这无疑使北方工业得不到足够的原料和劳动力，进口的工业品也冲击着北方的生产。南部的奴隶制严重阻碍了美国资本主义的发展,两种制度之间的矛盾日趋尖锐。

1860年11月,痛恨奴隶制的共和党人林肯当选总统,南部扩展奴隶制度的梦想破灭。为维护自身利益,南部奴隶主发动叛乱。12月20日,南卡罗来纳州宣布独立,佐治亚、阿拉巴马、密西西比、佛罗里达、路易斯安那和得克萨斯等州也纷纷跟随。1861年1月,南部各州组织"南方同盟",2月在蒙奇马利成立临时政府,戴维斯当选总统。4月12日,南军不宣而战,攻占了联邦政府军驻地萨姆特要塞,南北战争爆发。

预先对战争做好充分准备的南部诸州开始时进展顺利,采取以攻为守的战略,集中兵力寻歼北军主力。南军迅速占领哈珀斯费里和诺福克海军基地,进驻铁路枢纽马纳萨斯,直接威胁联邦首都华盛顿。北方采取了所谓的"大蛇计划",把部队分散在较长的战线上,且消极防御,给南军可乘之机,使南军在战场上节节胜利。1862年初,北军沿东西两线发动进攻,除西线格兰特率领的部队解放了肯塔基州和田纳西州大部,取得一定的战果外,在其他战场,南部军队均抢占上风。

面对不断的失利,人民群众强烈要求政府以革命的方式进行战争。林肯当局顺应民意,颁布《宅地法》,规定公民有权获得一份土地。1863年1月1日,正式颁布《解放黑人奴隶宣言》,宣布南部各州的奴隶永远获得自由,并允许黑人参加北方军队,《宣言》沉重地打击了南部的奴隶制度,奴隶们看到了曙光,纷纷起义,参加北方军队,也极大地调动了北方人民的激情。此举使整个战局发生了变化。

北军采取主动进攻、全面摧毁南军的军队战斗意志和经济基础的战略决策。1863年5月,北方波托马克军团13万人向里士满进军。轻敌的南军多次被击败,北军扭转了战争的被动局面。与此同时,西线的格兰特军团切断南军水上运输线,从水陆同时实施进攻,打通了密西西比河,向南军修筑在密西西比河上的重要堡垒维克斯堡发起总攻,意图把南军分割成东西两部分。防御坚固的

◉ 南方联军总司令罗伯特·李将军向格兰特投降。

维克斯堡控制着整个河面。北军猛烈的炮轰持续了47天,几乎摧毁了要塞的所有防御工事。弹尽粮绝的守兵失去防御能力,于7月4日投降,2.9万人的俘虏创造了南北战争期间俘虏人数最多的纪录。7月8日,北军攻占了哈得逊港,实现了分割南军的目标。9月9日,格兰特命坎伯兰军团向交通枢纽和工业中心查塔努加发起围攻,取得向南部进军的基地。

维克斯堡和查塔努加的大捷,注定了南军败亡的最后命运。

> **·"地下铁道"·**
>
> 为了帮助黑人奴隶逃出充满罪恶的蓄奴州,废奴主义者们组织了一整套接应逃亡奴隶的线路和方法。他们称这一逃亡线路为"地下铁道"。"地下铁道"设有"车站"——同情黑奴的人的住宅,过路的黑人可以歇脚、投宿;有"火车"——逃亡的奴隶群;有"乘务员"——熟悉道路和情况的领路人。当时的一些伟大的废奴主义领袖,如约翰·布朗、哈里特·塔布曼等都是著名的"乘务员"。约翰·布朗领导的起义把这场运动推向高潮。废奴运动是南北两种社会制度矛盾尖锐的产物,是美国南北战争的序幕。

1864年,格兰特被任命为总司令,统一指挥北军的战斗。北军发起战略进攻,双方损失惨重。北方人力、财力充沛,能及时补给,南军则兵源枯竭。7月上旬,南军的罗伯特·李派2万余人奔袭华盛顿,因消耗殆尽而全军覆灭。9月,北军西线的谢尔曼攻占了亚特兰大,插入南军后方。12月21日,占领了萨凡纳,奠定了战胜南部的基础。

1865年,谢尔曼北上,与格兰特形成夹击南军之势,一路势如破竹。4月1日,北军在彼得斯堡附近与南军展开决战,南军遭到惨败。罗伯特·李被迫于9日率领残军2.9万人向格兰特投降,历时4年的内战到此结束。

北军的胜利,恢复和巩固了联邦的统一,摧毁了奴隶制,扫清了美国资本主义发展的障碍。由于新科技的应用为战争史开辟了全新篇章,战争面貌大为改观,后勤供应也更为复杂,这次战争被人们称为"第一次现代化战争"。

"铁血宰相"俾斯麦

一次,俾斯麦乘火车出差,下车后坐在椅子上休息。这时,另外一位旅客坐在他旁边,并和他攀谈起来。那个旅客问俾斯麦是做什么生意的,当俾斯麦知道对方是皮革商后,也谎称自己是皮革商。临别时,俾斯麦微笑着对那人说:"阁下如果以后来柏林,不妨来我的工厂参观,我的工厂在威廉街76号。"威廉街76号是首相办公室。

那个皮革商打死也不会相信，面前这个和善的人就是有"铁血宰相"之称的俾斯麦。的确，在政治上俾斯麦可没这么温顺，他称得上是一个铁腕人物。

1815年，俾斯麦出生于德国普鲁士勃兰登堡的一个贵族家庭，父亲是政府官员，母亲出身于资产阶级家庭，受过良好的教育，是俾斯麦家族中第一个来自非贵族家庭的妇女。

俾斯麦天资聪颖，学习成绩不错，但常常和别人打架，蛮横的天性从小就暴露了出来。他在1832年进入哥廷根大学，一年半后转入柏林大学，主攻法律，对历史和外语尤其感兴趣。大学期间，与同学发生过28次决斗。1835年大学毕业后，他在柏林的法院当过见习书记官，但那种琐碎的工作根本不适合他野心的性格，他经常在工作时间骑马出去散心。1838年春天，俾斯麦爱上了一个牧师的女儿，爱得可谓如痴如狂，最后竟然追人家追到了瑞士，但是终究没有成功。后来，在母亲的劝说下，他转到波昂的法院工作，又投效了王家卫队，但是不到一年时间，他就因为冒犯长官而辞职。他在1839年返回故乡，和家人一起经营庄园。1847年，俾斯麦结婚了，夫人是一位虔诚的教徒，在夫人的影响下，俾斯麦逐渐改掉了过去的一些陋习，也成了一名忠实的信徒。

婚后不久，俾斯麦步入政坛，当选普鲁士联邦议会议员。之后，他逐渐形成了自己的政治信念：第一，最好的政府形式莫过于君主专制；第二，德意志必须在普鲁士的领导下完成统一。1859年，俾斯麦任驻俄公使，1861年改任驻法公使。1862年，他出任普鲁士宰相兼外交大臣，几天后，他发表了著名的"铁血演说"，宣称："当代的重大问题不是用说空话和多数派所能解决的，而必须用铁和血来解决。"俾斯麦"铁血宰相"的称号就是来源于这里。一言以蔽之，他决心用武力作为解决政治问题的最主要手段，在当时，这主要就是指排除奥地利，由普鲁士领导完成德意志的统一。

俾斯麦通过三次王朝战争实现了统一的目标。第一步，在1864年初挑起对丹麦的战争，把属于丹麦的石勒苏益格和荷尔施泰因两公国（居民多数为德意

⊙德皇威廉二世肖像，完成于1890年，就在这一年，他迫使俾斯麦辞职。

志人）并入德意志。第二步，在 1866 年挑起对奥地利的普奥战争。迫使奥地利退出德意志联邦，并建立起在普鲁士领导下的北德意志联邦，统一了德意志北部和中部。第三步，在 1870 年挑起普法战争，清除统一南德的障碍。这次战争是德国在欧洲崛起的重大转折，强大的法国在色当战役中被彻底击败，法皇拿破仑三世被俘，巴黎被普军占领。1871 年 1 月 18 日，俾斯麦在法国的凡尔赛宫宣布统一的德意志帝国成立，普鲁士国王威廉一世成了德意志帝国的皇帝，俾斯麦出任帝国宰相，并被授予公爵封号，成为 19 世纪下半叶欧洲政治舞台上的风云人物。

德国统一后，俾斯麦的政治生涯就显得不那么顺利了，他在国内推行的强硬政策遭到人民的普遍反对，对外与英、法争夺海外殖民地也处处碰壁，又引起容克资产阶级的不满。1888 年，威廉二世即位为德国皇帝。威廉二世不同于他的父亲，野心勃勃、刚愎自用，与俾斯麦在"政策谁做主"的问题上产生了摩擦。1890 年 3 月，威廉二世命令俾斯麦递交辞呈书，俾斯麦在当政 28 年后下台。1898 年 3 月 18 日，俾斯麦溘然长逝，享年 83 岁。

普法战争

19 世纪上半期，德意志是一个由 34 个独立的国家和 4 个自由市组成的松散的联邦。这个联邦没有中央政府，没有统一的军队，各国都各自为政，严重阻碍了资本主义的发展。普鲁士和奥地利是德意志各国中最强大的两个国家。普鲁士击败了不愿意统一、只想维持自己在德意志内霸权的奥地利，统一了北德意志，举起了德意志统一的大旗。但当时南德意志的 4 个邦还处于法国的控制之下，为了德意志的统一，普鲁士首相俾斯麦决定和法国开战。

当时的法国在历史上叫法兰西第二帝国，他的皇帝拿破仑三世叫路易·拿破仑·波拿巴，是拿破仑的侄子。他是个狂妄自大的人，连拿破仑 1% 的军事才能都没有，但却经常对外发动战争。他公开说："德意志决不能统一，它应该被分成三部分！"当时法国国内阶级矛盾激化，社会问题多如牛毛，法国的资产阶级为了转移国内人民的注意力，夺取德意志的莱茵河西岸地区；而普鲁士方面视法国为德意志统一的绊脚石，它也企图夺取法国矿产丰富的洛林和阿尔萨斯地区。于是，一场大战不可避免了。

1870 年 7 月 19 日，法国正式对普鲁士宣战。当时法国有 40 万军队，拿破仑三世以为凭借自己的强大的军事势力可以很快击败普鲁士。他狂妄地说："这场战争不过是到柏林的一次军事散步!"可实际情况并非如此。40万法军调到前线的只有20万,而且军队编制混乱,军官找不到士兵,士兵找不到军官,有的将军还远在非洲。狂妄自大的法国将军以为法军必将是在普鲁士境内作战,所以他们只带了普鲁士地图,而没有带本国的边境地

◉ 1871年普法战争后期,胜利的德国军队群集在巴黎城墙外的废墟上。

图。本来按照原计划,法军在拿破仑三世抵达前线后的第二天就应该向普鲁士进军,但拿破仑三世看到法军装备、粮草严重缺乏,犹豫起来。普鲁士军队趁机结集了40万军队,完成了军事部署。到了宣战的第8天,法军的25万人才来到法普边境。

8月2日,法军攻入普鲁士境内,但立即遭到了普鲁士军队的迎头痛击。8月4日,普鲁士军开始全面反攻,法军全线崩溃,普鲁士攻入法国境内。拿破仑三世见大事不好,急忙把指挥权交给巴赞元帅,自己乘着一辆马车向西狂逃。巴赞在抵抗了一阵后,败退到麦茨要塞,随即被普军包围。法军的麦克马洪率领12万法军退到色当要塞,和早先到这里的拿破仑三世会合。不久,色当也被普军包围。

9月1日早晨,色当大战开始。法军龟缩在坚固的要塞中同普军对抗。普军占领了色当四周的高地,用700门大炮轰色当。一时间,色当上空炮声隆隆,炮弹像雨点一样落入色当城内,全城一片火光,到处都是残垣断壁,滚滚浓烟,法军死伤惨重,连麦克马洪元帅也被打伤。

拿破仑三世从来没有见过这种阵势,被普军的强大火力吓得魂飞魄散。他急

◉ 普法战争是法国与新统一的德国为了争夺北欧的主导权而进行的一场战争。这是一场一边倒的战争,俾斯麦的普鲁士军队在色当打败了拿破仑三世的军队,包围了巴黎。在后来的协议中,法国失去了阿尔萨斯与洛林两省,为德法关系留下了痛苦的遗产,这个问题一直延续到20世纪。

忙换上一套士兵的服装，跑到麦克马洪的指挥所，战战兢兢地说："元帅，我们还能承受下去吗？"见到拿破仑三世身穿士兵的服装，麦克马洪心里就明白了一大半：皇帝要投降了。他叹了一口气说："陛下，我们孤军奋战。外面没有援军，我们的弹药又不多了，我已身负重伤，无法再继续指挥作战。您来决定吧。"

拿破仑三世说："在现在的情况下，我们已经没有取胜的希望。为了士兵们的生命，我决定同普军谈判。"

下午三点，拿破仑三世在城中的中央塔楼升起了一面白旗，同时派人向普鲁士国王送去了一封投降书。投降书是这样写的："我亲爱的兄弟，我没有死在我的军中，所以我把我的佩剑送给陛下，希望以后能继续做彼此的好兄弟。拿破仑。"

第二天，拿破仑三世正式签署了投降书，和麦克马洪元帅以及 39 名将军、10 万名士兵做了俘虏，650 门大炮和大批的武器辎重落入普军手中。这次战役在法国历史上被称为"色当惨败"。

色当兵败的消息传到巴黎后，愤怒的人民推翻了第二帝国，建立了法兰西第三共和国，结束了法国历史上的王朝统治时代。

巴黎公社

色当惨败后，普军继续深入法国，在不到 20 天时间里，包围了法国首都巴黎。巴黎人民发动大起义，推翻了帝国政府，成立了资产阶级临时政府。临时政府虽然口头上高喊要坚决抵抗，但他们却背地里同俾斯麦商量投降条件。

不久，资产阶级临时政府内阁总理梯也尔同俾斯麦签订了卖国条约，宣布普法战争结束。条约非常苛刻，普鲁士要求巴黎城外炮台移交给普军，法军还要交出 2000 门大炮和 17 万支步枪以及大量的弹药，被全面解除了武装。法国赔偿普鲁士 50 亿法郎，割让阿尔萨斯和洛林。

> **·《国际歌》·**
>
> 巴黎公社失败后，很多革命者被迫流亡国外，其中公社战士鲍狄埃在公社失败后的第二天就满怀悲愤地写下了一首动人的诗篇，这就是《国际歌》的歌词。但是由于反动敌人的迫害，这首诗一直拖到 1887 年才被收入到鲍狄埃的诗集中。一年后，工人作曲家狄盖特读了这首诗，激动万分，他花了整整一个晚上给它谱上了曲。后来他在 6 月 23 日这一天正式演出了这首歌，引起了轰动，随后便出版发行。《国际歌》出版不久，就因为它的政治内容而遭到迫害，但是禁令是禁不住它的，《国际歌》很快便唱遍了全球，成为每一个无产阶级喜爱的歌曲。

但英勇的巴黎人民却始终保持着高昂的战斗热情,他们对卖国的临时政府非常不满,于是组建了一支以工人为主体的国民自卫军,还筹款铸造了400门大炮。

为了巩固自己的反动统治,梯也尔决定夺取国民自卫队的大炮,消灭国民自卫军。

1871年3月18日凌晨,梯也尔命令巴黎卫戍司令维努亚带着一支军队鬼鬼祟祟地来到摆放着大炮的蒙马特尔高地。他们先杀死了守卫在那里的几名自卫军战士,然后开始拖走大炮。

这时突然传来几声枪响,原来政府军在拖大炮的时候,被自卫军战士发现,急忙鸣枪报警。睡梦中的国民自卫军战士纷纷拿起武器,跑到蒙马特尔高地。

许多妇女、老人和儿童也纷纷赶到这里截住了他们。大家愤怒地质问政府军:"你们想干什么?为什么偷我们的大炮?""你们自己投降卖国,交出你们自己的武器弹药还不够,还要偷我们的大炮送给普鲁士人?""把我们的大炮放回原处!"

维努亚恼羞成怒,他大声说:"这是政府的命令!"但大家根本不怕他,继续指责他。

维努亚大怒,命令政府军向群众开枪。

但这些士兵们都站着不动。维努亚气急败坏,抽出大刀大声下令:"谁不听命令我就砍掉他的脑袋!"可是仍然没有人服从他的命令。

突然,一个士兵高喊:"我们不能杀自己人!"其他士兵也高呼:"对!不打自己人,枪口一致对外!打倒普鲁士人!"于是他们立刻逮捕了维努亚,加入了国民自卫军。

当天下午,国民自卫军中央委员会决定以武力还击反动政府。人们从四面八方攻入市中心,与反动政府展开了殊死搏斗。临时政府首脑梯也尔见大事不好,急忙跳上一辆马车,飞快地逃到巴黎西南的凡尔赛去了。其他的政府官员一见总理跑了,也都纷纷出逃。晚上10点左右,国民自卫军占领了空无一人的市政厅。两名身手矫捷的战士爬上市政厅大厦,升起一面鲜艳的红旗,巴黎人民的武装起义

⊙ 1871年5月28日,巴黎公社社员在拉雪兹公墓英勇就义。

取得了胜利。

3月28日，20万巴黎民众聚集在巴黎市政厅前的广场上，欢呼巴黎公社——世界上第一个无产阶级政权成立。

巴黎公社发布法令，撤销旧军队、旧警察，由国民自卫军代替。立法、司法和行政权力由公社成立的10人委员会统一行使。巴黎公社宣布实行民主选举，实行政教分离、信仰自由的政策，将逃亡资本家的工厂交给工人管理。

梯也尔逃到凡尔赛后，手下只有2万残兵败将，根本无法与巴黎公社对抗。于是他秘密派代表去见俾斯麦，低三下四地请求他释放俘虏来增强凡尔赛政府的力量。俾斯麦也非常敌视巴黎公社，他同意了凡尔赛政府的请求，释放了10万法军俘虏，并表示允许法军穿越普鲁士军的阵地，从北面进攻巴黎。

1871年5月20日，凡尔赛军向巴黎发起了猛攻。面对数倍于己的敌人，巴黎公社的勇士们毫不畏惧，奋起抵抗，越战越勇。但随着战争的继续，由于缺乏统一的指挥和防御的失误，形势对巴黎公社军越来越不利。

由于起义军战士的顽强抵抗，凡尔赛军不知虚实而不敢贸然入城。但第二天中午，一个叛徒偷偷跑出城去，向凡尔赛军报告了城中的情况。就这样大批凡尔赛士兵疯狂地冲进了巴黎。公社战士与凡尔赛军展开了激烈的巷战。他们发誓：人在街垒在，只要还有一口气，决不让敌人越过街垒！

经过5天的血战，在优势装备和数倍于己的凡尔赛军的疯狂进攻下，公社战士防守的各个街区相继失陷。5月28日，敌人占领了公社战士最后一道防线——拉雪兹公墓，200多名公社战士全部阵亡，存在了72天的巴黎公社失败了。

法拉第发现电磁感应

工业革命的迅速展开促使人类社会的发展进入快车道，在机械、能源等工业蓬勃发展之时，电气领域也在悄悄酝酿着一场革命。

先是1800年，丹麦的奥斯特发现电可以产生磁的效应，接着是法国人毕奥和萨伐尔毕发现奥—萨伐尔定律，然后有了德国物理学家欧姆在1825年发表的欧姆定律，揭示了导线中电流和电位差的正比关系。一系列重大发现为电磁感应铺平了道路，最终法拉第完成了这一历史使命。

法拉第，1791年9月22日出生于英国的一个铁匠家庭，像与他同时代许多发明家、科学家一样少受教育。法拉第一生中，仅仅在11岁时上过一年小学。

13岁时,他到一家文具店打杂,因为做事认真,成了订书学徒。与众不同的是,这个只读过一年书、知识有限的孩子,却对读书有着浓厚的兴趣。他在工作之余,阅读了大量图书,而这也得到了老板热心的鼓励。法拉第在这家店里做了7年工,对化学的兴趣渐渐浓厚起来。

1812年的一天,店里的一位顾客送给法拉第一张皇家学术演讲会的门票,主讲人是当时著名的科学家、伦敦皇家学院的化学教授戴维。在听完了戴维的演讲后,法拉第带着听演讲时做的笔记拜见了戴维,请求他给自己一份实验室的工作。不久,他被聘用为戴维的助手。1813年,戴维夫妇去欧洲大陆游历,法拉第作为秘书随行。这次游历持续了18个月,法拉第遇见了许多著名的科学家,如安培、伏特等,深深受到了他们的影响。返回伦敦后,法拉第开始了自己的研究工作,他只要听完教授们的演讲,就马上实地实验,并分门别类地做了详细的实验笔记。到1860年前后法拉第的研究活动结束时,他的实验笔记已达到1.6万多条,他仔细地依次编号,分订成许多卷,这时他过去当装订工时学会的高超技能派上了用场,这些笔记以及其他在装订成书以前或以后的几百条笔记,都已编成书分卷出版,其中最著名的就是《电学实验研究》。

◉ 法拉第

他发现了电磁感应现象,使电规模化使用和成为清洁、便宜的动力成为可能。

1821年,法拉第与令自己一见倾心的沙娜结婚,两人生活得非常幸福。在大约1830年以前,法拉第主要是一位化学家,那时他已成为很有成就的专业分析化学和实验顾问,他把自己的丰富经验总结为一本600多页的巨著《化学操作》,于1827年出版。

受到奥斯特电可以产生磁的启发,法拉第从1822年就着手研究把磁转化为电的问题。他先设计了如下实验装置:装置的两端中间以导线连接,

◉ 工作中的法拉第

法拉第将他的一生都贡献给了伦敦皇家研究院,正是在这里,他做出了那些举世闻名的重大发现。他曾经建造了一个巨大的钢铁笼子,带着他的实验器材走了进去,而他的助手再给这个笼子导上10万伏特的电流,电流产生的火花在笼子周围噼啪作响,但是法拉第知道他自己是安全的,因为电流只是在笼子的外表层。这种导电的安全的装置现在被称为法拉第笼。

并设置一个开关,左端为电源(伏打电池),右端为电流指示器。然后进行实验:接通电源(合上开关),电流指示器指针明显偏转,但很快又恢复到原位。断掉开关,切断电源指针也同样发生偏转,继而复原。实验表明,在"开""关"的时点,指针各发生一次偏转,但都不能保持。法拉第进而用永久磁铁加以验证。1821年10月17日,他完成了一个具有决定意义的实验:取一圆纸筒,在上面绕8匝铜线圈,再接到安培计上。然后将一条形磁铁从线筒一端放入,发现安培计指针偏转,又将磁铁从另一端抽出,指针再次偏转,只是方向相反。这便是发电机的基本原理,今天各种复杂的发电机都是根据这一原理设计制造的。

在总结实验的基础上,法拉第进行了理论分析,他运用的磁力线概念对所谓的"电磁感应"进行解释——感应电流的产生是由导体切割磁力线所致,电流的方向则取决于磁力线被切割的方向。为了便于现实中的操作,法拉第还以左、右手拇指与其他四指的位置特点和依据设定了左手法则和右手法则,至今我们仍在使用。1838年,法拉第又解释了从负电荷或正电荷发出的电力线的感应特点。

法拉第并不满足于已有的成就,而是进一步将研究领域扩展到电解的规律。在这一过程中,他发现了两个重要的比例关系:由相同电量产生的不同电解产物间有当量关系,电解产物的数量与所耗电量成正比。这两个规律后来被称为法拉第电解定律,在电学工业领域获得广泛应用。

法拉第发现电磁感应定律和电解定律之后,一时名扬四海,但他仍然孜孜以求,在物理学领域默默耕耘。他澄清了各种关于电的说法,发现贮存电的方法,继而发现法拉第效应。

法拉第发现的电磁感应原理,连同他的其他贡献共同构成了发电机、电动机发明的基础,使人类从蒸汽时代疾步跨入电气时代。

达尔文环球考察

达尔文,1809年生于英国的一个医生家庭,8岁时,进入教会学校读书。此时的他,不仅毫无过人之处,而且连日常的诵读都有些困难。他的爱好也与一般儿童不同,他喜欢收集邮票、画片、矿石、钱币等东西,对动植物也有很大的兴趣。9岁时,他进入一所文法学校读书,学习成绩平平,但更专注于以前的兴趣,以至于老师甚至父母都认为他只是一个平庸的孩子。16岁时,他被父亲送到爱丁堡大学学医,但他对于授课内容没有什么兴趣,在两年后转往剑桥大学学习神学,父亲希望他将来成为一个尊贵的牧师。可是，达尔文偏偏对生物感兴趣。有一次，达尔文在老树皮中发现了两只奇特的甲虫，他左右手各抓住一只，兴奋地观看起来。突然，树皮里又跳出一只甲虫，达尔文措手不及，就把一只甲虫放在嘴里，伸手又抓到了第三只。哪知嘴里的那只甲虫突然吐出一股辛辣的汁液，把他的舌头蜇得又麻又痛，他这才把口中的虫子吐了出来。后来，人们为了纪念他首先发现的这种甲虫，就把它命名为"达尔文"。

在剑桥的三年里，达尔文与地质学教授塞奇威克和植物学教授亨斯罗结识，更加喜欢上了对自然界的观察和研究，而对神学的学习却没什么进展。当读了洪堡的《南美洲旅行记》和赫胥黎的《自然哲学导言》之后，他已经立志要投身于自然科学研究了。

1831年达尔文大学毕业，经亨斯罗的推荐，以博物学家的身份参加了英国政府组织的"贝格尔"号军舰的环球考察，开始了漫长而又艰苦的环球考察活动。达尔文每到一地总要进行认真的考察研究，采访当地的居民，采集矿物和动植物标本，挖掘生物化石，收集没有记载的新物种，积累了大量资料。

"贝格尔"号到达巴西后，达尔文攀登安第斯山进行科学考察。当爬到海拔4000多米的高度时，他意外地在山顶上发现了贝壳化石。达尔文非常吃惊："海底的贝壳怎么会跑到高山上了呢？"经过反复思索，他终于明白了地壳升降的道理。

达尔文还敏锐地觉察到了物种在不同地区的变化状况，逐渐对《圣经》中关于人类起源的说法产生了怀疑，并萌发了生物进化论的思想。

这次环球考察在1836年10月结束。结束了旅行，达尔文忙于整理带回来的标本和笔记资料，不经意间，他接触到了马尔萨斯的《人口论》一书。书中提到人口的增长速度要远远快于粮食的增加速度，只有依靠瘟疫和战争等灾难性因素抑制人口过快增长，才能缓解人口

◉ "贝格尔"号的航行

1831～1836年，达尔文乘坐专门用于科学探险的"贝格尔"号环游世界，他利用船靠岸的机会研究各地的植物和动物，包括太平洋上的加拉帕戈斯群岛。他在各地挑选带回欧洲的物种的时候，已经开始形成他的进化论了。

与粮食之间的矛盾。这其实言明了种内竞争的必要性,为达尔文进化论思想形成提供了依据。

达尔文在"贝格尔"号环球考察的基础上,又受到马尔萨斯人口论的影响,经过大量的科学推理和综合分析,关于生物进化思想逐渐成熟起来。终于在1859年发表《物种起源》一书,在学术界引起轩然大波。

达尔文的进化论思想可以概括为以下几个方面。首先是遗传和变异。他指出,遗传和变异普遍存在于各物种当中,进而推动各种生物进化或灭绝。而遗传和变异也相互作用,有的变异遗传给后代个体,而有的变异就不能,分别称为一定变异和不定变异。关于变异的诱因,达尔文认为是生存环境的变迁、器官的使用程度等。

> ### ·"达尔文的斗犬"·
>
> 《物种起源》出版后,很多科学家都站在达尔文一边为他摇旗呐喊,其中赫胥黎是最积极的一个,他自称"达尔文的斗犬",随时准备攻击任何反对进化论的人。赫胥黎是第一个提出人是由猿进化而来的人,一次在和英国教会的辩论中,一个教士不怀好意地问他:"请问赫胥黎先生,到底你爷爷那边是猴子呢,还是你奶奶那边是猴子?"台下支持神创论的人顿时拍手叫好,他们以为赫胥黎这下无话可说了。但赫胥黎却强忍着怒气回答道:"我从来都不为自己是猴子进化来的而感到羞耻。相反,那种以无知为光荣的人才是最可耻的!"那个教士顿时哑口无言,赫胥黎赢得了辩论的胜利。在赫胥黎等人的推动下,进化论传遍了世界各地,逐渐成为生物学的一个重要分支。

其次是自然选择,即所谓物竞天择,适者生存。其实,"自然选择"概念是受了种畜场"人工选择"的影响而提出的,即人工选择是根据人的需要,而自然选择就是根据自然的需要。达尔文通过观察发现大多数生物繁殖过剩,而这些新生个体在残酷的生存竞争中,只能接受自然条件的选择,适者生存。

最后是性状分歧、种形成、绝灭和系统树生产。生活实践告诉人们,各种动植物可以从一个共同的原始祖先,经过人工选择,从而形成众多性状各异的品种。

◎《物种起源》书影

在自然界中,这个道理依然适用,一个物种会由于生存条件的差异,形成许多变种、亚种和种。时间久了,同一物种内的亲缘关系,会像一株枝杈众多的大树,即称为系统树。

《物种起源》一书近乎完美地表述了达尔文的进化论思想,对日后的生物学发展具有重要意义,达尔文也因此享誉世界。剑桥大学授予他"法学博士"的称号,并为此举行了隆重的会议。1878年,他被选为法国科学院植物学部通讯院士,同年又被选为柏林科学院的通讯院士。

1882 年 4 月 19 日，达尔文在家中去世，享年 73 岁。送葬时，著名科学家胡克、赫胥黎、华莱士、皇家学会主席拉卜克等人亲扶灵柩。他被安葬在威斯敏斯特大教堂，与牛顿等名人长眠在了一起。

巴斯德发现病菌

路易·巴斯德，1822 年出生在法国的多尔，是近代著名的化学家和微生物学的奠基人。巴斯德家境贫困，靠半工半读于 21 岁考入巴黎高等师范学院，专攻化学。早期一直致力于晶体结构方面的研究，并取得相当的成就。1854 年以后，巴斯德逐步转入微生物学领域。

人们很早就在日常生活中，发现做好的饭菜和奶制品等放久会变酸的现象，但不知到底是什么原因使其发生这样的变化。巴斯德于 19 世纪 50 年代投入这一问题的研究，他以牛奶为实验对象，准备一份鲜奶和一份变酸的奶，然后分别从中取出少量放到显微镜下观察，结果在两个样本中发现同一种微小的生物，即我们今天所谓的

◎ 正在做实验的巴斯德
巴斯德是法国著名的化学家和生物学家，他通过多次实验发现了物质变酸的原因，为后来在医学上确立热消毒法奠定了基础。

乳酸菌。区别仅在于所含细菌数目不同，鲜奶中的乳酸菌数量明显少于酸牛奶。接着，巴斯德又对新酿造的酒和放置一段时间已变酸的酒进行类似的实验，在两种酒中也发现同样的生物——酵母菌，而且前者所含细菌少于后者。他经过进一步分析、研究，最终确认无论是牛奶还是酒变酸都是因为细菌数量的增加和活动的加强所致。巴斯德把这类极小的生物称为"微生物"，并且以乳酸菌和酵母菌作为它们的代表，对其生活习性、营养状况、繁殖特征等方面进行了深入分析。1857 年，巴斯德关于微生物的第一个成果《关于乳酸多酵的论文》正式发表。此文标志着一个新的生物学分支——微生物学诞生。

微生物学自诞生之日起，就立足于为生产实践服务。1863 年，巴斯德发明防止葡萄酒变酸的高温密闭灭菌法，后来称为"巴斯德灭菌法"。在研究解决丝蚕病的过程当中，他对致病菌有了进一步认识，从而在 19 世纪 60 年代末提出了病

菌学理论,这引起了一些临床医学家的注意。当时的许多外科手术过程非常顺利,就是术后病人死亡率居高不下。英国名医李斯特意识到这可能与创口感染病菌有关,遂用巴斯德灭菌法对手术器械和场所消毒灭菌,此举使其术后病人死亡率从 45% 骤降至 15%。

⊙ 巴斯德在实验室工作

巴斯德是个技术精湛的实验者,有着强烈的求知解难之心而又善于观察,他全心献身于科学和将科学应用于医学、农业和工业的事业上。

进入 19 世纪 70 年代以后,达内恩医师受巴斯德灭菌法的启发,发明了碘酒消毒法,后来美国的霍尔斯特德和英国的亨特又开医学戴消毒手套和口罩的先河,这些灭菌法和防菌法至今仍在外科手术领域广泛应用。

巴斯德在开创微生物学之后,更大贡献在于免疫学方面的研究。病菌侵入人体就会使人产生抗体,那么要是让失去毒性的病菌进入人体,使之产生抗体以杀灭后来侵入的有毒病菌,不就可以达到免疫效果吗?

路易·巴斯德在这方面进行了大量探索,其中最值得一提的是其培育的狂犬病疫苗。1880 年,巴斯德收集了一名狂犬病患者的唾液,将其兑水后注射到一只健康的兔子身上。一天以后,兔子死去,他再把这只兔子的唾液接种给另外一只健康兔,它也很快死去。巴斯德在显微镜下观察死兔的体液,发现一种新的微生物,进而用营养液加以培养,再将菌液注射到兔和其他动物体内,毒性再次发作。他在观察这些染病动物的体液时发现了与培养液中相同的微生物,巴斯德初步确认是这种病菌(其实是病毒)导致狂犬病,于是对这类病菌用低温(0℃~12℃)的方法减毒,后又用干燥的方法再次加以减毒。过了一段时间后,经实验发现其毒性已不能使动物致病,可以用来免疫。1885 年 6 月,巴斯德第一次使用减毒疫苗治愈了一名患狂犬病的男孩。从此,狂犬疫苗进入实用阶段。

在战胜了狂犬病之后,巴斯德被誉为"与死神抗争的英雄"。为了表彰其在微生物学领域的杰出贡献,巴黎建立了巴斯德学院,该学院后来为推进微生物学的发展起了重要作用。

诺贝尔与诺贝尔奖

诺贝尔，全名阿尔弗雷德·伯纳德·诺贝尔，1833 年 10 月 21 日出生在瑞典首都斯德哥尔摩。幼年的诺贝尔家境贫苦，但受作为发明家的父亲的影响，热衷于发明创造。

在诺贝尔 9 岁的那一年，父亲带他去了俄国，并为其聘请了家庭教师，教授小诺贝尔数、理、化方面的基础知识，为他打下了基础。同时，诺贝尔在学习之余在父亲开的工厂里帮忙，这使他的动手能力进一步增强，并具备了生产和管理方面的知识和经验。

当时由于工业革命的开展和深入，刺激了能源、铁路等基础工业部门发展。为了提高挖掘铁、煤、土石的速度，工人频繁地使用炸药，但当时的炸药无论是威力，还是安全性能都不尽如人意。意大利人索布雷罗于 1846 年合成了威力较大的硝化甘油的炸药，可惜安全性太差。那时又盛传法国人也在研制性能优良的炸药，这一切促使诺贝尔的注意力转移到炸药上来。

◉ 诺贝尔
他发明的安全炸药为人们在生产领域提供了很大的方便。但它的另一个副作用就是促进了战争的升级。

1859 年，在家庭教师西宁那里，诺贝尔第一次见识了硝化甘油，西宁把少许硝化甘油倒在铁砧上，再用铁锤一敲便诱发强烈的爆炸。诺贝尔对硝化甘油做了进一步分析，发现无论是高温加热还是重力冲击均可以导致其爆炸，他开始为寻求一种安全的引爆装置而努力。经过无数次实验，最后他发现若是把水银溶于浓硝酸中，再加入一定量的酒精，便可生成雷酸汞，这种物质的爆炸力和敏感度都很大，可以作为引爆硝化甘油的物质。

用雷酸汞制成的引爆装置装到硝化甘油的炸药实体上，诺贝尔亲自点燃导火索，只听"轰"的一声巨响，实验室的各种器物到处乱飞，他本人则被炸得血肉模糊。从废墟中爬出来的他用尽最后一点气力说："我成功了。"然后就昏死过去。科学的进程是如此悲壮！不管怎样，雷酸汞雷管发明成功，他在 1864 年申请了这项专利。很快，诺贝尔的发明传播开来，用于开矿、筑路等工程项目中，大大减轻了工人们的挖掘强度，工程进度也快了许多。但世界各地的爆炸事故层出不穷，有些国家为此甚至禁止制造、运输和贮藏硝化甘油，这给诺贝尔的事业带来极大的困难。经过慎重考虑，诺贝尔决定赴美国加利福尼亚生产硝化甘油，并研制安全炸药。在试验中，他分析了一些物质的性质，认为用多孔蓬松的物质吸收硝化甘油，可以降低危险性，最后设定25%的硅藻土吸收75%的硝化甘油就可形成安全性很高的猛炸药。

威力强劲、使用安全的炸药的出现，使黑色火药逐步退出了历史舞台，堪称炸药史上的里程碑。诺贝尔在随后的几年里，又发明了威力更大、更安全的新型炸药——炸胶。1887年，燃烧充分、极少烟雾线磅的无烟炸药在诺贝尔实验室诞生了。

循着威力更大、更安全和更符合人的需要的原则，诺贝尔为人类的进步做出了杰出的贡献，受到后人的尊敬。

1896年12月10日，伟大的科学家诺贝尔去世。遵照其遗嘱，他的大部分遗产（约900万美元）作为设立诺贝尔奖金的基金，每年提取基金的利息，重奖为人类进步事业做出重大贡献的人。诺贝尔在他的遗嘱中明确，获奖的唯一标准是其实际成就，而不得有任何国籍、民族、肤色、信仰等方面的歧视；奖金每年颁发一次，授予前一年中在物理学、化学、医学等3个领域里"对人类做出最大贡献的人"。该奖于1901年12月10日，即诺贝尔逝世5周年纪念日首次颁发，至今已有超过500人获此殊荣。后来还增加了文学、和平等奖项。诺贝尔临终设立此奖，是其对人类科学文化事业进步的又一重大贡献，永远值得后人景仰。

三国同盟

进入19世纪后期，第二次工业革命开始兴起，科学技术突飞猛进，社会生产力得到了极大的提高，人类进入了电气时代。欧洲各国的工业和经济又跨了一个台阶，逐渐形成了垄断资本主义，各国开始向帝国主义过渡。但它们之间的发展是不平衡的，英、法等老牌资本主义国家发展速度较慢，而新兴的美国、德国发展速度很快，成为世界排名第一、第二的资本主义工业大国。由于帝国主义国家之间的发展不平衡，它们之间的矛盾也在加剧。各国为了自己的利益，纷纷寻找对策。

普法战争后，为了防止法国东山再起，德国首相俾斯麦勒索了法国50亿法郎的巨额赔款，并且强行割走了矿藏丰富的阿尔萨斯和洛林地区，企图让法国"流尽血"。德国凭借着这些资源和资金，迅速跃升为世界第二工业大国。但出乎俾斯麦意料的是，法国人卧薪尝胆，奋发图强，不仅没有一蹶不振，反而恢复了元气。法国人为了报仇雪耻，在不断扩充军备的同时，还四处寻找盟友，共同对付德国。

面对法国咄咄逼人的复仇计划，德国人没有坐以待毙，俾斯麦也开始四处拉拢盟友，对抗法国。恰好这时，奥匈帝国和俄国在巴尔干问题上发生了争吵。原来两国都对巴尔干半岛上的波斯尼亚和黑塞哥维纳地区垂涎三尺，俄国凭借着强大的实力，四处宣扬"大斯拉夫主义"（波斯尼亚和黑塞哥维纳的居民和俄罗斯人同属斯拉夫人），企图把奥匈帝国的势力排挤出去，独占巴尔干半岛。德国不愿意看到俄国过于强大，所以德国在巴尔干问题上支持奥匈帝国。两国联手，开始排挤俄国的势力，使俄国吞并波斯尼亚和黑塞哥维纳的计划落空。为此，俄国对德国怀恨在心。

1879年8~10月，德国首相俾斯麦与奥匈帝国的外交大臣安德拉西在维也纳秘密会谈，缔结秘密军事反俄条约——《德奥同盟条约》。这个条约的主要内容是如果德、奥两国中一国遭到俄国的进攻，那么另一国应以全部的军事力量进行帮助；如果其中一国遭到另一个国家（暗指法国）的进攻，那么另一缔约国应对其盟国采取中立。但如果进攻的国家得到俄国的支持，那么两国应动用全部的军事力量联合作战。如果遭到法国和俄国的联合攻击，那么双方则要共同作战。由此，德国和奥匈帝国正式结盟。

和奥匈帝国结盟后，俾斯麦还不放心，他总觉得力量还有些单薄，于是又把目光投向了意大利。意大利自从1870年统一后，资本主义得到了迅速发展，国家的实力迅速增强。为了扩大自己国家的产品销售市场，意大利急于开拓海外殖民地，首先看上了和自己一海之隔的北非明珠突尼斯。但法国人也想占领突尼斯，两国争执不下。俾斯麦看准了这一点，找上了意大利，表示在突尼斯问题上德国支持意大利。但紧接着他又找到法国，暗示德国不反对法国人占领突尼斯。法国人喜出望外，于1881年出兵占领了突尼斯。当时在突尼斯有很多家意大利企业和2万意大利侨民，意大利政府早已经把突尼斯当成了嘴中的肥肉，不料却被法国人占领了。可是法国的实力比意大利强大，单凭自己的力量，意大利讨不到什么便宜。这时俾斯麦伸出了橄榄枝，极力拉拢意大利。为了报复法国，丧失了地中海优势的意大利同德国的关系开始密切起来。

但意大利和奥匈帝国有领土争端，两国素来不和。在德国的调解下，两国终于在1882年5月签订了同盟条约。条约规定，如果意大利遭到了法国的攻击，那么德国和奥匈帝国应以全部的军事力量援助；如果德国遭到了法国的进攻，那么意大利也应以全部的军事力量进行援助。如果缔约国中的一国或两国遭到了两个或两个以上的国家（暗指法国和俄国）的进攻，那么三国要动用全部的军事力量协同作战。但意大利还有一个附加条件：如果英国进攻德国或意大利，意大利则不予援助。就这样，三国同盟正式形成。

世界大战时期

三国协约

随着德、意、奥三国关系日益密切,英、法、俄也随之走到了一起。

当新兴资本主义国家迅速崛起的时候,老牌资本主义国家也奋力争夺地盘,尤其是英、法两国,与德国之间的摩擦与日俱增,为此,英、法两国都开始在世界范围内寻找可以并肩作战的战友。

其实,明眼人都能看出,三国同盟的主要针对对象是法国,看到三个国家的矛头直指自己,法国怎么能不着急呢?于是,心急如焚的法国开始把眼光盯上了德国的邻邦俄国。

1879年,为了对付俄国在巴尔干地区的扩张,德国与奥匈帝国在维也纳签订《德奥同盟条约》。俄国本来就对德国相当仇恨,看到德国公开与己为敌,自然气愤得很。这一切都被法国看在眼里,法国认为拥有广阔疆土的俄国足以使自己单薄的力量增加不少,于是开始对俄国进行拉拢。

1888年,法国向俄国贷款5亿法郎,次年又向俄国贷款19亿法郎,此后,又相继向俄国贷款数次。到1893年双方签订条约时止,法国已累计向俄国贷款100多亿法郎。

看到法国对自己如此仗义,俄国感激涕零,俄国也早想找一些同伴与自己一起承担德、意、奥三国联合带来的危险。在这种情况下,法、俄两国军事首领于1892年签订了秘密的军事协定,这一协定在1893年12月15日和1894年1月4日分别得到了两国政府的批准。协约规定,如果意大利或奥匈帝国在德国支持下进攻俄国,法国应与俄国并肩作战。

虽然与俄国签订了军事协定,但法国还是觉得没有安全感,于是,又开始寻找战友。找来找去,法国

◉ 位于巴黎以沙俄亚历山大三世的名字命名的大桥,成为19世纪后半叶俄、法关系密切的历史见证。

觉得只有英国才算得上是一个好帮手。虽然此时的英国已经没有了昔日的辉煌，但依然是世界上数一数二的强国。而这时，英国也正遭受着来自德国的威胁。

迫于形势，不久之后，英国就对法国的拉拢做出了反应。1903年春，英王爱德华七世访法，这次访问是英、法亲善的开端。同年7月，礼尚往来，法国总统回访英国。1904年4月，英、法两国在伦敦签订了一项瓜分殖民地的协约，协约规定，英国承认法国在摩洛哥有维护安全和协助改革的权力，法国也不干涉英国在埃及的行动；英国把西非的一些殖民地让给法国，法国则放弃在纽芬兰的捕鱼权。协约中，英、法两国还划定了在暹罗（今泰国）的势力范围。通过协约，英、法两国的矛盾基本解决，双方利益开始趋向一致。

法国同英国签订条约以后，想到英国与俄国之间有着很深的矛盾，怎么才能使两国尽释前嫌呢？没料到，不等法国出面，英国便调节了与俄国之间的关系。因为日俄战争和1905年革命，俄国在财政上越来越依赖英、法两国，虽然当时俄国在近东、中亚和远东地区都与英国有利益冲突，但要比起与德国的矛盾，就显得微不足道了。1907年8月，英、俄两国在圣彼得堡签订了分割殖民地的协定，协定规定，俄国承认阿富汗在自己的势力范围之外，并承认英国代管阿富汗的外交；波斯（今伊朗）东南部划为英国势力范围，北部为俄国势力范围，等等。

英、法协约和英、俄协约，加上法、俄同盟，标志着三国协约正式形成。三国协约没有像三国同盟那样签订一项共同条约，俄、法两国是负有军事义务的同盟国，但英国则无须承担这种军事义务。

三国同盟和三国协约两大帝国主义军事集团形成以后，扩军备战成了他们的当务之急。复杂的国际关系日趋紧张，局部战争接连发生，最后终于导致了1914年第一次世界大战的爆发。

1918年一战结束，德国投降后，同盟国瓦解，美、英、法、日等帝国主义国家曾以协约国的名义向苏俄发动了三次武装干涉。随着各帝国主义国家之间矛盾地不断加深，协约国也逐步瓦解。

萨拉热窝事件

1914年6月下旬，奥匈帝国的军队在波斯尼亚首府萨拉热窝附近举行军事演习，以支持当地的亲帝国分子，压制斯拉夫人的民族解放运动，并想以此威吓邻近波斯尼亚的塞尔维亚，企图把它也纳入奥匈帝国的版图。

6月28日，这天是个晴朗的星期天，萨拉热窝热闹非凡。原来，奥匈帝国的皇储弗朗茨·斐迪南大公夫妇要来这里访问。斐迪南是个极端军国主义分子，军事演习就是他亲自指挥的，这次访问萨拉热窝也是他计划中的一部分。

28日上午10时左右，一列豪华专车驶入萨拉热窝车站。由奥匈帝国的近百名士兵组成的仪仗队分成两队，分列在车站两侧。当斐迪南及妻子索菲女公爵坐上一辆敞篷汽车后，队伍开始缓缓向萨拉热窝市政府行进。

斐迪南心里非常清楚塞尔维亚民族对奥匈帝国的仇恨，所以这次访问他只带了仪仗兵，并没有带过多的军事部队，想以此博得一些被统治民族的好感。

波斯尼亚在几年前被奥匈帝国吞并，萨拉热窝市政府为了讨好奥匈帝国的皇位继承人，把这次欢迎仪式搞得相当隆重。

此时的斐迪南夫妇正坐在敞篷汽车里，看着眼前繁华热闹的街市，不由得沾沾自喜。斐迪南从敞篷汽车里频频向路边的波斯尼亚人举手示意，时不时地露出趾高气扬的神情。路旁的人们带着愤怒，但碍于政府警察挡在前方维护，只能眼巴巴地看着斐迪南对塞尔维亚人进行挑衅。

正当斐迪南大公等人游行的时候，一批埋伏在人群里的暗杀者正欲行动。这批人属于一个军人团体，当他们听说奥匈帝国的大公要访问波斯尼亚时，便制定了一个周密的暗杀计划。当斐迪南的豪华汽车从车站出来时，7个暗杀者便混入了人群之中，并随着人流一步步地向斐迪南的汽车靠近。

虽然波斯尼亚当局在街道上派置了很多警察，但由于街上的人太多，根本无从维护，有的警察甚至躲到了角落里去闲聊，这无疑是个实行暗杀计划的好机会。

斐迪南车队缓缓地向市政厅的方向行驶着，离隐没在人群中的第一个暗杀者越来越近。这个塞尔维亚青年心跳加快，双手甚至颤抖起来。

"镇静，镇静，一定拿

◎描绘斐迪南被刺场面的图画

稳枪，整个民族的希望可就掌握在我手里了啊。"尽管他一再地安慰自己，但心跳的加快还是使他的眼神忽闪不定。正当这个暗杀者将要采取行动时，一个警察不偏不倚地走到了他的面前。

"你在这里鬼鬼祟祟地干什么？没看过奥匈帝国的大人物吗？"警察并不知道他是一个暗杀者。

"长官，我只是想临近看看，眼神不是太好，我这就回家。"第一个暗杀者不得不远离了斐迪南的车队。

车队又向前行驶，不一会儿便到了市中心，这里埋伏着第二个暗杀者。这个塞尔维亚人一刻也没有考虑，在手脚发抖之前便向行驶在车队中间的斐迪南大公的汽车扔出了一颗炸弹。炸弹偏移了方向，在斐迪南随从的车前爆炸了，碎片击伤了几个随从。车队很快逃到了市政厅门口的广场上，这里有一大批波斯尼亚警察在等候，应该不会再有危险了。

斐迪南非常愤怒，但也为自己躲过这场劫难而庆幸。

"总督先生，难道你们就是用这种方式来欢迎我的吗？"他从车上站了起来，怒视着邻座的波斯尼亚总督。

"不是的，殿下，你没发现刚才那个人是个精神病人吗？你大可以按着原计划进行访问，我保证不会再发生这样的事了。"总督唯唯诺诺地弓着腰。

"好吧，不过在这之前，我得先去医院看看我的随从。"斐迪南想以此来表现一下他的仁慈。

于是，司机调转车头，向医院方向开去。萨拉热窝市长和波斯尼亚总督又派了一大批宪兵和警察保护在斐迪南大公的汽车旁。

前面是一个十字路口，过了这个路口就是萨拉热窝市医院了。正在这时，斐迪南只听得身后的士兵惊叫起来，回过头一看，一个年轻人举枪直奔而来。

"有刺客！"斐迪南满以为逃过了一劫不会再出现危险了，哪里会料到这里还有仇恨他的人在等着他，不由得魂飞魄散，呆在那里一动不动。

这个暗杀者叫加夫里洛·普林齐普，只有19岁，是这次暗杀行动中最坚决最勇敢的一个。看到在场的所有人都惊慌失措，普林齐普乘机跃到斐迪南大公车的正前方，扣动了扳机，"砰砰"两声之后，斐迪南大公夫妇都被击中要害，双双死于血泊之中。

斐迪南夫妇的被刺，给奥匈帝国制造了一个吞并塞尔维亚的借口。随即，奥匈帝国向塞尔维亚政府发出通牒，以反恐怖组织的名义，要对塞尔维亚采取军事行动。德国皇帝威廉也竭力唆使奥匈帝国向塞尔维亚全面开战。

此后，奥匈帝国正式向塞尔维亚宣战，第一次世界大战由此爆发。

"凡尔登绞肉机"

1916年初，随着"施蒂芬计划"的破产，德国不敢贸然深入俄国，就将战略重点转移到法国。此时，法国军队已苦战一年半，军事力量已到极限。位于马斯交通要道上的凡尔登是法国前线中最大的交通枢纽，也是法军重要的军事要塞，德军决定在这里给法军以突然打击。这是德军新任参谋总长法金汉提出来的战略方针，他说："在这场战役中我们要让法国人把血流尽！"他认为凡尔登是法国绝不敢也不愿放弃的一个重要军事基地，对它施以攻击，法国就会向那里投入全部兵力，这样，德国才有机会使法国在军事上崩溃，从而迫使其投降。

此时的法国总司令霞飞因备战索姆河战役而无暇顾及凡尔登要塞，驻守要塞的兵力只有4个师10万人，270门大炮。凡尔登要塞的防御工事异常坚固，由4道防御阵地组成，其中前3道是战壕、掩体、土木障碍和铁丝网等野战防御工事，第4道防御阵地则由永久工事和两个堡垒地带构成。

德国总参谋长法金汉意识到负责进攻凡尔登的德国皇太子不可能仅通过一次奇袭就能攻取要塞。于是法金汉准备在凡尔登与法军进行一场消耗战，用一场规模空前的炮轰，以最小的代价取得实质性的初步胜利，以挫败法军士气，进而剿杀法军的一切反攻。

1916年2月21日早晨，法金汉调集10个师27万兵力、近千门大炮和5000多个掷雷器，以数量和力量均压倒法军的优势分布在12千米长的前沿阵地上。7时许，德国炮兵开始实施强大的炮火攻击。铺天盖地的炮弹倾泻在法军的野战防御阵地上。德国的新式武器——大口径的攻城榴弹炮将一颗颗重磅炮弹射向坚固的工事；掷雷器发射的装有100多磅炸药和金属碎片的榴霰弹，使法军堑壕成为平地；小口径高射炮使法军惊慌失措；喷火器把法军前沿阵地变成火海。持续了8个半小时，200万发炮弹的轰炸，把要塞附近三角地带的战壕完全摧毁、森林烧光、山头削平，法军前沿完全暴露出来。炮火刚息，德军步兵便以纵深战斗队形以散兵线分梯队向法军防线冲击。虽然士气高昂的法军凭借剩余工事奋勇抵抗，击退了德军的一次次进攻，第一道阵地还是被德军占领。德军随后又进行了4天的轰炸，攻占了法军外围据点之一的杜奥蒙特堡，但德军的伤亡也远超过他们的预料。

杜奥蒙特的失守，使法军统帅霞飞如梦初醒，他一面命令守军不惜一切代价死守阵地，一面命令最优秀的将领贝当增援凡尔登。

贝当在马斯河左岸加强法军的炮火力量，用法国的新式武器轻机枪和400毫米超级重炮装备部队，重振士气。并在前沿阵地划定一条督战线，后退者格杀勿论。

整个凡尔登会战成了屠杀场，枪炮、喷火器、毒气弹成了残酷的屠夫。德军的伤亡也达到了极限，前沿阵地堆满尸体。7月时，双方仍相持不下，德军仅前进了七八千米，但已攻下沃克斯堡。

眼看凡尔登被攻破，此时，俄军突破奥地利防线，英法联军在索姆河战役中击败德军，这迫使法金汉分兵火速去救援。

1916年10月24日，法军开始反攻。他们采用小纵队分散指挥的战术，迅速收回了杜奥蒙特和沃克斯堡，德军被迫撤退出凡尔登。

◉ 法军在战争后期对德军进行大反击

凡尔登会战是典型的阵地战、消耗战，双方参战兵力众多、伤亡惨重。战役中，法军野战工事与永备工事相结合组织防御的经验，成为大战后各国修建要塞工事的依据。

凡尔登战役，法军几乎投入了全部军力，德军也有44个师加入战斗，双方伤亡人数超过70万人，被称为战争史上的"绞肉机"。法金汉不仅使法国流尽了血，而且也使德国把血流尽了，回国后便辞去参谋总长的职务。

凡尔登战役是第一次世界大战中具有决定性的一次战役，虽说德军达到了消耗法军的目的，但自己也遭到无法弥补的人力、物力上的巨大损失。德军士气从此低落，各条战线的困境日益加重。这次战役中，德法双方竞相使用新武器。但德军的正面突击战术并没有攻破野外堑壕等防御工事，这也更使人们认识到炮兵越来越重要。

日德兰大海战

第一次世界大战期间，英国凭借着强大的海军优势对德国进行海上封锁，保护协约国的海上交通，制止德国对英国的入侵，并企图在有利的条件下与德国海军主力决战来消灭德军。1916年4月25日，德国海军袭击了英国的大亚茅斯和洛斯托夫特港口，英国对德国的封锁更为严密。为摆脱英国海军封锁带的困境，德国海军决心与英舰队决战。

1914年至1916年初，面对英国的海军优势，德海军采取保存舰队力量，避免重大损失，同时不断制造机会削弱英舰队力量的策略。运用诱使英军部分兵力出海，集中优势力量给予沉重打击的战术，不断袭击英军，但并没有解除英国的封锁。

1916年5月30日，英军截获了德军无线电报，破译密码后才知道德海军对英舰队有行动。原来新上任的德国大洋舰队司令冯·舍尔仍以诱敌深入的策略，意图将英舰队引至日德兰西海域，并在此设伏袭击英舰队。

英海军上将约翰·杰利科勋爵认为这是歼灭德海军主力的好机会。于是他派贝蒂率领一支诱敌舰队驶离苏格兰罗塞斯港口，自己亲率主力埋伏在奥克尼群岛斯卡帕弗洛海军基地的东南海域。

5月31日，英诱敌舰队发现德诱敌舰队，双方开始了火力轰击。英舰队利用其战舰速度快而灵活的特点，急速前进，企图插入德诱敌舰队的后方，截断其后路。殊不知德海军主力尾随在其后不远的海域，英舰队陷入了德军的南北夹击之中，英诱敌舰队急发无线电报求救。

德军舰艇采用了新式全舰统一方位射击指挥系统。所有炮火一齐发射，炮弹攻击点分布范围小，精确度高，给英舰队造成了很大麻烦，两艘英舰船相继被击沉。战势对英诱敌舰队越来越不利，加上德军主力也扑了上来，英舰队急忙后撤。

危在旦夕之际，接到求救电报的英主力舰队先后赶到。德驱逐舰分别出击迎敌，英驱逐舰为保护战列舰也冲在前面，双方轻型舰展开了搏斗，英军被动局面逐渐改变。德国凭借舰船的水密结构设计和炮塔防护的坚固防御，频频向英军发起猛攻。英军也不示弱，利用航速快的优势，从容躲过德军鱼雷的攻击，并切入德舰队和赫尔戈兰湾之间，切断德军退路，对德舰队形成包围之势。

◎ 日德兰海战情形

交战中，德军射击技术和舰艇操作水平较高，"同时转向"战术运用娴熟，但舰队实力处于劣势；英军虽握有主动权，但行动不坚决，也失去歼敌良机。

31日深夜，英军调集大批驱逐舰和鱼雷艇对德舰队进行夜袭。为躲避英军鱼雷的攻击，德舰队全部熄灯，并不停地移动位置。在四周小艇的保护下，战列舰和驱逐舰在黑暗中向英舰队发炮。

英舰队仍陆续向日德兰海域集结援军，德国海军上将舍尔认识到，如果夜间不能突围，天明后德军会遭到毁灭性打击。于是他利用灯光和无线电密码发出突围命令，率领舰队突破英舰队炮火和鱼雷的封锁，向赫尔戈兰湾撤退，疯狂的英舰队紧追不舍。当接近赫尔戈兰湾时，前面的战舰误入水雷区，再不敢贸然向前追击，杰利科只好下令返航。

> **·战列舰·**
>
> 随着蒸汽动力在军舰上的应用，海军理念也发生了变化，各国开始追求大吨位的战舰，其主要体现在战列舰的大量应用上。战列舰是一种可以在远洋活动，装备大口径火炮和厚重装甲的战舰，主要靠大炮作战。这种战舰的排水量在3万吨以上，主炮和副炮加起来有100多门。由于重量惊人，所以航速较慢，但杀伤力大。战列舰是19世纪末期出现的，一度成为海军主力作战力量。但是在日德兰海战中，战列舰的缺点暴露无遗，逐渐被巡洋舰取代。尤其是第二次世界大战时期，巨大的战列舰在航空兵的打击下几乎毫无还手之力，英国最大的战列舰"威尔士亲王"号和"反击"号的沉没给人们上了一课，从此战列舰退出了历史舞台，让位于航空母舰。

这次海战是第一次世界大战中规模最大的海战。英军损失战舰14艘，德国损失11艘。事后双方都声称自己是胜利者，但德国舰队仍被封锁在港内，英海军继续控制着北海，掌握着制海权。

日德兰海战也是历史上最大的海战之一，是大舰巨炮主义的高潮。未打破英军封锁的德国舰队不敢出海作战，名存实亡，英国进一步巩固了其在北海海域的霸主地位。这次海战也送走了铁甲舰队海战的旧时代，同时揭开了人类海战史上的新篇章。

日德兰海战使各国认识到只有注重生存力的战舰才能在海战中存活，各国军舰开始吸取德国设计的水密结构和炮塔防护等优点，研发新型海上工具武器和探索新的战术战法。日德兰海战可以说是铁甲舰队的最后一次大决战。

无限制潜艇战

1916年底，保罗·冯·兴登堡任德国总参谋部总参谋长。在凡尔登战役中的失败使德国兵力损失严重，为了扭转这一惨状，兴登堡决定寻找一条可以弥补损失的途径。

所有的该用上的武器都用上了,还有什么可以利用的呢?为此,兴登堡大伤脑筋。

"参谋长,依我看,我军只能动用潜艇了。英国的商队已经被削弱,说不定我们能在潜艇上给它重创。"德国军事分析家向兴登堡提议。

不久,在一次军情分析会议上,德国海军上将亨宁·冯·霍尔岑多夫发表了他的观点:"我们必须把中立国的船队从英国赶走,如果单靠英国的商船运粮的话是很难供应英国军队的,就算美国依然给英国援助,但也如杯水车薪,根本解决不了问题。"

停顿了一下,霍尔岑多夫接着说:"如果我们在1917年2月取消对潜艇的限制,并且能击沉60万吨位的商船,那么5个月后英国人就得投降了。"

"但是,如果英国人组织军舰护航,我们怎能应付得了呢?"一些人提出了他们心中的疑虑。

霍尔岑多夫笑着并且信心十足地说:"难道英国人是在等我军行动了再组织吗?这证明他们根本就没有此计划。而且,我军潜艇的性能足以克服协约国在反潜战上的任何改进。"德军其他的高级军官纷纷被霍尔岑多夫说服了,频频地点着头。

由此,德国破坏了国际公约,开展了不分国别、不分军用还是民用的无限制潜艇战。

1917年,德军派潜艇通过水雷密布的英吉利海峡进入英国西部水域,由于当

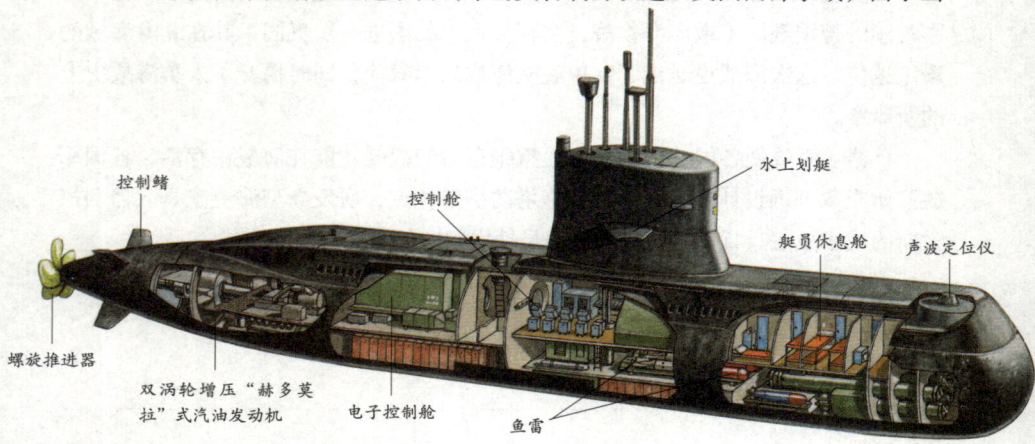

◎ 汽油动力反潜潜艇

图为一艘汽油动力反潜潜艇。汽油发动机是一种声音很小的动力机。随着技术的发展,潜艇的科技含量越来越高,在战争中发挥了很大的作用。

时的英国防范措施不是太严，德军的这一冒险成功了。第一步计划得逞之后，兴登堡又派其他潜艇到英吉利海峡和北海作战。潜艇投入战争不久便取得了战果，被击商船的数量直线上升，如果按照这种沉船速度继续下去，英国的确会像霍尔岑多夫说的那样被迫投降。但是，这场战争的继续发展使情况发生了变化，美国不久后对德宣战，美国的参战成了一战中同盟国战败的主要原因。

到底是什么迫使美国人对德宣战的呢？美国在战争之初不是保持中立的吗？这还得源自德军潜艇的一次"失误"。

U-2潜艇的艇长瓦尔特很早前就接到了上级的命令，通知他在1915年2月18日对在英国和爱尔兰领海发现的敌国和中立国商船予以击毁。对于这种任务，瓦尔特认为终于可以大显身手了，不禁有些欣喜若狂。

快到中午的时候，U-2潜艇又像往常一样在爱尔兰海域巡游。在这之前，这艘潜艇已经击沉过两艘英国轮船和一只帆船。

瓦尔特举着望远镜的两臂向高抬了抬，大笑着对船员们说："我们的猎物出现了，一艘英国轮船在西南方向，我们又可以拿到奖赏了。"

说完，瓦尔特大声命令船员："潜到13的深度，以最高速度向前行驶。"

远方出现的这艘英国轮船叫"卢西塔尼亚"号，长约240米，它的速度比一般潜艇要快上两倍。但是，船上的所有人员对德国潜艇的伏击都没有觉察。望着表面平静的海面，船上的人员甚至欣赏起美丽的景色来。

当U-2潜艇来到距英船约800米的地方，瓦尔特命令道："选定一个适当位置，瞄准英船的右舷中部施放鱼雷。"

瓦尔特的话音刚落，只听到"嗖"的一声，鱼雷在水面下朝着英船飞去，海面上激起了一道泡沫。"卢西塔尼亚"号上的人马上从悠闲的气氛中回过神来，但已经来不及了。轮船的右舷发出了一阵巨大的爆炸声，轮船摇摆了几下，船首很快沉了下去。十几分钟后，庞大的"卢西塔尼亚"号消失在茫茫的大海中，刚才还在看风景的人被无情的大海吞噬了。

在"卢西塔尼亚"号上丧生的1100多人中，有128名美国人。尽管德国政府把这一事件解释为"事先未发出警告并且未救出人命"，发动攻击是因为该商船企图逃脱或抵抗，美国人还是非常气愤。碰上了美国这个硬钉子，德国只能选择退让，于是，德潜艇对此后的攻击方法做了改变：先迫使商船停驶，把船员救上救生艇，掠夺完船上的物品后再予以击沉。

"阿芙乐尔"号的炮声

⊙ 冬宫前的广场及凯旋门
十月革命前,俄国临时政府的驻地即在冬宫。

第一次世界大战爆发后,俄国爆发了第二次资产阶级民主革命,即1917年的二月革命。二月革命推翻了沙皇的统治,但却出现了资产阶级临时政府和士兵代表苏维埃两个政权并立的局面。资产阶级临时政府成立后,指派了一名上尉军官任"阿芙乐尔"号巡洋舰的舰长。为了防止水兵起义,临时政府加紧了对"阿芙乐尔"的监察。但是,"阿芙乐尔"巡洋舰上的领导权还是落到了布尔什维克手里,因为军舰委员会主席别雷舍夫正是布尔什维克党人。

1917年4月,列宁回到俄国,向俄国人民发表了《四月提纲》,提出了从资产阶级民主革命过渡到社会主义革命的任务。经过布尔什维克党人的宣传,革命形势在九十两月趋于成熟,革命运动空前高涨起来。

临时政府发觉了布尔什维克人的"阴谋",便企图先发制人。同年11月2日(俄历10月20日),临时政府派士官生占领了彼得格勒最重要的据点,到处搜捕布尔什维克党的领导人,密令彼得格勒军分区司令派兵进攻革命军事委员会所在地斯莫尔尼宫。

11月5日,别雷舍夫来到斯莫尔尼宫。

"别雷舍夫,革命军事委员会有非常艰巨的任务交给你。"布尔什维克领导人之一的斯维尔德洛夫对别雷舍夫说道。

"能为俄国的革命出一份力,我感到很高兴,我保证出色地完成党交给我的任务,哪怕是付出生命。"别雷舍夫坚决地回答。

"好样的,按照列宁的指示,'阿芙乐尔'在这次革命中的任务非同寻常……"斯维尔德洛夫向别雷舍夫仔细地讲解了"阿芙乐尔"号在这次革命中的任务。

11月6日,临时政府封闭了布尔什维克党中央的机关报,形势越来越严峻。根据列宁的指示,武装起义被提前到这一天举行。别雷舍夫赶紧把"阿芙乐尔"

的全舰人员集合起来，阻止喧嚷着要进城参加起义的水兵，号召大家服从革命纪律，静候革命军事委员会的命令，做好充分的战前准备。

午夜时分，别雷舍夫收到了布尔什维克党人从斯莫尔尼宫传来的命令，要求"阿芙乐尔"号驶往尼古拉桥方向，使那里被敌人扰乱的交通得到恢复。

但是，"阿芙乐尔"舰长却对布尔什维克党人的命令百般推托，他所听命的是临时政府，怎么能听布尔什维克的命令呢？迫不得已，别雷舍夫决定单独指挥这艘军舰。

当"阿芙乐尔"号抵达尼古拉桥时，守卫大桥的士官生早已经被倒戈的巨大巡洋舰吓得逃跑了。别雷舍夫马上命令舰上的舵手们把断开的桥梁修复好。桥刚一被修好，几千赤卫队员和士兵欢呼着跨上桥面，向冬宫冲去。

到7日上午9时许，工人赤卫队和革命士兵在布尔什维克党的领导下迅速占领了彼得格勒的主要桥梁、火车站、邮电局、国家银行和政府机关等战略要地，还占领了通往冬宫的要道。临时政府总理克伦斯基乘坐美国大使馆的汽车灰溜溜地逃跑了。

"别雷舍夫同志，列宁同志要求'阿芙乐尔'号发表这份《告俄国公民书》。"快11时的时候，别雷舍夫接到了通讯兵拿来的一份文件。别雷舍夫一刻不敢耽搁，立即用"阿芙乐尔"号上的无线电向全世界进行了广播。《告俄国公民书》的大致内容是这样的：临时政府已经被推翻，国家政权已转到彼得格勒苏维埃革命军事委员会手中。听到广播的俄国人民热血沸腾，纷纷奔向街头，欢呼雀跃，有些甚至加入到起义的队伍中去。

下午5时左右，起义的工人和士兵包围了冬宫。但资产阶级临时政府不肯善罢甘休，进行着垂死挣扎，他们发出了一个又一个的求助命令，指望着能从前线调回军队，但这个希望很快就落空了，援军没有到来，起义军却捷足先登。革命军事委员会命令"阿芙乐尔"号在9点45分时发射空弹信号，那是革命军事委员会对临

· 俄国二月革命 ·

1917年1月，为了纪念1905年的流血星期日，俄国各地爆发了大罢工。由于沙皇政府在第一次世界大战中节节败退，给俄国经济造成了很大的破坏，人民的不满越来越厉害，所以革命随时都有可能爆发。1917年3月8日（俄历2月23日），圣彼得堡工人举行罢工游行示威，不久，罢工人数已超过30万。尼古拉二世非常害怕，下令对罢工进行镇压，很多人被军警逮捕。政府的反动行为激起了群众的不满，冲突逐渐演变成武装起义。很多被调来镇压的士兵受群众的感召纷纷倒戈，首都起义取得胜利。尼古拉二世见势不妙，赶紧调拨外地的军队入京镇压。但那些军队受革命的影响也都发生兵变，尼古拉二世被迫在该年的3月15日宣布退位。就这样，罗曼诺夫王朝被推翻了，二月革命取得了胜利，成立了资产阶级临时政府。

时政府发出通牒的最后期限。

9时45分，传来了临时政府拒绝投降的消息，别雷舍夫命令"阿芙乐尔"号巡洋舰以空炮射击，发出了开始向冬宫总攻的信号。

第二天凌晨，冬宫被赤卫队革命士兵攻占，临时政府的16名部长全部被抓获，十月革命获得了成功。

车厢里的停战协定

当第一次世界大战进入第三个年头时，无论是同盟国方面还是协约国方面，都已经处于非常困难的境地了。在凡尔登战役之后，德、奥两国深感力量不足。1916年底，德奥集团在各条战线上连连战败，只能采取守势。德国的"无限制潜艇战"虽然为德奥扳回了些胜利的希望，但是却招来了美国的参战，使德国速战速决的希望又泡了汤。美国参战后，派遣军队开赴欧洲战场，牵制了德国很大一部分的兵力。

1917年，俄国成立了苏维埃共和国。不久，列宁便向参加第一次世界大战的各交战国提出了不割地、不赔款的和平建议。列宁的建议遭到了英、法等国的拒绝，而德国竟欣然同意与俄国举行和平谈判。难道德国真的想就此停战吗？不是的，德国只不过是想通过与俄国的停战来减轻压力，以集中兵力对付英、法等国，再者，德国想迫使还没有巩固的苏维埃政权接受屈辱的和约，从中捞取好处。1918年3月3日，德国与苏维埃共和国签订了《布列斯特和约》，俄国退出了帝国主义战争。

德国虽然减轻了东线的压力，但是，德国国内人民的反战运动却给德国统治者带来了更大的压力。1918年3月7日，德国统治者决定在西线发动最后攻势，虽然取得了一些进展，却未能取得决定性胜利。7月，协约国联军在美国大量物资的援助下，开始向德军进行反击。9月，英法美联军突破了兴登堡防线。10月下旬，奥匈帝国瓦解，捷克斯洛伐克和匈牙利

◉ 作为德国停战代表团成员，埃尔茨贝格尔只能屈服于协约国的要求，这样可以把他的部队从被歼灭的危险中拯救出来。

宣布独立，为了在战后国际政治中处于领导地位，也为了限制英、法，美国总统威尔逊在1918年1月8日的国会中发表演说，提出公开外交、海上自由、贸易自由、裁减军备、民族自决、成立国际联合机构等被称为"世界和平纲领"的"十四点"要求，呼吁德国政府投降。

内外交困的德国政府不得以进行了政府改组。10月，德国新任首相巴登亲王马克斯请求与协约国签订停战协定。11月4日，德国基尔爆发了水兵起义，起义军占领了基尔、汉堡、不来梅等重要城市。在基尔水兵起义的带动下，德国各地掀起了革命风潮，资产阶级政权摇摇欲坠，这更加坚定了资产阶级想要与协约国谈判的决心。

11月7日的傍晚，一辆汽车越过德法两军交战阵地向法国方向行驶，这辆汽车上插着白旗，车里坐着以德国外交大臣为首的代表团，他们正去协约国联军司令部请求和谈。

次日，汽车到达了巴黎东北贡比涅森林的雷通车站，此时，联军总司令福煦乘坐的火车也正好路过雷通车站。为了更有利于谈判，德国外交大臣登上车厢会见福煦。

"尊敬的福煦将军，很高兴在这里提前见到您。"德国外交大臣满脸堆笑地迎上前去。

福煦见到敌方的官员如此卑躬屈膝，竟然没一点反应："谈判的时间还没到，你们来见我干什么？"

面对福煦的质问，德国外交大臣脸上显出一丝惊恐："噢，是这样的，我们希望听听您对停战提出的建议。"

"建议？好啊，你们拿去看看吧，这里写得很清楚，如果你们想议和的话，3天后在这里签字就可以了，其实，我们很愿意继续打下去的。"福煦一边说着，一边拿出一份早已写好停战条件的文件。

德国外交大臣接过一看，顿时傻了眼，那是多么苛刻的条件啊，其中包括：德军14天内撤出占领的法国、

·《布列斯特和约》·

《布列斯特和约》是十月革命以来苏俄第一个不平等的条约。十月革命胜利后，苏维埃政府不愿意继续卷入战争，于是单方面向德国提出议和。德国巴不得早日摆脱两线作战的局面，而且抓住苏维埃政权想早日摆脱战争的心理，想敲笔竹杠，于是爽快地答应了。德国提出苏俄应割让15万平方千米的土地，并赔偿30亿卢布的军费，而且不肯让步。消息传到彼得格勒后，在苏维埃内部引起了一场大争论。绝大多数人都反对接受这个条件，而列宁从长远利益考虑决定接受这个条件。经过一番反复后，德国人开出了更高的价码，列宁还是决定忍痛接受。最后苏维埃内部达成一致，同意签署《布列斯特和约》。这个和约的签订虽然给苏俄带来了不小的损失，但却为苏维埃政权的巩固提供了时间。第一次世界大战结束后的第二天，苏俄就宣布和约作废，将以前损失的利益又全部收了回来。

比利时、卢森堡的领土,甚至连德国莱茵河东西各 30 千米的领土都交由联军管理。如果在稍早一些时候,德国绝对不会答应这样的条件,但今非昔比,国内的革命形势正在进一步扩大,如果不签订这一协定,德国政府将很快会走下历史舞台。左右衡量之后,德国政府决定签订这一协定。

11 月 11 日,德国政府代表埃尔茨贝格尔走上福煦乘坐的火车,与福煦签订了《贡比涅森林停战协定》。6 小时后,双方停火,第一次世界大战结束。

巴黎分赃会议

1919 年 1 月 18 日,巴黎和会——一场分赃的丑剧——在法国巴黎附近的凡尔赛宫镜厅内举行。

"法国是这次战争最大的受害者,所以我们理所当然地应该拿更多的战利品。"法国总理克列孟梭对表现出不满的其他国代表说道。

"但我们英国为这次战争出的力可不比你们法国少啊。"英国首相劳合·乔治站了起来,几乎是怒视着克列孟梭。虽然战后的法国已不如前,但大部分国家的代表还是慑于法国的力量,只有英国敢与之争锋。

克列孟梭虽然已经快 80 岁,但他"老虎总理"的作风依然不减当年,他怎么能让德国巨额的赔款外落到他国之手呢?

"你们英国一直都是在我们法国土地上作战,你们本土损失了多少呢?而你瞧瞧我们的国土,遍体鳞伤……"克列孟梭激动得似乎有些说不下去了。

劳合·乔治也不甘示弱:"可我们只要赔款的 30% 啊,这不过分吧,如果没有英国,法国单枪匹马能战胜德国吗?"

正当英、法两方争得不可开交的时候,美国总统威尔逊出来打圆场:"我们美国可是一分钱也不要,我们的那一份就分给其他国家吧。依我看,你们两国互相让一点儿。你们看这样行不行,法国得 56%,

◉ 巴黎和会上的各国代表

英国得28%，利益均沾嘛。"

在美国的调停下，德国赔款的7.14亿美元被瓜分完毕。

克列孟梭见在赔款方面没有占到太多便宜，便又把目光转向割地上，他指着地图："阿尔萨斯本来就是法国的，但我们希望以莱茵河为法德边界，阿尔萨斯旁边的萨尔区归法国所有。"

"绝对不行。"威尔逊与劳合·乔治异口同声地嚷道。如果把萨尔区割让给法国，法国无疑就是欧洲的霸主了，萨尔区可是重要的军事工业区啊。

"难道你不知道德国的反战情绪正在高涨吗？难道你愿意看到德国也像俄国一样建立起苏维埃吗？"劳合·乔治警告克列孟梭。

"随便你们怎么说，如果不给法国萨尔，我们将退出和会。"克列孟梭咆哮着说。

但是，威尔逊与劳合·乔治丝毫没有退让。最后，法国只好同意暂时把萨尔区交给国际联盟代管。此外，巴黎和会还要求德国在莱茵河以东50千米不准驻军，莱茵河以西由联军占领15年，同时，德国只能保留10万陆军，禁止生产军用飞机、重炮、坦克和潜艇等武器，等等。

在巴黎和会上，除了对德国的苛刻处置和勒索外，还包括其他几项议程，其中就有扼杀新生的苏维埃俄国和筹组国际联盟。

根据美国总统威尔逊的提议，和会决定对苏俄实行经济封锁，保留德国在东线的军队，并对反苏武装进行干涉。威尔逊还竭力主张建立一个"国际联盟"。

等惩罚德国的协议都准备好时，和会已经开到了5月。5月7日，德国代表终于被召进会场，这个主要围绕德国问题召开的和会，德国竟然没有一点发言的权利，不能不说是一种讽刺。

"这就是我们拟定的各份协议，你们必须在这份文件上签字。"克列孟梭指着分赃条约草案对德国代表说。

"为什么非得要我们承认德国是战争的唯一祸首呢？这是不公平的，我怎能在这种文件上签字呢？"德国代表看到条约上苛刻的条件后站起来申诉。

但是，作为战败国，在英、法、美等国的一再威胁下，德国代表最终还是在和约上签了字。

6月28日，战胜国也在和约上签了字。作为战胜国的中国，因和会没能解决山东问题而拒绝签字。

巴黎和会表面上是协约国对同盟国制订和约，实际上却是英、法、美和日本等国借以从战败国中夺取领土、殖民地和榨取大量赔款的分赃会议。这次会议并没有解决帝国主义之间的矛盾，反而为第二次世界大战埋下了复仇的种子。

华盛顿会议

"废除英日同盟？我看没有那个必要吧，不如美国也参加到这个同盟中来，以三边协定来代替英日同盟。"英国外交大臣贝尔福带有商量的语气对美国国务卿休斯说。

休斯的口气更是毋庸置疑："我反对这个建议，如果法国也能加入这个协议中来，我将对这一建议予以考虑。"

"好吧，希望这一同盟能改变各国之间的关系。"贝尔福拿起笔，在四国协定上签了字。

这一幕发生在1921年11月12日召开的华盛顿会议上，其实，英日同盟问题并没有被列为大会议程，但是，迅速崛起的美国很想通过调整列强在远东的相互关系来加强自己的地位。同时，英、日也畏惧于美国雄厚的军事实力，就这样，美、英、法、日四国签订了同盟条约。

美国是这次华盛顿会议的发起者，第一次世界大战结束后，各帝国主义国家掀起了一场海军军备竞赛，其中以美、英、日最为突出。美国仰仗急速膨胀的工业和金融实力，向海上霸主英国发出了挑战，当时的美国海军部长丹尼尔斯曾宣称将在几年时间里建成一支世界上最强最优秀的海军。而美国如果要与老牌的英国和后起之秀日本争锋，就必须限制他国的海军军备，于是，以此为主要议题的华盛顿会议召开了。这次会议适应了各国人民要求裁军的呼声，为美国赢得了"捍卫和平"的美名，同时，还使美国在限制各方的过程中争夺自己的利益。

在讨论限制海军军备问题时，与会各国争执不休。

◎ 参加华盛顿会议的各国代表在《限制海军军备条约》上签字。

"我们不能再进行无止境的军备竞赛了,我提议,英、美、日主力军舰吨位比例为 10∶10∶6,你们觉得怎么样?"休斯又提出了他的建议。

贝尔福从座位上站起,面红耳赤:"坚决反对,大英帝国一直是海上霸主,号称'日不落帝国',怎么能随便把海上的霸权拱手相让呢?"

休斯干笑了两声:"海上的安全是离不开强大的美国的。我们拥有足够的经济和军事实力来防御海洋,如果诸位不同意我的建议的话,就请继续军备竞赛吧,我国将奉陪到底。"

法国外长白里安也有点沉不住气了:"你们想把法国排除在外吗?我们可也是为世界和平出了不少力啊。"

日本海军大臣加藤友三郎更是嚣张:"我坚持美、英、日三国主力舰吨位比例为 10∶10∶7。"

"好啊,如果日本坚持这种比例,那么,日本每造一艘军舰,美国就造 4 艘。"休斯威胁道。

最后,经过激烈的争吵,美、英、日、法、意签订了《限制海军军备条约》,规定 5 国海军主力舰吨位的比例为 5∶5∶3∶1.75∶1.75。美国取得了与英国相等的制海权,从此美、英两国并驾齐驱。

在限制潜水艇问题上 5 国更是吵得一团糟。英、美拥有大量商船,由于在一战中深受潜水战之苦,所以主张完全销毁潜水艇,在限制军备竞赛中没有占上风的法国却坚决反对。所以华盛顿会议并没有就潜水艇问题达成协议。

中国问题也是这次会议的一项重要议题。出席华盛顿会议的中国代表慑于中国人民反帝斗争的压力,在会上提出了一系列正当要求,如取消凡尔赛条约中关于山东的条款,日本放弃"二十一条",撤销列强在中国的治外法权和"势力范围",等等。而日本企图把中日之间的各种问题一笔勾销,提出华盛顿会议只限于一般问题的讨论,想把中日之间的这些具体问题留到会外与中国代表"直接交涉"。美、英为了打击日本在华势力,支持中国收回山东。迫于形势,日本不得不将山东的主权退还给中国。

1922 年 2 月 6 日,与会代表签订了《九国公约》,这个公约表面上宣称尊重中国的主权和独立及领土与行政的完整,实际上只是打破了日本独占中国的局面,使中国又回到了列强共同宰割的局面中。

华盛顿会议是巴黎和会的继续和发展,建立了帝国主义重新瓜分世界的新秩序。

新经济政策与苏联成立

苏维埃政权得到初步稳定后,列宁曾向美国人哈默坦诚地介绍苏俄经济建设的情况,并邀请哈默到苏俄考察:"虽然我们两国的政治制度不同,但是你却来到了俄国。听说你曾对战争中的我军进行医务救济,对此我代表我国人民感谢你。不过,我们最需要的还是美国商人,包括美国的资本和技术。苏俄才刚刚起步,资源丰富但却未经开发。而且,我们已经实行了新经济政策,给外商提供了很好的发展平台。所以我们欢迎美国商人来到这里推销产品,你们也可以来我们这里寻找原料,我们对此十分欢迎。"

不久后,哈默成了第一个在苏俄经营租赁企业的美国人。这是苏俄新经济政策颁布后发生的一件事,而在新经济政策颁布之前,这是每一个苏维埃人都不会想到的事。

十月革命胜利后的苏俄成为世界上第一个社会主义国家。作为新生事物,这个苏维埃国家很快引起帝国主义列强的仇视。帝国主义国家不仅对苏俄实行经济封锁,还派出军队入侵苏俄,进行直接武装干涉,企图颠覆新生的社会主义政权,苏俄国内的反动势力也纷纷寻机叛乱。在这种极端困难的条件下,苏维埃人民在布尔什维克党的领导下,开始了保家卫国的战斗。1920年,苏俄国内战争取得了胜利。

当时,苏俄的经济已处于崩溃边缘。1921年初,粮食产量只有战前的一半,广大农民处于饥荒的灾难之中,他们迫切需要政府对他们进行经济帮助。而连年战祸使工业产量仅为第一次世界大战前的1/5,燃料、冶金、机器制造等部门几乎完全遭到了破坏,铁路运输几乎停顿,几百座铁路桥梁被毁。

在这种困难情况下,工人中的失望和不满情绪上升,有的地方还出现了罢工事件。农民的不满情

◉ 长臂尤里纪念碑与莫斯科苏维埃大楼

绪更为严重,他们不肯再把粮食无偿地献给国家,一些中农甚至还参加了反苏维埃叛乱。

所有这些情况都说明,苏维埃政权实行的战时经济政策已不适合经济发展的需要了。以列宁为首的布尔什维克很快意识到这一点,开始寻求解决的办法。在仔细分析了国内的情况后,列宁认为恢复经济,稳定政权必须从改善国家同农民的关系入手。

◉ 宣传斯大林领导苏联人民建设社会主义的海报

1921年3月,俄共召开了第十次代表大会。会议根据列宁的报告,决定用粮食税代替余粮收集制。也就是说,特殊国情下的战时共产主义政策已经被废除,新的经济政策开始实行。这种新经济政策规定,农民不必把全部余粮交给国家,只需交纳一定的粮食税,超过税额的余粮都归农民个人所有。

粮食税的实行调动了广大农民的生产积极性,新经济政策取得了成效。于是,苏俄政府又把新经济政策扩展到其他领域。

在工业方面,除涉及国家命脉的重要厂矿企业仍然归国家所有外,那些中小企业和国家暂时无力经营的企业则允许本国和外国的资本家经营。在商业领域,恢复国内的自由贸易,允许农民和小手工业者把自己的劳动产品拿到市场上自由买卖,等等。

新经济政策实行后,得到了广大农民和工人的拥护,也得到了其他劳动者的拥护。此后,工农联盟日益巩固,苏维埃政权不断加强。到1925年,国民经济已基本恢复。

新经济政策为苏俄从资本主义向社会主义过渡创造了有利条件。1922年12月30日,苏维埃社会主义共和国联盟成立大会在莫斯科召开,大会宣布,在自愿和平等的基础上成立"苏维埃社会主义共和国联盟",参加联盟的4个共和国包括俄罗斯、乌克兰、白俄罗斯和外高加索联邦,简称苏联,苏联由此成立。

罗斯福新政

1929年10月24日,美国纽约证券交易所的股票指数开盘后便一路狂跌,尽管股民们发疯似的抛售各种股票,但还是有无数的股民顷刻间倾家荡产。这一天,有1300多万股票易手，创美国历史上的最高纪录。突然发生的这一切又有谁会想到呢？在这之前的几个月里，美国通用汽车公司、钢铁公司的股票都有过大幅度的上升。就在前一个月，美国财政部长还信誓旦旦地向公众保证这一繁荣的景象还将继续下去。但是，一夜之间，股票从顶巅跌入深渊，而且一跌再跌。10月24日是星期四，所以这一天被称为"黑色星期四"。

纽约股票市场的崩溃宣告了一场席卷资本主义世界的经济危机的到来。第一次世界大战后，美国聚集了大量财富，但它并没有能逃离经济危机的泥沼，以前蒸蒸日上的繁荣景象逐步被存货如山、工人失业、商店关门的凄凉景象所代替，千百万美国人多年的辛苦积蓄付之东流。8万多家企业破产，5000多家银行倒闭，失业人数由150万猛升到1700多万，大量的牛奶倒入大海，粮食、棉花当众焚毁。

富兰克林·罗斯福就是在这种情况下当选为美国第32届总统，取代了焦头烂额的胡佛。富兰克林·罗斯福是西奥多·罗斯福的侄子，40岁时患脊髓灰质炎造成下肢瘫痪，成了一个残疾人。但是，罗斯福并没有被残酷的命运吓倒，正如他在总统就职演说时说的那样："我们唯一恐惧的只是恐惧本身，一种丧失理智的、毫无道理的恐惧心理……"

面对这场严重的经济危机，罗斯福决心领导美国人走出低谷。他针对当时的实际情况，顺应广大人民群众的意志，大刀阔斧地实施了一系列旨在克服危机的政策措施。

由于经济危机是由金融危机触发的，所以罗斯福决定从整顿金融入手。1932年3月6日，罗斯福发布总统令，要求国会于3月9日举行特别会议审议《紧急银行法》，3月9日，国会通过《紧急银行法》，决定立即关闭所有的银行。罗斯福的这一行动犹如黑沉沉的天空中出现的一道闪电，对收拾残局、稳定人心起到了巨大作用。美国历史上的"罗斯福新政"轰轰烈烈地开始了。

在整顿银行的同时，罗斯福还采取了加强美国对外经济地位的行动。1933年3月10日，罗斯福宣布停止黄金的对外出口，禁止私人储存黄金和黄金证券，禁止使用美钞兑换

· 柯立芝繁荣 ·

第一次世界大战结束后，英、法、德等战前强国元气大伤，美国得以轻松向外经济扩张。加上国内的技术革新和管理方式的改革，使得美国经济高速发展，到1929年，美国经济已经占世界经济比重的48.5%。这段时期主要是柯立芝担任总统，所以历史上把这段时期称为柯立芝繁荣。但是这种繁荣是虚假的，因为当时美国流行炒股票，股市一片"繁荣"，股价的上涨导致越来越多的人将钱投入股市而不是发展生产。而且美国当时繁荣的产业主要集中在一些工业部门，而另一批工业部门和农业却不怎么景气，结果导致美国社会经济发展不平衡，矛盾激化到一定时候就爆发了经济危机，大萧条时代来临。

黄金，废除以黄金偿付公私债务。这些措施，对稳定局势、疏导经济生活的血液循环产生了重要的作用。

在农业方面，政府与农场主签订减耕合同，限制农作物种植面积和农产品产量，维持农产品价格，避免农场主破产。

◉ 两名美国妇女展示她们的社会保险卡。罗斯福为保障美国公民的社会福利，引入了养老保险、失业保险和事故保险。

在工业方面，政府颁布《全国工业复兴法》，要求资本家们遵守"公平竞争"的规则，规定工人最高工时和最低工资，订出各企业生产的规模、价格、销售范围，以便限制垄断，减少和缓和了紧张的阶级矛盾。

新政的另一项重要内容是救济工作。1933年5月，国会通过《联邦紧急救济法》，成立联邦紧急救济署，合理划分联邦政府和各州之间的救济款使用比例，制定优惠政策鼓励地方政府用来直接救济贫民和失业者，给失业者提供从事公共事业的机会。到第二次世界大战前夕，美国政府支出的种种工程费用及数目较小的直接救济费用达180亿美元，修建的飞机场、运动场、学校、医院等更是不计其数，是迄今为止美国政府承担执行的最宏大、最成功的救济计划。

正是在罗斯福的带领下，美国人民才渡过了20世纪30年代那段最为严重的经济危机，为美国投入第二次世界大战及战后的快速崛起奠定了坚实的基础，因此罗斯福也成为继亚伯拉罕·林肯以来最受美国和世界公众欢迎的总统。1936年，罗斯福以压倒多数的票数再度当选为美国总统，1940年、1944年又两次击败竞争对手，成为美国历史上唯一一位连任四届的总统。

纳粹党上台

啤酒馆暴动被镇压后，魏玛政府宣布取缔纳粹党，巴伐利亚当局以阴谋推翻政府罪逮捕了希特勒和鲁登道夫等人。1924年4月1日，希特勒被判处5年徒刑，鲁登道夫、罗姆等人则被无罪释放。

在狱中，希特勒口授了《我的奋斗》一书。希特勒打着反对民族压迫的幌子，进行复仇主义的宣传，叫嚣要对外扩张，以求得生存空间。虽然书中的内容极其反动，但在希特勒等人的掩盖下，还是有一大部分不明真相的德国人对书中的希特勒佩服得五体投地，希特勒也因此有了更多追随者。

1924年底，希特勒假释出狱。此时的希特勒更加狡猾了，他一再向巴伐利亚政府保证，以后一定循规蹈矩，不再进行政治活动。其实，他正在策划重组纳粹党，再建冲锋队。

1929年，整个资本主义世界爆发了经济危机，德国也受到了沉重的打击。战败后的经济已经给德国人蒙上了阴影，更禁不起如此打击。经济危机刚一爆发，德国就有约800万工人失业，无数家中小企业倒闭。魏

⊙ 希特勒走上纳粹德国的最高统治宝座。

玛政府为了把危机造成的后果转嫁到劳动人民身上，采取了增加税收、削减失业救济金等措施。国内的阶级矛盾顿时被激化了。1932年，仅两个月全德就爆发了900多次罢工。内外交困的统治阶级感到，只有剑才是德国的经济政策，于是，一种对内镇压人民革命，对外用大炮、坦克去夺取殖民地的政府的成立成了许多人的幻想。

希特勒抓住了这一有利时机，开始在德国到处进行鼓动和宣传。他吸取了啤酒馆暴动失败的教训，决定在努力扩大纳粹党的群众基础的同时，全力争取权力集团，即垄断资产阶级、军官团和容克的支持，走合法斗争的道路。

1932年1月，希特勒在垄断资本家的会议上发表了长篇演说，宣扬纳粹的法西斯纲领，博得了资本家们的一致喝彩。希特勒还到全国各地进行"飞行演说"，他滔滔不绝地大谈人民的苦难、民族的仇恨，并向人民许下种种美妙的诺言。在他的欺骗宣传下，处于绝望状态下的失业工人、农民和学生纷纷加入纳粹党，不久之后，纳粹党成为全国第一大党，而纳粹党的冲锋队也发展到10万余人，比当时德国政府的国防军还要庞大。

1932年2月25日，德国总统兴登堡收到了容克地主代表阿尔尼姆伯爵写来的信，阿尔尼姆伯爵在信中阐述了希特勒和纳粹党对德国的重要性，表示支持希特勒出任政府总理。1932年11月中旬，17名工业界和银行界巨头联合向兴登堡总统递交请愿书，要求任命希特勒为总理。1933年1月下旬，国防军第一军区司令勃洛姆贝格及其参谋长莱斯瑙也在兴登堡总统面前力荐希特勒为民族阵线政府总理。1月30日，经过希特勒的一番策划，才执政57天的施莱彻尔内阁倒台，兴登堡总统正式任命希特勒为总理。此后，德国陷入了法西斯的统治之下。

1933年2月27日，坐落在德国柏林共和广场旁的国会大厦突然间燃起了熊熊大火，转眼间，这座柏林城内的宏伟建筑变为灰烬。事发以后，希特勒断言这场火灾是共产党反对新政府的罪行。于是，一场搜捕共产党的运动在德国开始了。

希特勒命令早已进入高度战备状态的冲锋队立即行动,根据事先拟好的名单抓获了 4000 多名共产党员和许多左派进步人士。德国共产党国会议员托尔格列尔、保加利亚共产党主席、共产国际西欧局领导人季米特洛夫等也同时被捕。

9 月 21 日,纳粹法西斯在莱比锡公开审理了这起国会纵火案。在国际舆论的声援下,莱比锡法庭不得不宣布季米特洛夫无罪。"国会纵火案"的失败,不但没有使希特勒醒悟,反而使希特勒更加仇恨共产党,德国共产党则不屈不挠地同法西斯进行着斗争。

1934 年 8 月,兴登堡总统去世,没有了约束的希特勒立即宣布废除总统制,自任国家元首兼总理,独揽了全部大权,由此掀开了德国历史上"第三帝国"的篇章。

希特勒掌权以后,马上撕下伪装的嘴脸,对内进行独裁统治,对外进行侵略扩张,特别是对犹太人实行的种族灭绝政策,使得 600 万犹太人惨遭屠杀。

绥靖政策

绥靖政策也称姑息政策,是一种对侵略不加抵制、姑息纵容、退让屈服,以牺牲别国为代价,同侵略者勾结和妥协的政策。第一次世界大战后,各国人民革命的兴起和社会主义苏联的出现,引起了西方帝国主义国家的恐惧和仇视。它们在争夺世界霸权的斗争中,既想削弱和击败竞争对手,又想联合起来反对社会主义、镇压人民革命,这一矛盾心理处处都能得到体现。

1929~1933 年的世界经济大危机使各帝国主义实力此消彼长,英、法雄霸欧洲的局面一去不复返。随着德国法西斯的崛起,英法两国已经丧失了协调欧洲格局的外交主动权。1934 年 10 月,法国强硬外交的代表人物——法国外交部长巴尔都在马赛遇刺身亡,标志着法国绥靖政策的开始。而在英国,张伯伦则是这一政策的代表人物。

张伯伦于 1937 年 5 月 28 日出任英国首相,当时正是法西斯国家疯狂扩张的时候,国际环境恶劣。张伯伦自知英国已无力改变国际形势,便决定发展其前任麦克唐纳和鲍尔温一贯推行的绥靖政策。

20 世纪 30 年代以前,英、法、美的绥靖政策主要表现为扶植战败的德国、支持日本充当防范苏联的屏障和镇压人民革命的打手。从凡尔赛—华盛顿体系和道威斯计划、杨格计划、《洛迦诺公约》中都能找到绥靖政策的影子。1937 年的经济危机再一次给英国造成了经济困境和社会动荡，与此同时，苏联正逐渐强大起来，时刻威胁着英、法等大国的利益。英、法一直希望能找到一种能遏制苏联的势力。

面对德国希特勒的强硬，张伯伦企图以退让来稳定形势，以便重整军备来确保英国在欧洲乃至整个世界的霸权地位。以丘吉尔为代表的少数人反对张伯伦这种一面寻求妥协，一面重整军备的双重政策，但遭到了张伯伦的排斥。

在张伯伦的积极"努力"下，英国制定了"欧洲总解决的绥靖政策总计划"，并派大臣哈利法克斯伯爵于1937年11月17日访德，向希特勒详细介绍了英国的政策，以使希特勒进攻苏联有恃无恐，妄图早日把祸水引向苏联，坐收渔翁之利。张伯伦政府还承认了意大利对埃塞俄比亚的侵占，并与法、美一起对西班牙内战实行"不干涉政策"。1937年，英、法、美对日本发动全面侵华战争视而不见，在此后的太平洋国际会议上，阴谋出卖中国，同日本妥协。

1938年3月，德军开进奥地利，张伯伦政府给予了默许。当希特勒挑起捷克境内的苏台德危机时，英国虽象征性地对德施加了压力，但依然没有放弃既定的绥靖政策。而慕尼黑会议和《慕尼黑协定》则是绥靖政策最典型的体现。1938年9月29日，英、法、德、意四国首脑在慕尼黑举行会议，四国正式签订了《关于捷克斯洛伐克割让苏台德领土给德国的协定》，即《慕尼黑协定》。会上，英、德还签订了《英德互不侵犯宣言》。捷克政府在德国的军事威胁和英、法、意的压力下，被迫接受了这个协定。英、法及幕后支持的美国，妄图以牺牲捷克斯洛伐克为代价，来求得一代人的和平，并将祸水东引。但事与愿违，绥靖政策不但没有给欧洲带来张伯伦所谓的"和平新时代"，反而加速了战争的到来。当希特勒以闪电战占领捷克斯洛伐克时，张伯伦开始有些坐不住了，他一边威胁德国，一边与德国进行秘密谈判，毫无意义的谈判更加坚定了希特勒发动战争的决心。

·道威斯计划·

第一次世界大战结束后，战胜国在巴黎和会上制订了德国的赔偿计划，但是已经被战争打得精疲力竭的德国根本没办法偿还债务，再加上各个战胜国争夺赔款的矛盾，世界政坛一片混乱。为了解决这个问题，协约国赔款委员会于1923年11月设立委员会研究德国赔款问题，由美国银行家道威斯担任主席。1924年4月9日，道威斯拿出了"道威斯计划"，这个计划很快就获得了通过，其中心内容是用恢复德国经济的方法来保证德国能够及时偿付赔款。因为赔款总额并没有定下来，所以规定德国第一年偿付10亿金马克，此后逐年增加，到第五年增加到25亿金马克。1924年8月16日，道威斯计划开始实行，此后5年时间，德国偿还了110亿金马克的赔款，但却获得了210亿金马克的贷款，为德国经济的复兴和发展起了重要作用。1928年，德国借口财政问题，拒绝继续执行该计划，1930年，杨格计划将其取代。

第二次世界大战爆发后,西线出现了"奇怪战争",英、法的"不战不和"战略使希特勒在侵略欧洲小国时忘乎所以,野心越来越大,以至于最后直取法国,进逼英国。

历史证明,绥靖政策不但无法满足法西斯国家的侵略野心,反而加速了第二次世界大战的爆发。

"二·二六"兵变

当希特勒在德国建立起法西斯专政,并形成世界大战的欧洲策源地的时候,亚洲日本的法西斯势力也开始蠢蠢欲动。

在第一次世界大战中,日本和美国一样大发战争财,战后成为债权国,就经济形势这一点来说,要比德国好得多。但日本走上资本主义道路比较晚,原有的经济基础比较薄弱,在政府的大力推动下,日本才得以走向帝国主义阶段。同时,由于日本是个岛国,国土范围比较小,所以经济的发展有着先天性的缺陷:国内市场狭小,资源极度匮乏,必须依赖海外的原材料市场和商品市

◉ 法西斯军国主义与传统的武士道相结合,形成日本军人畸形而毒辣的作风,图为1932年在上海的几名日军军官。

场才能维持生存。因此,经济危机的爆发和世界各国提高关税,对日本来说是个沉重的打击。为了转嫁经济危机,日本资本家大量裁减工人,降低工人工资,使日本国内的阶级矛盾日趋尖锐,经济危机逐渐演变成了政治危机。

1929年底和1930年4月,东京的电车和公共汽车工人举行大罢工,与之相呼应,大阪、横滨的电车、公共汽车工人与资本家发生了劳资纠纷。据统计,1931年日本国内的罢工次数比1928年增加了1.5倍。在这种情况下,日本统治阶级惶恐不安,亟须建立强权政治。

日本军部是日本统治集团内部庞大的军事官僚机构,它独立于政府、议会之外,包括政府中的陆军省、海军省、陆军最高指挥参谋本部、海军最高指挥军令部等部门。日本法西斯要求在日本天皇的名义下建立法西斯独裁政权,实行对外侵略扩张。1931年,在日本军部的策划下,爆发"九·一八"事变,日本霸占中国东北,随后便进一步向中国内陆渗透。

和德、意法西斯一样，日本法西斯也公开反共，并在"防止赤化"的口号下，摧残一切进步力量。此外，还制造了一连串暗杀事件，对那些政见不合的统治集团中的个别首脑进行暗杀。于是，日本一步步走上了对内独裁、对外扩张的道路。

1936年2月26日凌晨，日本东京一片沸腾，一队士兵组成的队伍浩浩荡荡地向日本政府首脑的官邸行进。这些士兵一边走，一边挥动着手里的大字标语，高喊口号，路旁看热闹的群众不知道发生了什么事，被手中端着枪的士兵们吓坏了，忙躲进角落里，大气都不敢出。

这次兵变约有1400名士兵参加，由皇道派军官安藤辉三、村中孝次和栗原安秀等率领。在皇道派军官的鼓动下，士兵们冲入政府首脑官邸，杀死内阁大臣斋藤实、大藏大臣高桥是清和教育总监渡边锭太郎，占领陆军省、参谋本部、国会和总理大臣官邸、警视厅及附近地区，要求任命荒木贞夫为关东军司令官，并罢免统制派军官。

为了平息皇道派军官的叛乱，日本陆军当局颁布《戒严令》。2月29日，日本陆军部下达镇压命令，大部分叛军头目被逮捕，参加叛乱的士兵被迫回到各自的营房。

"二·二六"兵变虽然因为军阀集团的内讧而未能得逞，但却使得原内阁辞职，使老牌法西斯分子广田弘毅上台组阁。广田弘毅上台后，首先恢复了军部大臣的现役武官制，规定内阁中陆、海军大臣必须由现役中将级以上的军人担任，以加强军部左右日本政局的能力。广田弘毅还以镇压叛乱、稳定时局为名，对内禁止工人罢工，限制人民的各种自由，并加紧对舆论及宣传机关的控制和收集情报的活动。此外，广田弘毅还制订了《基本国策纲要》，公开表明，不仅要继续扩大侵华战争，而且还要对亚洲、太平洋地区其他国家进行侵略扩张。与这一国策相适应，日本加紧了扩军备战，陆军提出了6年内增建41个师团、142个航空中队的计划，海军提出了5年内增建各种军舰66艘的计划。

这样，以广田弘毅上台组阁为标志、天皇和军部为核心的法西斯专政在日本建立起来了，世界大战的亚洲策源地就此形成。

马德里保卫战

1936年2月，西班牙举行国会选举。出人意料的是，由共产党、社会党和其他进步力量组成的人民阵线在这次选举中大获全胜。接着，人民阵线成立了以左

世界大战时期

◉ 1936年，佛朗哥宣誓成为西班牙国家最高元首。

翼共和党人为首的共和国政府。

西班牙是个工业比较落后的国家，受1929年开始的资本主义世界经济危机的影响，国内的工农业生产陷入混乱状态。1931年4月，资产阶级民主共和国成立。但是，西班牙的政局并没有因此而改观，由资产阶级共和党和社会党组成的联合政府只是实行了一些极为有限的改革，根本性的问题还是没能得到解决。在这种情况下，人民阵线得以胜出。

新政府一组成，立即实施了一系列有利于人民的民主措施：释放政治犯，因政治原因而失业的工人的工作得以恢复；实行养老金和工人休假制度，宣布西班牙各族人民拥有自决权；实行部分土地改革，禁止强制农民迁离他们租赁的土地等。这些措施一出台，很快就得到了人民群众的拥护。

正当西班牙人民表示支持新政府的同时，与德、意等国法西斯早有勾结的西班牙法西斯却开始秘密行动起来。西班牙法西斯早已经对西班牙共产党恨之入骨，看到仇人登上了统治地位，法西斯党徒们心里当然不是滋味。

7月的一天，西班牙驻摩洛哥军司令佛朗哥纠集了一小撮法西斯军官，指挥着摩洛哥军团从南向北进攻，发动了反共和国的叛乱。与此相呼应，另一叛军将领莫拉率领队伍由北向南，与佛朗哥叛军夹击西班牙首都马德里，企图一举扼杀共和国。

这两股叛军人数众多，装备精良，而刚刚成立的共和国虽然进行了部分改革，但还处在千疮百孔之中。在叛军的步步紧逼之下，西班牙南部大片土地失陷，叛军兵临马德里城下。

国难当头之际，西班牙共产党号召全体西班牙人民团结起来，与叛军斗争到底。成千上万痛恨封建君主制度和法西斯主义的人参加到这场保卫马德里的战争中。虽然他们没有先进的武器，只有旧式步枪、猎枪、手枪、刀、手榴弹等，但共和军正因为有他们的参与而充满着生机。

· 第五纵队 ·

西班牙爆发内战后，德、意法西斯派遣军队帮助佛朗哥叛军攻打马德里。叛军共有4个纵队，先后对马德里发动了4次进攻。叛军头目德利亚诺·谢罗不仅指挥手下大肆屠杀，还暗中派人进入马德里鼓动那些颠覆分子从内部破坏共和国政府，声称那些颠覆分子是他的"第五纵队"。共和国政府在内外交困的形势下被叛军颠覆，其中那些潜伏在内部的颠覆分子起了很大的作用，所以后来人们就把内奸、间谍等称为第五纵队。

不久，佛朗哥向马德里发动了第一次进攻。"决不让法西斯在马德里前进一步！"西班牙军民高喊着斗志昂扬的战斗口号，守卫在马德里的各大要塞。在共和国军民的奋勇反击下，佛朗哥叛军的第一次进攻被打败了。

1937年1月，佛朗哥对马德里发动了第二次进攻，再一次遭到了西班牙军民的有力回击，一次又一次的冲锋被打退，马德里依旧安然屹立。2月6日，不甘心失败的佛朗哥对马德里又发动了第三次进攻，但依然没有多大进展。

正当佛朗哥濒临失败之际，意大利、德国法西斯对西班牙进行了公开的武装干涉，它们派出大量运输机帮助运送叛军，还运输坦克、飞机等武器支援叛军，甚至还派出正规军直接进攻马德里。

3月8日，佛朗哥和德、意干涉军的4个纵队对马德里发动了第四次进攻。但是，由于西班牙军民的顽强抵抗，德、意法西斯和佛朗哥的阴谋还是没能得逞。

马德里保卫战得到了世界各国进步力量的支援。来自苏联、中国、法国、意大利等54个国家的志愿者组成了国际纵队，与西班牙军民一起投入到反法西斯的战斗中。

1939年2月27日，表面上保持沉默的英、法等国宣布承认佛朗哥政权，并与西班牙共和国断绝外交关系，这无疑是支持法西斯的表现，于是，德、意法西斯对西班牙内战的干涉更加猖獗了。

3月5日，人民阵线中的右翼投降分子在德、意法西斯的配合和马德里市内间谍分子的策划下发动政变，共和国军队开始瓦解。3月28日，由于内奸的出卖，马德里失陷，共和国政府被颠覆。此后，西班牙建立起了以佛朗哥为首的法西斯政权。

轴心国的形成

第一次世界大战后，帝国主义国家按国力的强弱重新划分了势力范围。在这次划分中，英、美、法是最大的受益者，这当然会招来德、意、日等国的不满。德、意、日等国都有着很强的军国主义和扩张主义的历史传统，尤其是战后刚刚崛起的日本，雄心勃勃地想占领整个东南亚，而美国却强行加以干涉，于是，这三国都妄想着有一天能以自己的意志重新瓜分世界。

在战后的巴黎和会上，作为战败国，德国的殖民地全部被瓜分，武装被解除，军备得到了限制，本国的领土也被划出一部分归国际联盟代管。在魏玛共和国时，这些还暂时可以容忍，而对于野心极大的希特勒来说，这些都是绝对不能忍受的。

希特勒上台执政后，一直把称雄世界作为自己的目标，为此，他还制订了一份计划：先占领东欧、中欧等有日耳曼人居住的欧洲大陆，然后向海洋发展，战胜英、美……最后夺取世界霸权。

◉ 强大的舆论工具和谎言，使得法西斯主义在德国迅速蔓延开来，图为纳粹高官们正向人群挥手致意，而最后端的便是希特勒的得力助手——新闻部长戈培尔。

为了消除美、英等国对德国的防范，希特勒极力主张反共，尤其是苏联。1933年10月，希特勒以"苏联威胁"，德国军备不足难以防御为借口，先后退出了裁军会议和国际联盟。两年后，希特勒宣布实行义务兵役制，重建空军。在疯狂扩军的同时，希特勒一再向英、美等国保证，德国只是出于对自身的安全考虑，绝对不会威胁到除苏联以外的其他国家。

英、美等国其实早已经看出了希特勒的野心，但出于遏制苏联的考虑，还是睁一只眼闭一只眼任其发展。

1936年3月，希特勒宣布不再遵守《凡尔赛条约》的各项条款，随后，又出兵占领了战后被分出去的莱茵非工业区。见这些行动并没有引起英、美等国的注意，希特勒的胆子越来越大了。在进行军事备战的同时，希特勒开始寻找"志同道合"的战友。

此时的日本在亚洲也是"踌躇满志"。自1931年把中国东北纳为殖民地后，一直想占领中国全土。日本的这种行为与英、美等国在华利益产生了矛盾。日本是亚洲的一个小国，虽然自明治维新后得到了迅猛发展，但单以自身的力量很难与强大的英、美等国抗衡，而此时的唯一出路就是寻找同盟者。于是，德、日两国开始频繁接触。

1936年12月，德、日两国的代表就反共问题达成了一致意见，并签订了《德日关于反共产国际协定》。在与日本结成联盟后，德、意关系也得到了调节：德

◉ 德国纳粹士兵在列队行进

国扩大对意大利的出口,支持意大利向非洲扩张;意大利在中欧、巴尔干和多瑙河流域不再与德国争夺,等等。1936年10月,德、意两国签订议定书。12月,意大利又与日本签订了议定书。次年11月,意大利加入了《反共产国际协定》。

此时,德、意、日三国的关系只建立在《反共产国际协定》的基础上,这还远远不够。要发动世界性的战争,还必须进一步加强三国之间的关系。

当意大利侵占巴尔干的阿尔巴尼亚时,与英、法两国发生了冲突,意大利急需德国的支持,于是,德、意两国于1939年5月22日在柏林签订了《德意钢铁同盟》。按希特勒的计划,德军西线向法、英两国进攻,东线则向苏联进军,但这种计划却很容易造成两线受敌,致使兵力分散。如果稍有不慎,可能会损失殆尽。于是,德国需要意大利和日本从东西两方面对敌国进行牵制,而意大利和日本也同样需要德国对己方的敌国进行牵制。1940年9月,德、意、日在柏林签订了《三国同盟条约》,这一条约的期限为10年。至此,以柏林、罗马、东京为轴心的三国同盟正式形成。

慕尼黑阴谋

1938年初,希特勒吞并了奥地利以后,把侵略矛头指向了捷克斯洛伐克。希特勒的计划是,先占领德捷边境的苏台德区,然后再吞并整个捷克斯洛伐克。一旦德军占领了捷克斯洛伐克,欧洲的大门就等于敞开了——向东既可以进攻苏联,向西又可以进攻英、法。

苏台德区虽然属捷克领土,但却居住着250万日耳曼人。希特勒上台后,极力鼓吹日耳曼人是优等民族,并拉拢苏台德地区的日耳曼人,通过他的代理人、被称为"小希特勒"的汉莱因组织了一个苏台德日耳曼人党。在希特勒的授意下,汉莱因在捷克斯洛伐克不断制造事端,要求苏台德区"自治",以摆脱捷克斯洛伐克的统治,其实,希特勒是想以这种方式把苏台德区并入德国。捷克斯洛伐克政府

◉ 1938年9月,英、法、德、意在慕尼黑举行会议,签订阴谋瓜分捷克斯洛伐克的《慕尼黑协定》,图为希特勒(左二)与张伯伦(左一)在一起。

早已经看出了希特勒的诡计，断然拒绝了汉莱因要求"自治"的要求。希特勒大肆叫嚣要对捷克发动战争，并向边境调集军队。

英、法两国一直对社会主义国家苏联的建立耿耿于怀。当看到德国法西斯壮大起来后，它们一直希望把德国这股祸水引向苏联。当注意到德国明目张胆地侵略它们的盟国捷克斯洛伐克时，感到非常不安。一旦德国侵略捷克，根据英、法与捷克订定的盟约，英、法也必须对德宣战。法国首相达拉第是个害怕战争的人，当德军集结在德捷边境时，达拉第就打电话给英国首相张伯伦，让张伯伦马上去与希特勒谈判，以"尽可能的取得最好的效果"。其实，张伯伦也不希望爆发战争，于是，他冒雨赶到慕尼黑。

希特勒与张伯伦谈判时，希特勒口若悬河，根本不给张伯伦插话的机会。

"依德军的能力是绝对能拿下苏台德区的，但考虑到邻国的感受，我们才迟迟没有动手，谁知捷克政府反倒认为我们不敢发动战争。本来我们只是支持苏台德区自治，现在看来已不只是自治的问题，而是把这一地区割让给德国的问题了，不知首相大人有没有决定权，捷克政府是否已答应把苏台德区割让给德国呢？"

希特勒的这个问题并没有出乎张伯伦的意料。在来慕尼黑之前，达拉第早就向他表达了法国的意思——同意牺牲捷克利益来换取法国的安宁。

"我个人的意思是同意苏台德区脱离捷克，但这还需要回国后做进一步的商议，我相信我的同事们也会支持我的想法的。"张伯伦回答道。

9月22日，张伯伦带着装有英法两国方案的公文包再一次来到了慕尼黑，他向希特勒转交了捷克政府签订的把苏台德区割让给德国的协议。这次的谈判出乎张伯伦的意料，希特勒已不再满足获得一个苏台德区。

"由于形势的发展，苏台德区对我来说已经没有多大用处了，我希望每一个说德语的国家都能回归德国。"

张伯伦顿时慌了手脚，但看到希特勒一副高高在上的样子，知道自己再怎么哀求也无济于事，于是只好返回英国。

9月29日，张伯伦第三次来到慕尼黑，参加英、法、德、意4国会谈。当天夜里，张伯伦、达拉第、希特勒、墨索里尼在慕尼黑的"元首宫"里举行会谈。4国于第二天凌晨签订了《慕尼黑协定》，根据协定，捷克斯洛伐克必须在从10月1日开始的10天内，把苏台德区及其附属的一切设备无偿交给德国。

在签订《慕尼黑协定》之后，张伯伦又同希特勒签订了《英德声明》，宣布彼此不进行战争，要共同维护世界和平。正是英法两国这种姑息养奸的绥靖政策使得法西斯的贪欲越来越强，从侧面加速了第二次世界大战爆发的步伐。

闪击波兰

作为欧洲交通枢纽的波兰，一直以来，法西斯德国对其垂涎三尺，因为占领波兰，不但能获得大量的军事经济资源，还能消除进攻英、法的后顾之忧，并建立起袭击苏联的基地。这对于法西斯德国来说，实际是在战略地位上得到了改善。于是，在吞并奥地利和捷克斯洛伐克后，德国便把波兰定为下一步的侵略目标。

1939年3月21日，德国先向波兰提出了一系列无理要求——把但泽"归还"给德国，并将在"波兰走廊"建筑公路、铁路的权利也转让给德国，这遭到了波兰政府的拒绝。与此同时，英、法两国表态支持波兰，波兰态度更加坚决。见此情形，1939年4月3日，希特勒命令德国部队于9月1日前完成对波兰作战的准备工作。希特勒在代号为"白色方案"的秘密指令中强调："一切努力和准备工作，必须集中于发动巨大的突然袭击。"

为了赢得德国民众的支持，在闪击波兰前，希特勒政府先在报纸、广播大肆鼓噪，为德国侵略波兰制造借口：波兰扰乱了欧洲和平，以武装入侵威胁德国。《柏林日报》的大字标题警告《当心波兰！》《领袖日报》的标题：《华沙扬言将轰炸但泽——极端疯狂的波兰人发动了令人难以置信的挑衅！》甚至《波兰军队推进到德国边境！》《波兰全境处于战争狂热中！》等惊人的头条特大通栏标题出现在德国各大报纸上，给公众造成波兰即将进攻德国的错觉。

为了闪击成功，德国还做了另一项准备，即于8月23日与苏联签订了《苏德互不侵犯条约》，并达成了共同瓜分波兰的秘密议定书。希特勒此举目的非常明显，位于欧洲中部的德国是万不敢同时在东线和西线展开军事打击的。

一切准备停当，再无后顾之忧，希特勒下令于26日凌晨4时30分对波兰发起攻击。但在前一天夜里希特勒又取消了攻击令，原来英、波两国于25日正式签订了互助协定，而意大利拒绝站在德国一边参加战争。希特勒之所以收回进攻令，是要对局势进行重新考虑。

想不出什么好对策的希特勒决心破釜沉舟，于8月31日下达了"第一号作战指令"，命令德军于9月1日凌晨发起攻击。

1939年8月31日晚，希特勒派遣一支身穿波兰军装的德国党卫军，冒充波军，袭击了德国边境的格莱维茨电台，在广播里用波兰语辱骂德国，并丢下几具穿波兰军服、实际上是德国囚犯的尸体。接着，全德各电台都广播了"德国遭到了波

世界大战时期

兰突然袭击"的消息。

1939年9月1日凌晨4时45分，德军轰炸机群向波兰境内飞去，波兰的部队、军火库、机场、铁路、公路和桥梁立即遭到毁灭性的打击。几分钟后，德陆军万炮齐鸣，炮弹呼啸着穿过德波边境倾泻到波军阵地上。1小时后，德军地面部队发起了全线进攻，从北、西、西南三面一起向波军开进。与此同时，在但

◉ 1939年10月，德军攻陷波兰，图为希特勒正在检阅通过华沙街道的军队。

泽港外的德国战舰"霍尔斯坦"号撕去友好访问的伪装也向波军基地开炮。

对于德国的闪击，波军基本上没什么准备，部队陷入一片混乱。德军趁势以装甲部队和摩托化部队为前导，很快从几个主要地段突破了波军防线。上午10时，希特勒兴奋地向国会宣布，帝国军队已攻入波兰。

而此时的波军统帅部却表现出了过分的自信，他们一方面认为自己有足够的实力对抗德国，一方面认为在关键时刻肯定会得到英、法的援助，于是，便把部队全部部署在德波边境。这样的部署毫无进退伸缩的弹性，使波军在德军高速度大纵深的推进下不是被歼灭就是被分割包围，成了德军后面的孤军。

其实，此时德国的西线也存在着致命弱点，在那里他们只有23个师的兵力，而在西线马其诺防线背后的英、法联军却有110个师。可惜的是，英、法两国在盟国受到侵袭的时候，竟然宣而不战，致使波军完全陷入了被动挨打的境地。英国军事史家富勒曾就此著文写道："当波兰正被消灭之时，西线也正发生了一场令人惊奇的冲突。它很快就被称为'奇怪的战争'，而更好的名称是'静坐战'。"

1个月后即10月5日，拥有3400万人口、30.9万平方千米的波兰便被彻底击败了。波兰上空的滚滚硝烟，揭开了第二次世界大战的序幕。

法国沦陷

1939年9月1日，在希特勒的策划下，德军以闪电般的速度占领了邻国波兰。波兰被德国占领后，英、法根据法波盟约和英法互助条约，宣布对德宣战，但英、

法两国并没有采取任何实际行动,这种纵容使德国更加肆无忌惮起来。

在法德边境,有一条马其诺防线,这条防线长达200千米,可以称为现代化防御工事,如果法军充分利用这道防线,第二次世界大战的历史说不定会被改写。但是,当德军入侵波兰时,法军却躲在防线后按兵不动。

1940年,德军向中立的比利时、荷兰、卢森堡进军,西线战争正式打响。1940年5月,德国突破马其诺防线,向法国发动猛攻。一心等待希特勒向东进攻苏联的英法联军没有料到德国率先把矛头指向自己,遂在毫无准备的情况下仓促后撤。

看到溃不成军的英法联军,希特勒命令德军摧毁法国临时布置的索姆河防线,直捣巴黎,5月14日,德军未发一弹便占领了巴黎,随后向法国内陆挺进。10日的时候,意大利军队从南方也进入法国,并于15日占领凡尔登。16日,卖国贼贝当组成新内阁,新政府不但没有组织军队抵抗德、意军队,反而准备向德、意军队投降。这时,法国国防部副部长戴高乐看到贝当政府已无心抵抗,遂毅然乘飞机飞往伦敦。

戴高乐到达伦敦以后,在英国首相丘吉尔的支持下,于6月18日在英国广播电台向法国人民发表了具有历史意义的广播讲话。

"勇敢的法国人民,虽然法西斯已经占领了我们的大片土地,并有可能占领法国全境,但是,他们并没有取得最后胜利。"

"我对法国的胜利充满信心,你们也应该和我一样,相信法国一定会转败为胜。而且,不列颠英国将会永远与我们并肩作战……"

戴高乐将军的讲话通过电波传遍了法兰西的每一个角落,法国人民备受鼓舞,有一群学生甚至打着两根渔竿列队在凯旋门集会,表示他们对戴高乐号召的热烈拥护和响应。

但是,虽然法国人民做着抗敌的一切准备,贝当政府还是于6月22日正式与德国签订了投降书,贝当政府同意把法国北部及沿大西洋海岸由德国占领,法国首都由巴黎迁往维希。

贝当政府的这种投降行为遭到了戴高乐的严厉斥责。为了与贝当政府划清

◉ 1940年6月14日,巴黎失陷,德国纳粹几乎没费一枪一弹。图为德军在击鼓声中列队走过凯旋门。

界限,戴高乐正式宣布成立"自由法国运动"。对于戴高乐的这种"分裂祖国"的行径,贝当政府和德国希特勒政府恨之入骨。不久,贝当的军事法庭对戴高乐进行了缺席审判,在德国当局的坚持下,戴高乐被判处死刑。

戴高乐并不理会贝当政府对自己的审判,继续以顽强的毅力宣传"自由法国运动"。戴高乐并不是孤立的,自从他发表广播讲话后,已经有数百人从法国来到英国,参加到"自由法国"的旗帜之下。到7月底,已经有7000人志愿拿起武器为"自由法国"而战。

7月21日,戴高乐组织首批"自由法国"飞行员参加了对鲁尔区的轰炸,由于将士们斗志昂扬,这次轰炸取得了胜利。随后,戴高乐又在非洲建立了一个作战基地和一个精干的行政机构,并且开始出版"自由法国"的报纸。

1941年9月,戴高乐正式成立"自由法国"的政府机构——法兰西民族委员会,很快,这个组织便得到了英、苏等大国的承认。不久,"法兰西民族解放委员会"成立,戴高乐任主席。1944年6月,"法兰西民族解放委员会"改为法兰西共和国临时政府。之后,戴高乐带领部队随英美军队返回法国与德军作战,并迅速解放了大片国土。8月25日,巴黎解放。临时政府成立后,戴高乐任总理兼国防部长。戴高乐以其顽强的毅力和极大的热情,为反法西斯侵略和法兰西民族独立做出了杰出贡献。

不列颠之战

德国闪击西欧,法国投降后,整个西欧海岸线都被德国所控制,英国不列颠群岛陷入德军三面包围的境地。但包括希特勒在内的德国人都把对法国的胜利作为战争的结束,希特勒认为,如果打败英国,其殖民地将会落入美、日和苏联手中,而对德不利,为对付苏联应避免两面作战,希特勒提出愿与英国在瓜分世界的基础上和谈,得到美国支援承诺的英国首相丘吉尔断然拒绝。于是,诱和未遂的希特勒准备武力侵入不列颠。

1940年7月16日,希特勒发出对英登陆的"海狮作战"计划的训令。该计划以奇袭为基础,准备用39个师的兵力,在不列颠的拉姆斯盖特登陆,抵达怀特岛。其中13个师作为第一批登陆部队,并在海峡港口集结大量的各种船只,一切准备要求于8月中旬完成。

德空军集结2400架战机,欲对英伦进行大规模空袭。德军一方面想从精神和意志上摧毁英国,迫使其接受和谈,另一方面为"海狮作战"的海军渡海夺取制空权,为登陆创造有利条件。

7月10日,德军开始了对英护航船队和波特兰、多佛尔等港口、军港进行空袭,以引诱英战机出战,从而查明英空军的部署、防空能力及检验自身的突防能力。德国空军在形势上处于不利地位,他们必须在海上和英国领空上作战。而英空军可以获得地面高射炮的支援,英军的喷火式飞机爬升速度要快于德战斗机,并且以防御战为主的英军还有雷达网的引导。更重要的是,

◉ 纳粹德国的空军
从8月13日到9月6日,德国空军大规模地轰炸英军机场、雷达站、飞机工厂和补给设施。从8月24日起,德军每天出动1000多架次飞机,战事进入了决定性的阶段。

英军掌握了德军无线情报的破译密码,使得德国多数战略情报被英所掌握。

8月13日,德军480余架战机升空,开始对英国雷达站等军事目标进行轰炸。15日又出动1780架飞机,使英军一些军事基地和飞机制造厂遭到摧毁。英军统帅道丁公爵也迅速命令7个"喷火式"和"旋风式"战斗机中队升空迎敌。在雷达的准确制导下,他们在德国机群中进行有效的穿插分割,将德军机群分割成若干小队,利用飞机速度快的优势实施各个击破,这是双方第一次大规模空战。德军付出了75架飞机的代价,英机只损失34架。德军"空中闪击战"一开始就未奏效。

8月24日至9月6日,德空军不分昼夜,每日出动千余架次飞机,对英西南部的机场及海峡商船进行高强度空袭,虽然德机被击落380架,但英机也损失186架。

9月7日,希特勒为了报复8月25日到26日夜袭柏林的英国,开始了对伦敦的狂轰滥炸,企图瓦解英国人民的斗志,动摇民心。但这给了英空军以喘息之机,英军以战斗机、高射炮、雷达、探照灯和拦阻气球组成完备的防空系统。虽说大规模的轰炸使伦敦多处起火、王宫中弹、居民伤亡惨重,但在9月15日,英军抢占先机,德机还没有进入伦敦上空,就遭到数百架英战斗机的截击。英战斗机猛冲德轰炸机,失去保护的德轰炸机除少数逃跑外,其余均被击落。英战机转而围攻德战机,勇猛的英机使德战机招架不住,转头而逃。英战机紧追不放,又击落了多架德军战机。这时,英国轰炸机开始行动,对德国集结在海峡对岸的舰队、

地面部队、港口码头进行了猛烈轰炸。德国损失惨重,共损失 185 架飞机,而英军仅损失 26 架。

德军不但未击败英国空军,反而使英国空军活动更频繁。希特勒感到无法取胜,被迫下令不定期推迟实施"海狮作战"计划,最终"海狮作战"计划不了了之。

不列颠空袭和反空袭之战中,德军共损失飞机 1733 架,英国损失 915 架,双方飞行员损失约为 6∶1。空战受阻后,希特勒开始对英国实施封锁。

这场空战是第二次世界大战史上历时最长、规模最大的空战,它使希特勒的侵略计划第一次未能得逞,为国际反法西斯同盟鼓舞了士气。这场空战也是人类战争史上首次空战,它掀开了人类战争史上新的一页,同时也证明了大规模空袭、夺取制空权在战争中的重要性及防空的战略意义。

偷袭珍珠港

1941 年 12 月 7 日凌晨,北太平洋上波涛汹涌,一支庞大的舰队向南飞速驶去,溅起的浪花飞落到船头的甲板上。这支舰队里有 6 艘航空母舰和 14 艘战舰,当这一舰队接近美国在太平洋上的海军基地珍珠港时,航空母舰上的数艘飞机带着巨型炸弹腾空而起,先是紧贴海面飞行,然后冲入港内,炸弹和鱼雷立即倾泻下来,对排列在港内的美太平洋舰队进行轰炸。

◉ 日本海军偷袭珍珠港

这一幕正是日本军国主义对珍珠港发动的偷袭,这次偷袭标志着太平洋战争拉开了序幕。

对珍珠港的偷袭是日本军国主义策划已久的事。早在苏德战争爆发后,日本内阁就认为建立"大东亚共荣圈"的时机已到,于是加紧了对东亚各国的侵略。日本咄咄逼人的攻势,直接威胁到美国在太平洋的利益。从 1941 年夏天开始,美、英等国联合对日本实行了石油禁运,即不再供给日本石油及其他原料。日本是一个岛国,资源紧缺,对于美英两国的这一做法,日本暂时选择了妥协,与美国举行谈判,但是谈判并没有达成协议。

日本贮备的石油一天比一天减少,如果真的没有了石油,别说是建立"大东亚共荣圈",恐怕连走出本土都相当困难。为此,日本"御前会议"决定暂时停止攻打苏联,改把占领印度支那和南洋诸国作为主要目标,以夺取石油资源。

为了扫清南进道路上的障碍,日本天皇授意日本联合舰队司令山本五十六,秘密制订远渡重洋偷袭珍珠港的计划,南云中将则是这一任务的指挥者。

在偷袭珍珠港之前,日本大使来栖三郎到美国继续与美方谈判,鼓吹"要以最大的努力来防止不幸的战争",借以掩盖日本南进的意图。对于日本军国主义者的意图,美国总统罗斯福仍以为印度支那和东南亚是其主攻对象,并没有料到日本会把矛头首先指向珍珠港。美、日这种"和平"谈判一直持续到偷袭珍珠港的第一发炮弹爆炸之前。

11月26日,日本舰队沿着寒冷多雾的北方航线隐蔽前进,在海上秘密航行了12天,居然一直没有被发现。在距珍珠港以北230海里处,舰队停了下来。12月2日,南云中将接到了山本五十六的密电:按原定计划袭击珍珠港。于是,便出现了前面惊天动地的那一幕。

12月7日是个星期天,美国人在这一天有做礼拜的习惯。美国军舰像往常一样平静,整齐地泊在港内,飞机也密密麻麻地排在瓦胡岛的飞机场上。一部分士兵正在吃早饭,一部分则上岸度假去了,珍珠港沉浸在一片平静的假日气氛之中。

"快看,那里有两架飞机。"一个哨兵发现雷达屏上出现了异常,慌忙向上级长官报告。

⊙ 珍珠港内浓烟翻滚

"别大惊小怪了,那是我们自己的飞机,你们对此还不熟悉吗?"一位军官把这个新来的哨兵嘲笑了一番,然后接着欣赏收音机里的音乐。

港内的其他美国士兵,甚至美军司令部也没有意识到这是一场真实的战争,而以为是一次特殊的演习。就这样,日本的轰炸机从美军眼皮底下溜进了珍珠港。

⊙ 罗斯福总统于珍珠港事件翌日,宣布对日作战。

突然间,随着一阵飞机的轰鸣声,炸弹从天而降。直到发现自己的舰只起火,美国太平洋舰队司令部才发出备战的特急电报。但是,什么准备都来不及了,刹那间,珍珠港成了一片火海,港内升起一道道的冲天水柱。几分钟内,希凯姆机场、惠列尔机场、埃瓦机场和卡内欧黑机场已被炸得一片狼藉,几百架美机在起飞之前就被击毁。

偷袭持续了95分钟,美军损失了约40多艘舰艇、300多架飞机,另外还有3500多人死亡。美国太平洋舰队除航空母舰出港外,几乎全军覆灭。

日本偷袭珍珠港的第二天,美国宣布对日本处于战争状态,太平洋战争全面爆发。

世界反法西斯同盟建立

第一次世界大战结束后,严重的经济危机席卷了整个资本主义社会。借着这一契机,法西斯头子希特勒和墨索里尼分别在德、意上台执政,日本则建立起天皇制军事法西斯专政。法西斯独裁者对内实行独裁统治,对外扩张侵略,以谋取世界霸权。基于相同的目的与需求,德、日、意在侵略扩张的同时相互勾结,结成了法西斯轴心国同盟。

1939年9月,德国进攻波兰,第二次世界大战爆发,英、法不得不对德宣战。半年后,法国沦陷,在德军的强大攻势下,英法联军只能退守英伦三岛,英、法两国终于尝到了绥靖政策带来的苦果。

1941年6月,德国终于像英、美期待的那样大举进攻苏联,使苏联成为世界反法西斯战争的主要战场。苏德战争的突然爆发并没有使英国首相丘吉尔如释重负,虽然此前他曾一度希望德国能尽快把侵略矛头指向苏联,但此时他感到的竟是无形的恐惧。经过反复的思考之后,丘

⊙ 烧焦的哥特式塔尖耸立在英国城市考文垂,德国发动的不列颠之战,使英国人民蒙受了巨大痛苦。

吉尔发表了慷慨激昂的广播演说:"过去 25 年来,没有谁比我更彻底地反对共产主义……进攻苏联,只不过是企图进攻不列颠诸岛的前奏。因此,苏联的危难就是我们的危难,也是美国的危难。"与丘吉尔的反应一样,当德军入侵苏联的消息传到美国时,身患重病的国务卿赫尔向美国政府建议,全力以赴支援苏联。美国政府同时发表声明,指出:"今天的希特勒军队是美洲大陆的主要危险……"6 月 24 日,美国总统罗斯福在举行的记者招待会上宣布美国将尽力援助苏联。至此,美、英等国才放弃了先前的绥靖政策与中立政策,并改变了对社会主义苏联的态度。

此时的苏联也正希望得到英、美的援助。1941 年 7 月 12 日,苏联和英国在莫斯科签署了《苏英对德作战联合行动协定》。双方保证,彼此给予各种援助和支持,不单独同敌国谈判和媾和。紧接着,两国又签订了《贸易、贷款和支付协定》,英国在协定中同意给予苏联 1000 万英镑的贷款。苏联在与英国改善关系的同时,也加强了与美国的接触。

8 月 10 日,大西洋纽芬兰的阿金夏港笼罩在一股严肃的气氛之中。原来,美国总统罗斯福与英国首相丘吉尔正在这里举行战时会晤,以商讨国际形势及联合反对德国法西斯的政策。4 天后,《大西洋宪章》的发表成为英美两国政治联盟的标志。

为了进一步确定反法西斯政策,9 月 29 日,苏、美、英三国代表在莫斯科召开会议。在这次会议上,三国签署了一个议定书。议定书规定:从 1941 年 10 月 1 日到 1942 年 6 月 30 日,英、美每月向苏联提供 400 架飞机、500 辆坦克及其他武器、物资,苏联则向英美提供原料。莫斯科会议标志着苏、美、英三国反法西斯联盟的初步确立。

太平洋战争爆发后,美国对日本宣战,德、美之间也相互宣战,美国正式加入第二次世界大战。不久,英、澳、荷、加、波等国也相继对日本宣战。至此,世界主要国家都被卷入战争旋涡中来。

随着德、意、日法西斯的不断扩张,国际反法西斯同盟也进一步得到

> **·《大西洋宪章》·**
>
> 1941 年 6 月 22 日,德军向苏联发动突然袭击,苏联毫无防备,数百万苏军被俘虏,德军很快就打到了莫斯科城下,虽然被苏军击退,但德军在苏联仍然占有优势。
>
> 美国见德国势力越来越大,已经开始威胁到自己的利益,于是逐渐改变了中立的立场,开始援助英国等国,同时也秘密对苏联提供支援。1941 年秋,罗斯福和丘吉尔在大西洋上的一条军舰上会晤,代表两国发表联合宣言,提出尊重各国领土完整,两国不追求领土或其他方面的扩张,促成一切国家的友好合作,在打败法西斯后确立世界和平等原则。历史上把这个联合宣言称为《大西洋宪章》,这个宪章是世界反法西斯同盟宣言的前身。

壮大和发展。

1942年1月1日,华盛顿热闹非凡,这里聚集着美、苏、英、中等26个国家代表。虽然各国代表都维护本国的利益,但在对待德、意、日法西斯的问题上却是意见一致。经过磋商,26国代表共同签署了一项《联合国家宣言》,宣言规定,各签字国家相互合作,不准与法西斯各轴心国议和和单独交涉,并保证运用军事和经济的全部资源同与之处于战争状态的轴心国及其仆从国家作战。《联合国家宣言》的发表,标志着国际反法西斯联盟的正式确立,并为以后联合国组织的建立奠定了基础。

德黑兰会议

美英两国是本来极其痛恨社会主义国家苏联的,但是自从德国法西斯进攻苏联和日本偷袭珍珠港以后,美英两国与苏联的关系由敌对暂时转为合作,美英两国同苏联结成了反法西斯同盟,共同对德国作战。1942年1月《联合国家宣言》的发表,标志着世界反法西斯统一战线的形成。

随着盟国在各条战线上的顺利进军,苏、美、英三国首脑觉得有必要尽快召开高峰会议,以解决协调行动、共同作战等迫切需要解决的问题。尤

◎ 第二次世界大战时的斯大林

其是斯大林格勒会战取得胜利以后,这一要求更加迫切了。关于会议的地点,斯大林坚持在伊朗首都德黑兰举行,因为他要亲自指挥红军作战,不能离国境太远。而且,苏、美、英三国在伊朗当时都驻有军队,安全有保障。

1943年11月下旬,罗斯福、丘吉尔和斯大林来到德黑兰。当时的德黑兰是近东的一个间谍中心,为了防止意外,盟军情报人员建议三国首脑下榻在各自的使馆内。由于美国的使馆离苏、英使馆较远,罗斯福受斯大林的邀请下榻在苏联的使馆内。

11月28日下午3点左右,三国首脑举行正式会晤前一个小时,斯大林走进

了罗斯福总统的别墅,进行礼节性的会晤。

"很高兴见到你,早就想同你见面了,今天才终于如愿以偿。"斯大林走上前去,热情地同坐在轮椅上的罗斯福握手。

罗斯福的脸上洋溢着刚毅的笑容:"同你的心情一样,我也盼望着同你就当前的形势谈谈看法。"

在斯大林与罗斯福的这次会晤中,双方谈到了法国的戴高乐将军。

"虽然我很敬佩戴高乐将军的勇猛,但是,我个人认为,法国在战争结束后不应该再回到印度支那了。他们应该为与法西斯合作付出代价。"斯大林严肃地谈道。

"我非常同意你的观点,在前些日子的开罗会议上,我同中国的蒋介石曾讨论过印度支那托管的可能性。我想提醒你,我们最好不要同丘吉尔首相谈及印度问题,据我所知,他还没有就这一问题想出可行的办法。"

下午4时,三国领导人会议正式开始了。罗斯福主持了第一次会议。

"今天是苏联人、英国人和美国人第一次为了共同的目标相聚一堂。我们的目标就是要赢得这次战争的胜利。我们共同的敌人法西斯已经成了强弩之末,但却在负隅顽抗。我希望通过这次会议能使我们的合作作战更加协调,我也相信不久的将来盟军就会取得胜利。"罗斯福做了热情洋溢的开幕词。

丘吉尔看了老朋友一眼,意味深长地说:"这次会议是史无前例的空前大聚会。刚坐到会议桌前那一瞬,我似乎感觉到人类的幸福和命运完全掌握在我们手中。"

斯大林对罗斯福和丘吉尔的讲话表示同意,并把英国国王通过丘吉尔转交给他的宝剑视为珍宝。三国首脑的第一次会议在友好的气氛中结束了。

但是,当讨论到具体问题——如何尽快开辟欧洲第二战场的时候,三国之间产生了分歧。当时,苏联是抗击德军的主要力量,迫切需要美、英在欧洲西部开辟另一条战线,以牵制德军,缩短战争时间。其实,早在1941年,斯大林就曾向英国要求开辟第二战场,但遭到了丘吉尔的拒绝。后来,随着形势的发展,美英两国看到开辟另一条战线势在必行,才制订了代号为"霸王"的战役计划,准备在1944年从法国诺曼底登陆。

斯大林刚一提及第二战场的问题,丘吉尔马上又提出"柔软的下腹部"战略,觉得应该把重点放在地中海战役上。而斯大林则认为,意大利离德国心脏很远,对德国威胁不大,难以减轻苏军的压力,而从法国攻入德国本土则是最快也是最有效的战略。

"如果两路并进是不是更好呢?"丘吉尔思索了一会儿,算是做出了让步,但实际上丘吉尔担心的是,如果按斯大林的建议进行,苏联红军可能会进入奥地利、罗马尼亚和匈牙利,而这些对英国战后的利益将会不利。

罗斯福早就看出了丘吉尔的心思,他对丘吉尔说:"难道你想把战争向后推迟几个月吗?那样将给世界带来多么大的威胁啊。如果你坚持要这么做,我将单独执行'霸王'战役。"

最后,经过反复争论,三国达成了一致协议:1944年5月,英、美将实行"霸王"战役,并进攻法国的南部。斯大林也答应同时发动攻势,阻止东线德军西调。斯大林还明确表示,在击溃德国法西斯后,苏联将参加对日作战,不过条件是苏联要得到库页岛和千岛群岛。

1943年12月1日,斯大林、罗斯福和丘吉尔签订了《苏美英三国德黑兰宣言》和《苏美英三国德黑兰总协定》(后者作为秘密文件,当时没有公布)。

德黑兰会议公报的最后写着:"我们怀着希望和决心来到这里。我们作为事实上的朋友而在这里分手。"

诺曼底登陆

苏德战争爆发后,斯大林便向丘吉尔提出在欧洲开辟第二战场的要求,丘吉尔担心斯大林会代替希特勒而未置可否。美国参战后,苏、英、美三国政府多次协商攻击法西斯的战略问题。但各方就时间和地点发生分歧,各国间不同的利益与苏和英、美两种不同的社会制度交织在一起,错综复杂,争论不休。但是法西斯的扩张,又使它们不得不相互妥协。几经周折,各方求同存异,在1943年11月的德黑兰会议上,三方最终达成开辟第二战场的协议。

1943年12月6日,美国的艾森豪威尔将军被选定为联军总统帅,近300万盟军海陆空将士在英伦三岛集结,准备横跨英吉利海峡,登上欧洲大陆,和东线苏联红军配合,夹击德军。这个大规模的作战计划代号为"霸王"战役行动。

1944年1月21日,艾森豪威尔及其参谋部结合各种条件,决定在法国西北部的诺曼底登陆。计划从卡昂到奥

⊙ 艾森豪威尔

尔尼河之间占领一个立足点，并攻占不列塔尼的各港口，英第 2 军团在卡昂地区进行突破，吸引敌人预备队。美第一军团趁势登陆，从西面侧翼实施突破，一直向南前进到卢瓦尔河上。联军正面以卡昂为轴旋转，使右翼向东前进到塞纳河上。

1944 年 3 月 30 日开始，联军对德阵地实施不间断的战略性轰炸，对铁路、公路、桥梁、车场、海防工事、雷达站、飞机场等设施进行大规模的摧毁，不仅造成德军指挥体系的瘫痪、交通运输补给线路的中断，而且最大限度地孤立联军登陆区和塞纳河与卢瓦尔河之间整个联军前进作战区的德军。

英美联军对登陆的突然性特别重视，他们制订了一个伟大的骗敌计划。在英国东南部建造了假总司令部、假铁路、假电厂、假油站、假船只等大规模的系统假象，暗示敌人联军会在英吉利海峡最窄处的加来港登陆，而且时间会更晚些。

1944 年 6 月 6 日，天气条件不好，艾森豪威尔果敢决定实行登陆计划，早已做好充分准备的联军开始发动渡海攻击。海军扫除德军水雷阻碍线，并用重炮轰击敌人的阵地。两个空降集团分别在圣梅尔艾格里斯和卡昂东北部地区降落，担负保卫登陆部队的任务。在舰队重炮和空军猛烈火力的配合和空降师的策应下，登陆联军在 5 个登陆区开始登陆。

这些突然攻击使因天气恶劣而防备松懈的德军惊恐。联军对交通线路的战略轰炸，使德军处于"铁路沙漠"之中；对制空权的绝对控制，使德军防御工事遭到摧残，联军的登陆极为顺利。凭借大西洋长城的防御，德军仍顽强抵抗，夜幕低垂时，联军终于突破防线。

6 日下午，希特勒仍然认为联军的攻击只是佯攻，目的是掩护在加莱方向主力的攻击，于是德军只是用步兵封锁住美军的渗透，用一个装甲军在卡昂地区与英军周旋，而精锐部队第 15 军团仍部署在安特卫普与奥尔尼河之间。

6 月 12 日，联军登陆区连成一片，开始向诺曼底中部推进。但在德军的顽强抵抗下，联军进展缓慢，直到 7 月 25 日，才推进到卡昂、科蒙、圣洛以南地带。

◉ 诺曼底登陆场面

艾森豪威尔决定发动全面进攻，部队开始向法国心脏进攻。8 月 15 日，美第 7 军团进入法国南部，对德军造成钳形阵势。此时苏联反攻，牵制住德军的大股部队，没有预备队的德军遭到联军的痛击，损失惨重。8 月 19 日，巴黎被联军攻占，诺曼底登陆以联军的胜利而结束。

诺曼底登陆是战争史上最大的登陆战役，它突破了希特勒所吹嘘的"大西洋铁壁"，使战争进入反法西战争的最后决战阶段，加快了欧洲解放和第二次世界大战结束的进程。

雅尔塔会议

1945年初，法西斯的失败已成定局：一个月前，德军在西线发动的最后孤注一掷的攻势被击退；苏联红军占领了波兰和东欧，并从东线向德国逼近；美国部队解放了马尼拉，并从空中轰炸日本。但是，德黑兰会议上没有解决的问题必须在战争结束之前得到解决，这些问题包括：如何处置德国、波兰的疆界问题、其他东欧国家的地位、联合国组织和远东问题，等等。

1945年2月4日，斯大林、罗斯福、丘吉尔在黑海海滨雅尔塔举行会议。

罗斯福看了看斯大林和丘吉尔，说道："我们三人已经成为老朋友，而且我们三个国家之间的了解也在不断加深。大家都想尽快结束战争，也都赞成持久和平，所以，我觉得我们可以随时进行非正式会谈，以达成共同的目标。"

在罗斯福的感染下，会场的气氛很活跃。首先，苏联副总参谋长阿列克赛·安车诺夫将军和美国将军马歇尔分别就东线和西线战势做了汇报：苏军已占领了波兰波兹南，打开了通向柏林的大门，西线的盟军则向德国的莱茵河防线进攻，空军正对德国全境的军事目标进行轰炸，德军已经组织不起像样的撤退。

看到胜利在即，其他人也纷纷就当前的形势发表了自己的看法。最后，三方首脑就目前军事配合交换了意见。

第二天，会议就如何处置德国的问题进行了讨论。早在德黑兰会议上，三巨头曾就这个问题交换过意见，会后，成立了欧洲咨询委员会，专门研究分割德国的问

⊙ 战后主宰世界格局的三巨头（左起）：丘吉尔、罗斯福、斯大林，在雅尔塔会议上留下了这张难得的照片。

题。根据英国的提议，战后的德国被划分为 3 个占领区，由美、苏、英分别占领，柏林由三国共同占领。而在这次会议上，罗斯福却建议道："在管制和占领战败的德国问题上，我认为应该统一化，不宜瓜分为各个占领区。不仅在最高层机构中行政管理应该统一，各级机构均应联合统一。"但是，罗斯福的这一建议却招致斯大林和丘吉尔的一致反对，只能作罢。随后，丘吉尔又提出了让法国在德国占领一个区的提议。斯大林表示了强烈反对，他认为法国在打败法西斯德国的战争中并没有起到多大作用。而丘吉尔坚持己见，他认为法国在未来的欧洲将起到重要的作用，对管制德国也会有很大帮助。

正当双方争执不休的时候，罗斯福过来打圆场："美国在战后不会长久地在欧洲驻军，考虑到法国也曾为大战做出过不少贡献，丘吉尔首相提议的让法国协助英国来压制德国的提议还是可行的，阁下不如考虑一下。"斯大林看罗斯福同意了丘吉尔的提议，只好勉强表示同意。

当天下午，战败国赔款问题又引起一场激烈的争吵。斯大林说："在反法西斯特别是德国法西斯的战争中，苏联人民做出了巨大贡献，单独与德军抗衡了两年之久，死亡的人数超过了 2000 万，这是一个多么庞大的数字啊。我认为德国的赔款总数不应该低于 200 亿美元，其中一半应该归苏联所有。如果德国没有能力偿还，可以用实物抵偿，如粮食、工厂、矿山等。"

丘吉尔对斯大林关于赔款问题的这一提议表示了反对："我认为巨大数额的赔款只会招致更大的麻烦，'一战'后的德国就是个典型例子。"但是，在斯大林的坚持下，罗斯福和丘吉尔最后还是同意了这一赔款方案。

雅尔塔会议中，由于本身的实力和在打败法西斯中的作用，美、苏成为大会的主宰，英国则不得不处于陪衬地位。在讨论对日作战的问题时，斯大林和罗斯福并没有邀请丘吉尔参加，而是用私人讨论的形式完成的。斯大林同意在打败德国法西斯后两三个月内对日作战。总之，雅尔塔会议虽然争执四起，但也基本解决了战后德国的处理问题，并划定了波兰的疆界。

雅尔塔会议对战后世界格局的形成和发展产生了较大的影响。

⊙ 第二次世界大战盟军使用的自行火炮

攻克柏林

1945年初,德国法西斯的失败已成定局。4月16日,苏军元帅朱可夫到达库斯特林附近奥得河岸的第8司令部。凌晨5时,朱可夫下达了进攻德国首都柏林的命令。

得到元帅下达的命令,苏军的几千门大炮齐吼起来。此时的德国已经没有还击之力,经过半个小时的轰击,敌军阵地上先前的几声抵抗的枪声消失了,变得死一般沉寂。

突然,数千枚信号弹升上了天空,燃起了五彩缤纷的火花。顿时,地面上的140多部强力探照灯齐放光芒,一同照向德军阵地。在探照灯的指引下,苏联红军的步兵在坦克的协同下向柏林发起了冲锋。与此同时,苏联的轰炸机也对德军阵地进行了轮番轰炸。苏军很快突破了敌人的第一道防线,但是,在进抵德军的第二道防线时,苏军却遇到了阻碍。尽管朱可夫一而再,再而三地集结大量兵力和坦克进攻第二道防线——泽劳弗高地,却屡屡失败。

斯大林在得知苏军进展缓慢时,忙致电朱可夫,协助他调整了战略部署。终于,苏军攻占了泽劳弗高地。

4月25日,苏联红军完成了对柏林的包围,并与美、英联军会师,随即红军突入市区,开始了激烈的巷战。

但是,苏军对胜利即将到来的憧憬又一次落空了。在柏林城高大的砖砌楼房和各类建筑物之间,残酷的最后战争开始了。苏联人的坦克开进了柏林,这些坦克对摧毁德军工事的确起到了很大作用,

◉ 攻克柏林——苏联红军将自己的旗帜插在了柏林的废墟之上。

但是，在狭窄的市区，这些重型武器就显得笨拙多了。在苏联红军像辛勤园丁在花园里洒水般倾泻炮弹的时候，德国士兵已经躲到了地下室里。而炮击一停止，他们就会爬到地面上，依托每一条街道和每一座楼房向苏军射击。在碎石垃圾成堆的柏林街道里，只要有一辆苏联坦克被击中，道路就会被堵塞，这时，德国人会用反坦克火箭弹逐个从侧面消灭苏军。德国人利用机动兵力，往往出现在苏军的背后给苏军以意想不到的打击。

但是，德国法西斯毕竟已经成了强弩之末，再多的抵抗也只不过是垂死挣扎而已。

27日，柏林的争夺战已经向市中心一带转移。在隆隆的炮声中，柏林总理府已经是一片废墟。希特勒再也没有了以前的嚣张气焰，此时的他已经成了孤家寡人，几天前，他的得力助手、空军总司令戈林携大量的金银财宝逃到了萨尔斯堡，并声称接管帝国的全部领导权。

"快来柏林解围，你们难道没有听说苏军已经到了柏林了吗？海因里希和温克的军队都在哪里？"希特勒在离地面几十米的地下室里对着话筒狂叫着，他哪里知道，他所求助的这些部队早已经被苏联红军消灭了，柏林之围是解不了了。

又打了几个没头没脑的电话后，希特勒已经精疲力尽，他躺在沙发上，想休息一会儿，但从地面上传来的轰鸣声却使他更加烦躁不安。

头顶上的炮弹声越来越近了，夹杂着坦克碾过地面的声音。

"看来我的末日是临近了。"希特勒默默地对自己说。

坐在沙发上，他眼前浮现出墨索里尼被暴尸街头的场面，不由得打了个寒战。他转身对卫队长格林说："我和爱娃将会在这里自杀。你去准备两条羊毛毯子和足够焚烧两具尸体的汽油。我们死后，你把我们裹着抬到花园里烧掉……"格林吓了一跳，而希特勒却是相当平静。

4月29日，希特勒命人把还留在柏林的德国官员请到总理府的地下室，虽然来的人寥寥无几，但他还是摆出一副非常庄重的表情。

"很高兴各位能在大敌当前来到这里，今天我有两件事宣布。一是，海军元帅邓尼茨将完成我没有完成的任务，二是我的私事，我将与爱娃在今天夜里举行婚礼。"爱娃是希特勒的情妇。

> **· 易北河会师 ·**
>
> 直到第二次世界大战进入了最后一年，苏联军队和美、英军队均在各自的战场上作战，没有碰面的机会。但是在进入德国本土之后，双方就开始准备会师了。1945年4月25日，美国第一军的一个侦察小分队和苏联第一军的先头部队在德国易北河的一座小桥上相遇，双方士兵的手紧紧握在了一起。它标志着盟军的两支主要军事力量会合在了一起，将德军拦腰截断，希特勒的覆亡之日不远了。

当天夜里,希特勒与爱娃的婚礼在地下室的地图室举行,柏林市政府参议员瓦格纳主持了婚礼。

4月30日,希特勒坐在总理办公室的沙发上,爱娃蜷缩在他的脚边。他环视着四周,看了爱娃最后一眼,然后拿起预先准备好的手枪朝着自己的右太阳穴开了一枪。希特勒死后,爱娃也挣扎了片刻就停止了呼吸,她早已经服下了剧毒药品氰化钾。

也就在这一天,苏军攻占了德国国会大厦。5月2日,苏军占领了整个柏林。

第一颗原子弹

1939年8月的一天,一封由著名科学家爱因斯坦签名的信放在了美国总统罗斯福的办公室桌上:

"总统阁下:

我读到了费米和西拉德近来的研究工作手稿。这使我预计到,元素铀在最近的将来,将成为一种新的、重要的能源……

◎ 原子弹

代号"小男孩"的原子弹,1945年8月6日被投放到广岛。它的威力相当于2万吨TNT炸药,方圆10平方千米的城市毁于一旦。

为此,我建议……和有关人士及企业界实验室建立接触,来促使实验工作加速进行……

据我所知,目前德国已停止出售它侵占的捷克铀矿的矿石。如果注意到德国外交部次长的儿子在柏林威廉皇帝研究所工作,该所目前正在进行和美国相同的对铀的研究,就不难理解德国何以会有此举了。"

罗斯福坐在轮椅上,默默地读完了这封信,开始了激烈的思想斗争:爱因斯坦是个正直的科学家,由于纳粹的迫害,爱因斯坦和一批科学家逃离德国迁居美国。1939年夏,有消息称德国正在进行一项秘密工程,即试图利用原子科学的成果,制造一种毁灭性很强的新式武器,万一德国法西斯抢先制造出原子弹,人类的命运将不堪设想。但是,这种谁也没有见过的原子弹是否真的能制造出来呢?如果美国要赶在德国之前制造出这种武器,那经费从哪里来呢?如果不慎爆炸怎么办?

罗斯福想了许久，还是理不出头绪来。

"您是否还记得，拿破仑就是因为没有采用富尔顿利用蒸汽船的建议而未能横渡英吉利海峡的。而一旦德国的研制成功，美国将会是第一批受害者。"罗斯福的科学顾问萨克斯及时提醒了他。

为了慎重起见，罗斯福与美国一些官员进行了反复研究。

10月19日，罗斯福终于对爱因斯坦的信做了肯定的回答。按照罗斯福的指令，一个以"S-11"为代号的特别委员会成立了，这个委员会将负责核试验的研究。

1941年12月6日，美国成立了一个庞大的工程机构——曼哈顿工程管理处，它的使命就是负责设计制造原子弹。与此同时，纳粹德国也在加紧研究制造原子弹。为了不让德国制造出原子弹，英美两国想尽了一切办法来爆毁挪威的重水工厂，以切断德国的重水来源。第一次突击失败以后，英国突击队又在1943年2月17日进行了第二次突击，这就是著名的"重水之战"。这次爆破的胜利，使纳粹德国丧失了建立原子反应堆必不可少的重水，制造原子弹的计划不得不向后推。

1942年8月，美国陆军工程兵团建筑部副主任格罗夫斯将军主持了"S-11"委员会、高级管理人员会议，制订了一个名为"曼哈顿"的新计划。"曼哈顿"计划规定，研究工作所有指挥权都集中在曼哈顿工程管理处，设在新墨西哥州荒原上的原子实验室由著名科学家罗伯特·奥本海姆主持，奥本海姆则每天都向坐镇华盛顿"曼哈顿"总部的格罗夫斯将军汇报情况。这项工作具有高度保密性，就连副总统杜鲁门也是在1945年4月，罗斯福去世后接任总统时才知道这一机密的。

为了能抢在德国人之前造出第一颗原子弹，美国还向欧洲战场派出了名叫"阿尔索斯"的行动小组，专门搜捕德国科学家和收集德国制造原子弹的情报。

1945年7月16日凌晨，美国新墨西哥州阿拉英戈多沙漠里正在进行着试验原子弹的准备工作。5点30分，随着一声巨响，一团巨大的火球从地面升腾而起，窜上8000米的高空。火球升起的一刹那，沙漠上尘土飞扬，大地被震得颤动起来。美国政府集资25亿美元，动用40万科技人员和工人，经过3年研制出来的世界上第一颗原子弹终于爆炸成功了。

第一批原子弹共有3颗，被试验爆炸的一颗命名为"瘦子"，另外两颗分别被命名为"胖子"和"小男孩"。

第一颗原子弹爆炸成功的时候，杜鲁门正在德国波茨坦参加会议。为了对付日本和抑制苏联，杜鲁门在8月2日回国的途中决定对日本投掷原子弹。

8月6日和8日，美军先后在日本的广岛和长崎投下了两颗原子弹，加速了日本投降的进程。

日本投降

1945年7月26日，中、美、英三国发表了《波茨坦公告》，公告的主要内容是督促日本必须立即无条件投降。

8月6日，美军第509混合大队奉命向日本广岛投掷了一颗原子弹。第二天，美国总统杜鲁门向全世界

◉ 1945年8月9日，日本天皇裕仁召开御前会议，10日决定接受《波茨坦公告》。8月15日，日本宣布无条件投降。

发表声明，敦促日本政府赶快投降，否则就将遭到来自空中的毁灭。在美国广播之后，日本的海军统帅部才接到设在广岛的日本第二军总司令部的报告："美军使用了一种破坏力极强的炸弹，据推断可能是原子弹。"但是，广岛的悲剧并没有使日本立即同意接受《波茨坦公告》的最后通牒，而是把希望寄托在苏联的调停上。

◉ 日本递交投降书

8月8日，苏联向日本宣战，并出兵中国东北，盘踞在此的关东军土崩瓦解。同时，美国又在长崎投下了第二颗原子弹，长崎全城的27万人中，有6万在当日就死去了。中国、朝鲜、越南、菲律宾、马来亚、泰国、印度尼西亚等许多国家的军民也对日军发起了最后反攻，日本侵略者被打得焦头烂额。

就在日本法西斯四面楚歌、陷入绝境之际，一群日本军政要

人聚集在防空洞里就是否接受《波茨坦公告》展开了激烈的争论。

"盟国正在敦促我国投降,我想听听大家的意见。"铃木首相一副疲惫的样子,把身子靠在沙发上,等着听其他军政要人的意见。

"从现在的情况来看,我们只能投降了,我想盟国会同意我们维护国体、保存天皇制度的。"外相东乡茂德垂头丧气地说,显然,他已经没有其他的办法了。

海军司令部总长丰田副武似乎有些不甘心:"投降可以,但除了维护国体外,盟国还必须答应我们三个条件:我们要自行处理战犯,自主地解除武装,最重要的是我们不能让盟国占领日本本土。"

"大日本帝国怎么能无条件投降呢?不如我们实行本土决战,说不定我们可以击退敌军呢。"陆相阿南惟几一直是个顽固的抵抗派。

在争论半天毫无结果的情况下,铃木首相决定上奏天皇。此时的天皇裕仁早已经没有刚开战时的锐气,他有气无力地说:"这几天的情况大家也看到了,即使我们有足够的精神去重新投入战争,但胜利的希望已经没有了。依我看,还是接受《波茨坦公告》吧。"

8月10日,日本接受《波茨坦公告》的广播传到美国,美国总统杜鲁门征询了英、苏、中三方的意见,向日本政府发出了一道复文:"自投降之时起,日本天皇必须听命于美国最高司令官……日本政府之最后形式,将依日本人民自身表示之意愿确定之。"

·《波茨坦公告》·

1945年7月26日,中、美、英三国在波茨坦会议期间联合发表了《波茨坦公告》,苏联于8月8日加入。公告敦促日本尽快无条件投降,永久铲除日本军国主义,归还所有侵占的领土并将战犯交给盟国审判,不准日本战后保留可以发展武装重工业的产业。《波茨坦公告》发表后,盟军飞机空投了数百万份给日本人民,期望日本投降。但是顽固的日本军国主义者们却对此置之不理,并将武器发给本土人民,拼凑出了一支720万人的乌合之众,叫嚣"一亿玉碎"。经过盟军参谋部的推测,如果进攻日本本土的话,盟军可能会蒙受多达200万人的伤亡,为了加快战争结束进程和减少盟军伤亡,美国最终使用了原子弹。

两天后,美国飞机越过太平洋飞抵日本东京上空,从飞机上向下散发日语传单,其中包括日本政府接受《波茨坦公告》的电文和同盟国复文。8月14日,日本又召开了御前会议。会上,陆相阿南惟几再恳请天皇向盟国提出照会:如果盟国不允许保护天皇制,那日本只有背水一战。阿南惟几的请求并没有使天皇无条件投降的决心改变,天皇不但下令起草了无条件投降的诏书,还将诏书录了音。阿南惟几声泪俱下地离开了会场。

8月15日,日本天皇以广播"停战诏书"的形式,向盟国宣布无条件投降。28日,美国空军在东京降落,

世界大战时期

接着，大批的盟军在日本登陆。

9月2日，是日本向盟国举行签降仪式的日子。这天上午，停泊在东京湾的美国战列舰"密苏里"号见证了这一历史性的时刻。日本新任外相重光葵和参谋总长梅津美治郎首先在投降书上签了字，接着，同盟国代表、盟军最高统帅麦克阿瑟，美国代表尼米茨，中国代表徐永昌，英国代表福莱塞，苏联代表杰列维亚科等也依次在投降书上签了字。

至此，日本帝国主义15年的侵略战争以彻底失败告终。

正义的审判

第二次世界大战后，如何处理战败的德国和日本的问题，成为国际关系中一个重要的问题。为了彻底肃清法西斯势力，实现民主化和非军国主义化，防止军国主义和法西斯主义死灰复燃，维护世界和平，盟国对德、日法西斯战犯进行了审判，这就是纽伦堡审判和东京审判。

1943年10月，苏、美、英三国莫斯科宣言规定，战争结束后，将对战争罪犯进行审判。1945年8月，上述三国和法国在伦敦签订协定，拟定欧洲国际军事法庭宪章，规定由四国指派检察官组成委员会进行起诉，由四国指派的法官组成国际军事法庭进行审判。1945年10月18日，国际军事法庭第一次审判在柏林举行。

从11月20日开始，审判移至德国南部城市纽伦堡举行，至1946年10月1日结束，历时近一年。包括纳粹第二、三号人物戈林、赫斯和里宾特洛甫在内的20多名战犯被提起公诉。法庭进行了403次公审，以大量确凿的证据揭露了德国法西斯的种种滔天罪行。法庭根据四条罪行对战犯进行起诉和定罪：策划、准备、发动、进行战争罪；参与实施战争的共同计划罪；战争罪（指违反战争法规或战争惯例）；违反人道罪（指对平民的屠杀、灭绝和奴役等）。前两条合起来称为破坏和平罪。

◎ 战后的纽伦堡审判

1946年10月1日，法庭做出了最后判决，判处戈林等12人绞刑，3人无期徒刑，4人有期徒刑。

死刑判决于1946年10月16日执行，戈林在处决前一天服毒自杀。与此同时，法庭还宣布了4个犯罪组织，它们是：纳粹党领导机构、秘密警察（盖世太保）、保安处和党卫队。对这几个犯罪组织的成员，各国可以对参与犯罪组织罪直接判处死刑。此后，在美、英、法、苏各个占领区以及后来的联

⊙ 德国纳粹集中营中饱受折磨的囚犯

邦德国和民主德国各法庭，又对众多的战争期间的犯罪分子进行了后续审判，他们大多是法西斯医生、法官、工业家、外交人员、国防军最高司令部人员、军事骨干以及党卫军高级干部等。

纽伦堡审判基本上是一次公正的审判，是人类有史以来对侵略战争发动者的第一次法律制裁，有利于防止历史悲剧的重演。它为以后对破坏和平罪的审判奠定了基础，标志着国际法的重大发展。

在第二次世界大战进行之时，盟国就认为，日本战犯也应受到与德国战犯同样的处理。1945年12月16日至26日，苏、美、英外长决定实施《波茨坦公告》中的日本投降条文，包括惩办日本战犯。根据《波茨坦公告》、日本投降书、盟国的《特别通告》以及《远东国际军事法庭宪章》，盟国决定在东京设立法庭审判日本战犯。

根据宪章规定，法庭将审判及惩罚被控以个人身份或团体成员身份犯有以下三种罪行的战犯：破坏和平罪（策划、准备、发动或进行侵略战争）；战争罪（违反战争法规或战争惯例）；违反人道罪（对平民进行杀害、奴役和放逐，或以政治、种族和宗教为理由对平民进行迫害的行为）。

盟军最高统帅麦克阿瑟于1946年2月18日任命澳大利亚的韦伯为首席法官，中国、苏联、美国、英国、法国、荷兰、菲律宾、加拿大、新西兰和印度10国各派一名代表为法官，美国的约瑟夫·B.凯南为首席检察官。

1946年4月29日，东条英机等28名战犯正式被起诉。1946年5月3日，远东国际军事法庭正式开庭。首席检察官历数了28名战犯在战争中的罪行，列举了55项罪状，指控他们犯有破坏和平罪、战争罪、违反人道罪。

1948年11月4日，法庭宣读判决书，对25名出庭战犯判决如下：判处东条

英机等 7 人绞刑；16 人被判处无期徒刑；其余被判处有期徒刑。

1948 年 11 月 12 日，远东国际军事法庭闭庭。1948 年 12 月 23 日，东条英机等 7 名战犯在东京巢鸭监狱被绞死，尸体被火化。其余战犯入狱服刑。

对日本战犯做出的严正判决，受到了世界舆论的欢迎。这次审判，使全世界人民进一步了解了日本帝国主义从"九·一八事变"到太平洋战争期间的侵略真相和罪恶的事实，是对日本法西斯分子的一次全面清算和重大打击。但是，一些应该受到审判的战犯并未成为被告，一些罪大恶极的战犯并未受到严惩，给深受其害的各国人民留下了不良的印象。

联合国建立

1945 年 4 月 25 日，美国旧金山市中心的大歌剧院里一片沸腾，来自世界各国的人们兴奋地谈论着即将开幕的大会。是什么重要的大会让世界各国的人们聚集到了一起呢？原来，今天在这里举行的大会将要讨论联合国的成立，并制定《联合国宪章》。

⊙ 联合国标志

下午 4 点左右，美、中、英、苏 4 个发起国和其他国家的代表先后走入歌剧院。紧接着，1800 多名各国记者也进入会场，他们将成为这一历史性时刻的见证人。

联合国是在第二次世界大战期间开始筹备创立的，它是世界人民渴望和平的产物。第二次世界大战的战火燃烧到世界 60 多个国家和地区，有近 20 亿人被卷入战争，其中有 5000 万人死亡，全部交战国直接战费总额计 11540 亿美元。蒙受战争苦难的世界各国人民是多么渴望实现持久的和平啊。早在 1941 年英美两国发表的《大西洋宪章》里，两国首脑就提出了要在战争结束后建立一个广泛而永久的普遍安全制度，道出了饱受战争之苦的人们的心声。

1943 年 10 月，中、美、英、苏代表在莫斯科举行会议，并签订了《四国关于普遍安全的宣言》，这是呼吁建立国际安全机构的开端。

1943 年 11 月的开罗会议中，中、美、英三国代表商讨了战胜日本及战后的共同策略。不久，美、英、苏又在德黑兰举行会议，在这次会议期间，罗斯福与斯大林提出了战后成立联合国的建议，但这次会议并没有提出建立联合国的各个细节，这些细节是在一年后提出来的。1944年8月至10月，苏、美、英三国代表和中、美、英三国代表分别举行会议，讨论并拟定了《关于建立普遍性国际组织建议》，在这个《建议》中，规定了联合国的宗旨、原则和各机构的组成。

尽管世界各国在维护世界和平方面的宗旨一致，但却也存在着很大的分歧，尤其是美国和苏联。作为两种社会制度的代表，美国和苏联永远都是针锋相对。美国的目标是想建立一个战后世界各国的协调机构，而苏联却以防止德、日法西斯侵略力量的再起为目标。此外，苏联代表提出的苏、美、中、英、法五大国享有否决权的问题也遭到了美、英的反对。

在1945年2月召开的雅尔塔会议上，罗斯福和丘吉尔终于与斯大林达成了协议，接受了苏联关于联合国的组织方案，同意五大国拥有否决权，并把乌克兰和白俄罗斯列为联合国会员国。于是，几个大国才在举行制定联合国宪章的会议问题上取得了一致意见，并决定"制宪会议"在旧金山召开。

大会的开幕式上，美国代表发表了简短的讲话，接着是新继任的美国总统杜鲁门的讲话，杜鲁门在讲话中强调了联合国对世界和平与人类发展的意义，并一再强调"和平"与"合作"是此次大会的两大主题。开幕式洋溢着一种和谐友好的气氛。

"制宪会议"持续了整整两个月，这时的会员国已增加到51个。各国代表都先后在大会上发了言，研讨了会议的组织工作，并确定了英、俄、法、汉和西班牙语为大会正式工作语言。6月26日，大会一致通过了《联合国宪章》，51个国家的代表在《宪章》上签了字。为了纪念《宪章》的签订，6月26日这天又被称为"宪章日"。

1945年10月24日，联合国正式宣布成立，并把总部设在美国东海岸纽约市的曼哈顿区。

⊙ 联合国总部大楼

研究历史是医治心灵疾病的良药。
——(古罗马)李维